KR

Die Deutsche Arbeiterbewegung 1848-1919

in Augenzeugenberichten

Herausgegeben von
Ursula Schulz
Mit einer Einleitung von
Willy Dehnkamp

Karl Rauch Verlag

Schutzumschlag von Hannes Jähn

Herstellung Butzon & Bercker Kevelaer
Printed in Germany

Inhaltsverzeichnis

Partei – Christliche Gewerkschaftsbewegung – Arno Holz: »Noch immer baumelt der alte Zopf« – Konsumvereine – »Die Sozialdemokratie hat mit dem sogenannten Staatssozialismus nichts zu tun« – Friedrich Eberts Gaststätte wird boykottiert – Gegen jeden Kurs »gerüstet und gewappnet« – Akademiker in der Partei – In Bismarcks abgelegten Schuhen? – Zuchthausvorlage – Der achtzigste Geburtstag Bismarcks – Sitzengeblieben beim Hoch auf den Kaiser – Sozialismus und Philosophie – Hausagitation – »Der Sieg muß unser sein« – Fünfzigjahrfeier der Revolution von 1848 – »Wilhelm Liebknecht verläßt heute das Gefängnis« – Erinnerungen eines Achtundvierzigers – Theoretische Katzbalgereien – Abrüstungsvorschlag des Zaren – »Hier wohnt ein Sozialdemokrat« – Ausnahmeregelungen gegen den Anarchismus – »Hunnenbriefe« des Kaisers – Kriege in Afrika und Asien – Gegen Raub- und Eroberungspolitik – Liebknechts Tod: »Ein Kämpferleben, das in dem Gesicht des Sieges endigt« – Landflucht – Gegen die Schutzzollpolitik – Sozialdemokratie und Gemeinde – Brautsteuer – Die Agitationsgroschen – Sonderbarer Radikalismus – Polizei gegen Arbeitervereine – August Bebel und Theodor Heuss – Vollmar: »Es kann doch nicht jeder Mensch ein Preuße sein!« – Bebel in eigener Sache – Sozialistische Beamte duldet der Reichskanzler nicht – »Kritik 1a, positive Leistung 5b« – Die Dolchstoßlegende – Eine »alte Schachtel« und ein »nicht allzu sprödes junges Mädchen« – Massenstreik – Stellung zur Revolution – »Ich sag's dem Onkel Bebel« – Sombart über die Maifeierbewegung – Das russische Proletariat – Kolonialpolitik – Der »Silvesterbrief« des Kanzlers – Der Prinz von Homburg im Wahlkampf – Charlotte Corday und Bebel – Wahlbeeinflussung – Protest des Zentrums – »Hottentottenwahl« – Trotzki über die SPD: »Hauptsäule konservativer Ordnung« – Arbeiterabgeordnete werden Berufspolitiker – Bülows Sturz – Ministerverantwortlichkeit wird gefordert – Nationale Politik in sozialdemokratischem Sinn – Rückblick auf das Geleistete – Einige Zahlen – Krieg auf dem Balkan – Im Münster zu Basel – Wettrüsten – Verfolgung von Partei und Gewerkschaft – Bebels Tod

Einleitung

Entstehung und Entwicklung von Arbeiterschaft und Arbeiterbewegung sind untrennbar verbunden mit der Entwicklung der modernen industriellen Wirtschaft. Mit dem Aufkommen und der Ausbreitung der Industrie veränderte sich überall das Bild der ganzen Gesellschaft, denn so wie die Fabrik etwas anderes ist als ein vergrößerter Handwerksbetrieb, so ist auch die Industrialisierung nicht nur eine Verlagerung der Produktionsschwerpunkte vom landwirtschaftlichen auf den gewerblichen Sektor. Das Wort »industrielle Revolution«, von dem englischen Sozialreformer Arnold Toynbee schon vor fast hundert Jahren geprägt, enthält eine geradezu prophetische Ahnung von der Wirkung der damals eben erst begonnenen Veränderung der gewerblichen Produktion.

Erheblich später als in den beiden großen westlichen Nachbarländern England und Frankreich begann die Industrialisierung in Deutschland. Einige Voraussetzungen dafür hatten die Stein-Hardenbergschen Reformen in Preußen und entsprechende Maßnahmen in anderen deutschen Ländern bereits geschaffen, wenn auch die Bauern und Handwerker, denen man mit den Reformen hatte helfen wollen, ihre neuen Freiheiten buchstäblich teuer hatten bezahlen müssen. Doch mit Freizügigkeit und Gewerbefreiheit allein war es nicht getan. Die politische Zerrissenheit Deutschlands, das nach dem Wiener Kongreß aus 38, durch unterschiedliche Währungen, Steuern, Gesetze und Zollgrenzen voneinander getrennte Staaten bestand, war das größte Hindernis für eine Industrialisierung. Erst als sich die nach Einwohnerzahl und Wirtschaftskraft bedeutendsten Staaten 1833 zum Deutschen Zollverein zusammenschlossen, in dessen Gebiet bei der Gründung drei Viertel der damaligen deutschen Bevölkerung wohnten, war auch in Deutschland ein für die industrielle Produktion genügend großer Wirtschaftsraum entstanden. Die damalige Kapazität der für eine Industrialisierung wichtigsten Gebiete bzw. Einrichtungen sei hier mit einigen Zahlen festgehalten: die Steinkohlenförderung betrug 1825 1,1 Millionen, 1840 reichlich 4 Millionen und 1871 29,3 Millionen Tonnen; die Roheisenerzeugung stieg von knapp 35 000 im Jahre 1807 über reichlich 100 000 im Jahre 1840 auf 1 560 000 Tonnen im Jahre 1871; das Eisenbahnnetz hatte 1840 eine Länge von 549 Kilometern und 1870 von 21 481, und die Zahl der stationären Dampfmaschinen betrug in Preußen 1837 419 und 1849 1 444 PS. Deutschland war zu der Zeit ein ausgesprochenes Agrarland, von dessen Bevölkerung über 80 Prozent auf dem Lande und von der Landwirtschaft lebten. Daran hat sich in den folgenden Jahrzehnten zunächst nur wenig geändert, denn noch 1871 lebten von den 24,6 Millionen Einwohnern des Königreichs Preußen nur knapp 23 Prozent in Orten mit mehr als 5 000 Einwohnern. In dem halben Jahrhundert vom Wiener Kongreß bis zur Reichsgründung 1871 stieg die Einwohnerzahl im Gebiet des späteren Deutschen Reiches um 65 Prozent. Dabei ist interessant, daß das bereits stark industrialisierte Königreich Sachsen mit einer Bevölkerungszunahme von 115 Prozent an der Spitze liegt. Mit 113 Prozent hatten die preußischen agrarischen Provinzen Ostpreußen, Westpreußen und Pommern eine weitaus stärkere Zunahme als die damaligen oder späteren preußischen Industrieprovinzen Schlesien, Sachsen, Westfalen, Rheinland. Bis zur Reichsgründung hatte die Industrialisierung nur geringe Fortschritte gemacht und an der vorhandenen Wirtschaftsstruktur auch nur wenig geändert.

Vor diesem Hintergrund ist die Entstehung und Entwicklung der deutschen Arbeiterklasse und Arbeiterbewegung zu sehen. Wie die Industrie war sie bis 1871 noch schwach und nur in einigen Gebieten schon zahlenmäßig beachtlich. Über das Leben und den Lebensstandard in der Frühzeit der deutschen Industrie gibt es leider keine Darstellung, die in Inhalt und Bedeutung mit der im Jahre 1845 erschienenen Schrift von Friedrich Engels »Die Lage der arbeitenden Klasse in England« zu vergleichen wäre. Über die Zustände in den verschiedenen Wirtschaftszweigen, Berufen und Orten sind zwar viele Einzelheiten bekannt, die man jedoch nur als Beispiele für die damalige Lage ansehen kann. Die darin zutage tretenden Unterschiede sind so erheblich, daß man weder für den Lohn noch für die Arbeitszeit Durchschnittswerte angeben kann. Auch die Lebenshaltungskosten lassen sich nicht genau beziffern, doch dürften selbst die besser verdienenden Handwerker kaum in der Lage gewesen sein, ihre Familien allein zu ernähren. So mußten die Familienangehörigen mitarbeiten, auf dem eigenen kleinen Stückchen Land oder – wenn dies nicht vorhanden war oder nicht ausreichte – in der Fabrik, wo Frauen, schulpflichtige und sogar kleine Kinder bis zu zwölf Stunden täglich und auch nachts arbeiten. Einwendungen und Beschwerden hiergegen tat der damalige preußische Innenminister Friedrich Freiherr von Schuckmann mit der Bemerkung ab, daß Fabrikarbeit von Kindern weniger schädlich sei als die auf den Erwerb geistiger Bildung gerichtete Arbeit der Jugend. Auch als 1826 berichtet wurde, daß die rheinischen Fabrikdistrikte wegen der verbreiteten Kinderarbeit ihr Rekrutenkontingent nicht mehr stellen könnten, hat es noch dreizehn Jahre gedauert, bis durch das Regulativ vom 6. April 1839 die Arbeit in Fabriken, Berg- und Hüttenwerken für Kinder unter neun Jahren verboten und für Kinder von neun bis zwölf Jahren auf täglich zehn Stunden begrenzt wurde.

Diese Zustände erklären alles: die sich häufenden Petitionen einzelner Arbeitergruppen an die Magistrate der Städte, an die Oberpräsidenten der Provinzen, an die Minister der verschiedenen Länder und sogar an die Landesfürsten; die zahlreichen Streitigkeiten zwischen Arbeitern und Arbeitgebern aller Berufe; die dauernde und zunehmende Unruhe in den Industriegebieten und auch die Aufstände, zu denen sich Unruhe und Streitigkeiten in manchen Fällen auswuchsen, wie 1826 die der Solinger Schleifer, 1828 der Krefelder Seidenweber, 1844 der schlesischen Weber und der sächsischen Eisenbahner. Alle diese Bewegungen entstanden aus örtlichen oder betrieblichen Anlässen. In keinem Falle hatte eine Organisation sie vorbereitet, gewollt oder gelenkt, denn da es im Vormärz keine Koalitionsfreiheit gab, konnten sich auch keine Gewerkschaften oder andere Vereinigungen zur Vertretung der Arbeiterinteressen bilden. So sind diese Ereignisse nur fortgesetzte Bestätigungen für die schrankenlose Ausnutzung und Ausbeutung durch übermächtige Fabrikanten, für die Untätigkeit und Unfähigkeit des Staates gegenüber offensichtlichen Mißständen und auch dafür, daß den Arbeitern noch die Einsicht in die Ursachen ihrer eigenen und des Zusammenhanges mit der allgemeinen Lage sowie der Wille fehlten, diese Zustände durch eigenes, gemeinsames und dauerndes Tätigwerden zu ändern.

Die Märzrevolution von 1848, in der das alte deutsche Verlangen nach nationaler Einheit und Freiheit wieder laut wurde, war zugleich eine soziale Bewegung. Ermutigt durch die Februarrevolution in Paris, forderten die deutschen Bürger den Erlaß von Verfassungen sowie die Einberufung demokratisch gewählter Parlamente für die einzelnen Länder ebenso wie für das ganze Deutschland. Als dann am 13. März in Wien der Staatskanzler Metternich gestürzt wurde und am 18. März die Berliner Bürger und Arbeiter im Straßenkampf der preußischen Garde erfolgreich widerstanden, gaben die Fürsten nach. Überall konnten jetzt Abgeordnete für die verfassunggebende deutsche Nationalversammlung gewählt werden, und in allen Ländern wurde mit der Einführung der Pressefreiheit die Zensur abgeschafft. Mit der gleichzeitig gewährten Vereinigungsfreiheit war den deutschen Arbeitern erstmals die gesetzliche Möglichkeit zur Gründung eigener Organisationen gegeben. Von einem in Berlin entstandenen Zentralkomitee für Arbeiter einberufen, an dessen Spitze der Buchdrucker Stephan Born stand, tagte in Berlin vom 23. August bis zum 2. September der erste Deutsche Arbeiterkongreß, an dem 40 Vertreter von 35 deutschen Arbeitervereinen teilnahmen. Mit diesem Kongreß, der die Gründung einer selbständigen Organisation, der »Arbeiterverbrüderung«, mit dem Sitz in Leipzig und die Herausgabe einer eigenen Zeitung beschloß, begann die erste Periode der deutschen Arbeiterbewegung. Auf die Zusammensetzung und die Arbeit der Nationalversammlung hatte diese Gründung allerdings keinen Einfluß. Abgesehen davon, daß die Wahlen bereits Anfang Mai stattgefunden hatten, waren von dem »allgemeinen und gleichen« Wahlrecht jener Zeit alle nicht selbständigen Personen ausgeschlossen, so daß Handwerksgesellen, Tagelöhner und Dienstboten nicht wählen konnten. Sie konnten sich daher um so intensiver ihren eigenen Angelegenheiten widmen, dem Aufbau und Ausbau ihrer Organisation und den Bemühungen um die Verbesserung ihrer wirtschaftlichen Lage. So sind die Revolutionsjahre erfüllt von der Gründung von Arbeitervereinen in allen Teilen Deutschlands sowie von Lohnkämpfen und Streiks in allen Berufen, aus denen in einzelnen Fällen die Ansätze für dauernde Verbände erwuchsen. Alles das war jedoch nur möglich, solange der demokratisch-revolutionäre Wille des deutschen Volkes anhielt. Als nach dem Scheitern der Bemühungen um die deutsche Einheit und die deutsche Verfassung zahlreiche Abgeordnete aus der Nationalversammlung austraten, als württembergisches Militär das verbleibende Rumpfparlament in Stuttgart auseinandergejagt hatte und als Volksaufstände in Dresden, in Baden und in der Pfalz mit Hilfe preußischen Militärs niedergeschlagen waren, wurden die in den einzelnen deutschen Ländern bereits »gewährten« Verfassungen revidiert und die jungen demokratischen Freiheiten wieder beseitigt. Das Zentralkomitee gab daher, einem Verbot zuvorkommend, am 29. Juni 1850 die Selbstauflösung der Arbeiterverbrüderung bekannt. Die meist geheimen Reste dieses ersten Bundes von Arbeitern wurden durch den Kölner Kommunistenprozeß vom 7. Oktober bis zum 12. November 1852 zerschlagen, und durch den sogenannten Bundesbeschluß vom 13. Juli 1854 verpflichteten sich die deutschen Länder, »die in ihren Gebieten etwa noch bestehenden Arbeitervereine und Verbrüderungen, welche politische, sozialistische oder kommunistische Zwecke verfolgen, binnen zwei Monaten aufzuheben und die Neubildung solcher Verbindungen unter Strafe zu stellen«. Der ersten Periode der deutschen Arbeiterbewegung war damit durch die Reaktion ein Ende bereitet.

Was nun folgt, ähnelt äußerlich dem Zustand vor der Revolution, wenn auch manches anders war als vorher. Auf Krise und Revolution folgte ein jahrelanger wirtschaftlicher Aufschwung, den man nicht mit Unrecht als die erste deutsche Gründerzeit bezeichnet hat. Mit der sich nun stärker entwikkelnden Industrie aber wuchs die Zahl der Arbeiter, und diesen in die Städte kommenden Menschen mußte man aus sozialen wie aus politischen Gründen mehr Beachtung schenken als früher. So entstanden zahlreiche Vereine, die zwar nicht von Arbeitern, aber von den verschiedensten Institutionen für Arbeiter gegründet wurden, und zwar als Bildungsvereine, Unterstützungsvereine usw. Es ist interessant und sicher nicht zufällig, daß das liberale Bürgertum sich um die Gründung und Tätigkeit solcher Vereine intensiv bemühte, und lange Zeit haben der Deutsche Nationalverein und die Deutsche Fortschrittspartei in ihnen den Ton angegeben.

Aber auch in diesen, nach dem Gesetz und dem Willen ihrer Gründer unpolitischen Vereinen konnte auf die Dauer die Politik nicht ausgeschlossen werden, denn die Entwicklung jener Jahre stellte Bürger und Arbeiter immer wieder vor Fragen, die nur politisch beantwortet und gelöst werden konnten. Aus dieser Einsicht heraus hatte sich 1862 in Leipzig ein Zentralkomitee zur Berufung eines allgemeinen deutschen Arbeiterkongresses gebildet. Das Komitee nahm u. a. auch mit dem Mann Verbindung auf, der wiederholt mit Äußerungen zu politischen und zur Arbeiterfrage hervorgetreten war: mit Ferdinand Lassalle. Sein am 12. April 1862 vor dem Berliner Handwerkerverein der Oranienburger Vorstadt gehaltener Vortrag »Über den besonderen Zusammenhang der gegenwärtigen Geschichtsperiode mit der Idee des Arbeiterstandes« veranlaßte das Zentralkomitee, Lassalle zu bitten, seine »Ansichten über die Arbeiterbewegung und über die Mittel, deren sie sich zu bedienen hat, um die Verbesserung der Lage des Arbeiterstandes in politischer, materieller und geistiger Beziehung zu verbessern«, darzulegen. Lassalle kam dieser Bitte mit einem »Offenen Antwortschreiben« nach, in dem er darlegte, daß der Arbeiter sich um Politik kümmern müsse und »die Erfüllung seiner legitimen politischen Interessen nur von der politischen Freiheit erwarten« könne. Da die Fortschrittspartei hierzu unfähig sei, müsse »der Arbeiterstand sich als selbständige politische Partei konstituieren und das allgemeine, gleiche und direkte Wahlrecht zu dem politischen Losungswort und Banner dieser Partei machen«. Diese Absicht wurde von der Mehrheit des Zentralkomitees gebilligt, und so wurde das »Offene Antwortschreiben«, eine Broschüre von 38 Seiten Umfang, zusammen mit der Einladung zu dem geplanten Allgemeinen Deutschen Arbeiterkongreß versandt, der am 23. Mai 1863 in Leipzig stattfand. Lassalles Hoffnung, seine »Schrift müßte wirken wie die Thesen von 1517 an der Schloßkirche zu Wittenberg«, erfüllte sich jedoch nicht, denn die meisten deutschen Arbeitervereine lehnten seine politischen Forderungen ab und folgten einer Einladung der Fortschrittspartei zum Arbeitervereinstag am 6./7. Juni 1863 in Frankfurt am Main. Nur elf Arbeitervereine entsandten Vertreter nach Leipzig, die dort die Gründung des Allgemeinen Deutschen Arbeitervereins beschlossen und Ferdinand Lassalle zum Präsidenten wählten.

Diese Gründung ist die eigentliche Geburtsstunde der deutschen Arbeiterbewegung. Schon nach einem Jahre, beim Tode von Lassalle im Herbst 1864, hatte der Allgemeine Deutsche Arbeiterverein in 52 Orten über 4 600 Mitglieder. Aber auch die Arbeitervereine, die 1863 noch die politischen Forderungen von Ferdinand Lassalle und damit die Teilnahme am Leipziger Kongreß abgelehnt hatten, beschäftigten sich in der Folgezeit immer häufiger und intensiver mit politischen Fragen. Innerhalb weniger Jahre setzte sich auch hier die sozialistische Auffassung durch; 1867 wurde der Drechslermeister August Bebel zum Vorsitzenden gewählt, und 1869 gründeten die Vertreter dieser Vereine in Eisenach die Sozialdemokratische Arbeiterpartei. Damit bestanden jetzt zwei Arbeiterparteien, die zwar in ihren politischen und sozialen Zielvorstellungen weitgehend übereinstimmten. Was sie trennte, war vor allem die nationale Frage.

Der alte Wunsch nach Herstellung der deutschen Einheit war auch in der Arbeiterschaft lebendig, und in den Revolutionskämpfen von 1848/49 hatten vor allem die Arbeiter gezeigt, wie ernst ihnen dieses Verlangen war. Die Kriege von 1864 und 1866 hatten die schon in der Frankfurter Nationalversammlung geführte Auseinandersetzung um die großdeutsche oder kleindeutsche Lösung wieder aufleben lassen, und diese Meinungsverschiedenheit fand jetzt in der Arbeiterbewegung sogar einen organisatorischen Ausdruck. Der Allgemeine Deutsche Arbeiterverein (die Lassalleaner) vertrat dabei die kleindeutsche preußische Auffassung und hatte dementsprechend in Nord- und Westdeutschland die meisten Mitglieder und Anhänger, während die mehr antipreußische als großdeutsche Sozialdemokratische Arbeiterpartei ihren größten Anhang in Sachsen, Thüringen, Braunschweig und Süddeutschland hatte. Mit der im Kriege von 1870/71 geschaffenen Reichseinheit war diese Streitfrage zwar faktisch gegenstandslos geworden, doch hat es noch mehr als vier Jahre gedauert, bis sich die beiden Parteien im Mai 1875 in Gotha zur Sozialistischen Arbeiterpartei Deutschlands vereinigten. Schon bei ihrer Gründung hatte die neue Partei fast 25 000 Mitglieder, und bei der nächsten Reichstagswahl im Januar 1877 erhielt sie 493 288 Stimmen und 12 Abgeordnete.

Aus der Vereinigung erwuchs der Arbeiterbewegung jedoch nicht nur größere Kraft und Anziehungskraft, sondern auch neue Gefahr. Das ununterbrochene Ansteigen sozialdemokratischer Stimmen machte Regierung und bürgerliche Parteien unsicher und ängstlich. Als dann im Frühsommer 1878 kurz hintereinander zwei Attentate auf Kaiser Wilhelm I. verübt wurden, machte der Reichskanzler Bismarck die Sozialdemokratische Partei hierfür verantwortlich und verlangte ihr Verbot. Ein schnellstens neu gewählter Reichstag beugte sich Bismarcks Willen und stimmte dem »Gesetz gegen die gemeingefährlichen Bestrebungen der Sozialdemokratie« zu, mit dem von 1878 bis 1890 alle Vereine, Verbindungen, Genossenschaften, Hilfskassen usw., »in welchen sozialdemokratische, sozialistische oder kommunistische, auf den Umsturz der bestehenden Staats- oder Gesellschaftsordnung gerichtete Bestrebungen in einer den öffentlichen Frieden, insbesondere die Eintracht der Bevölkerungsklassen gefährdenden Weise zutage treten«, verboten und alle Versuche, unter neutralem oder getarntem Namen neue Vereine zu gründen, verhindert wurden. Da aber die Reichstagswahlen reine Personenwahlen waren – in 397 Wahlkreisen wurde je ein Abgeordneter gewählt –, konnten trotz des Verbotes der Partei ihre Mitglieder als Kandidaten aufgestellt werden, und so wurde jede der folgenden Reichstagswahlen zu einem Barometer für den wirklichen Erfolg oder Mißerfolg des Sozialistengesetzes. Als sich bei der Wahl vom 20. Februar 1890 mit 1 427 298 Stimmen fast 20 Prozent aller Wähler für die Sozialdemokratische Partei entschieden und als Bismarck vier Wochen nach der Wahl dem Kaiser sein Entlassungsgesuch einreichte, war die Erfolglosigkeit des Gesetzes offensichtlich geworden. Der Versuch, den Arbeitern die Gründung eigener politischer und gewerkschaftlicher Organisationen zu verwehren, mußte um so mehr mißlingen, als die wirtschaftliche Entwicklung, d. h. die Industrialisierung, mit Riesenschritten weitergegangen war. So stieg die Steinkohlenförderung von 1871 bis 1900 um das Vierfache und erreichte 1913 die Höhe von 190 Millionen Tonnen; die Roheisenerzeugung war 1900 reichlich fünfmal so hoch wie 1871, und 1913 überstieg sie mit 14 790 000 Tonnen bereits die englische Roheisenerzeugung; das Eisenbahnnetz hatte 1895 eine Länge von 46 500 und 1913 von 61 159 Kilometern, und die Zahl der stationären Dampfmaschinen stieg bis 1913 auf 60 122. Parallel zu dieser Entwicklung nahm die Zahl der Industriearbeiter zu. Nach den Ergebnissen der Volkszählungen stieg die Zahl der in der Industrie beschäftigten erwerbstätigen Personen von 1882 bis 1907 um 4 859 788 und war damit erstmals höher als die Zahl der erwerbstätigen Personen in der Land- und Forstwirtschaft. Deutschland war am Ende des 19. Jahrhunderts ein Industrieland geworden.

Nach dem Fall des Sozialistengesetzes gingen nun die deutschen Arbeiter zum dritten Male daran, ihre Bewegung aufzubauen. Die Jahre bis zum Beginn des Ersten Weltkrieges waren erfüllt von dieser Arbeit, von dem Bemühen um die richtige Form der einzelnen Organisation, von den Auseinandersetzungen um Ziel und Weg, um Richtung und Taktik und nicht zuletzt von dem stetigen Wachsen der ganzen Bewegung. Die Hoffnung, ja die Überzeugung von der allmählichen Erringung der Mehrheit im Parlament und damit der Macht im Staate gründete sich auf diese stetige Entwicklung, und die Ergebnisse der Reichstagswahlen schienen die Lassallesche These zu bestätigen, das allgemeine, gleiche und direkte Wahlrecht sei die Grundbedingung aller sozialen Hilfe und das einzige Mittel, die materielle Lage des Arbeiterstandes zu verbessern. Meisterhaft verstanden es die Vertreter der Arbeiter im Reichstag, das Parlament zum Forum für die Vertretung der Interessen des ganzen Volkes zu machen. Sie waren im besten Sinne das soziale Gewissen der Nation, und was auf dem Gebiete der Sozialpolitik geplant und getan wurde, ging direkt oder indirekt auf das Vorhandensein dieser mahnenden und kritischen Opposition zurück.

In den hundert Jahren vom Ende der napoleonischen Kriege bis zum Beginn des Ersten Weltkrieges wurde Deutschland durch die wirtschaftliche und technische Entwicklung völlig verändert und aus einem Agrarland zu einem der bedeutendsten Industrieländer der Erde. In den fünfzig Jahren von der Gründung des Allgemeinen Deutschen Arbeitervereins bis zum Beginn des Ersten Weltkrieges wurde aus einzelnen Gruppen von recht- und wehrlosen Arbeitern eine große Bewegung, die dafür gesorgt hat, daß an dem wirtschaftlichen Aufschwung dieser Jahrzehnte auch die Arbeiter teilhatten, und die den Arbeitern das Selbstbewußtsein für die Stellung gab, die sie aufgrund ihrer Stärke in Staat und Wirtschaft für ihren Stand fordern.

Willy Dehnkamp

Geburt des Proletariats

Zwischen der Revolution von 1830 und den Märzereignissen des Jahres 1848 sind London, Paris und Brüssel die Zentren freiheitlicher Bewegung; Wien, wo Metternich regiert, und Petersburg Hochburgen reaktionärer Politik. Die englische und die französische Presse, noch mehr das französische Buch, werden zur Lieblingslektüre der mit ihren inneren Zuständen unzufriedenen Deutschen. Seltsam mischen sich demokratische Ideen mit sozialistischen; sie werden den Werken der großen englischen und französischen Theoretiker entnommen. Demokrat und Sozialist scheinen manchem Bürger dasselbe. Heinrich Heine und Georg Büchner treten für die unteren Stände ein; Industrielle und wohlmeinende Beamte suchen nach Wegen, Spannungen zu mildern und offensichtliche Mißstände zu beseitigen. Man spricht von der sozialen Frage, sieht aber in ihr nur eine unvermeidliche Begleiterscheinung des sich entwickelnden Welthandels und der Industrialisierung, ein Problem, das sich von selbst regulieren würde. So sind die Aufstände der Weber zwar für die deutsche Presse ein Thema, über das sie ausführlich berichtet, ein Anlaß, zur Mildtätigkeit aufzurufen. Aber wenige Blätter erkennen, daß es sich hier nicht um ein bedauerliches Einzelereignis handelt. Nur eine kleine Zahl von Gelehrten und Journalisten findet sich in Paris und Brüssel zusammen und ringt in kritischer Auseinandersetzung um neue Erkenntnisse: Karl Marx, Friedrich Engels, Moses Heß und Wilhelm Wolff. Neben ihnen bilden sich kleine Gruppen von Arbeitern und Handwerkern, die die neuen Ideen aufnehmen. Einer von ihnen, Wilhelm Weitling, schreibt seine »Garantien der Harmonie und Freiheit«, die vielgerühmte erste Schrift eines deutschen Proletariers. Aber die wirtschaftliche Not, verstärkt durch die Liberalisierung des Handels, steigert sich von Jahr zu Jahr. Sie findet ihren Höhepunkt im Winter 1847/48. Sie bereitet den Boden für das Eindringen sozialistischer oder, wie man zu dieser Zeit gern sagt, kommunistischer Ideen in der Arbeiterschaft Deutschlands vor. Träger der Bewegung sind vor allem die wandernden Handwerkergesellen, deren Existenz durch die Industrialisierung bedroht ist. In diesen Kreisen werden die Namen Karl Marx und Friedrich Engels ein Begriff. Noch fehlt den Arbeitern das Gefühl ihrer Macht, noch fehlt der Gedanke an einen Zusammenschluß in einer Partei. Noch erwartet man sein Heil von den Fürsten oder von den bürgerlichen Parteien. – Die von England auf Deutschland übergreifende Industrialisierung schafft einen Stand, den der Kulturhistoriker Wilhelm Heinrich Riehl umreißt:

Eine Art von physikalisch-chemischem Prozeß in der neuesten Kulturgeschichte liegt unserer Untersuchung vor. Die organischen Gebilde der alten Gesellschaftsgruppen beginnen hier und da zu verwesen; von den uralten Gesteinschichten der Stände, die so lange als die ehernen Säulen der Zivilisation festgestanden, wittert allerorten die Rinde ab, und die künstlich gebundenen Stoffe, welche das soziale Leben in Blut und Mark und Nerven warm und lebendig erhielten, zersetzen sich, lösen sich in ihre Grundbestandteile auf. Aber in diesem Prozesse der Zersetzung selber einigen sie sich wieder zu neuen Stoffen, und aus den verwitterten Gesteinen und den verwesten Organismen sprießt ein neues, fremdartiges Leben auf. Dies ist der Bildungsprozeß des vierten Standes.

Sehr bald bildet sich der Begriff des Proletariats. Es sind vor allem die Geistlichen, die die Abwendung von der Kirche und das Schwinden ihres Einflusses beklagen. Auch in den Ständeversammlungen kommt es zu lebhaften Debatten. Charakteristisch ist eine Äußerung des Abgeordneten Franz Joseph Buß in der badischen Ständeversammlung aus dem Jahr 1837:

Ein solcher gewerblicher Umschwung, der in unserer Zeit sich zu einer weltgeschichtlichen Erscheinung gesteigert hat, greift tief in das Wesen eines Volkes ein: er verwandelt dessen sämtliche Zustände [...].

Ich verkenne die Vorzüge der fabrikmäßigen Industrie keineswegs. [...]

Allein tiefgehende Nachteile sind im Gefolge dieser Vorzüge [...]:

I. Nachteile für die Fabrikarbeiter,
II. Nachteile für die Fabrikherren,
III. Nachteile für den Staat.

Die Nachteile für die Fabrikarbeiter zeigen sich in fünf Richtungen:

1. in Beziehung auf das wirtschaftliche Verhältnis,
2. auf die Gesundheit,
3. auf die Geistesbildung,
4. auf die rechtliche und politische Stellung,
5. auf die sittliche und religiöse Stimmung.

Über die politische Stellung sagt Buß:

So von allen Seiten zurückgedrängt, genießt der Fabrikarbeiter nicht einmal eine rechtliche und politische Sicherstellung.

Das Fabrikwesen erzeugt eine Hörigkeit neuer Art. Der Fabrikarbeiter ist der Leibeigene eines Brotherrn, der ihn als nutzbringendes Werkzeug verbraucht und abgenutzt wegwirft. [...]

Auch die politische Stellung des Fabrikarbeiters ist trostlos. Wegen seiner Abhängigkeit kann er politische Rechte nicht genießen, und würden sie ihm auch gewährt, so würde er, als Werkzeug seines Brotherrn, sie nach dessen Laune ausüben müssen. Nach der gesamten Stellung des Arbeiters kann der Staat ihm nicht einmal den Schutz gewähren, den das materielle Recht ihm schuldet, nur als Armer fühlt der Arbeiter die Wohltaten des Staatsverbandes.

Der Abgeordnete Johann Adam von Itzstein antwortet:

Der Herr Antragsteller hat uns [...] ein [...] sehr trauriges und schwarzes Bild von dem übertriebenen Fabrikwesen geliefert, und ich füge hinzu: ein so trauriges und trübes Bild, daß, wenn es sich also verhielte und verhalten könnte, ich lieber auf alle Wohltaten des Fabrikwesens verzichten, als diese entsetzlichen Folgen, die er für das Volk und seine Moralität geschildert hat, über einen Staat hereinbrechen sehen möchte.

Es mehren sich die Stimmen aus dem Bürgertum, die das neue Phänomen schildern. Der Publizist und Historiker Karl Biedermann schreibt:

Ich selbst hatte meine Aufmerksamkeit schon früh den Arbeiterverhältnissen zugewendet. Als Knabe war ich durch eigene Anschauung mit den Zuständen der Arbeiterbevölkerung meiner erzgebirgischen Heimat, der Bergleute, der Hammerschmiede, der Spitzenklöpplerinnen usw. vertraut geworden. Mein persönlicher Verkehr mit Fabrikanten zu Anfang der vierziger Jahre hatte mich manchen Blick in das Verhältnis des Arbeitgebers zum Arbeiter tun lassen. Die von Fr. List und seinen Anhängern ausgegebene Losung: »Schutz der nationalen Arbeit«, die zunächst nur die Sicherung der Arbeitgeber gegen fremde Konkurrenz bezweckte, legte mir die Betrachtung nahe, inwieweit dieser »Schutz« auch den Arbeitern zugute komme.

Neue Schlagworte entstehen. Baron Alexander von Bülow bemerkt 1842 in einem Aufsatz:

Es ist dies die Tatsache des Elends der arbeitenden Klassen, der Pauperismus, ein neues Wort, ein energischer Ausdruck, der geschaffen ward, um von einer bisher unbekannten Situation ein vollständiges, wahres Bild zu geben.

Der Begriff »Kommunismus« wird jetzt im politischen Sinne gebraucht. Heinrich Heine formuliert:

Kommunismus ist der geheime Name des furchtbaren Antagonisten, der die Proletarierherrschaft in allen ihren Konsequenzen dem heutigen Bourgeoisregimente entgegensetzt.

Die Radikalen fühlen sich mit den Proletariern verbunden, so der Berliner Arzt Dr. Julius Waldeck:

Wie oft sage ich es diesen Leuten, wir alle sind doch eigentlich im Innersten [...] Kommunisten und Atheisten, nur mit dem Unterschiede, daß die einen, die Unmöglichkeit, jenes ersehnte Ziel jetzt schon herbeizuführen, einsehend, auf *Erreichbares* ausgehen, während die anderen [...] darin eine Heuchelei sehen und behaupten, man müsse nach mehr streben, [...] müsse die Unhaltbarkeit der jetzigen sozialen Verhältnisse des Himmels und der Erde auf das krasseste dartun und so die Notwendigkeit der Umgestaltung oder vielmehr der Neubildung in der Theorie beweisen, in der Praxis mache sie sich dann von selbst.

Natürlich bemächtigen sich Satiriker wie Adolf Glasbrenner des Stoffes:

Die Zwitter und die Zitterer,
Die zischelten zusammen,
Ob's an der Zeit, die Despotie
Aus Deutschland zu verbannen.
Der erste sagt: es müsse gehn;
Der zweite sprach: es macht sich;
Der dritte setzt die Brille auf
Und hat erst noch bedacht sich. [...]
Der Fünfte sprach: 's ist noch nicht Zeit,
Die Fürsten sind dagegen!

Der Nationalökonom und Politiker Heinrich Bernhard Oppenheim bespricht ein französisches Buch über die »arbeitenden Klassen« und meint:

Schon die Begriffsbestimmung des Proletariats ist bei unserm Autor höchst oberflächlich. [...] Den Historiker, den Politiker unserer Tage, der ruhig in seinem Ideenkreise die Massen ordnet wie zu mathematischen Berechnungen, stört eine Erscheinung auf, die zu seinem Gefühle spricht: Denkst du auch für uns, ist die Geschichte, die Vergangenheit auch zu unserem Heile dagewesen? – Der Schiffszieher, der Bettler fordert Brot. Der Hunger, der zu Verbrechen getrieben, widerspricht der stolzen Theorie menschlicher Willensfreiheit und Zurechnungsfähigkeit; er appelliert an einen Notstand und erkennt keine Verpflichtungen gegen die Gesellschaft an, deren Schätze und Freuden er nicht teilt. [...]

Die neueren Bevölkerungstheorien [...] stellen uns das Proletariat als den unvermeidlichen Hefensatz des Staatslebens dar, wie er sich in jeder Nation absondern müsse. [...] Je schneller sich ein Volk durch die Stadien seiner Entwickelung bewegt, um so mehr wird der Pauperismus wachsen, der traurige, nie ausbleibende Gegensatz des Reichtums. Wer bezweifelt, daß weise Einrichtungen dem Übel entgegenwirken können! [...] Ist das Übel gleich unheilbar, so ist es doch nicht tödlich, und der Staat kann ihm wenigstens entgegensteuern.

Im selben Jahr, 1842, stellt das Potsdamer Regierungspräsidium eine Preisfrage:

[...] ob die Klage über die zunehmende Armut begründet sei, was die Ursachen und Kennzeichen der Verarmung seien und durch welche Mittel einer zunehmenden Armut könne gesteuert werden.

Der schlesische Fabrikant Schlöffel stellt Bettina von Arnim für ihr »Armenbuch« eine Liste mit statistischen Angaben zur Verfügung und gibt ihr als Erläuterung eine Denkschrift bei, die mit den Worten schließt:

Resümieren wir Gesagtes in kurzen Worten, so muß der in gesundem Staatsleben unmögliche Notstand aufhören, wenn

1. das preußische Gouvernement die Notwendigkeit der gewerblichen Industrie im Staate anerkannt haben wird und [...]

4. die Verfassung ohne Rücksicht auf Stände eine Gliederung gestattet, mit der nicht die Interessen einzelner Stände, sondern die Interessen aller, das heißt des ganzen Volkes, wahrgenommen werden,

5. der Staat aufhören wird, ein bloßer Agrikulturstaat zu sein, und infolgedessen,

6. Gleichheit vor dem Rechte, Öffentlichkeit des Gedankens und der Tat eine Volkskraft erzeugen wird, welche Preußen

vor jeder inneren Not bewahren und jedem äußeren Feinde gegenüber gerüstet und kampfgerecht halten wird.

Dichter wie Emanuel Geibel setzen sich von dem Proletariat ab. Aus Geibels Gedicht »Gegen den Strom«, geschrieben 1844:

Die Freiheit hab ich stets im Sinn getragen,
Doch haß ich eins noch grimmer als Despoten:
Das ist der Pöbel, wenn er sich den roten
Zerfetzten Königsmantel umgeschlagen.

Der Verherrlicher des Bürgertums, Gottfried Keller, trägt am 10. Juli 1843 in sein Tagebuch ein:

Verdrießliche, hoffnungsarme Stimmung. Dazu kommt noch das geheime Unheil drohende Gären und Motten des Kommunismus und die kecken öffentlichen Äußerungen desselben. Das Nachdenken über diese wichtig werdende Zeitfrage macht mich konfus. So viel scheint mir gewiß, daß mehr Elend als je auf Erden ist, daß der Kommunismus viele Anhänger gewinnt und schon hat. [...] Ein Prediger desselben, der Schneidergeselle Weitling, welcher ein Buch »Garantien der Harmonie und Freiheit« mit Geist und Feuer darüber geschrieben hat, ist hier arretiert worden. Die Arrestation hat bei der liberalen Partei Unwillen erregt. [...] Indessen [...] aber scheint es mir ein kurzsichtiger und gieriger Neid dieser guten Leute gegen die Reichen dieser Welt zu sein. Sie wollen nicht, wie Weitling deutlich sagt, bloß zu essen, sie wollen es vollauf üppig und gut haben. Sie wollen auch einmal an die Reihe. O ihr Toren! Wenn ihr ganz gleichmäßige Erziehung vom Staate aus, Sorge für allgemeinen Verdienst vom Staate aus, allgemeine Versorgung der Verdienstunfähigen und Hilflosen vom Staate aus verlangt: dann bin ich mit Leib und Seel bei euch! So aber mit euren wirklich fanatischen weltstürmenden Gedanken bleibt mir vom Halse! Schert euch ins Tollhaus, wenn ihr's aufrichtig, und zum Teufel, wenn ihr es nur für euren werten Bauch gemeint habt!

Von Paris geht Wilhelm Weitling 1841 nach Genf, um auch in der Schweiz für den »Bund der Gerechten« Anhänger zu gewinnen, Bildungs-, Lese- und Gesangvereine zu gründen. Im Mittelpunkt steht sein Monatsblatt, der »Hilferuf der Jugend«. Darin schreibt er:

Auch wir wollen eine Stimme haben in den öffentlichen Beratungen über das Wohl und Wehe der Menschheit. Denn wir, das Volk in Blusen, Jacken, Kitteln und Kappen, wir sind die zahlreichsten, kräftigsten und dennoch am wenigsten beachteten Menschen auf Gottes weiter Erde. Seit Menschengedenken verfochten immer andere unsere oder vielmehr *ihre* Interessen, darum ist es doch wahrlich bald Zeit, daß wir einmal mündig und dieser gehässigen, langweiligen Vormundschaft los werden. Wie kann jemand, der unser Wohl und Wehe nicht teilt, sich einen Begriff davon machen? Ohne diesen Begriff, ohne diese praktische Erfahrung, wie ist er imstande, Verbesserungen unserer moralischen und physischen Zustände vorzuschlagen und einzuführen? [...] Wer die Lage des Arbeiters richtig beurteilen will, muß selbst Arbeiter sein, sonst kann er keinen Begriff haben von den Mühen, die damit verbunden sind.

Weitlings Schrift »Garantien der Harmonie und Freiheit« erscheint im Jahr 1842, die erste wirksame Publikation eines deutschen Arbeiters. Sie wird zum Katechismus der Arbeiter und immer wieder neu aufgelegt. In ihr heißt es:

Die Menschheit in ihrer Kindheit lebte frei und unabhängig, weil jeder seine Begierden nach Belieben entwickeln konnte, wollt ihr den Menschen heute wieder frei und unabhängig machen, so gebt der Gesellschaft eine Organisation, welche allen im gleichen Verhältnisse die Befriedigung ihrer Begierden, die Entwicklung ihrer Fähigkeiten erleichtert. [...]

Das Glück besteht in der Zufriedenheit und die Zufriedenheit in der Freiheit. Freiheit aber ohne Gemeinschaft ist teilweise wohl für einzelne, nicht aber *für alle* denkbar. [...]

Wenn aber alle Menschen des Erdbodens im Zustand der Gemeinschaft lebten und darin erzogen wären, so würden sie alle mitsammen freier und zufriedener leben als die Bevorrechtigten im heutigen Zustande der Ungleichheit, und wenn sie die Woche nur einmal Fleisch zu essen und nur einmal Wein zu trinken hätten.

Besonders wirksam durch seine Mischung von christlichen und sozialistischen Ideen ist der Aufruf Weitlings, in dem es u. a. heißt:

Es wird eine Zeit kommen, wo man nicht mehr bitten und verlangen wird. [. . .]

Zu dieser Zeit wird die Tränenfeuchte der Bruderliebe wieder in das vertrocknete Auge des Eigennutzes zurückkehren, das Herz des Lasterhaften wird sich von einem nie gekannten Tugendgefühle ergriffen fühlen und der Gottesleugner ein Dankgebet zum Himmel schicken. [. . .]

Also vorwärts, Brüder! Den Fluch des Mammons auf den Lippen, laßt uns die Stunde der Befreiung erwarten, die unsere Tränen in erquickende Tautropfen, die Erde in ein Paradies und die Menschheit in eine Familie verwandeln wird.

Zwei Jahre nach dem ersten Erscheinen ist Karl Marx bei allem Lob der Weitlingschen Schrift der Meinung, sie sei im Grunde nicht massenwirksam, d. h. also politisch, sondern allzu theoretisch. Er schreibt im Pariser »Vorwärts«:

Wo hätte die Bourgeoisie – ihre Philosophen und Schriftgelehrten eingerechnet – ein ähnliches Werk wie Weitlings »Garantien der Harmonie und Freiheit« in bezug auf die Emanzipation der Bourgeoisie – die politische Emanzipation – aufzuweisen? Vergleicht man die nüchterne, kleinlaute Mittelmäßigkeit der deutschen politischen Literatur mit diesem maßlosen und brillanten Debüt der deutschen Arbeiter; vergleicht man diese riesenhaften Kinderschuhe des Proletariats mit der Zwerghaftigkeit der ausgetretenen politischen Schuhe der Bourgeoisie, so muß man dem Aschenbrödel eine Athletengestalt prophezeien. Man muß gestehen, daß das deutsche Proletariat der Theoretiker des europäischen Proletariats, wie das englische Proletariat sein Nationalökonom und das französische Proletariat sein Politiker ist. Man muß gestehen, daß Deutschland einen ebenso klassischen Beruf zur sozialen Revolution besitzt, wie es zur politischen unfähig ist.

Auf bestimmte soziale Mißstände weist der Kandidat der Philologie Wilhelm Wolff, der spätere Freund von Karl Marx, in seinem berühmten »Kasematten«-Artikel am 18. November 1843 in der »Breslauer Zeitung« hin:

Wenn Ihr über die Sand- und die beiden Oderbrücken hinüber seid, so wendet einmal, ich bitte Euch, Eure Schritte gleich rechts ab in die Sterngasse hinein. Ihr geht nicht weit, und ein Haus steht vor Euren Augen, das sich sogleich als zu militärischen Zwecken erbaut ankündigt. Es sind die Kasematten. Faßt Euch ein Herz und tretet ein! Ihr findet hier keine Soldaten, und dennoch wohnen Krieger darin, aber überwundene; ihr Feind, dem sie unterlagen und bei jeder neuen Anstrengung täglich aufs neue unterliegen – dieser Feind ist die Armut. Auf seiner Seite streiten als treue Alliierte der Hunger, die Blöße, der Frost. Wie sollten waffen-, d. h. mittellose Männer, Frauen und Kinder den ungleichen Kampf bestehen können? Seht Euch den Aufenthalt der Armut genau an! [...] Und – Ihr werdet begreifen, daß die Bewohner frieren. Da steht ein Ofen mit ganzer Röhre; es ist Feuer darin; aber der Rauch in der Stube erstickt Euch; öffnet, öffnet; und Ihr werdet begreifen, daß sie frieren. Der Rauch lockte Euch Tränen aus den Augen, Ihr blickt die Insassen an, sie weinen – vor Rauch? O nein! Sie weinen vor Frost und Hunger.

Nicht anders greift Bettina von Arnim 1843 mit ihrer sozialkritischen Schrift »Dies Buch gehört dem König« ein. Der Dichter Karl Gutzkow ist der Meinung, daß diese Attacke auf die Berliner Armenbehörde nicht ungehört verhallen dürfe:

Das [...] Werk [...] schließt mit dem Septimenakkord des tiefsten Schmerzes, es schließt erschütternd, herzzerreißend, tragisch. [...] Jede Träne dieses Bildes wiegt die kostbarsten Brillanten einer stilistischen Phantasie auf. [...]

Von diesem Anhang [*unter dem Titel »Erfahrungen eines jungen Schweizers im Vogtlande« von Heinrich Grunholzer*] kann man nicht glauben, daß er spurlos vorübergehen wird. Nicht nur, daß die Berliner Armendirektion, eines der unpopulärsten Institute der Residenz, einer gründlichen Reorganisation unterworfen werden muß, auch die höhere, den ganzen Staat umfassende, ja ich nenne sie die kommunistische Frage: Was soll geschehen, um den Menschen dem Menschen zu retten, das Band der Bruderliebe wieder anzuknüpfen und einer unheilschwangern, furchtbar drohenden Zukunft vorzubeugen? Diese Frage wird um Antwort drängen, und die Antwort wird nicht in Phrasen, nicht in Almosen, sondern in durchgreifenden Schöpfungen bestehen müssen.

Zum ersten offenen Ausbruch kommt es am 4. Juni 1844 im Eulengebirge. Das »Weser-Dampfboot«, die in Minden erscheinende politische Zeitschrift, enthält einen Bericht, der in der Öffentlichkeit großes Aufsehen erregt:

In Schlesien, in Peterswaldau, in Langenbielau, im Waldenburgschen haben die Weber, diese gutmütigen, in der Regel sogar furchtsamen und kränklichen Menschen, zu den Waffen gegriffen. Zur Unterdrückung des Aufstandes ist eine bedeutende Anzahl Militärs erforderlich gewesen; aus Breslau, aus Glatz, aus Brieg, aus Strehlen wurde Infanterie und Kavallerie detachiert; sogar Artillerie ließ man aus Schweidnitz herbeischaffen. [...] Man fürchtet, daß böhmische Weber und Pascher sich zu den Schlesiern gesellen und in der gebirgigen Grafschaft Glatz und im Riesengebirge selbst einen Gebirgskrieg organisieren werden. [...] An der baldigen Unterdrükkung des Aufstandes ist wohl nicht zu zweifeln. Aber möge man sich hüten, zu glauben, mit der Bestrafung einiger Unglücklicher sei die Sache erledigt! [...] Der tiefere Grund des Aufstandes ist die furchtbar klaffende Wunde der heutigen Gesellschaft, die schreiende Ungleichmäßigkeit der Lebensgüter, die materielle Not der Arbeiter. [...] Mit Almosen, mit Wohltätigkeitsvereinen kann der Notstand nicht geheilt werden; man muß auf Radikalmittel denken, und dieses wird nur in der Assoziation, in der Organisation der Arbeit zu finden sein.

»Das Elend und der Aufruhr in Schlesien«, so benennt Wilhelm Wolff einen Bericht über diese Ereignisse, der wegen

der Zensurbestimmungen nicht in Breslau erscheinen kann, aber in Darmstadt 1845 veröffentlicht wird. Darin schreibt er:

Infolge dreier Gewehrsalven blieben sofort elf Menschen tot. Blut und Gehirn spritzte weit hin. Einem Manne trat das Gehirn über dem Auge heraus. Eine Frau, die zweihundert Schritte entfernt an der Tür ihres Hauses stand, sank regungslos nieder. Einem Manne war die eine Seite des Kopfes hinweggerissen. Die blutige Hirnschale lag entfernt von ihm. Eine Mutter von sechs Kindern starb denselben Abend an mehreren Schußwunden. Ein Mädchen, das in die Strickstunde ging, sank, von Kugeln getroffen, zu Boden. Eine Frau, die ihren Mann stürzen sah, ging auf den Boden und erhängte sich. Ein Knabe von acht Jahren wurde durchs Knie geschossen. Bis jetzt sind überhaupt vierundzwanzig schwer und tödlich Verwundete, außer den obigen elf Toten, bekanntgeworden. Wie viele ihre Wunden verheimlichen, läßt sich vielleicht später erfahren. Nach den ersten Salven herrschte einige Sekunden eine Totenstille. Aber der Anblick des Blutes um und neben ihnen, das Stöhnen und Röcheln der im Verscheiden Begriffenen, der Jammer der Blessierten, trieb die mutigsten unter den Webern zum Widerstande. Sie antworteten mit Steinen, die sie von den Steinhaufen der Straße aufrafften. Als nun zwar noch mehrere Schüsse getan und dadurch abermals einige Weber verwundet wurden, gleichwohl aber die Weber auf der einen Seite entfliehend, von der andern her zurückkehrten und unter den fürchterlichsten Flüchen und Verwünschungen mit Steinen zu werfen fortfuhren, mit Knütteln, Äxten usw. vordrangen, bewerkstelligte der Major von Rosenberger seinen Rückgang. Hätte er länger gezögert, so war es vielleicht für immer zu spät.

Selbst die zurückhaltende »Vossische Zeitung« bringt das »Weberlied« mit dem Titel »Das Blutgericht«:

Hier im Ort ist ein Gericht
Noch schlimmer als die Femen,
Wo man nicht erst ein Urteil spricht,
Das Leben schnell zu nehmen.

Hier wird der Mensch langsam gequält,
Hier ist die Folterkammer,
Hier werden Seufzer viel gezählt,
Als Zeugen von dem Jammer.

Die Herrn Zwanziger die Henker sind,
Die Dierig ihre Schergen,
Davon ein jeder tapfer schindt,
Anstatt was zu verbergen.

Ihr Schurken all, ihr Satansbrut,
Ihr höllischen Dämone!
Ihr freßt der Armen Hab und Gut,
Und Fluch wird euch zum Lohne.

Ihr seid die Quelle aller Not,
Die hier den Armen drücket,
Ihr seid's, die ihm das trockne Brot
Noch von dem Munde rücket. [...]

Oh, euer Geld und euer Gut,
Das wird dereinst vergehen
Wie Butter an der Sonne Glut.
Wie wird's um euch dann stehen?

Wenn ihr dereinst nach dieser Zeit,
Nach eurem Freudenleben,
Dort, dort in jener Ewigkeit
Sollt Rechenschaft abgeben.

Und darunter fährt das Blatt fort:

Es ist ein offenes Manifest aller der Klagen und Beschwerden, welche bis dahin nur verstohlen und leise von Mund zu Mund wanderten. [...] Dieses in jeder Beziehung merkwürdige Dokument enthält [...] überraschend verständige Ansichten und Anschauungen. [...] Das Lied eilte wie ein Aufruf von Haus zu Haus; es fiel als Zündstoff in die gärenden Gemüter.

Unter dem Eindruck der Nachrichten aus Schlesien schreibt Ferdinand Lassalle am 12. Juni 1844 an seinen Vater:

Etwas ganz anderes ist es mit den Peterswaldauer und Langenbielauer Vorfällen. Hier ist es Ernst, blutiger Ernst! Merkt Ihr etwas? Hört Ihr's gewittern am Horizont? Fürchtet Euch nicht, es wird diesmal vorübergehen und noch einmal vorübergehen – aber dann wird's einschlagen! Du schreibst, wir leben in einer bewegten Zeit. Jawohl, sehr bewegt, aber der heiligen Jungfrau sei's Dank, daß die Zeit endlich zur Bewegung gekommen, daß sie sich aufzuraffen anfängt aus der alten sündhaften Indolenz, in die sie verfallen.

»Gerissen ist die Zeit aus den Gelenken«, aber die neue Hamletnatur fährt im Gegensatz zu der alten fort: »Wohl mir, daß ich geboren bin, sie wieder einzurenken.«

Oder seid Ihr denn wirklich so stockblind, taub, dumm, an allen Sinnen gelähmt und geschlagen, daß Ihr nicht merkt, was das alles zu bedeuten hat? Die Not, das Unglück, die Entzweiung mit dem gesellschaftlichen Zustand, die sich jetzt in so vielen Phänomenen kundtut, durch so unzählige Prismen bricht, Weberarmut und Aktienschwindel, das ist aufs engste innerlich verknüpft und ein Eines [...]. Alle diese verschiedenartigen Phänomene sind Möwen, [...] Sturmvögel, die da verkünden, daß der Sturm des neuen Geistes im Anzug sei.

Wilhelm Wolff, der Freund der Armen, meint:

Wer über die Natur des Privateigentums und seine Konsequenzen ernstlich nachgedacht, wird von Dingen, die höchstens einige Zeit als kleines Palliativ wirken könnten, keine Radikalkur hoffen. Nur eine Reorganisation, eine Umgestaltung der Gesellschaft auf dem Prinzipe der Solidarität, der Gegenseitigkeit und Gemeinschaftlichkeit, mit einem Wort: der Gerechtigkeit, kann uns zum Frieden und zum Glücke führen.

In Paris dichtet Heinrich Heine:

Im düstern Auge keine Träne,
Sie sitzen am Webstuhl und fletschen die Zähne:
»Deutschland, wir weben dein Leichentuch,
Wir weben hinein den dreifachen Fluch –
Wir weben, wir weben!

Ein Fluch, dem Gotte, zu dem wir gebeten
In Winterkälte und Hungersnöten;
Wir haben vergebens gehofft und geharrt,
Es hat uns geuzt und gefoppt und genarrt –
Wir weben, wir weben!

Ein Fluch dem König, dem König der Reichen,
Den unser Elend nicht konnte erweichen,
Der den letzten Groschen von uns erpreßt
Und uns wie Hunde erschießen läßt –
Wir weben, wir weben!

Ein Fluch dem falschen Vaterlande,
Wo nur gedeihen Schmach und Schande,
Wo jede Blume früh geknickt,
Wo Fäulnis und Moder den Wurm erquickt –
Wir weben, wir weben!

Das Schiffchen fliegt, der Webstuhl kracht,
Wir weben emsig Tag und Nacht –
Alldeutschland, wir weben dein Leichentuch,
Wir weben hinein den dreifachen Fluch –
Wir weben, wir weben!«

Die preußische Regierung leitet bei dieser allgemeinen Empörung Hilfsmaßnahmen ein. Das »Weser-Dampfboot« bezeichnet dies als bloße Blitzableitung und schreibt dazu am 19. Juni 1844:

Die Unzufriedenheit mit dem gegenwärtigen Stande der Dinge wächst von Tag zu Tag, Tausende von deutschen Bürgern wünschen sehnlichst eine Änderung der Dinge herbei; diesen Satz wird mir niemand bestreiten wollen, der nur einigermaßen mitten in der Zeit steht. Selbst deutsche Minister, die auf das Wehen der Zeitwinde nicht achtgeben, haben das unbefriedigte Wesen eingesehen und wenden alles an, dieses an Deutschlands politischem Horizont aufgestiegene drohende Gewitter abzuleiten. Aber alle bisher angewandte Blitzableiter wie: Kölner Dombau, Gustav-Adolf-Vereine usw. haben ihre Kraft verloren.

Der westfälische Industrielle Friedrich Harkort sieht ein, daß Einzelaktionen nichts helfen, daß es sich vielmehr um ein wichtiges soziales Bildungsproblem handelt, nämlich:

[...] das Volk zu befähigen und zu nötigen, für sich selbst zu sorgen.

Er wendet sich gegen seine eigene Klasse:

Ihre geistige Überlegenheit, die Geldkraft und der Luxus bilden eine schroffe Kluft den untern Ständen gegenüber. Diese Klasse trifft der große Vorwurf, in selbstsüchtiger Verfolgung der eigenen Interessen jene der Majorität vernachlässigt oder mißbraucht zu haben.

Aber der Tag der Rechenschaft ist erschienen, und es mahnen die Klugheit und das eigene Gewissen! Wenn wir das Verhältnis der Nation: 1/3 Arme, 1/3 Arbeiter und nur 1/3 Besitzende, betrachten, so liegt darin wenig Garantie für das Bestehende, wenn die beiden ersten Abteilungen zum Bewußtsein ihrer Kraft gelangen.

Bereits ist anderwärts der Kampf faktisch zum Ausbruch gekommen, und nur der Kanone eherner Mund hat vorläufig Schweigen geboten.

Heine allerdings spottet:

Ein neues Lied, ein besseres Lied,
O Freunde, will ich euch dichten!
Wir wollen hier auf Erden schon
Das Himmelreich errichten.

Wir wollen auf Erden glücklich sein
Und wollen nicht mehr darben;
Verschlemmen soll nicht der faule Bauch,
Was fleißige Hände erwarben.

Es wächst hienieden Brot genug,
Für alle Menschenkinder,
Auch Rosen und Myrten, Schönheit und Lust
Und Zuckererbsen nicht minder.

Ja, Zuckererbsen für jedermann,
Sobald die Schoten platzen!
Den Himmel überlassen wir
Den Engeln und den Spatzen.

In der Tat bezeugt ein Brief von Friedrich Engels an Karl Marx vom Oktober 1844, daß die revolutionäre Bewegung im Rheinland Fortschritte macht:

Ich war in Köln drei Tage und erstaunte über die ungeheure Propaganda, die wir dort gemacht haben. Die Leute sind sehr tätig, aber der Mangel an einem gehörigen Rückhalt ist doch sehr fühlbar. Solange nicht die Prinzipien logisch und historisch aus der bisherigen Anschauungsweise und der bisherigen Geschichte und als die notwendige Fortsetzung derselben in ein paar Schriften entwickelt sind, so lange ist es doch alles noch halbes Dösen und bei den meisten blindes Umhertappen. Später war ich in Düsseldorf, wo wir auch einige tüchtige Kerls haben. Am besten gefallen mir übrigens noch meine Elberfelder, bei denen die menschliche Anschauungsweise wirklich in Fleisch und Blut übergegangen ist; diese Kerls haben wirklich angefangen, ihre Familienwirtschaft zu revolutionieren, und lesen ihren Alten jedesmal den Text, wenn sie sich unterfangen, die Dienstboten oder Arbeiter aristokratisch zu behandeln – und so was ist schon viel in dem patriarchalischen Elberfeld.

Die »Eiserne Lerche«, Georg Herwegh, schreibt:

Zittert, zittert, blöde Toren,
Vor der Zukunft ehrnem Tritt –
Ja, die Zeit ist neugeboren,
Ja, und ohne Kaiserschnitt;
Und erobert wird das Leben,
Und wir jubeln Gloria:
Alle Schulden sind vergeben,
Denn kein Gläubiger ist da.

Immer wieder ergreift Friedrich Harkort das Wort. In seinem 1845 erschienenen Werkchen »Die Vereine zur Hebung der untern Volksclassen« äußert er:

Wir fordern laut für die ganze Nation Bildung, Bildung und nochmals Bildung! Allerdings ist viel Geschwätz darüber gewesen, ob die untern Stände nicht *zu viel* lernen könnten? [...]

Von unten auf lege man das Fundament und schließe alle Klassen durch Bildung dem großen Ganzen an.

Er fährt fort:

Wir haben längst »Reform! Reform!« gerufen; der Drang der Not unterstützt jetzt die Mahnungen der Humanität.

Aber es gilt nicht der Anwendung von palliativen Mitteln, sondern eine Radikalkur muß vorgenommen werden, von der Wurzel steige man auf zur Krone. Nicht Einseitigkeit frommt. Volk und Regierung müssen sich wechselseitig, wie in den Tagen des Kampfes um die Freiheit, unterstützen.

Die Nation hat den äußern Feind besiegt, jetzt gilt es einer Geisterschlacht, damit jeder einzelne zur geistigen und leiblichen Freiheit gelange. [...]

Da muß jeder, welcher ein fühlendes Herz im Busen trägt, zu der Erkenntnis kommen: daß die Stunde geschlagen hat, wo es gilt, die untern Klassen aus den Banden der Unwissenheit und Not in ein wahres Bürgerleben einzuführen.

Angesichts dieser allgemeinen Volksstimmung für die Arbeiter hat Engels' Schrift »Die Lage der arbeitenden Klasse in England« eine große Wirkung. In der Einleitung umreißt Engels sein Ziel:

Die Lage der arbeitenden Klassen ist der tatsächliche Boden und Ausgangspunkt aller sozialen Bewegungen der Gegenwart, weil sie die höchste, unverhüllteste Spitze unsrer bestehenden sozialen Misere ist. Der französische und deutsche Arbeiterkommunismus sind direkt, der Fourierismus und der englische Sozialismus sowie der Kommunismus der deutschen gebildeten Bourgeoisie sind indirekt durch sie erzeugt. Einerseits, um den sozialistischen Theorien, andrerseits, um den Urteilen über ihre Berechtigung einen festen Boden zu geben, um allen Schwärmereien und Phantastereien pro et contra ein Ende zu machen, ist die Erkenntnis der proletarischen Zustände deshalb eine unumgängliche Notwendigkeit. Die proletarischen Zustände existieren aber in ihrer klassischen Form, in ihrer Vollendung nur im britischen Reich, namentlich im eigentlichen England; und zugleich ist nur in England das nötige Material so vollständig zusammengetragen und durch offizielle Untersuchungen konstatiert, als es zu einer irgendwie erschöpfenden Darstellung des Gegenstandes nötig ist.

Engels' Gefährte Moses Heß, der bedeutendste Vorläufer von Marx, schreibt in seinem Buch »Über die Not in unserer Gesellschaft und deren Abhilfe«:

Als wir vor zwei Jahren in der »Rheinischen Zeitung« die Notwendigkeit einer sozialen Reform leise andeuteten, da hieß es, in Deutschland gäbe es kein Proletariat, und Herr Stein, der ex officio über den Sozialismus und Kommunismus schrieb, bestätigte dieses Urteil, und die wohlgenährten Bedienten des Herrn Cotta riefen triumphierend, in Deutschland sei man noch nicht am Verhungern und folglich das sozialistische Problem für Deutschland noch kein Problem – und alle Deutschtümler riefen: Amen!

Das sozialistische Problem ist freilich kein deutsches; es ist ein menschliches. Nur Leute, die nicht weiter denken, als ihnen vorgeschrieben ist, und deren Fühlfäden so weit reichen wie die Fühlhörner eines Insektes, Leute, die nur mit den Augen des Magens sehen und daher nicht an den Hunger glauben, weil sie satt sind – sie können die Unruhe weniger Köpfe und das Knurren vieler Magen und das Murren aller Herzen nicht beachten. Aber es sollte auch diesen Magentieren, freilich auf einem Umweg und daher etwas später, zum Bewußtsein gebracht werden, daß sich in Deutschland nicht nur die beiden Parteien der »Staatsmänner« und »Untertanen«, sondern auch noch zwei andere, eine satte und eine hungernde, einander gegenüberstehen und daß man sich aus bloßem menschlichen Gefühle – obgleich die Logik des Herzens ihnen als eine ebenso leere Abstraktion und hohle Theorie wie die Logik des Kopfes erscheint, klarwerden, daß man sich aus purer menschlicher Kaprice zur Partei der Proletarier schlagen könne.

Selbst die Mode kommt zu ihrem Recht. Im »Westfälischen Dampfboot« schreibt Otto Lüning, der Redakteur der Zeitschrift, im Oktober 1845:

Auf dem sozialen und kirchlichen Gebiet geht's in unserm lieben Westfalen sehr lebendig her. Der Sozialismus oder Kommunismus, was bei den sogenannten Gebildeten einerlei ist, wird [...] heftig bekämpft. In den Wirtshäusern gibt er fast ausschließlich den Unterhaltungsstoff ab [...]. Man hat's in der Auffindung eines »Kommunisten« (was wieder gleichbedeutend mit Atheist) schon [...] weit gebracht. Wer nämlich einen weißen, runden, weitgekrämpten Filzhut, einen sogenannten »Rinaldo« trägt, ist von vorneherein »Kommunist«.

In Paris lernt Heinrich Heine einen jungen Mann kennen, über den er am 3. Januar 1846 dem Schriftsteller Karl August Varnhagen von Ense mitteilt:

Mein Freund, Herr Lassalle, der Ihnen diesen Brief bringt, ist ein junger Mann von den ausgezeichnetsten Geistesgaben: mit der gründlichsten Gelehrsamkeit, mit dem weitesten Wissen, mit dem größten Scharfsinn, der mir je vorgekommen, mit der reichsten Begabnis der Darstellung verbindet er eine Energie des Willens und eine Habilité im Handeln, die mich in Erstaunen setzen, und wenn seine Sympathie für mich nicht erlischt, so erwarte ich von ihm den tätigsten Vorschub. Jedenfalls war diese Vereinigung von Wissen und Können, von Talent und Charakter, für mich eine freudige Erscheinung. [...] Herr Lassalle ist nun einmal so ein ausgeprägter Sohn der neuen Zeit, die nichts von jener Entsagung und Bescheidenheit wissen will, womit wir uns mehr oder minder heuchlerisch in *unserer* Zeit hindurchgelungert und hindurchgefaselt. – Dieses neue Geschlecht will genießen und sich geltend machen im Sichtbaren; wir, die Alten, beugten uns demütig vor dem Unsichtbaren, haschten nach Schattenküssen und blauen Blumengerüchen, entsagten und flennten und waren doch vielleicht glücklicher als jene harten Gladiatoren, die so stolz dem Kampftod entgegengehen.

Bettina von Arnim wendet sich an den Berliner Magistrat:

Die Gründe [...], warum ich den Proletarier am höchsten stelle, sind, weil er der Gemeinheit enthoben ist, als Wucherer dem Weltverhältnis etwas abzugewinnen, da er alles gibt und nicht mehr dafür wieder verzehrt, als er eben bedarf, um neue Kräfte zum Gewinn anderer sammeln zu können. Offenbar ist daher das Verhältnis des letzteren zur Nation das edlere, durch seine Hilflosigkeit das Ehrfurcht erweckendste, ja trotz seiner Armut für die Armut am glücklichsten wirkende.

Immer wieder weist das »Westfälische Dampfboot« auf den Gegensatz zwischen dem Prunk der Fabrikherren und der Armut des Arbeiters hin:

Tausende von Arbeitern sind mit der Verarbeitung des Eisens beschäftigt. [...] Der Reisende, der die Enneper Straße passiert, wo der meiste Gewerbefleiß zusammengedrängt ist, wird staunen über den Wohlstand und die Pracht, die sich dort dem Auge darbieten. So glänzend aber die Außenseite ist, so trübe ist es im Innern. Wenn wir den glänzenden Vorhang wegziehen und in die Werkstätte des Arbeiters schauen, so bilden hier Armut und Dürftigkeit die Ausstattung, und es ist wahrlich nicht Lebenslust, die ihn von früh bis spät den schweren Hammer führen läßt. Die Pracht und den Luxus entfalten nur die Fabrikherren und die Kaufleute; der Arbeiter schwitzt für das tägliche Brot.

Am 21. Februar 1846 schreibt Alexander von Humboldt an den preußischen Gesandten am Bundestag in Frankfurt am Main, August Heinrich Graf Dönhoff:

Das, was hier nicht vorgeht, teuerster Graf, wissen Sie durch Ihren Bruder. Die Minister begnügen sich, das tägliche Pensum der Anträge abzuleiern, erlauben sich keine allgemeine Betrachtung, sind überzeugt, daß gar nichts Wichtiges vorgehe, ohne zu ahnen, daß die industrielle und also soziale Revolution, die Sir Robert wahrscheinlich durchsetzt, die ganze Philosophie der Differentialzölle vernichtet.

Friedrich Engels empört sich in einem Brief an Karl Marx über Pierre Joseph Proudhons »unbegrenzten Unsinn«:

Dem Proudhon hab ich im Geschäftsbrief wirklich himmelschreiendes Unrecht getan. Da in diesem letzteren Brief kein Platz ist, so muß ich's hier redressieren. Ich habe nämlich geglaubt, er habe einen kleinen Unsinn, einen Unsinn innerhalb der Grenzen des Sinns gemacht. Gestern kam die Sache nochmals und ausführlich zur Diskussion, und da erfuhr ich, daß dieser neue Unsinn wirklich ein ganz unbegrenzter Unsinn ist. Stelle Dir vor: Proletarier sollen kleine Aktien sparen. Davon wird (unter 10 000 bis 20 000 Arbeitern fängt man natürlich gar nicht an) zuerst ein oder mehrere Ateliers in einem oder mehreren Handwerken errichtet, ein Teil der Aktionäre dort beschäftigt und die Produkte 1. zum Preis des Rohmaterials plus der Arbeit an die Aktionäre (die so keinen Profit zu zahlen haben) und 2. der etwaige Überschuß zum laufenden Preise im Weltmarkt verkauft. Sowie sich das Kapital der Gesellschaft durch Neuhinzutretende oder durch neue Ersparnisse der alten Aktionäre vermehrt, wird es zur Anlage neuer Ateliers und Fabriken verwandt usf. usf., bis – *alle* Proletarier beschäftigt, *alle* im Lande befindlichen Produktivkräfte aufgekauft und dadurch die in den Händen der Bourgeoisie befindlichen Kapitalien die Macht verloren haben, Arbeit zu kommandieren und Profit zu bringen! [...] Die Leute haben nichts mehr und nichts weniger im Sinn, als einstweilen ganz Frankreich, später vielleicht auch die übrige Welt [...] aufzukaufen. [...] Und die dummen Jungen von Arbeitern hier, die Deutschen mein ich, glauben an den Dreck.

Teuerungen führen zu Revolten, so in Berlin. Der Historiker Wilhelm Ernst Angerstein berichtet:

Im Jahre des Heiles 1847 herrschte überall eine große Teuerung, aber in der Residenz war sie durch wucherische Spekulation [...] zu einer unerhörten Höhe gelangt. [...] Eine Metze Kartoffeln kostete damals in Berlin sechs Silbergroschen und zuweilen noch mehr.

So kam es denn, daß am 19. April 1847 in der Frühstunde eine Anzahl Weiber auf dem Markte am Oranienburger Tore über einen sie verhöhnenden Höker herfiel, ihn gewaltig prügelte und seine Kartoffel- und Gemüsevorräte auf dem ganzen

Markte umherstreute. Mit dieser Tat war aber auch der Anstoß gegeben zu weiterer Aktion. Wie eine Sturmflut durchzog der Weiberhaufe – verstärkt durch Gassenjungen, Lehrburschen und arme Frauen, die sich rasch aus der Rosenthaler Vorstadt, dem sogenannten »Voigtlande«, einfanden, zu mehreren Tausenden angewachsen – die Straßen Berlins, von einem Wochenmarkte zum andern eilend, um überall das gleiche Schauspiel aufzuführen. [...]

Am 21. kam der Weiberhaufe, der sich jetzt in viele einzelne Rotten geteilt hatte, auf die Idee, daß der Wucher auch anderswo als auf den Wochenmärkten seinen Sitz habe, und wandte sich nun gegen die Bäcker, Schlächter und Spezereiwarenhändler (in Berlin »Materialisten« genannt). Von nun an erschien die Geschichte viel gefährlicher. [...]

Indessen wurde am 22. und 23. April die Sache immer ausgedehnter und gewann mehr und mehr Organisation, so daß endlich am vierten Tage die Behörden sich entschlossen, einzuschreiten. Militärpatrouillen, hauptsächlich Kavallerie, durchzogen nun die Straßen, schlugen gelegentlich mit der flachen Klinge dazwischen, verhafteten die Hauptschreihälse und stellten so beinahe in einem einzigen Tage die Ruhe und Ordnung wieder her.

Die soziale Not steigt vor allem in Oberschlesien. Der preußische Leutnant Prinz Kraft zu Hohenlohe-Ingelfingen schreibt von dem Gute seines Vaters:

In Oberschlesien herrschte damals der übelste Zustand, den dieses arme Land wohl je erlebt hat. Mehrere Jahre war der Winter streng, die Ernte dürftig gewesen. Die letzte Ernte war ganz mißraten. Die Bevölkerung, namentlich des rechten Oderufers, war ganz auf Kartoffeln angewiesen, und die Kartoffeln waren in der Erde verfault. Eine entsetzliche Hungersnot brach herein und kündigte sich schon durch Krankheiten an, die eine Folge der schlechten Ernährung waren. Ruhr und Typhus forderten bedeutende Opfer. Viele Waisenkinder liefen brotlos umher und fielen den Gemeinden zur Last, die selbst nichts hatten.

Die Bevölkerung kannte Selbsthilfe nicht. Die autokratische Landesverfassung hatte sie daran gewöhnt, alles von der Regierung zu erwarten. [...]

Dazu kam, daß die Regierung Schlesiens sich mit einer gewissen Hartnäckigkeit gegen die Überzeugung wehrte, daß eine Hungersnot im Anzuge sei.

Die »Schlesische Zeitung« meldet:

Die Not in Oberschlesien hat eine Höhe erreicht, die einesteils in uns alle Gefühle des Stolzes und der Sicherheit von Grund aus heilen, anderenteils uns in Erstaunen setzen muß, wie ein Zustand dieser Art uns, die wir infolge der jetzt vorhandenen schnellen Beförderungsmittel von den heimgesuchten Orten nur in der Entfernung von wenigen Stunden leben, so lange unbekannt bleiben konnte. Erscheinen uns doch die jetzt von Tag zu Tag zukommenden Nachrichten so fremd, so unerwartet, als ob es sich um traurige Zustände Chinas oder Japans handelte, und doch wohnt das seit Jahren hungernde, seit vielen Monaten hinsterbende Volk nur eine kurze Strecke vor unsern Vorstädten, und doch sind es unsere Landsleute, sind es Schlesier, die dem Hunger, der Seuche und der Kälte zu Hunderten, ja man kann sagen zu Tausenden erliegen! Wie konnte solch ein Elend in unserer Mitte wachsen und eine Höhe erreichen, die dem von Irland in nichts nachsteht, ohne daß uns Kunde gegeben oder ernstliche Mittel zur Abhilfe ergriffen wurden?! Doch das Klagen und Fragen nützt jetzt nichts mehr, wir müssen handeln, und zwar so handeln, daß wir wenigstens teilweise das Versäumte nachholen.

Der schlesische Gutsbesitzer Hermann Graf zu Dohna untersucht die Gründe, die »für die Mehrzahl der freien Arbeiter im Handwerkerstande unvermeidlich den Notstand herbeiführen müssen«. Er stellt ein »neues System«, ein »Erlösungsprinzip« auf:

1. Der Staat ist berechtigt, von jedem, welcher auf seiner Hände Arbeit angewiesen ist, den Nachweis des ehrlichen Erwerbs zu verlangen.

2. Es genügt aber zu diesem Nachweise nicht die Arbeitsfähigkeit allein, sondern auch der Nachweis der Arbeit selbst,

und zwar nicht der Arbeit für heute und morgen, sondern jederzeit für das ganze nächste Jahr.

3. Der Staat ist verpflichtet, jedem, welcher diesen Nachweis nicht führen kann, entweder einen Arbeitgeber zuzuweisen oder selbst seine körperlichen Kräfte gegen angemessenen Lohn zu benutzen [...].

4. Der Staat ist verpflichtet, die unzusammenhängende Masse der Arbeiter in einen Stand zu vereinigen.

Das Statistische Bureau gibt für Preußen die Zahl der Arbeiter bekannt:

	1816	1846
Fabrikarbeiter aller Art	186 612	656 592
Handwerksgehilfen und Lehrlinge	179 020	379 313
Handarbeiter, Tagelöhner	880 401	1 470 091
Gesinde	1 081 589	1 271 608
	2 327 622	3 777 604
Die Zahl der Gesamtzivilbevölkerung	10 169 899	15 908 776

Die Zensur ist äußerst wachsam. Die Sozialisten versuchen von Brüssel aus, Einfluß zu bekommen. Karl Marx schreibt am 12. September 1847 in der »Deutschen Brüsseler Zeitung«:

Wenn eine gewisse Fraktion deutscher Sozialisten fortwährend gegen die liberale Bourgeoisie gepoltert hat, und zwar in einer Weise, die niemandem Vorteil brachte als den deutschen Regierungen, wenn jetzt Regierungsblätter wie der »Rh. [*Rheinische*] Beobachter«, auf die Phrasen dieser Leute gestützt, behaupten, nicht die liberale Bourgeoisie, sondern die Regierung repräsentiere die Interessen des Proletariats, so haben die Kommunisten weder mit der ersteren noch mit der letzteren etwas gemein.

Man hat den deutschen Kommunisten allerdings die Verantwortlichkeit hierfür zuschieben wollen, man hat sie der Allianz mit der Regierung beschuldigt.

Diese Anschuldigung ist lächerlich. Die Regierung kann sich nicht mit den Kommunisten, die Kommunisten können sich nicht mit der Regierung verbinden, aus dem einfachen Grunde, weil die Kommunisten von allen revolutionären Parteien Deutschlands die allerrevolutionärste sind und weil die Regierung das besser weiß als irgend jemand anders.

Die Kommunisten sollten sich mit einer Regierung verbinden, von welcher sie zu Hochverrätern erklärt und als solche behandelt werden?

Die Regierung sollte in ihren Organen Grundsätze propagieren, welche in Frankreich für anarchisch, brandstifterisch, zersetzend für alle gesellschaftlichen Verhältnisse gelten und welchen diese selbe Regierung ebendieselbigen Eigenschaften fortwährend zuschreibt?

Es ist kein Gedanke daran.

Er fährt fort:

Das Volk ist von allen politischen Elementen für einen König das allergefährlichste, [...] das wirkliche Volk, die Proletarier, die kleinen Bauern und der Pöbel, das ist [...] ein robuster und bösartiger Knabe und läßt sich weder von mageren noch von fetten Königen zum besten haben.

Dies Volk würde vor allen Dingen von Seiner Majestät eine Konstitution nebst allgemeinem Stimmrecht, Assoziationsfreiheit, Preßfreiheit und andere unangenehme Dinge erzwingen.

Und wenn es das alles hätte, so würde es dies dazu benutzen, um möglichst rasch die Macht, die Würde und die Poesie des Königtums zu erklären.

Der Plan zum »Kommunistischen Manifest« taucht auf. Engels äußert sich darüber in einem Brief vom 23./24. November 1847 an Marx:

Überleg Dir doch das Glaubensbekenntnis etwas. Ich glaube, wir tun am besten, wir lassen die Katechismusform weg und titulieren das Ding »Kommunistisches *Manifest*«. Da darin mehr oder weniger Geschichte erzählt werden muß, paßt die bisherige Form gar nicht. Ich bringe das hiesige mit, das ich gemacht habe, es ist einfach erzählend, aber miserabel redigiert, in fürchterlicher Eile. Ich fange an: Was ist der Kommunismus? Und dann gleich das Proletariat – Entstehungsgeschichte, Unterschied von früheren Arbeitern, Entwicklung des Gegensatzes des Proletariats und der Bourgeoisie, Krisen, Folgerungen. Dazwischen allerlei Nebensachen, und schließlich die Parteipolitik der Kommunisten, soweit sie vors Publikum gehört. Das hiesige ist noch nicht ganz zur Bestätigung vorgelegt, aber ich denke, bis auf einige ganz kleine Kleinigkeiten, es so durchzusetzen, daß wenigstens nichts gegen unsre Ansichten drin steht.

Die Frage der Verbrüderung der Nationen behandeln Karl Marx und Friedrich Engels anläßlich des 17. Jahrestages des polnischen Aufstandes von 1830 auf dem internationalen Meeting in London am 29. November 1847:

Die Vereinigung und Verbrüderung der Nationen ist eine Phrase, die alle Parteien heute im Mund führen, so namentlich die bürgerlichen Freihandelsmänner. Es existiert allerdings eine gewisse Art Verbrüderung unter den Bourgeoisklassen aller Nationen. Es ist dies die Verbrüderung der Unterdrücker gegen die Unterdrückten, der Exploiteurs gegen die Exploitierten. Wie die Bourgeoisklasse eines Landes gegen die Proletarier desselben Landes vereinigt und verbrüdert ist, trotz der Konkurrenz und des Kampfes der Mitglieder der Bourgeoisie unter sich selbst, so sind die Bourgeois aller Länder gegen die Proletarier aller Länder verbrüdert und vereinigt, trotz ihrer wechselseitigen Bekämpfung und Konkurrenz auf dem Weltmarkte. Damit die Völker sich wirklich vereinigen können, muß ihr Interesse ein gemeinschaftliches sein. Damit ihr Interesse gemeinschaftlich sein könne, müssen die jetzigen Eigentumsverhältnisse abgeschafft sein, denn die jetzigen Eigentumsverhältnisse bedingen die Exploitation der Völker unter sich: die jetzigen Eigentumsverhältnisse abzuschaffen, das ist nur das Interesse der arbeitenden Klasse. Sie allein hat auch die Mittel dazu. Der Sieg des Proletariats über die Bourgeoisie ist zugleich der Sieg über die nationalen und industriellen Konflikte, die heutzutage die verschiedenen Völker feindlich einander gegenüberstellen. Der Sieg des Proletariats über die Bourgeoisie ist darum zugleich das Befreiungssignal aller unterdrückten Nationen.

Engels sagt dazu:

Eine Nation kann nicht frei werden und zugleich fortfahren, andre Nationen zu unterdrücken. Die Befreiung Deutschlands kann also nicht zustande kommen, ohne daß die Befreiung Polens von der Unterdrückung durch Deutsche zustande kommt. Und darum hat Polen und Deutschland ein gemeinschaftliches Interesse, und darum können polnische und deutsche Demokraten gemeinsam arbeiten an der Befreiung beider Nationen.

Karl Biedermann meint:

Wir dürfen uns nicht von dieser Bewegung fortreißen lassen, nicht ihretwegen unsere bisher gewohnten Bestrebungen für den Fortschritt, namentlich auf politischem und volkswirtschaftlichem Gebiete, als nutzlos und irrig aufgeben. Aber freilich müssen wir bei allen unseren Bestrebungen für politische und sonstige Kulturfortschritte immer schon das weitere Ziel einer sozialen Reform vor Augen haben und uns die Wege dazu offenhalten. Die politische Reform muß der sozialen vorangehen, ihr die Wege bahnen. Das größte Unglück wäre es, wenn die sozialistische Bewegung die politische überholte, wenn, bevor noch die Mittelklassen vollständig politisch emanzipiert und zur Teilnahme am Staatsleben herangebildet wären, die Bewegung schon in die untern Klassen eindränge und von dort aus die bestehende Ordnung aus den Angeln zu heben versuchte. Dann hätten wir das Schlimmste zu fürchten, den rohen Ausbruch noch ungebildeter und unreifer Elemente, einen gewaltsamen Umsturz aller Verhältnisse, bei dem gar nicht abzusehen wäre, wann und wie sich aus seinem Schlunde wieder eine friedliche Ordnung hervorarbeiten möchte.

Je mehr man die politische Bildung und Reife des Volkes fördert, je mehr man dasselbe an der Aufrechterhaltung der Ordnung und an der Pflege allgemeiner Interessen beteiligt durch freie Teilnahme am Staatsleben, durch Selbstregierung, desto sicherer ist man vor einer solchen gewaltsamen Eruption, desto leichter kann man die soziale Bewegung durch allmähliches Reformieren in ungefährliche und wohltätige Bahnen lenken.

Friedrich Engels faßt noch einmal zusammen:

Der Status quo in Deutschland ist folgender:

Während in Frankreich und England die Bourgeoisie mächtig genug geworden ist, um den Adel zu stürzen und sich zur herrschenden Klasse im Staat emporzuschwingen, hat die deutsche Bourgeoisie diese Macht bisher noch nicht gehabt. [...] Während in Frankreich und England die Städte das Land beherrschen, beherrscht in Deutschland das Land die Städte, der Ackerbau den Handel und die Industrie. [...]

Der politische Repräsentant des Ackerbaus ist in Deutschland [...] der Adel, die Klasse der großen Grundbesitzer. Die der ausschließlichen Herrschaft des Adels entsprechende politische Verfassung ist das Feudalsystem. Das Feudalsystem ist überall in demselben Maße zerfallen, in welchem der Ackerbau aufgehört hat, entscheidender Produktionszweig eines Landes zu sein, in welchem sich neben der ackerbauenden eine gewerbtreibende Klasse, neben den Dörfern Städte gebildet haben.

Diese neben dem Adel und den mehr oder weniger von ihm abhängigen Bauern sich neu bildende Klasse ist nicht die Bourgeoisie, [...] es ist die Klasse der Kleinbürger.

Die gegenwärtige Verfassung Deutschlands ist weiter nichts als ein Kompromiß zwischen dem Adel und den Kleinbürgern.

In seinem Jahresrückblick auf das Jahr 1847 stellt Engels sein Programm in der »Deutschen Brüsseler Zeitung« auf:

Wir sind keine Freunde der Bourgeoisie, das ist bekannt. Aber wir gönnen ihr diesmal ihren Triumph. Wir können ruhig lächeln über den hochfahrenden Blick, mit dem sie namentlich in Deutschland auf das scheinbar so kleine Häuflein der Demokraten und Kommunisten herabsieht. Wir haben nichts dawider, wenn sie überall ihre Absichten durchsetzt. [...] Sie sind beschränkt genug, zu glauben, daß mit ihrem

Sieg die Welt ihre definitive Gestaltung bekomme. Und doch ist nichts augenscheinlicher, als daß sie nur uns, den Demokraten und Kommunisten, überall den Weg bahnen [...].

Kämpft also nur mutig fort, Ihr gnädigen Herren vom Kapital! Wir haben Euch vorderhand nötig, wir haben sogar hie und da Eure Herrschaft nötig. Ihr müßt uns die Reste des Mittelalters und die absolute Monarchie aus dem Wege schaffen, Ihr müßt den Patriarchalismus vernichten, Ihr müßt zentralisieren, Ihr müßt alle mehr oder weniger besitzlosen Klassen in wirkliche Proletarier, in Rekruten für uns, verwandeln. Ihr müßt uns durch Eure Fabriken und Handelsverbindungen die Grundlage der materiellen Mittel liefern, deren das Proletariat zu seiner Befreiung bedarf. Zum Lohn dafür sollt Ihr eine kurze Zeit herrschen. Ihr sollt Gesetze diktieren, Ihr sollt Euch sonnen im Glanz der von Euch geschaffenen Majestät, Ihr sollt bankettieren im königlichen Saal und die schöne Königstochter freien, aber vergeßt es nicht: Der Henker steht vor der Türe.

Im Grunde aber ist alles beim alten geblieben. Gottfried Keller spottet über die literarischen und poetischen Revolutionäre in seinem »Champagner«-Lied:

Da saßen wir Polemiker,
Es folgte der Kork, wir tranken toll
Ein blaß Gebräu der Chemiker,
Das schäumend auf und nieder quoll.
Wir heulten, schrien und fackelten
Vom armen Proletarierpack,
Inzwischen aber wackelten
Die letzten Taler aus dem Sack.
Da plumpte uns Entledigten
Ein später Bettler scheu die Quer –
Wir prophezeiten, predigten;
Doch fand er keinen Stüber mehr.
Doch ohne Arg verhandelten
Wir noch sein Elend so und so,
Als wir nach Hause wandelten,
Der Weisheit für und wider froh.

Das erste Auftreten der Arbeiterschaft

Die Februarrevolution 1848 in Paris, die zur Abdankung des Königs Louis Philippe und zur Schaffung der zweiten Republik führt, greift im März nach Deutschland über. Metternich muß gehen. In Frankfurt am Main tritt die deutsche Nationalversammlung zusammen. Das Bürgertum sucht eine demokratische Verfassung, ein einiges deutsches Reich zu schaffen. Fast symbolisch ist, daß im Frankfurter Parlament kein Sozialist sitzt. Erst im Mai 1849, als die Einheit Deutschlands schon verspielt ist, kommt Wilhelm Wolff als Ersatzmann in die Nationalversammlung; er mahnt vergeblich zum Handeln. Dennoch spielt der Arbeiter als Soldat der bürgerlichen Revolution bei den Barrikadenkämpfen eine nicht unerhebliche Rolle. Aber noch hat dieser Stand seine Bedeutung als selbständige Macht kaum erkannt. Der Ruf »Proletarier aller Länder vereinigt euch«, der in den sechziger Jahren so bedeutsam wird, verhallt. Es fehlt die politische Organisation, die aufklärende Arbeit, die nicht in einem Jahr und nicht allein durch die Presse geleistet werden kann. Karl Marx erreicht mit seiner »Neuen Rheinischen Zeitung«, an der Engels, Wolff und Freiligrath mitarbeiten, dennoch vieles im Rheinland. Dem Kölner Blatt steht die Berliner Zeitung »Das Volk«, von Stephan Born, einem Freunde von Marx, geleitet, zur Seite. Born, organisatorisch begabt, ist auch der Gründer der ersten Arbeiterpartei, der »Allgemeinen deutschen Arbeiterverbrüderung«. Die Bemühungen des Arbeiterstandes erkennt Josef Maria von Radowitz, preußischer General und Staatsmann, als den Kampf des Proletariats um gesicherte Existenz und Organisation der Arbeit. Er schreibt an den preußischen König am 16. März 1848:

Überläßt man sie sich selbst, so sprengt sie unfehlbar den ganzen Bau der modernen Staaten, welche politische Verfassung sie auch annehmen mögen. Eben deshalb, weil sie außerhalb der doktrinellen Politik steht, gibt sie aber auch neue und große Mittel in die Hände des monarchischen Prinzips und vermag ein mächtiges Gegengewicht selbst innerhalb des Repräsentationssystems abzugeben.

In einer Denkschrift vom 28. März, die davon ausgeht, daß die Zusagen des Königs vom 18./19. März an das Volk unverbrüchlich eingehalten werden müßten, äußert er weiter:

Die sozialistischen Elemente, die zum höchsten Unglücke der Zeit in die Hände des politischen Radikalismus gefallen sind, [*sind*] von demselben [*zu*] trennen. Das Proletariat ist an sich genommen keineswegs republikanisch; dies ist ein weitverbreiteter Irrtum. Jede Regierungsform, die kühn und weise dessen Interessen in die Hand nähme, das Progressivsteuersystem, das Gesamtarmenwesen, die Regulierung des Gegensatzes zwischen Kapital und Arbeit voranstellte, hätte den »gemeinen Mann« für sich und hiermit eine ungeheuere Macht. Es ist allerdings ein gefährlicher Weg. Aber was ist jetzt nicht gefährlich, und zwar gefährlich ohne Aussicht eines Sieges?

In einer weiteren vom König erbetenen Denkschrift vom 20. April, die Bismarck – viel zu spät – als Grundlage benutzt, stellt Radowitz sein Programm in drei Punkten auf:

1. Bildung einer unabhängigen Partei im Landtage, welche, ohne irgendeine Verpflichtung gegen das Ministerium einzugehen, die Sache des Rechtsstaates, daher auch des »freien Königtums«, führt. Hierin liegt der größte parlamentarische Hebel. [...]

2. Belebung der lokalen Kräfte durch Dezentralisation, Selbständigkeit der Provinzen, Kreise und Kommunen, Befreiung von dem bevormundenden Beamtenregimente und Selbstverwaltung, das stärkste Gegengewicht gegen das Prinzip der Revolution [...].

3. Freies Vortreten mit großartigen Maßregeln zugunsten

des Proletariats: die Frage der Progressivsteuer, die Regulierung des Verhältnisses von Kapital und Arbeit, des Gesamtarmenwesens.

Im Februar 1848 ist das »Manifest der Kommunistischen Partei« von Karl Marx und Friedrich Engels erschienen. Der Anfang lautet:

Ein Gespenst geht um in Europa – das Gespenst des Kommunismus. Alle Mächte des alten Europa haben sich zu einer heiligen Hetzjagd gegen dies Gespenst verbündet, der Papst und der Zar, Metternich und Guizot, französische Radikale und deutsche Polizisten.

Wo ist die Oppositionspartei, die nicht von ihren regierenden Gegnern als kommunistisch verschrien worden wäre, wo die Oppositionspartei, die den fortgeschritteneren Oppositionsleuten sowohl wie ihren reaktionären Gegnern den brandmarkenden Vorwurf des Kommunismus nicht zurückgeschleudert hätte?

Zweierlei geht aus dieser Tatsache hervor.

Der Kommunismus wird bereits von allen europäischen Mächten als eine Macht anerkannt.

Es ist hohe Zeit, daß die Kommunisten ihre Anschauungsweise, ihre Zwecke, ihre Tendenzen vor der ganzen Welt offen darlegen und dem Märchen vom Gespenst des Kommunismus ein Manifest der Partei selbst entgegenstellen.

Zu diesem Zweck haben sich Kommunisten der verschiedensten Nationalität in London versammelt und das folgende Manifest entworfen.

Das umfangreiche Dokument schließt:

Die Kommunisten verschmähen es, ihre Ansichten und Absichten zu verheimlichen. Sie erklären es offen, daß ihre Zwecke nur erreicht werden können durch den gewaltsamen Umsturz aller bisherigen Gesellschaftsordnung. Mögen die herrschenden Klassen vor einer kommunistischen Revolution zittern. Die Proletarier haben nichts in ihr zu verlieren als ihre Ketten. Sie haben eine Welt zu gewinnen.

Proletarier aller Länder vereinigt Euch!

Manifest

der

Kommunistischen Partei.

Veröffentlicht im Februar 1848.

Proletarier aller Länder vereinigt euch

London.

Gedruckt in der Office der „Bildungs-Gesellschaft für Arbeiter"
von J. E. Burghard
46, Liverpool Street, Bishopsgate.

In seiner Vorrede zur deutschen Ausgabe des »Kommunistischen Manifestes« von 1890 erklärt Engels, warum es zur Zeit seiner Abfassung nicht ein »sozialistisches« genannt werden konnte. Als »Sozialisten« bezeichnet man 1848 die Vertreter eines utopischen Sozialismus, die außerhalb der Arbeiterklasse stehen und an die »gebildeten« Klassen appellieren; als »Kommunisten« die Vertreter der Idee einer »gründlichen Umgestaltung der Gesellschaft«, die an die Arbeiterklasse appellieren:

Sozialismus bedeutete 1847 eine Bourgeoisbewegung, Kommunismus eine Arbeiterbewegung.

Das »Kommunistische Manifest« wird im März 1848 durch den Pariser »Bund der Gerechten« für die politische Arbeit des Tages konkretisiert; es wird besonders wirksam durch die Agitation Stephan Borns. Dessen Forderungen lauten:

1. Ganz Deutschland wird zu einer einzigen, unteilbaren Republik erklärt.
2. Jeder Deutsche, der einundzwanzig Jahre alt ist, ist Wähler und wählbar, vorausgesetzt, daß er keine Kriminalstrafe erlitten hat.
3. Die Volksvertreter werden besoldet, damit auch der Arbeiter im Parlament des deutschen Volkes sitzen könne.
4. Allgemeine Volksbewaffnung. Die Armeen sind in Zukunft zugleich Arbeiter-Armeen, so daß das Heer nicht bloß, wie früher, verzehrt, sondern noch mehr produziert, als seine Unterhaltungskosten betragen. Dies ist außerdem ein Mittel zur Organisation der Arbeit.
5. Die Gerechtigkeitspflege ist unentgeltlich.
6. Alle Feudallasten, alle Abgaben, Fronden, Zehnten usw., die bisher das Landvolk belasteten, werden ohne irgendeine Entschädigung abgeschafft.
7. Die fürstlichen und anderen feudalen Landgüter, alle Bergwerke, Gruben usw. werden in Staatseigentum umgewandelt. Auf diesen Landgütern wird der Ackerbau im großen und mit den modernsten Hilfsmitteln der Wissenschaft zum Vorteil der Gesamtheit betrieben.

8. Die Hypotheken auf den Bauerngütern werden für Staatseigentum erklärt. Die Interessen für jene Hypotheken werden von den Bauern an den Staat gezahlt.

9. In den Gegenden, wo das Pachtwesen entwickelt ist, wird die Grundrente oder der Kaufschilling als Steuer an den Staat gezahlt. [...]

10. An die Stelle aller Privatbanken tritt eine Staatsbank, deren Papier gesetzlicher Kurs ist. Diese Maßregel macht es möglich, das Kreditwesen im Interesse des ganzen Volkes zu regeln, und untergräbt damit die Herrschaft der großen Geldmänner. Indem sie nach und nach Papiergeld an die Stelle von Gold und Silber setzt, verwohlfeilert sie das unentbehrliche Instrument des bürgerlichen Verkehrs, das allgemeine Tauschmittel, und erlaubt, das Gold und Silber nach außen hin wirken zu lassen. Diese Maßregel ist schließlich notwendig, um die Interessen der konservativen Bourgeoisie an die Revolution festzuschmieden.

11. Alle Transportmittel: Eisenbahnen, Kanäle, Dampfschiffe, Wege etc., nimmt der Staat in seine Hand. Sie werden in Staatseigentum umgewandelt und der unbemittelten Klasse zur unentgeltlichen Verfügung gestellt. [...]

14. Beschränkung des Erbrechtes.

15. Einführung von starken Progressivsteuern und Abschaffung der Konsumtionssteuern.

16. Errichtung von Nationalwerkstätten. Der Staat garantiert allen Arbeitern ihre Existenz und versorgt die zur Arbeit Unfähigen.

17. Allgemeine, unentgeltliche Volkserziehung.

Hermann Becker, der »rote Becker«, später liberaler Oberbürgermeister von Dortmund und Köln, sagt in seinem Rückblick auf 1848:

Dieselben Arbeiter, die bis dahin eifrige Deutschtümler gewesen, wurden jetzt von ganz andern und weiter gehenden Gedanken erfüllt; selbst solche Arbeitervereine, welche die Erstrebung eines einheitlichen Deutschlands kaltgelassen hatte und die bis dahin nur Geselligkeit oder wechselseitige Unterstützung bezweckten, fingen an, die Frage, was die Zukunft des vierten Standes sei, zu behandeln. Der Einfluß des Schneiders Wilhelm Weitling aus Magdeburg ist gewiß nicht zu leugnen; aber seine Schriften sind keineswegs die Ursachen, sondern vielmehr der Ausdruck der, wenn auch noch vielfach unklaren, aber doch schon überall herrschenden Befürchtungen und Wünsche des Arbeiters. Wo nur immer in einem Vereine die Arbeiter das Übergewicht erhielten, war von der Zeit an, als die sogenannten freisinnigen Großbürger sich der deutschen Bewegung bemächtigten, die gesellschaftliche Frage Gegenstand gemeinsamer Sorge und Erörterung. Der sogenannte Liberalismus hat nicht den Sozialismus gefördert oder gar geweckt, sondern der Sozialismus hat den Liberalismus als etwas nicht Ausreichendes andern zur Pflege überlassen.

Am 15. März 1848 bringt die Berliner »Vossische Zeitung« folgende, von Arbeitern noch in ungelenker Sprache eingereichte Bittschrift, ein frühes Dokument der Berliner Arbeiterbewegung:

Allerdurchlauchtigster König! In dieser schon seit Jahren für uns so schwer bedrängten und drückenden Zeit wagen die Arbeiter jedes Standes eine Bitte an Euer Majestät zu richten. Diese Bitte ist um schleunige Abhilfe der jetzigen großen Not und Arbeitslosigkeit aller Arbeiter und Sicherstellung ihrer Zukunft. Der Staat blüht und gedeiht nur da, wo das Volk durch Arbeit seine Lebensbedürfnisse befriedigen und als fühlender Mensch seine Ansprüche geltend machen kann. Wir werden nämlich von Kapitalisten und Wucherern unterdrückt; die jetzigen bestehenden Gesetze sind nicht imstande, uns vor ihnen zu schützen. Wir wagen daher, Eurer Majestät untertänigst vorzustellen, ein Ministerium bestellen zu wollen, ein Ministerium für Arbeiter, das aber nur von Arbeitgebenden und Arbeitern zusammengesetzt werden darf und dessen Mitglieder nur aus beider Mitte selbst gewählt werden dürfen. Ein solches Ministerium ist nur imstande, den wahren Grund der drückenden Lage des Volkes kennenzulernen, das Los der Arbeiter zu verbessern, den Staat vor drohenden Gefahren zu schützen, Eigentum und Leben aller bevorstehenden Verwüstungen nicht preiszugeben.

Über die Stimmung der Berliner Arbeiter in diesen Märztagen berichtet Hans Viktor von Unruh, Mitglied der preußischen Nationalversammlung, in seinen Erinnerungen:

Ich reiste dorthin, um die Zustände kennenzulernen, suchte einen alten Ingenieur auf, der in den Maschinenfabriken und Gießereien noch bekannter war als ich, besuchte die Werkstätten und verschiedenen Kneiplokale, wohnte der Waffenverteilung an die improvisierte Bürgerwehr bei und sprach viel mit Arbeitern, war auch zugegen, als die freigelassenen Polen vor das Schloß zogen, Pistolen, blind geladen, abfeuerten, Vivats ausbrachten und Schwerin eine Rede vom Balkon des Schlosses hielt. Solche Vorgänge sahen sehr revolutionär aus, die Aufregung war auch groß, man schimpfte tüchtig auf die früheren Minister; aber eine Erbitterung gegen die Dynastie konnte ich nirgends wahrnehmen. [...] Unter den Arbeitern, von denen manche selbst mitgefochten hatten, gaben sich keine egoistischen Motive, kein Neid gegen die besitzende Klasse zu erkennen. Bekanntlich wurde in jener Zeit weniger gestohlen als sonst. Das Eigentum war vollkommen sicher, Frauen und Kinder zirkulierten auf den Straßen, alle Läden waren geöffnet.

Wie leicht das Bürgertum – obgleich es die Widersprüchlichkeit empfindet – durch Äußerlichkeiten zu befriedigen ist, zeigt deutlich Theodor Fontanes Schilderung des 21. März:

Wir hatten vor, die Linden hinunterzugehen und draußen vor dem Brandenburger Tor in Fuhlmanns Garten [...] Kaffee zu trinken. Aber zunächst wenigstens kamen wir nicht dazu, denn als wir eben unsern Weitermarsch antreten wollten, erschien, von der Schloßbrücke her, eine ganze von hut- und mützeschwenkendem Volk umringte Kavalkade. Beim Näherkommen sahen wir, daß es der König war, der da heranritt, links neben ihm Minister von Arnim, eine deutsche Fahne führend.

»Du hast Glück, Papa, jetzt erleben wir was.«

Und richtig, hart an der Stelle, wo wir standen, hielt der Zug, und an die rasch sich mehrende Volksmenge richtete jetzt der König seine so berühmt gewordene Ansprache, drin er zusagte, sich, unter Wahrung der Rechte seiner Mitfürsten, an die Spitze Deutschlands stellen zu wollen. Der Jubel war ungeheuer. Dann ging der Ritt weiter.

Als der Zug vorbei war, sagte mein Vater: »Es hat doch ein bißchen was Sonderbares ..., so rumreiten ... Ich weiß nicht ...«

Eigentlich war ich seiner Meinung. Aber es hatte mir doch auch wieder imponiert, und so sagt ich denn: »Ja, Papa, mit dem Alten ist es nun ein für allemal vorbei. So mit Zugeknöpftheiten, das geht nicht mehr. Immer an die Spitze ...«

Seit dem 26. März versammeln sich Berlins Arbeiter vor dem Schönhauser Tor. Aus den in der »Zeitungshalle« veröffentlichten Reden einige Proben:

Bötticher, Bauarbeiter: Wir haben nur neun Monate Arbeit. Im Winter müssen wir Schulden machen, im Sommer sollen wir diese wieder decken. Bei dem geringen Lohne können wir aber nicht jedem gerecht werden, wir tragen daher auf Lohnerhöhung an. Dann sind vierzehn Stunden Arbeit viel zuviel. Mit Hin- und Herlaufen werden achtzehn draus. Ein Familienvater kann daher kaum das Lallen seiner Kinder hören. Wenn er nach Haus kommt, schlafen sie schon, und wenn er ausgeht, sind sie noch nicht wach. Von den Bauherren wollen wir erhöhten Lohn haben, die können ihn geben.

Siegerist, Schlosser: Im Namen sämtlicher Maschinenarbeiter beklage ich mich über Mangel an Arbeit. Wir haben höchst unpraktische Werkführer an der Spitze, Werkführer, die uns selten die Gelegenheit geben, einem Meister ein Frühstück abzuverdienen. Ein Arbeiterministerium würde ihrem Despotismus steuern. Ein solches Ministerium müßte dann auch das Minimum des Lohnes auf vier Taler festsetzen, damit die arbeitende Klasse existieren könne; es müßte die Arbeitszeit auf zehn Stunden herabsetzen und die Verwaltung der Kassen beaufsichtigen [...].

Brill, Buchdrucker: [...] Es ist ferner notwendig, daß der Arbeiter auch an seiner geistigen Ausbildung arbeiten könne, deswegen muß die Arbeitszeit abgekürzt werden. Die bis jetzt bestandene Gesellschaft hat ein großes Unrecht gegen die Arbeiter getan, sie hat sie mit Gendarmen zurückgewiesen, wenn sie Brot verlangten, und warum tat sie dieses? Weil die Arbeiter keine Bildung hatten. Ich verlange daher Volkserziehung auf Kosten des Staates.

Ende März entsteht in Berlin der von Arbeitern und Studenten gebildete »Volksverein Unter den Zelten«. Über seine Ziele informiert ein Flugblatt:

1. Wahrhafte Volksbewaffnung, als Gegengewicht gegen die Gewaltherrschaft der Bürgerpolizei und des Militärs.

2. Wahrhafte Volksvertretung, als Gegengewicht gegen falschverstandenen Patriotismus der Beamtenwillkür und gegen die eigensüchtige Königsliebe der sogenannten Aristokratie.

3. Wahrhafte politische und sittliche Volksbildung, als Gegengewicht gegen die gesinnungslose Ver- und Überbildung der mittleren und höheren Stände.

4. Das Volk soll zum Bewußtsein kommen über seine Pflichten und vor allem über seine Rechte.

Eine charakteristische Szene aus diesen Tagen erzählt der preußische Leutnant Prinz Kraft zu Hohenlohe-Ingelfingen:

Die sich täglich durch Zuzug mehrenden Arbeitermassen, die Abnahme des allgemeinen Vertrauens, des Geschäfts und der Arbeit trugen dazu bei, die Zahl der Brotlosen schnell zu steigern. An allen Straßenecken lungerten Tagediebe und bildeten eine stets bereite Macht, um bei jedem Unfug zu helfen. [...] Eines Tages zog eine solche Masse vor das Finanzministerium und verlangte Arbeit. Der Minister ließ jedem zehn Groschen zahlen, und sie gingen ab. Ein andermal sammelte sich wieder eine Schar Vaterlandsretter beim Finanzministerium und faulenzte und politisierte. Ein dicker Rat mit kahlem Kopf sah zum Fenster hinaus, nachdem ihn der Lärm in seiner Arbeit gestört hatte. Er rauchte gemütlich seine Zigarre. Ein Witzbold rief: »Seht, da ist der Minister Hansemann!« »Tag«, rief alles, »Exzellenz Hansemann.« Und zog den Hut, in Erinnerung der zehn Groschen, sehr höflich. Der dicke Rat blickte geschmeichelt und gnädig auf das höfliche Volk und freute sich der Ovation. Da rief der Witzbold wieder: »Hansemann hat aufs Volk gespuckt.« »Wat!« schrie alles. »Wie kann er aufs Volk spucken.« Und sofort flogen Steine und alle Arten von Projektilen nach dem falschen Hansemann, der sich schleunigst versteckte.

Es wird der Versuch gemacht, wie Hohenlohe weiter berichtet, die Arbeitslosen mit Erdarbeiten zu beschäftigen:

Allmählich fing aber die Gutmütigkeit des Volkes immer mehr an abzunehmen, weil der Zuzug des Proletariats aus der Hefe des Volkes, aus dem Auswurf der Menschheit von allen Gegenden Deutschlands und wohl auch anderer Länder bestand. Man dachte daran, diese Volksmassen vorläufig durch Arbeit zu beschäftigen. Großartige Erdarbeiten in der Nähe Berlins wurden in Angriff genommen. So entstand der sehr notwendige Kanal vom Hamburger Bahnhofe bis nach Spandau.

Man machte den Anfang mit Abtragung der Sandhügel, die Rehberge genannt. Die Arbeiter waren aber zuweilen der Meinung, das Recht auf Arbeit bestehe darin, daß sie nicht zu arbeiten brauchten und dafür Bezahlung verlangen könnten. Da kam es wohl hier und da vor, daß sie die Aufseher mißhandelten oder gar erschlugen und nun vaterlandsrettend nach Berlin zogen.

Diesen neuen Typus, die »Rehberger«, schildert der Publizist Robert Springer:

Das Heer der Proletarier [...] hielt sich zunächst an den Magistrat der Residenzstadt. Dieser Magistrat, so zähe in unzeitgemäßem Benehmen, so ungelenk beim Ergreifen der notwendigsten Maßregeln, übernahm aus eben dieser ratlosen Ungelenkigkeit Lasten, die er zu tragen weder befähigt noch befugt war. Er übernahm die Verpflichtung, welche dem Staat zukam, der eine Revolution hatte anerkennen müssen: die für die Versorgung der Hinterbliebenen und Invaliden der Märzkämpfer; er unterzog sich auch, Tausende von hungernden Proletariern mit Arbeit zu versehen. [...] Die sogenannten

Rehberge, fast eine Meile von Berlin, sollten von ihrem Fichtenschmuck befreit, der Boden planiert werden. Da trieben jene Erdarbeiter, die »Rehberger« genannt, [...] ihr tolles Wesen. Sie arbeiteten, wie man sagt, wenig, lebten aber sonst einträchtig, prügelten sich gemütlich, widersetzten sich den Schachtmeistern, und abends zogen sie durch das Oranienburger Tor, schwer beladen mit Holzkloben, die sie als stillschweigend bewilligten Lohnzuschuß zum heimischen Herde schleppten. Der Typus des Rehbergers wird hoffentlich durch einen genialen Künstler der Nachwelt überliefert werden: er hat für unsre Revolutionszeit dieselbe Bedeutung wie der des Carmagnole der ersten französischen Revolution. Diese wilden Gestalten, halb Pferd, halb Alligator, mit den von der Sonne und Schnaps gebräunten Gesichtern und wüsten Bärten, in Lumpenröcke, seltener in Blusen gekleidet, mit einem gelben Strohhute mit Federbusch bedeckt, in der Hand einen ehrfurchterweckenden Knüttel – waren eine geraume Zeit die Stütze der »Wühler« und der Schrecken der Reaktion und der schwachen Gemüter. Man sah sie häufig vom Morgen bis zum Abend in drohenden Haufen vor dem Berliner Rathause, Lohnerhöhung fordernd oder irgendeine Beschwerde führend; in dem politischen Klub traten einzelne Begabte unter ihnen zuweilen als Redner auf und ergänzten den mangelnden Ausdruck ihrer Rede durch die vielsagende Mimik ihres Knotenprügels; des Abends förderten sie ihre politische Bildung durch Teilnahme am berühmten Lindenklub; bei festlichen Aufzügen erschienen sie in ihrer Gesamtheit mit der von der Sonnenhitze und dem Staub der Rehberge verbleichten Trikolore; bei dem zweiten Zuge nach dem Friedrichshain empfingen sie die Linke der Nationalversammlung mit markerschütterndem Hurra und wurden selber vom demokratischen Klub im Vorbeimarsche mit unendlichem Jubelrufe begrüßt; sie zogen einmal, von den bewaffneten Studenten eingeholt, durch die Stadt, in einem Aufzuge, welcher teilweise an Falstaffs Garde, teilweise an die wilden [...] Trapper erinnerte.

Politisch ist der Arbeiter noch ungeschult. So wird von den Borsigschen Arbeitern berichtet:

Bei solchen Straßenkämpfen gegen Unruhestifter besteht für das Militär die größte Schwierigkeit darin, daß unter den Volksmassen dreiviertel Unbeteiligte sind, welche nur neugierig kommen, um zu sehen, was da wohl los ist. In diesem Falle haben sogar Borsigsche Arbeiter in blauer Bluse, die früher bei der Artillerie gestanden hatten, auf seiten der Kanoniere gefochten. Einer ließ es sich sogar nicht nehmen, das Geschütz laden zu helfen, das er auf dem Schießplatze so oft bedient hatte. Und so dicht war das Gedränge, daß die Offiziere die Einmischung und Hilfe dieses Blusenmannes nicht hindern konnten.

Studenten und Arbeiter fühlen sich solidarisch, wovon Ferdinand Freiligraths Gedicht »Berlin. Lied der ›Amnestierten‹ im Auslande« zeugt, das auf den 18. März 1848 Bezug nimmt:

Arbeiterblut, Studentenblut –
Wir knirschten mit den Zähnen,
Und in die Augen treibt die Wut
Uns seltne Männertränen.

Sie fochten dreizehn Stunden lang,
Die Erde hat gezittert!
Sie fochten ohne Sang und Klang,
Sie fochten stumm erbittert!

Das war kein Lied wie Ça ira –
Nur Schrei und Ruf und Röcheln!
Sie standen ernst und schweigend da,
Im Blut bis zu den Knöcheln!

Das Jahr 1848 ist die Geburtsstunde der Arbeiterpresse. Ihre Aufgaben formuliert die »Deutsche Arbeiterzeitung« in Berlin in ihrer ersten Nummer vom 8. April folgendermaßen:

Die Mittel und Wege zur Verbesserung und Hebung dieser Zustände müssen in den arbeitenden Klassen und durch sie selber gefunden werden. Die Arbeiter müssen Gelegenheit haben, sich auszusprechen über das, was ihnen not tut. [...]

Von dieser Überzeugung ausgehend, hat ein großer Teil der Arbeiter das Verlangen kundgetan, daß eine Zeitung gegründet werde, welche, lediglich dem Interesse der Arbeiter gewidmet, ihnen gewissermaßen als Parlament oder Sprechsaal diene, um sich darin nicht unter sich, sondern auch mit den Arbeitgebern und Kapitalinhabern zu verständigen und um endlich – was von der größten Wichtigkeit ist – der Landesregierung klar und deutlich aus der Mitte der Arbeiter selber zu zeigen, was sie zu tun habe.

Schärfer noch umreißt Stephan Born diese Aufgabe am 25. Mai in seiner Zeitschrift »Das Volk«:

Sprechen wir vom Volke, so rechnet sich nur zu oft alle Welt dazu, und doch soll diese Zeitschrift hauptsächlich nur eine bestimmte Klasse im Staate vertreten, die arbeitende Klasse. Wir wählten den Titel »Das Volk« unter der Voraussetzung, daß, solange noch Klassenunterschiede existieren, man unter diesem Namen immer diejenige Klasse der Gesellschaft meinen wird, die die unterdrückte ist, die in Lohn und Brot steht, als ihr dieser Lohn, als ihr Arbeit geboten wird, diejenige Klasse, die nur für den kommenden Tag lebt und die keine Zukunft hat als das Elend oder den verzweifelten Widerstand.

Straßenjungen als Zeitungsverkäufer tauchen auf. Robert Springer schreibt über sie:

Die Straßenliteratur hatte einen neuen Erwerbszweig, den fliegenden Buchhandel, hervorgerufen. Die Knaben der niedern Volksklasse, welche früher mit Kuchen, Blumen oder Schwefelhölzern gehandelt, vielleicht auch gebettelt hatten, warfen sich auf dieses einträgliche Geschäft, welches ihnen hundert Prozent eintrug. Sie umlagerten die Druckereien, [...] um die frische Ware möglichst schleunig an den Mann bringen zu können. Viele bezogen ihren Bedarf nach rein kaufmännischen Rücksichten. Andre dagegen handelten nur mit Drucksachen, welche die Tendenz der demokratischen Partei, zu der sie sich als Straßenjungen natürlich bekannten, vertraten. So kam der raffinierte Geist der Berliner Straßenjungen in nächste Berührung mit der Tagesliteratur und ihrem Vertriebe, und es war nicht uninteressant, die kleinen Taugenichtse nun aus politischem und kaufmännischem Eifer die Leseübungen, zu denen sie sich in der Schule nicht hatten bequemen können, an ihrer Ware, bevor sie dieselbe auf die originellste Weise absetzten, nachholen zu sehen. [. . .] Die prächtigen Berliner Straßenjungen, wenn sie ihre Ware ausboten und anpriesen, ihre Witze rissen und miteinander wetteiferten, waren ein entzückendes Bild für den Freund modernen Volkslebens und hätten dem Griffel eines Gavarni reichen Stoff geboten – nur aristokratische und spießbürgerliche Duckmäuser konnten ein Ärgernis daran nehmen.

Von Karl Marx nach Berlin gesandt, bildet Stephan Born im April 1848 ein »Zentralkomitee der Arbeiter« zur Vorbereitung einer Arbeiterorganisation, der »Arbeiterverbrüderung«, »die erste umfassende, vom Geist der Neuzeit erfüllte Arbeiterorganisation Deutschlands«, wie Eduard Bernstein es ausdrückt. Aus deren Programm einige charakteristische Sätze:

Wir Arbeiter waren einem großen Teile der deutschen Bürgerklasse fremde, unbekannte Wesen, an welche man die dunklen Begriffe von Roheit und Feigheit, Unbildung und Demut, Dummheit und wilder Zerstörung knüpfte; konnten wir erwarten, daß man uns in einer geschichtlichen Bewegung sah, daß man uns als eine Klasse in der Gesellschaft betrachtete, die ihre eigene selbständige Entwicklung durchmacht? Und nun, nachdem sich neben jener unbewußten Kapitalistenmacht allmählich eine bewußte Arbeiterklasse entwickelt, nach einer Revolution, die Deutschland halb überraschte, weil ihr Impuls vom Auslande gekommen, nun sieht ein Teil des Volkes, der hier und da selbst die errungenen politischen Freiheiten noch nicht zu benutzen versteht, sich einer drohenden Macht gegenüber, die mancher selbst um den Preis des eben erst gewonnenen Sieges unterdrücken möchte. Und diese Macht der Arbeiter, ist sie wirklich so drohend, so gefahrvoll, als es die Furchtsamen, die Geizigen und die Ehrgeizigen, die Diener der Reaktion auf der einen und die gedankenlosen Stürmer auf der anderen Seite meinen? [. . .]

Wir schlagen unsere Kräfte weder zu hoch noch zu niedrig an; es ist wahr, wir stehen jetzt auf einer Stufe der Entwicklung, von der uns keine Gewalt auf Erden mehr zurückwerfen soll, [...] wir nehmen unsere Angelegenheiten selbst in unsere Hände, und niemand soll sie uns wieder entreißen. [...]

Wir wissen sehr wohl, daß wir bei dem unklugen Versuche einer neuen Revolution in die sehr nahe Gefahr kommen würden, alles das noch zu verlieren, was wir eben erst errungen. [...] Hier begegnen sich unsere Interessen mit den Interessen der Kapitalisten, wir wollen beide den Frieden, wir müssen ihn wollen! Wollen wir es dahin bringen, daß wir als Arbeiterklasse, als eine Macht im Staate dastehen, daß jeder von uns sich als ein Mitglied derselben erkläre und betätige, so wird die Organisation der Arbeiter für uns zur ersten Notwendigkeit.

Bei den Wahlen zum Frankfurter Parlament wird von den sogenannten Ausländern in Sachsen als Kandidat der Drechslergeselle August Büttner aus Stettin aufgestellt, der Redakteur der »Leipziger Arbeiter-Zeitung« ist. In einem Flugblatt vom 4. Mai entwickelt er sein politisches Glaubensbekenntnis:

Ich bemerke zuerst, daß ich Arbeiter bin, und schon deshalb wünsche ich, die Wahl möge auf mich fallen. Dieser Wunsch entspringt bei mir keineswegs aus der Ansicht, daß der Arbeiterstand als solcher vertreten werden müsse, da ich keine Stände-, sondern eine Volksvertretung will. Ich halte es aber für notwendig, daß die Interessen der [...] sogenannten arbeitenden Klasse durch solche Männer vertreten werden, welche [...] ihre Verhältnisse aus eigener Anschauung kennen und welche [...] eine solche Kenntnis der allgemeinen Beziehungen der verschiedenen Arbeitszweige zueinander besitzen, daß sie über eine einseitige Bevorzugung des einen oder andern derselben erhaben sind.

Unser eigentlich innerstes Leben ist den Mitgliedern aller andern Stände fremd [...]. Ein Arbeiter wird also der Nationalversammlung über unendlich viele wichtige Gegenstände, welche die Arbeitsfrage berühren, erläuternden Aufschluß geben [...]. Es bleibt mir also nur noch übrig, für die Volksherrschaft zu stimmen, und zwar für die vollendetste Form derselben, für die Republik.

In Berlin tritt ebenfalls eine Nationalversammlung, die preußische, zusammen, deren Unterbringung der Rechtsgelehrte und Schriftsteller Jodocus Donatus Hubertus Temme in seinen Erinnerungen schildert:

Das Sitzungsgebäude der Kammer – es ist noch heute das Haus der preußischen Abgeordneten – liegt bekanntlich in einem Hinterhofe. Der Weg zu ihm führte zuerst durch allerlei Winkel und Räume. Ich glaube, durch Küchen, Remisen, Ställe – die Vertreter des preußischen Volkes wurden in solcher Weise durch die Regierung geehrt. Der Weg war damals neu angelegt, roh dabei; man mußte sich hindurchwinden. Als die Abgeordneten ihn zum ersten Mal durchwanderten, entstand eine allgemeine Entrüstung, die in kräftigster Weise sich kundgab. Der Herr von Meusebach [*Präsident des rheinischen Kassationshofes*] höhnte die Leute: »Es ist der Anfang vom Ende, meine Herren! Cela sent le sapin! Das riecht nach dem Sarge!« Er hatte recht. Was war die preußische Volksvertretung seitdem?

Beliebt sind 1848 in Berlin die »Katzenmusiken«, eine Art von Ständchen oder Serenade:

Das Tadelnswerte daran war nur, daß sie den Zweck hatten, das Ohr dessen, dem sie gebracht wurden, zu verletzen, statt zu erlaben, und daß dadurch andrer unschuldige Ohren mit betroffen wurden [...]. Warum sollte man aber das Ohr des Berliners [...] vor allen üblen Eindrücken bewahren, denen sich die meisten anderen Sinne nicht entziehen können? Seine Nase wird beständig durch den üblen Geruch der Rinnsteine, sein Auge durch den Anblick sehr unangenehmer Persönlichkeiten beleidigt, warum also dem Ohre jene Eindrücke vorenthalten, die offenbar zur Nervenstärkung beitragen müssen? Wenn Krösus meinte, die Musik erzöge Sklaven, und Cicero, sie verweichliche, so sind wir der Ansicht, daß Katzenmusiken zur Stärkung gereichen und offenbar ein Erzeugnis der Freiheit sind. [...]

Wie harmlos man bei diesen Katzenmusiken verfuhr und wie sich auch dabei der Gerechtigkeitssinn des Volks geltend machte, geht aus dem Umstande hervor, daß vor dem Beginn des Konzerts der Kapellmeister jedes Mal zu seinem Orchester sprach: »Wir wollen niemand ungerechterweise kränken. Ist es gewiß, daß der N. N. wirklich hier wohnt?« Erst wenn dies [...] bestätigt war, nahm die Harmonie ihren Anfang.

Witze werden gerissen:

Lehrer: Was weißt du vom 18. März 1848?

Schüler: Daß dieser Tag ein Schandfleck in der preußischen Geschichte ist!

Lehrer: Warum?

Schüler: Weil an diesem Tage bloß dreihundert Ehrenmänner und kein vornehmer Schurke ums Leben gekommen ist.

Versammlungen finden in Unzahl statt. Parteien bilden sich. Daß die Demokratie schließlich unterliegt, wird ihren schlechten Führern zugeschrieben:

Zugegeben aber, daß jene Führer der Demokratie nicht den nötigsten Anforderungen genügten, warum traten nicht vollkommenere an ihre Stelle? Warum verdrängten diese nicht diejenigen, welche die günstige Gelegenheit, sich emporzuschwingen, zuerst benutzt hatten? Der Grund liegt in dem Mißkredit, in welchem die Demokratie von Anfang an stand. In einem Staate, in dem so lange Militärdespotismus und Bürokratie geherrscht und Standesdünkel verbreitet hatten, konnte in einer Nacht nicht eine solche Umwandlung der Gesinnung stattfinden, daß man dem Volke, ohne sich etwas zu vergeben, die Hand reichen konnte. Man fühlte sehr bald, daß doch im Grunde alles nach dem guten alten Zustande zurückstrebte, und überließ den Demagogenruhm denen, die kühn genug waren, einer unvermeidlichen Zukunft in Festungen und Zuchthäusern, der sicheren Vergeltung ihrer volkstümlichen Bemühungen dreist entgegenzusehen.

Die Parolen der Arbeiter bleiben nicht ungehört:

Verkürzung der Arbeitszeit und Erhöhung des Lohns, dies waren zwei Hauptforderungen, welche sie an die Meister stellten. Als letztere sich zu einem friedlichen Vergleich verstanden, hielten die Gewerke festliche Umzüge mit Musik und veranstalteten vergnügte Landpartien. Es war den gedrückten Menschen, die bis dahin ihr mühsames Werk mit Sonnenaufgang begonnen und teilweise erst mit dem Beginn der Nacht geendet hatten, sowohl ein höherer Lohn als auch einige Abendstunden zu gönnen, die sie im Schoße ihrer Familie, zu ihrer Erholung oder Belehrung anwenden konnten. Die Meister aber, welche in der unruhigen Zeit, bei Stillstand der Geschäfte, ein doppeltes Opfer an Zeit und Geld bringen sollten, waren zu beklagen.

Den Maschinenbauern wurden jene Vergünstigungen zuerst von Borsig zugestanden, denselben Vormittag erhielten aber die Arbeiter der Weberschen, Siglschen und der früheren königlichen Fabrik, welche man jetzt National-Eisengießerei nannte, dieselben Verwilligungen. Alle Eisenarbeiter vereinigten sich am Nachmittage zu einem gemütlichen Feste in Moabit, welches mit Fröhlichkeit und Tanz begonnen wurde.

In seinem Blatt »Das Volk« zählt Stephan Born am 10. Juni 1848 folgende Forderungen der Arbeiter auf:

1. Bestimmung des Minimums des Arbeitslohnes und der Arbeitszeit durch Kommissionen von Arbeitern und Meistern oder Arbeitgebern.

2. Verbindung der Arbeiter zur Aufrechterhaltung des festgesetzten Lohnes.

3. Aufhebung der indirekten Steuern, Einführung progressiver Einkommensteuern mit Steuerfreiheit derjenigen, die nur das Nötigste zum Leben haben.

4. Der Staat übernimmt den unentgeltlichen Unterricht [...].

5. Unentgeltliche Volksbibliotheken.

6. Regelung der Zahl der Lehrlinge, welche ein Meister halten darf [...].

7. Aufhebung aller für das Reisen der Arbeiter gegebenen Ausnahmegesetze [...].

8. Herabsetzung der Wählbarkeit für die preußische Kammer auf das 24. Jahr.

9. Beschäftigung der Arbeitslosen in Staatsanstalten [...].

10. Errichtung von Musterwerkstätten durch den Staat [...].

11. Der Staat versorgt alle Hilflosen [...].

12. Allgemeine Heimatberechtigung und Freizügigkeit.

13. Schranken gegen Beamtenwillkür in bezug auf die Arbeitsleute.

In Königsberg erlebt der Publizist Ludwig Walesrode den Versuch, nach dem Muster anderer Städte einen Arbeiterverein zu bilden. Er schreibt am 23. Mai:

Die konstituierende Versammlung wurde von einem provisorischen Vorstande an einem Sonntagnachmittage im altstädtischen Gemeindegarten berufen. Hier zeigte sich denn unsere Bourgeoisie in voller Glorie. Besoffene Arbeiter wurden zu Hundert in die Versammlung geschickt, die Herren Steinfurt und Szilnik sprachen's dort offen aus: »Laßt euch doch von den gelehrten Herren Geld zu Brot geben« und dergleichen. Es entstand ein wahrhaft dämonischer Tumult, der sich aus dem Kopf an Kopf von dem gemeinsten Gesindel vollgestopften Saale auf die Straße hinauszog. Es war nur ein sehr trauriges, blutiges Ende abzusehen. Da schickte man in dieser Bedrängnis einige Leute zu mir, daß ich versuchen sollte, den Aufruhr zu beschwichtigen. Ich ertrotzte mir Gehör, und in der Tat gelang es mir, aber unter lebensbedrohlicher Gefahr, die Masse zum Nachhausegehen zu bewegen. [...] Dieses Faktum wurde von der systematischen Verleumdungssucht wieder gerade zu meinem Nachteile ausgebeutet.

Die »Leipziger Arbeiter-Zeitung« veröffentlicht am 22. Juli eine »Aufforderung an die arbeitenden Classen Deutschlands zur Beschickung eines in Berlin vom 20. bis zum 26. August abzuhaltenden Arbeiterparlamentes«:

Die unterzeichneten Deputierten des vom Berliner Handwerkerverein zusammengerufenen Handwerker- und Arbeiterkongresses, nicht zufriedengestellt mit den Resultaten dieses Kongresses in bezug auf die soziale Frage der Gegenwart, wenn auch das Segensreiche seiner Wirksamkeit vollständig anerkennend, sind darin übereingekommen, die arbeitenden

Klassen aus allen Städten, Fabrik- und Ackerbaudistrikten des gesamten Vaterlandes zur Beschickung eines gemeinsamen Arbeiterparlamentes aufzufordern, welches zum ausschließlichen Zweck die Besprechung der materiellen Interessen der arbeitenden Klassen haben soll. [...] Wir halten es [...] für eine unabweisliche Notwendigkeit, daß eine möglichst geordnete Vertretung der arbeitenden Klassen Deutschlands die sie zunächst angehenden Fragen selbständig in ihre Hand nehme und sich in den wesentlichsten Punkten vereinige, welche die Befreiung des Arbeitertums aus den Fesseln des Kapitals, der persönlichen Abhängigkeit und der materiellen Entbehrung in sichere Aussicht stellen. Die vom Arbeiterparlament festzustellenden Punkte sollen eine soziale Volkscharta Deutschlands bilden. [...]

Arbeiter und Brüder! Vereinigen wir uns, die wir bisher in der Vereinzelung und Zersplitterung schwach und unberücksichtigt waren. Wir zählen Millionen und bilden die große Majorität der Nation. Nur vereinigt in gleichem Streben werden wir stark sein und zu derjenigen Macht gelangen, die uns, als den Hervorbringern allen Reichtums, gebührt. Unsere Stimme ist eine schwere, und versäumen wir nicht, sie in die Waagschale der sozialen Demokratie zu legen.

Der von fünfundzwanzig Orten beschickte Kongreß schafft die »Arbeiterverbrüderung«. Die hochkonservative »Kreuzzeitung« schreibt am 11. August:

Während die entsetzlichen Lehren des Kommunismus die Kultur der Menschheit bedrohen, während alle Patrioten ernstlich dahin streben möchten, die Keime solcher geistigen Mißgeburten, die die Straßen von Paris bereits mit Bürgerblut überschwemmt haben, nicht auch bei uns wuchern zu lassen, wird es zur doppelten Pflicht, die Sicherheit des Privatbesitzes und der Vermögensrechte zu ehren und zu schützen. Jedermann weiß, daß Grundstücke, die seit Jahrhunderten und unter allen Wechselfällen der Geschichte steuerfrei waren, vertrauensvoll im Privatverkehr verhältnismäßig teuer erworben worden sind und daher die Steuerfreiheit eines solchen Grundstücks ein redlich bezahltes Vermögensstück des

Besitzers ausmacht. Eine ohne Rücksicht hierauf durchgeführte Besteuerung des Grundbesitzes würde wegen der damit unter Umständen verbundenen völligen Vernichtung und Verteilung des Privatvermögens einzelner den verwüstenden Lehren des Kommunismus den stärksten Vorschub leisten.

Der vom 23. August bis 3. September 1848 in Berlin stattfindende Arbeiterkongreß richtet ein Manifest an die Nationalversammlung in Frankfurt am Main:

Mit der gespanntesten Aufmerksamkeit und mit hingebender Erwartung haben die Arbeiter, nachdem die politische Bewegung Europas auch sie in Anspruch genommen, sie zur Mitwirkung und, nach langer Zeit wieder, zum Hoffen erweckt hat, die Maßregeln, welche die deutschen Staaten zur Begründung besserer Staatseinrichtungen ergriffen haben, namentlich den Entwurf, betreffend die Grundrechte des deutschen Volkes, und die davon ausgehenden Beratungen der hohen deutschen Nationalversammlung verfolgt.

Sie haben nunmehr leider die Überzeugung erlangt, daß auch in der Verfassungsurkunde für Deutschland die soziale Frage, ebensowenig wie in andern Verfassungsarbeiten, eine Stelle finden könne. [...]

Es ist [...] vor allem erforderlich, daß die Arbeiter, um ihr Arbeiten als einen bestimmten Besitz in das Grundgesetz des Staats einzuführen, sich selbst als lebendige Gemeinschaften, gleichsam als politisch-beseelte Körperschaften, unter die übrigen Bürger hinstellen und den Staatsmännern bemerklich machen.

Dieses konnte nur von den Arbeitern selbst ausgehen [...].

So organisiert, [...] treten wir jetzt [...] vor den gesetzgebenden Körper unserer Wahl, mit der Bitte, in der künftigen Gesetzgebung auch uns [...] anzuerkennen und solche gesetzliche Bestimmungen eintreten zu lassen, durch welche die Existenz und Fortdauer unserer Organisation und Assoziation für alle Zeiten geschützt [...] werden möge. [...]

Wir, die Arbeiter, sind von Natur die Stützen der Ruhe und der Ordnung, denn wir wissen sehr wohl, daß wir zum Leben vor allem der Ruhe und Ordnung bedürfen. Wir reichen unseren Mitbürgern und unseren Gesetzgebern die Hand und die Verheißung unseres Worts: Ja, wir wollen die Ruhe und Ordnung der Staaten aufrechterhalten – wir können es verheißen, denn wir haben die Kraft dazu und sind uns unserer politischen Bedeutung bewußt.

In der »Kreuzzeitung« vom 8. Oktober finden sich prinzipielle Erörterungen:

Es gibt keinen Stand, der infallibler wäre in Beziehung auf die unwandelbaren Grundsätze von Recht und Staat als der Arbeiterstand. Er weiß am besten, daß Besitzende und Regierende sein müssen, damit Arbeiter sein können. Denn zum Begriff des Arbeiters gehört der Eigentümer und die Obrigkeit. Wie am Hebel der Hebelarm bei aller Tragkraft nichts ist ohne den Ruhepunkt, so weiß der Arbeiterstand, daß seine beweglichen Kräfte nur dann heben und tragen können, wenn sie von Eigentum und Ordnung, vom Stand der Brotherren und der Obrigkeit getragen werden. Als Philosoph, der all das Seinige bei sich trägt, hat der Arbeiterstand die Sorge des Besitzens und des Herrschens auf andere abgewälzt, und als solcher Philosoph besitzt er auch die wahre Staatsweisheit: ihm ist es Tatsache, daß das Kapitalisieren und Politisieren unmöglich Geschäft derjenigen sein kann, deren Geschäft die Arbeit ist.

Temme besucht den großen deutschen demokratischen Kongreß in Berlin:

In Deutschland hat es wohl noch nie eine unverständigere, dünkelhaftere und rohere Versammlung gegeben. *Die* Menschen wollten das deutsche Volk, seine Rechte, seine Freiheit, seine Ehre vertreten! [. . .] Schon das äußerliche Ansehen der Versammlung war im allgemeinen so widerwärtig. Zwei Drittel, wenn nicht gar drei Viertel der Anwesenden suchten durch vernachlässigte Kleidung, durch zerknitterte Hüte und schmierige Mützen, durch wüstes Haupt- und Barthaar, durch furchtbare Knittel und Knüppel zu imponieren.

Den Verlauf schildert er so:

Da trat ein kleiner, unscheinbarer junger Mann auf, Rudolf Benfey aus Göttingen. [...] Er sei guter Republikaner, begann er – »Bravo! Hurra!« wurde ihm zugejubelt. Er habe mit großem Interesse die von den Vorrednern bekundeten republikanischen Gesinnungen aus so vielen deutschen Gauen vernommen. – »Bravo, bravo! Hurra, hurra!« Er wünschte nichts mehr, als daß das die Gesinnungen des gesamten deutschen Volkes seien. Dreifaches Bravo, dreifaches Hurra! Aber – aber? – Ein leises Knurren schlich durch die Versammlung. Aber, fuhr der Redner fort, er seinerseits müsse bekennen – Seinerseits bekennen? Hier ist nichts zu bekennen! [...]

Rudolf Benfey fuhr auf der Rednerbühne ruhig fort, er hatte auch Nachrichten aus manchen anderen Gegenden Deutschlands, und danach stehe die Sache nicht so, wie die Vorredner sie geschildert hätten. Das deutsche Volk sei erst in seinem geringeren Teile reif für die Republik.

Ein furchtbarer Tumult entstand. Der vierschrötige Postsekretär gab das Signal dazu. »Lüge, Verleumdung!« rief der. »Das deutsche Volk will die Republik, die eine, die unteilbare rote Republik!« [...] Mit ihm schrie und lärmte und tobte seine ganze Umgebung, bald der halbe, bald fast der ganze Saal. [...]

Rudolf Benfey sprach weiter, versicherte, daß er [...] gemäß dem ihm gewordenen Auftrage leider geradezu erklären müsse, daß man dort von der Republik nichts wissen wolle.

Ein neuer Tumult, ein rasender!

»Lüge, Verleumdung! Das deutsche Volk will die Republik! Herunter von der Rednerbühne! Abbitte tun!«

Das Stampfen, Stoßen, Donnern der Stöcke und Knittel übertönte das wilde Schreien. [...]

Rudolf Benfey verließ die Rednerbühne.

Hermann Wagener, Hauptschriftleiter der »Kreuzzeitung«, berichtet in seinen Erinnerungen:

Nicht ohne Humor war die Stellung, welche einige der damaligen Straßenhelden einnahmen. So erschien eines Tages der vielgenannte Lindenmüller [*der im Lindenklub tätige Kaufmann Müller*] [...] in der Redaktion mit einer großen roten Kokarde und mit dem Vorschlage, ein Kartell mit uns abschließen zu wollen. Wenn *sie* siegten, wolle er dafür einstehen, daß wir nicht aufgehängt würden, und umgekehrt sollten *wir* dieselbe Verpflichtung gegen ihn übernehmen. Wir gingen gern auf diesen Vorschlag ein. [...] Als demnächst die Sache umschlug und Lindenmüller verhaftet wurde, erinnerte ich mich unseres Abkommens und schrieb an den Polizeipräsidenten, ob er mir wohl gestatte, dem Gefangenen eine Freundlichkeit zu erweisen. Auf erteilte Erlaubnis schickte ich ihm eine Anzahl pommerscher Spickgänse und Flaschen Rotwein und schrieb dabei: Ich erinnerte mich unseres Abkommens und wollte versuchen, ihn zunächst mit der reaktionärsten Provinz Preußens und mit dem natürlichsten Getränk des Norddeutschen auszusöhnen. Seine Antwort war ein Schachspiel, dessen Figuren aus Brotteig gemacht waren, und ein Schachbrett, auf dessen Rückseite stand: »Gebt den armen Leuten Brot und Ihr könnt regieren, wie Ihr wollt, und wir werden Eures Königs getreueste Untertanen sein. Lindenmüller, Wühler von Profession.«

General Graf von Wrangel marschiert in Berlin ein; die Nationalversammlung wird geschlossen. Temme schildert den »schwersten Tag« seines Lebens:

Ich hatte manches vorher erlebt, mir sollten noch schwere Ereignisse bevorstehen, ich sollte verfolgt werden, wie wenige meiner Zeit-, Gesinnungs- und Kampfgenossen verfolgt und mißhandelt wurden. So bittere und schmerzvolle Stunden wie jener 10. November hat bis heute, bis in mein fünfundsiebzigstes Lebensjahr, mir kein Tag gebracht. [...]

Die Nationalversammlung war in ihrem Sitzungslokal, dem Schauspielhause. Die Berliner Bürgerwehr hatte sich uns zur unbedingten Verfügung gestellt. Die gesamte Bürgerwehr umgab das Schauspielhaus, bedeckte den Gendarmenmarkt, hielt dessen Zugänge besetzt. Tausende bewaffneter Arbeiter, darunter fünf- bis sechstausend jener mutigen und kräftigen Maschinenarbeiter, hatten der Bürgerwehr sich angeschlossen. Es war Nachmittag. Jeden Augenblick wurde der Einmarsch Wrangels erwartet, durch das Brandenburger Tor, die Linden entlang, zum Gendarmenmarkte, zum Schauspielhaus, um uns daraus zu vertreiben.

Zweihundertundfünfzig bis -sechzig Mitglieder der Nationalversammlung befanden sich in der Sitzung. Es wurde darüber verhandelt, ob man der bloß angedrohten Gewalt weichen oder es auf einen Kampf solle ankommen lassen. [...]

Während der Verhandlungen trat ein Bürodiener in den Saal, zu den Plätzen der äußersten Linken, und meldete, der Major Rimpler sei draußen und habe eine dringende Mitteilung zu machen. Der Major Rimpler war damals der Kommandant der Berliner Bürgerwehr. [...]

Er teilte uns [...] mit, die gesamte Bürgerwehr sei noch immer entschlossen, die Nationalversammlung zu verteidigen, wolle den Kampf mit den Truppen Wrangels aufnehmen. Er sei vorher abgesandt, den Willen der Versammlung darüber zu vernehmen. Er bat nur noch um Eile, da Wrangel jeden Augenblick einrücken könne und der Widerstand ihn schon am Tore empfangen müsse.

Wir fünf konnten dem Herrn Rimpler den Willen der Versammlung kundgeben. [...]

Nur D'Ester und ich waren für den Kampf. [...]

Die drei anderen Freunde hatten gewiß triftige, ehrenwerte Gründe, der Politik, der Ungewißheit des Ausganges, der Menschlichkeit besonders, im Hinblick auf den furchtbaren Kampf, der entstehen müsse.

Die Bürgerwehr war dreißigtausend Mann stark, elf- bis zwölftausend entschlossene bewaffnete Arbeiter standen ihr zur Seite. War der Straßenkampf einmal entbrannt, die Greise, die Weiber, die Kinder, die ihre Söhne, Väter, Brüder in dem Kampfe sahen, konnten nicht untätig bleiben, mußten Beistand leisten [...].

Aber welches Volk hat seine Freiheit und Selbständigkeit ohne blutige Kämpfe erlangt? Die Freiheit der Völker wird nur durch Blut gekittet. [...]

Rimpler ging mit dem Bescheide der Majorität.

Wir gingen in den Saal zurück.

Aber D'Ester und ich mußten uns erst ausweinen.

Die Revolution war vorüber.

Adolf Kolping gründet weitere Gesellenvereine nach dem Muster des Elberfelder katholischen Jünglingsvereins von 1846 und nimmt dessen Statuten zum Vorbild:

Zweck des Vereins: Fortbildung und Unterhaltung der erwachsenen katholischen Jünglinge zur Anregung und Pflege eines kräftigen religiösen und bürgerlichen Sinnes.

Mittel zum Zweck: Öffentliche Vorträge, Unterricht und Übung im Gesange, Lesen passender Bücher und gegenseitige Besprechung, Erheiterung usw. [...]

Von den Mitgliedern: Mitglied kann jeder katholische Junggeselle werden, der wenigstens achtzehn Jahre zählt, nicht Lehrling ist und einen unbescholtenen Lebenswandel führt oder zu führen entschlossen ist.

Wilhelm Emmanuel von Ketteler, der spätere Bischof von Mainz, sagt auf einer Versammlung der katholischen Vereine während des ersten deutschen Katholikentages in Mainz am 4. Oktober 1848:

Eine Aufgabe für die nächste Zukunft rege ich noch an, die Aufgabe bezüglich der sozialen Verhältnisse. Die schwerste Frage ist bei allen gesetzlichen Bestimmungen, bei allen Staatsformen noch nicht gelöst worden, das ist die soziale Frage. Ich kann es mit aller Wahrheit aussprechen: die Schwierigkeit, die Größe, die Dringlichkeit dieser Aufgabe erfüllt mich mit größter Freude. Nicht die Not freut mich, die ich in tiefstem Herzen mitfühle, sondern, daß sich jetzt zeigen wird und muß, welche Kirche die Kraft der göttlichen Wahrheit in sich trage. Es wird sich zeigen, daß der katholischen Kirche die endliche Lösung der sozialen Frage vorbehalten ist; denn der Staat hat dazu nicht die Kraft. Einen ähnlichen Gedanken hat ein würdiger protestantischer Geistlicher in der Paulskirche ausgesprochen. Der Kampf zwischen protestantischem und katholischem Glauben auf dem Gebiet des Dogmas werde fortan ruhen, dagegen der Kampf entstehen auf dem Gebiete der sozialen Frage.

Auf demselben Katholikentag sagt Franz Joseph Buß, Abgeordneter der Paulskirche:

Wir wollen die Demokratie, aber die christliche; große Körperschaften in freier selbständiger Gliederung müssen sich wieder gründen, gleich den alten Innungen, nicht mit dem Zwange, aber mit der Ehrenhaftigkeit derselben; die Gesellen müssen wieder am Tische ihres Meisters essen, auf daß nicht [...] sich in ihnen eine Herde von Proletariern erziehe.

Selbstverständlich ist die Polizei hinter den demokratischen Vereinen her; der Berliner Polizeipräsident Hinckeldey gibt am 28. Dezember eine private Information an Otto Freiherrn von Manteuffel, den preußischen Innenminister:

Durch die Märzrevolution löste sich »Der Bund der Gerechtigkeit«, dessen geschworene Mitglieder, in allen Weltteilen zerstreut, trotz aller Nachforschungen der Behörden in fortwährender innigster Verbindung standen, auf. Der Zweck des Bundes: Sturz der Dynastien und Einführung der Republik – schien durch die Revolution wenigstens teilweise erreicht; es galt nun, das Ziel weiter zu verfolgen, und dazu mußten unter veränderten Umständen mit schneller Benutzung der freieren Bewegung andere Wege eingeschlagen werden. Der Präsident des Bundes [...] dekretierte die Gründung demokratischer Vereine. Diese stehen mit dem Berliner Zentralausschuß in fortwährender Verbindung. Zu diesem Zwecke wurde der erste Kongreß der deutschen demokratischen Republikaner nach Frankfurt a. M. zusammenberufen. Im Juni d. J. versammelten sich daselbst 234 gleichgesinnte Männer unter dem Vorsitz von Julius Fröbel und erklärten: »Es gibt nur eine für das deutsche Volk haltbare Verfassung: die demokratische Republik.« [...]

In Deutschland (außer Österreich) existieren jetzt über zweitausend demokratische Vereine, [...] deren Hauptaufgabe darin besteht, Propaganda zu machen.

Noch träumen Dichter wie Herwegh vom neuen Frühling:

O laß sie träumen den Kaiserwahn,
Alt-Deutschlands Ritter und Recken;
Wie werden sich vor dem roten Hahn
Die roten Adler verstecken!

O laß sie träumen noch eine Nacht!
Dann wetzen wir aus die Scharte,
Dann werden Fidibusse gemacht
Aus der europäischen Karte.

Die Völker kommen und läuten Sturm –
Erwache, mein Blum, *erwache!*
Vom Kölner Dome zum Stephansturm
Wird brausen die Rache, die Rache. [...]

Das alles, das alles soll geschehn
In kommenden Frühlingstagen –
Herrgott, laß die Welt nicht untergehn,
Eh die Nachtigallen schlagen!

Bischof von Ketteler mahnt:

Je ohnmächtiger aber die Welt ist, um so mächtiger ist die Lehre des Christentums. [...] [*Es*] will auch eine richtige Verteilung der Güter, aber nicht durch Gewalt, sondern durch Veränderung der Gesinnung. Das ist der wesentliche Unterschied der Lehren des Christentums und der Lehren der Welt [...]. Nicht in der äußeren Not liegt unser soziales Elend, sondern in der inneren Gesinnung.

Ferdinand Lassalle tritt immer mehr in den Vordergrund. Höhepunkt seiner Agitation ist die Neußer Rede vom 21. November 1848. Er sagt selbst darüber:

Ich wandte mich an die Arbeiter, ich beschwor sie, nicht etwa sich dem Gedanken hinzugeben, die Gelegenheit benutzen zu wollen, um hier eine Republik zu proklamieren, ein Gedanke, der hier in einer Provinzialstadt Wahnsinn gewesen wäre. [...] Es ist wahr, ich und meine Partei, wir hängen vor allem an der sozialen Reform.

Aufgrund dieser Ausführungen wird Lassalle verhaftet. Seine Verteidigungsrede läßt er bereits vorher drucken, gehalten wird sie nie:

In solchen Fällen überhaupt Partei zu ergreifen und Gut und Blut für seines Herzens Wollen in die Schanze zu schlagen, das, meine Herren, ist an sich des Mannes erste Pflicht. [...]

Nicht Partei ergreifen, das heißt: *keine* Überzeugung haben oder sie verleugnen. *Nicht* Partei ergreifen, das heißt: in einer schmachvollen Gleichgültigkeit gegen die höchsten Interessen, welche das Herz der Menschheit durchzucken, die eigene Ruhe und Behaglichkeit den gewaltigen Fragen vorziehen, von denen das Wohl und Wehe des Vaterlandes abhängt, und so die Pflichten verraten, welche wir dem Vaterlande schulden. Die Geschichte hat Verzeihung für alle Irrtümer, für alle Überzeugungen, sie hat keine für Überzeugungslosigkeit.

Er schließt mit Schillers Worten aus »Wilhelm Tell«:

Wir wollen trauen auf den höchsten Gott
Und uns nicht fürchten vor der Macht der Menschen.
Jetzt gehe jeder seines Weges still
Zu seiner Freundschaft und Genoßsame.
Wer Hirt ist, wintre ruhig seine Herde
Und werb im stillen Freunde für den Bund;
Was noch bis dahin muß erduldet werden,
Erduldet's! Laßt die Rechnung der Tyrannen
Anwachsen, bis *ein* Tag die allgemeine
Und die besondere Schuld auf einmal zahlt;
Bezähme jeder die gerechte Wut
Und spare für das Ganze seine Rache:
Denn Raub begeht am allgemeinen Gut,
Wer selbst sich hilft in seiner eignen Sache.

Viele Prozesse finden jetzt statt. So geht es am 20. Januar 1849 um die Arbeitseinstellung der Berliner Buchdrucker. Die Zeitschrift »Gutenberg« berichtet:

Dieser Prozeß, der erste seiner Art, seit der *ersten* deutschen Revolution, ist von der größten Bedeutung für die Frage: Haben wir ein freies Vereinigungsrecht oder nicht? Sind unsere, durch unser Blut wiedererworbenen Rechte wirklich gegen Eingriffe der äußeren Gewalt sicher? Stehen die christlich-germanischen Regierungen schon auf einer solchen Stufe der Sittlichkeit, daß sie das wahre Recht um seiner selbst, um der

Oben: Aus Furcht, stellungslos zu werden, stürmen Arbeiter in Böhmen eine Fabrik und zerstören die Maschinen. – Unten: Kinderarbeit in einer Aschaffenburger Papierfabrik um 1850

Oben: Aufhebung der preußischen Nationalversammlung im Mielentzschen Saal in Berlin am 14. November 1848. – Unten: Ein Arbeiterführer ruft zum Widerstand auf

moralischen Menschenwürde willen achten? Oder geht Gewalt, d. h. die höchste Potenz der Unsittlichkeit, noch immer vor Recht? Oder stehen vermoderte Satzungen einer sterbenden, in ihren letzten Zügen liegenden und rasenden Vergangenheit höher als die Heiligkeit der Menschenrechte und der fürstlichen Gelübde und Gesetze vom vorigen Lenze? Meinen die Regierungen es wirklich gut mit den Arbeitern, d. h. mit der bedeutend überwiegenden Mehrzahl der Menschen, oder sollen wir die Lasttiere der Aristokratie und Bourgeoisie bleiben?

Die »Verbrüderung« erläßt am 9. Februar einen Aufruf »An sämtliche Arbeiter und Arbeitervereine Deutschlands«:

Arbeiter! Jetzt sind wir zu dem Ausrufe berechtigt: mag Deutschland noch so zerrissen sein, seine Arbeiter sind einig in der Verfolgung ihres gemeinsamen Zieles, der sozialen und politischen Freiheit.

Am 19. Februar richtet das Berliner Bezirkskomitee der »Allgemeinen deutschen Arbeiterverbrüderung« folgendes Schreiben an den Berliner Abgeordneten des Frankfurter Parlamentes, Carl Nauwerck:

Mitten unter den Hindernissen des Belagerungszustandes und der rohen Gewalt – denn unsere Unterdrücker können nicht und wollen nicht anerkennen die Waffe der Überzeugung – haben die Unterzeichner der beiliegenden Adresse erkannt, daß es etwas Höheres gibt als Bajonette und Kanonenschlünde, daß auf den Gesamtwillen des Volkes allein die ewig jugendliche Entwickelung alles Staatslebens sich stützt.

Von diesem Grundsatze überzeugt, haben wir mit Lächeln das zornrote Rüstzeug unserer Gegner betrachtet, die da glauben, wer die Keule hat, könne auch der Hüter seines Bruders sein.

Wir haben verzichtet auf den mittelalterlichen »Gotteskampf«. [. . .]

Wenn wir aber zum Heile unseres Vaterlandes verlangen, daß bei der Gesetzgebung nur die Einsicht und der Wille des Volkes durch seine freigewählten Vertreter, nicht aber Keulen und Bajonette mit abstimmen sollen, so fordern wir auch, daß die Wahlberechtigung hierzu für jeden großjährigen freien Mann im Staat festgestellt werde.

Zur Erinnerung an den Tag der Revolution versammeln sich am 18. März 1849 die Breslauer Arbeiter unter dem Vorsitz des Mitglieds der preußischen Nationalversammlung Nees von Esenbeck, der eine phrygische Mütze trägt, im Gasthaus »Goldene Sonne« und singen das »Proletarierlied«:

Ein mühsam Leben führen wir,
Ein Leben voller Plagen,
Doch der sitzt nicht in Ehren hier,
Der darob wollt verzagen.

Was einst des Armen Erbteil war,
Das Jammern und das Bitten,
Das kennet heut kein Proletar
Aus unseres Bundes Mitten. [...]

Drum auf, du Proletariersohn,
Nimm Büchse, Schwert und Lanze,
Es lebe die Revolution,
Die gründliche, die ganze!

Die Not, die Not, die schwere Not,
Das ist der Zeit Erretter,
Schon zieht vorauf das Blutig-Rot
Dem Welten-Donnerwetter!

In Köln ertönt zur Revolutionsfeier am 19. März die »Reveille« »Frisch auf zur Weise von Marseille« von Freiligrath, deren Kehrreim lautet:

Die neue Rebellion!
Die ganze Rebellion!
Marsch, Marsch!
Marsch, Marsch!
Marsch – wär's zum Tod!
Und unsre Fahn ist rot!

Auch die satirische Zeitschrift »Kladderadatsch« nimmt zu dem Gedenktag Stellung:

Seid Ihr verrückt geworden, Berliner? Laßt die Toten ruhen! Geht zu Klausing und trinkt Eure Weiße! Geht zum Wunder-Mädchen und laßt Euch vom Schwindel heilen! Geht in die Kneipe, Domino, Schafskopf und Landsknecht spielen! Geht zur Parade und schreit für 5 Silbergroschen hurra! Geht auf die Sternwarte und laßt Euch die Mondfinsternis von voriger Woche zeigen! Geht in Euch selbst, damit Ihr bequem einschlafen könnt! Geht ans Schloß und guckt durch die Gitter nach dem Staatsschatz! Laßt Euch für ein paar Groschen kitzeln, damit Ihr lachen könnt, oder laßt Euch die Zähne ausreißen, damit Euch Tränen in die Augen kommen! Lest im »Neuen Pitaval« die Geschichte berühmter Narren, insonderheit der Hofnarren, studiert im »Kladderadatsch« die Feldzüge des großen Generals Wrangel und singt dazu das schöne Lied »Nun ruhen alle Wälder«.

Aber laßt die Toten ruhen! Aber geht nicht nach dem Friedrichshain!

Seht Euch den Brunnen in der Breiten Straße und die Stellen an, wo man ungefährdet mit einer dreifarbigen Fahne reiten kann, seht Euch das Riesenpferd in der Affenbude, den Magistrat und die Royalisten von Raupach an.

Aber lasset die Toten ruhen! Aber betretet nicht, Ihr profan Gefesselten, die geweihte Ruhestätte freier Männer!

Nach der Verabschiedung der Verfassung im Frankfurter Parlament fordern Teile der Bevölkerung und des Militärs die Anerkennung der Verfassung und Vereidigung auf sie. Nach Ablehnung durch die Regierungen finden Volksaufstände statt, zuerst in Dresden. Richard Wagner nimmt daran teil und schreibt:

Während er [*der russische Revolutionär Michael Bakunin*] sich mit der Zigarre herumtrieb, um über den naiven Stand der Dresdener Revolution sich lustig zu machen, fesselte mich der Anblick der vor dem Rathaus auf den Appell ihres Kommandanten im Gewehr versammelten Kommunalgarde. Aus einem besonders begünstigten Korps derselben, der sogenannten Schützenkompanie, trat [...] [*der Baumeister Gottfried*] Semper auf mich zu. Er schien anzunehmen, ich sei näher in die Vorgänge eingeweiht, und beteuerte mir, sich in einer sehr schwierigen Lage zu fühlen. Die Elitekompanie [...] sei von entschiedenem demokratischem Geiste erfüllt; da er nun vermöge seiner Professur bei der Akademie der Künste eine besondre Stellung einnehme, wisse er nicht, wie er den – von ihm übrigens geteilten – Geist seiner Kompanie mit seinem Charakter als Staatsbürger in Übereinstimmung bringen sollte. Das Wort Staatsbürger wirkte unwiderstehlich komisch auf mich; ich sah nur Semper scharf in die Augen, wiederholte das Wort »Staatsbürger!«, worauf dieser mit einem sonderbaren Lächeln erwiderte, indem er sich für diesmal ohne weitere Explikation von mir entfernte.

Am 15. April 1849 treten Marx und seine Freunde aus dem demokratischen Ausschuß von Rheinland-Westfalen aus und berufen für den 6. Mai einen Kongreß der Sozialen Demokratie ein. Hier findet sich der Name, der dann später von der Partei übernommen wird. Am 11. Mai verfügt die Regierung die Ausweisung der Redakteure der »Neuen Rheinischen Zeitung« aus dem preußischen Staatsgebiet. Am 19. Mai erscheint die letzte, rotgedruckte Nummer mit dem »Abschiedswort« von Freiligrath, dessen Schluß lautet:

Denn sie töten den Geist nicht, ihr Brüder!
Und richt ich mich rasselnd in die Höhe,
Bald kehr ich reisiger wieder!
Wenn die letzte Krone wie Glas zerbricht,
In des Kampfes Wettern und Flammen,
Wenn das Volk sein letztes »Schuldig!« spricht,
Dann stehn wir wieder zusammen!
Mit dem Wort, mit dem Schwert, an der Donau, [am Rhein –
Eine allzeit treue Gesellin
Wird dem Throne zerschmetternden Volke sein
Die Geächtete, die Rebellin!

Als Ersatzmann kommt Wilhelm Wolff, der erste sozialistische Parlamentarier, in die Frankfurter Nationalversammlung. Er ergreift am 26. Mai das Wort, sich gegen Ludwig Uhland wendend:

Ich habe mich gegen die Proklamation an das Volk einschreiben lassen, gegen die Proklamation, die von der Majorität verfaßt [...] ist, weil ich sie für durchaus unangemessen den jetzigen Zuständen halte, weil ich sie viel zu schwach finde, geeignet bloß, um als Journalartikel in denjenigen Tageblättern zu erscheinen, welche die Partei vertreten, von welcher diese Proklamation ausgegangen ist, aber nicht für eine Proklamation an das deutsche Volk. [...] Wenn überhaupt eine Proklamation zu erlassen ist, so erlassen Sie eine, in welcher Sie von vornherein den ersten Volksverräter, den Reichsverweser, für vogelfrei erklären. Ebenso alle Minister. (Unruhe.) Oh, ich lasse mich nicht stören. [...] (Präsident [*Theodor Reh*] erteilt einen Ordnungsruf.) Ich für meinen Teil nehme den Ordnungsruf an und erkläre, daß ich die Ordnung habe überschreiten wollen. [...] (Präsident: Herr Wolff, ich muß Ihnen das Wort entziehen!) Gut, ich protestiere; ich habe im Namen des Volkes sprechen wollen und sagen wollen, wie man im Volke denkt. Ich protestiere gegen jede Proklamation, die in dieser Weise abgefaßt ist. (Große Aufregung.)

Die Bedeutung des ersten Auftretens der Arbeiterschaft schildert der Chefredakteur des Berliner »Vorwärts«, Friedrich Stampfer, rückblickend Jahrzehnte später:

Die Erinnerung an das Jahr 1848 war in meinem Elternhaus lebendig. Sowohl mein Vater wie zwei Brüder meiner Mutter hatten in der Akademischen Legion gestanden. Meine Mutter war damals noch ein Kind, wußte aber sehr viel von jener Zeit zu erzählen. Als ich, ein fünfzigjähriger Mann, in den Straßen Berlins das Bundeslied des Reichsbanners hörte, den alten Text Freiligraths mit dem Refrain:

Pulver ist schwarz,
Blut ist rot,
Golden flackert die Flamme,

da kam mir plötzlich in Erinnerung, daß ich diese Worte zum erstenmal gehört hatte, als ich auf den Knien meiner Mutter saß.

Jahre der Stille

Die Niederschlagung der Revolution im Jahre 1848 in Paris bedeutet den Umschwung in der revolutionären Bewegung. In Ungarn ziehen russische Truppen ein, der Reichstag wird aufgelöst, auch Preußen löst sein Parlament auf. Die Aufstände in Baden, an denen sich die Sozialistenführer, außer Friedrich Engels, nicht mehr beteiligen, werden durch die preußischen Truppen niedergeschlagen. Die Reaktion hat in allen Punkten gesiegt. An die Stelle von London tritt nun Paris als Sammelpunkt der deutschen Emigranten, deren ungekröntes Haupt Karl Marx wird. Marx bleibt mit seinen Freunden in Deutschland in regem Briefwechsel, teilt ihre Sorgen und gibt ihnen Anweisungen für die Weiterarbeit. Diese »Achtundvierziger« haben gelernt, daß nur in zäher Bildungsarbeit ein neuer Arbeiterstand entstehen könne, der seine Geschicke selbst in die Hand nehmen könne und müsse. Zusammenschlüsse in den Städten bilden sich, vielfach gehemmt durch polizeiliche Willkür. Zwei Erkenntnisse gewinnt die Arbeiterschaft – außenpolitisch die Abneigung gegen Rußland, mit dessen Hilfe die Revolution niedergeworfen worden ist; innenpolitisch die Überzeugung, daß ihr Heil nur durch engeren Zusammenschluß erreicht werden kann, daß dieser aber sorgfältig vorbereitet werden muß, und zwar nicht nur organisatorisch, sondern auch durch Ausgestaltung der Theorie. Bedeutsam für die Folgezeit ist daher, daß zwei Werke entstehen – Karl Marx veröffentlicht 1859 die Schrift »Zur Kritik der politischen Ökonomie« und 1867 den ersten Band seines Hauptwerkes »Das Kapital«. Diese beiden Publikationen führen zur Trennung der Arbeiterschaft von den liberalen

Parteien. Daß eine unmittelbare Revolution keinen Erfolg haben würde, ist die Ansicht von Marx. Er schreibt von Paris aus am 7. Juni 1849 an Engels:

In dem Feuilleton der »Kölnischen Zeitung« über die Pfälzer Bewegung de dato Dürkheim an der Haardt, heißt es unter anderm: »Auf Herrn Marx, den Redakteur der ›[*Neuen*] Rheinischen Zeitung‹, ist man nicht gut zu sprechen. Derselbe soll der provisorischen Regierung erklärt haben, seine Zeit sei noch nicht gekommen, er werde sich vorläufig zurückziehen.« Wie hängt das zusammen? Die elenden Deutschen hier, mit denen ich jedes Zusammentreffen übrigens vermeide, werden das breit durch Paris zu schlagen suchen. Ich halte es deshalb für gut, wenn Ihr in der Karlsruher oder Mannheimer »Abendzeitung« gradezu erzählt in einem Korrespondenzartikel, ich sei als Repräsentant des demokratischen Zentralkomitees zu Paris. Ich halte dies auch deshalb für nützlich, weil einstweilen, wo augenblicklich, unmittelbar noch kein Resultat hier zu erreichen ist, man die Preußen glauben machen muß, daß furchtbare Intrigen hier gespielt werden. Il faut faire peur aux Aristocrates.

Der Leipziger Arbeiterverein wendet sich scharf gegen den Brief des reichen Fabrikanten Friedrich Harkort an die Arbeiter:

Allein die Verdächtigungen, welche dem Arbeiterstande im allgemeinen gemacht werden, zwingen uns zur Antwort und Anfrage, ob die deutschen Arbeiter Sie zu ihrem Sachwalter aufgefordert, von Ihnen guten Rat verlangt haben? Wir bezweifeln dies ernstlich [...].

Beruhigen Sie sich, die Arbeiter sind nicht so maßlos albern, die Gleichheit in Ihrem Sinne aufzufassen. Die Arbeiter sind keine so einfältigen Querköpfe, sich vor einem Phantom zu fürchten. Dazu haben sie keine Zeit, Ihnen zu erklären, wie sie die Freiheit und Gleichheit begreifen [...].

Das Volk wird noch einmal kultivieren. Es hat mit seinem Herzblut die Muttererde benetzt, damit Freiheit, Bildung und Wohlstand wachse und gedeihe wie seine Eichen, es wird sich wiegen in der Wetterwolke, welche sie Anarchie nennen, und glücklich sein. Es wird an Edelmut wetteifern mit allen Völkern der Erde, denn es hat den Beweis durch seine Mäßigung gegeben. [...]

Sie geben dem Arbeiter eine Anweisung auf Glück, Fähigkeit und Fleiß. Was ist das erstere? Das zweite kennen wir; aber sagen Sie uns, welche Wege stehen uns offen, die Fähigkeiten auszubilden? Welche Mittel gewährt man uns hierzu? Der Fleiß, was nützt er uns? [...]

Wir kennen [...] auch die christliche Religion, wie sie von ihrem Stifter ausgegangen ist, und wissen, daß in ihr mehr auf die Armen als auf die Reichen gerechnet ist, daß ihr Prinzip und ihre Summe die Liebe für die leidenden Brüder auch im Zeitlichen ist. Die kurze Spanne der Jugend verdirbt man uns mit vielen unnützen sogenannten Religionslehren. Die Manneskraft erliegt dem eisernen Despotismus des Besitzes, der Monopole, und wo dieses Schlachtfeld zu enge, auf dem Schlachtfelde der freien Konkurrenz. Dahin ist uns der Weg nicht abgeschnitten. Herr Harkort, wir fragen Sie, ist das bisherige System nicht die erste Barbarei, ist es nicht der ärgste Bürgerkrieg, ist es nicht ein Vertilgungskampf, in welchem der Arme nicht nur physisch, sondern moralisch getötet wird?

Wie Hermann Becker aussagt, versucht Weitling im Juni 1849 in Köln noch einmal, seine Ideen gegen den Widerspruch von Marx zur Geltung zu bringen:

In der letzten Juniwoche erschien Weitling in Köln. [...] Ich traf ihn im Gasthofe, wo ich zu Mittag aß, und sprach ihn bei Tische an. Er nahm die Gelegenheit, Bekanntschaft zu machen, mit augenscheinlicher Hast wahr, erkundigte sich sorgfältig über die hiesigen Vereine, über mein Verhältnis zu denselben und bat mich, ihm in der demokratischen Gesellschaft die Erlaubnis zu erwirken, sein System vorzutragen. Hierzu bedurfte es keiner Erlaubnis. Die Rednerbühne stand jedem frei [...]. Neben dem Versammlungssaal hatte die Gesellschaft eine Art Schreibstube; hier suchte mich Marx auf und fragte: »Haben wir an Gottschalkschem Unsinn [*Dr.*

Andreas Gottschalk war ein führender Vertreter des Sozialismus in Köln] nicht genug, müssen Sie noch Weitling aufs Tapet bringen?« Ich konnte Marx nur erwidern, daß ihm dieselbe Rednerbühne zugänglich sei. Marx hielt in der Tat sofort einen Vortrag gegen Weitling.

Varnhagen von Ense schreibt am 8. Juli an seine Freundin Amalie Bölte:

Die Revolution ist von der Haut zurückgedrängt, auf die innern Teile geworfen und wühlt da nur um so schlimmer, wird auch schon wieder auf die Haut kommen – denn die Krankheit ist eine vieljährige und tief eingewurzelte, die Heilung wird sehr lange dauern.

Immer klarer ist den Führern der Bewegung, daß eine lange Zeit der Kämpfe bevorsteht; Marx ist der Meinung:

Ihr habt fünfzehn, zwanzig, fünfzig Jahre Bürgerkrieg und Völkerkämpfe durchzumachen, nicht nur um die Verhältnisse zu ändern, sondern um Euch selbst zu ändern und zur politischen Herrschaft zu *befähigen*!

Dagegen sind die Aktivisten, die eine schnelle Lösung herbeiführen wollen. Eine Bemerkung von Karl Vorländer:

Infolgedessen schied die Richtung Willich-Schapper aus dem Bunde [*der Kommunisten*] aus und unterzeichnete im Verein mit einer größeren Anzahl französischer, polnischer, deutscher und ungarischer Delegierter ein phrasenhaftes, in französischer Sprache geschriebenes Manifest vom 16. November d. J. [*1849*], in dem sie sich – zum erstenmal, soviel wir wissen, in internationaler Verbindung – als »Sozialdemokraten« bezeichneten. Marx und Engels aber zogen sich vorläufig von der äußeren Bewegung zurück, natürlich ohne im geringsten ihre Gesinnung zu ändern.

Noch können Demokraten und Monarchisten sich unterhalten. Zwischen D'Ester und Bismarck fand nach Temme in dieser Zeit folgendes Gespräch statt:

Der offizielle Streit wurde gewöhnlich im gemütlichen Privatgespräch fortgesetzt. So erinnere ich mich, daß einmal – ich glaube, es war bei der Debatte über die Aufhebung des Belagerungszustandes in Berlin – der Herr von Bismarck zu seinem Nachbar D'Ester sagte: »Wenn ich zu befehlen hätte, ich ließe Sie sofort erschießen!« Worauf der stets redefertige D'Ester ihm erwiderte: »Hm, Herr von Bismarck, wenn *wir* einmal das Regiment haben, Sie ließe ich hängen!«

Dem kleinen D'Ester war das, trotz der Freundlichkeit und Liebenswürdigkeit, mit der er es sagte, in dem Augenblicke vielleicht voller Ernst.

Die veränderte Situation zeigt sich in der Bittschrift von 783 Arbeitern der Ostbahn, die die Strecken von Berlin nach Schlesien, Ost- und Westpreußen betreibt, vom 28. November 1849 aus Rezadkowo:

Hohes Ministerium! Wenn unterzeichnete Arbeiter der Ostbahn in schwerer Bedrängnis es wagen, ein Gesuch vorzulegen, so ist es die traurige Lage, in welche wir seit der Bekanntmachung der Lohnherabsetzung versetzt sind.

Bei der teuren Lebensart und der herben Witterung kommt es sehr häufig vor, daß es den Arbeitern unmöglich wird zu arbeiten; er verliert also noch wieder für einen oder zwei Tage an seinem Lohn, welcher nur täglich acht Silbergroschen beträgt, ist also dem Hunger noch mehr ausgesetzt, und der verheiratete Mann kann an seine Familie gar nicht denken und muß dieselbe dem Hunger und der Not anheimgestellt sein lassen.

Unterzeichnete wagen es daher, so ehrerbietigst als dringend zu bitten, die Lohnerhöhung baldigst gnädigst wieder bewirken zu wollen. Wenn uns das hohe Glück zuteil würde, einer baldigen Resolution entgegenzusehen, würden wir bemüht sein, alles, was in unseren Kräften steht, zu tun, um uns eines hohen Ministeriums Gunst würdig zu zeigen.

Über den Erfolg dieser Petition berichtet die Berliner »Urwählerzeitung« am 5. Dezember:

Unsere dringendsten Bitten um Verbesserung der Lage der

Arbeiter, unsere bescheidensten Vorstellungen verhallten nicht nur erfolglos an den Ohren Seiner Exzellenz, sondern der einzige Bescheid, der uns auf unsere Petition zuteil wurde, bestand darin, daß sofort Befehl gegeben werden solle, sämtliche Unterzeichner derselben sofort abzulohnen. Wir schweigen von dem Benehmen des Herrn Ministers, vielleicht gehört es zu den Gebräuchen eines konstitutionellen Staates, daß ein Minister nicht freundlich sein darf gegen Arbeiter. Wir kehren getrost zu den Unseren zurück – selbst die erbetene Unterstützung zur Rückreise ist uns versagt, so daß wir gezwungen sind, öffentlich die Bitte auszusprechen, daß diejenigen, welche uns zu der vierzig Meilen weiten Rückreise in rauher Jahreszeit eine kleine Unterstützung zukommen lassen wollen, solches an die Expedition dieses Blattes abgeben mögen.

Die Enttäuschung unter den Arbeitern zeigt sich auch am geringen Absatz ihrer Zeitungen. Weitling vergleicht 1849 die neue Situation mit der Zeit vor der Revolution:

Damals hatten wir keine Preßfreiheit wie heute und lebten zerstreut unter den Fremden. Wir waren nur eine kleine, aber durch Überzeugung fest verbundene, an Opfer für unsere Sache gewöhnte Schar. Jetzt haben wir Preßfreiheit, wir leben mit Millionen deutscher Arbeiter gedrängt zusammen, wir haben Hunderte von verschiedenen Vereinen gegründet, aber wie steht es mit den Opfern? Schlecht, liebe Freunde, spottschlecht! Mit dem Herzen habt Ihr noch wenig Eklatantes zutage gefördert. Hier einige Beispiele: »Der Volksfreund«, ein aus dem edlen Herzen des jungen Schlöffel geschriebenes, in Berlin herausgegebenes Blatt, brachte, obwohl es verkauft wurde, die Druckkosten nicht ein. Eine Menge ähnlicher Erscheinungen im Interesse des Proletariats starben rasch hintereinander an Abonnentenmangel. »Der Urwähler«, eine kommunistische Wochenschrift, welche in bezug auf die Tendenz die Konkurrenz keines schon bestehenden Blattes auszuhalten hatte, brachte in Berlin und Umgegend kaum 150 Abonnenten zusammen. Die »Verbrüderung«, Organ von über 200 verbrüderten Handwerker- und Arbeitervereinen, hat es seit vier Monaten ihres Bestehens erst auf 370 Abonnenten gebracht.

Die Arbeitervereine suchen sich zu halten. Sie zeigen eine beachtliche Aktivität:

Der Bürgerverein feierte am 10. November 1849 den Todestag Robert Blums auf eine würdige Weise und widmete gleichzeitig den übrigen gefallenen Opfern der deutschen Freiheit und Einheit das schuldige Andenken. Einen Tag später feierte der demokratische Verein die Geburtstage Luthers, Schillers und Blums und gedachte auch in anständiger Weise sämtlicher deutscher Freiheitskämpfer und Freiheitsstreiter. Der Arbeiterverein will [...] eine Abendunterhaltung auf nächsten Sonntag, den 9. Dezember, veranstalten. [...] Hierin zeigt der Arbeiterverein abermals sein gutes und schönes Streben. Dieser Verein, der seit einem Jahre in aller Stille soviel Gutes gewirkt, der ferne von großartigen politischen Demonstrationen einzig und allein die Bildung und Belehrung der Arbeiter unter sich förderte, zeigt auch hier wieder, daß er sich ein schönes Ziel gesteckt.

Das »Kommunistische Manifest« ist erst nur wenigen bekannt. Einer davon ist der »rote Becker«, der darüber später aussagt:

Da mir aber das »Manifest« bekanntgeworden, so sah ich der Sache etwas tiefer auf den Grund und erklärte mich auch gegen die prinzipielle Diskussion der Forderungen vor einem so wenig gebildeten Publikum: denn die Grundanschauung, von der das »Manifest« ausgeht, ist, soweit sie Deutschland betrifft, eine irrige. Der Verfasser geht von englischen Verhältnissen aus und übersieht, daß die großartige Entwicklung, die England [...] bis auf den heutigen Tag durchgemacht hat, Deutschland ganz fehlt; mit andern Worten, er überspringt eine höchst wichtige Phase in der Entwicklung der deutschen Zustände, die uns erst bevorsteht und durchlebt und durchlitten werden muß, nicht aber mittelst Diskussion erspart werden kann. Das Proletariat, welches der Verfasser des »Manifestes« im Auge hat, ist in Deutschland so dünn gesät, [...] daß es, wenn es ganz und gar seine Klassenstellung so begriffe, wie das »Manifest« sie zeichnet, doch ganz erfolglos seine kommunistischen Forderungen stellen würde. [...] Was in den meisten Gegenden Deutschlands Proletarier heißt, erwartet noch von sogenannten philanthropischen Mitteln seine Hilfe; und gerade weil Deutschland darauf hingewiesen ist, zuallernächst seine Gegenwart zu überwinden, so reicht dieser philanthropische Sozialismus als Beruhigungsmittel für die dringlichsten Zwecke und Aufgaben, die in der Erscheinung rein politisch und erst in ihren Folgen soziale sind, aus.

Daß die Unterdrückungsmaßnahmen die Keimzelle neuer Unruhen sein werden, äußert Varnhagen von Ense in einem Brief an seine Freundin am 8. Januar 1850:

Die Reaktion ist in vollem Gange, bald wird sie auch das Vereinsrecht und die Preßfreiheit unterdrücken. Allein, ihr Sieg ist dennoch nur ein scheinbarer, die Revolution macht ganz andere Fortschritte, und jedes Gelingen der Reaktion beflügelt jene nur. Die Folgezeit wird es schon dartun! Unsere preußische Verfassung – ein trauriges Flickwerk – ist so gut wie fertig; allein, man glaubt, der König werde sie noch anders wollen und unsere Zustände noch nicht zum Abschlusse kommen. Alles das ist Nahrung, kräftige Nahrung für die Revolution.

Aufmerksam beobachten die Behörden jede Regung unter der Arbeiterschaft. So berichtet die Landdrostei Hannover an das hannoversche Innenministerium aufgrund von Unterlagen, die der Polizeidirektor Wermuth ihr geliefert hat, am 5. November 1850:

Endlich ist noch zu bemerken, daß das provisorische Zentralbüro zu Bremen sich bereits am 31. Oktober v. J. konstituiert und unter 3. November ein Rundschreiben an die verbundenen Vereine erlassen hat sowie daß, nach Anzeige der Polizeidirektion, die Legitimationsbücher an die Mitglieder ausgegeben sind. [...]

Jene Norddeutsche Arbeiter-Vereinigung als Teil einer größeren Verbrüderung, welche ganz Deutschland umfassen soll, wird ohne Zweifel von der Mehrzahl der Mitglieder der verbundenen Arbeitervereine als das angesehen, was sie äußerlich vorzustellen bestrebt ist, als eine Vereinigung zur gegenseitigen Unterstützung der Mitglieder und zur Verbesserung des Zustandes der Arbeiter durch Unterricht, gegenseitige Belehrung. Ob indes diese Vereinigung auch von ihren Begründern und Beförderern so aufgefaßt ist, dürfte sehr zu bezweifeln sein.

Zwar ist bei ihrer Begründung offenbar das Bestreben vorherrschend gewesen, alles zu vermeiden, was sie als politischen oder sogar republikanisch-sozialen Verein charakterisieren könnte. Ganz ist dieses indes nicht gelungen, indem bei der Beratung der Beschluß mit untergelaufen ist, politische Flüchtlinge zu unterstützen, und ein Antrag gestellt, aber nicht angenommen wurde, daß als Zweck des Vereins »die Beförderung der sozialen Interessen der Arbeiter« gelten solle.

Es liegt daher in der Tat die Annahme sehr nahe, daß man bei dieser von Leipzig aus betriebenen Organisation vorzugweise einen politischen Zweck und, geradezu gesagt, die Gewinnung einer Stütze und Handhabe für die Nährung und Verbreitung republikanisch-sozialistischer Ideen und bei etwa eintretenden günstigeren Umständen für den Versuch ihrer Verwirklichung vor Augen gehabt habe [...].

Droht daher auch für den Augenblick infolge jener Vereinigung der öffentlichen Ruhe und Ordnung durchaus keine Gefahr, so ist doch andererseits nicht zu verkennen, daß sie als ein Herd zur Ausbreitung verkehrter und verderblicher politischer Ansichten [...] benutzt werden kann und vermutlich mehr und mehr benutzt werden wird und daß damit ein äußerer Organismus geschaffen ist, der, wie jetzt zur Verdrehung der Köpfe, so dermaleinst, wenn aus irgendeinem Anlaß eine größere politische Aufregung der Gemüter sich wieder bemächtigen sollte, zur Förderung des Aufstandes benutzt werden könnte.

Moses Heß bekommt am 25. April 1850 vom Verlag Hoffmann & Campe aus Hamburg folgenden Bericht:

Der Sozialismus schläft hier noch ganz fest; wenn jemand darüber schwatzt, spricht er albernes Zeug. Von Genf wurden uns mehrere Schriften zum Vertriebe angeboten, sie im deutschen Buchhandel zu exploitieren. Wir lehnten sie ab, indem wir es andern Leuten überlassen, sich daran die Finger zu verbrennen. Sie sind in der Schweiz, wo der Boden bereits für diese Saat empfänglicher gemacht ist – da mag dergleichen Aufnahme finden; im Norden Deutschlands ist es nicht der Fall.

Ermüdungserscheinungen bei den Sozialisten beobachtet auch der gestürzte Staatskanzler Metternich. Er schreibt am 29. Dezember 1850 an Franz Graf von Hartig:

Das Jahr, in welches wir eintreten werden, wird den allgemeinen sozialen Standpunkt und manche politische Lage deutlicher hinstellen und sonach dem ruhigen Beobachter faßlicher machen, als sie es heute zu sein vermöchten. Der wahre Charakter des Momentes ist der der Ermüdung, dieses natürlichen Ergebnisses der Bewegung [...]. Zwischen normaler und abnormer Bewegung liegt ein großer Unterschied; die Ermüdung, welche die Folge moralischer Aufregung und materieller Debauchen ist, trägt nicht den Charakter der Ruhe, sondern den der Erschlaffung.

Hermann Becker informiert über die geheimen Verbindungen:

Daß es in Deutschland geheime Verbindungen gibt, war für mich längst kein Geheimnis. Längere Zeit waren Spuren davon mir aber nicht mehr wahrnehmbar gewesen. Im Sommer 1850 jedoch änderte sich dies. Ein demokratisches Zeitungsbüro ist für fremde Parteigenossen aller Fraktionen wie ein Adreßkontor. Fast täglich sieht man Leute, von denen man nicht weiß, was sie wollen, und die nur kommen, um den Redakteur anzugaffen, Neuigkeiten zu hören, Erkundigungen einzuziehen, kurz, um zu stören. Namentlich kommt jeder fremde Emissär zuerst zum Zeitungsredakteur, und so hat es mir denn auch nicht an Zuspruch von Leuten gefehlt, welche die unfehlbarsten Weltverbesserungspläne im Sacke führten, von abgesetzten Schulmeistern bis zu Höllenmaschinenfabrikanten, welche mit einem Schusse fünfhunderttausend Mann vernichten wollten, hinauf, jeder will einen für seine Pläne interessieren. Da aber gerade das mein politischer Standpunkt ist, daß ich zunächst und nur die Volkssouveränität verlange; da ich ferner weiß, daß man sie nicht mit Höllenmaschinen ins Land schießen kann, so haben mich alle Versuche wenig gerührt.

Karl Marx sagt über die Arbeiterverbindungen:

Die sächsischen, fränkischen, hessischen und nassauischen Arbeiter- und Tagelöhnervereine stehen ebenfalls größtenteils unter Leitung des Bundes. Die einflußreichsten Mitglieder der Arbeiterverbrüderung gehören auch dem Bunde an. Die Zentralbehörde macht alle Gemeinden und Bundesmitglieder darauf aufmerksam, daß dieser Einfluß auf die Arbeiter-, Turn- und Tagelöhnervereine etc. von höchster Wichtigkeit ist und überall gewonnen werden muß.

Der ehemalige preußische Leutnant August Willich spinnt neue Revolutionspläne in London, worüber Becker am 27. Januar 1851 an Marx berichtet:

Der Willich schreibt mir die lustigsten Briefe. Ich antworte nicht; er läßt sich aber nicht abhalten, mir seine neuen Revolutionspläne auseinanderzusetzen. Er hat mich bestimmt, die Kölner Besatzung zu revolutionieren!! Wir haben neulich uns den Bauch gehalten vor Lachen. Er wird mit seinen Dummheiten noch unzählige Menschen ins Pech bringen. Denn ein einziger Brief könnte hundert Demagogenriechern drei Jahre lang das Gehalt sichern. Wenn ich die Kölner Revolution fertig hätte, so wäre er nicht abgeneigt, die Leitung der weiteren Operationen zu übernehmen.

Marx antwortet Becker um den 1. Februar:

Du wirst mich aufs höchste verpflichten, wenn Du mir die Briefe von Willich zuschickst. Teils ist uns auch ein Teil Eures homerischen Gelächters zu gönnen hier an den Gewässern von Babylon. Und von der anderen Seite benutzt der Mensch die »angebliche« Verbindung, um damit vor Ausländern zu renommieren und gleichzeitig zu denunzieren. Endlich halte ich es für notwendig, daß Du durch mich oder direkt ihm einen Zettel zugehen läßt, worin Du Dir die weitere Korrespondenz

Oben: Karl Marx (1818–1883) und Friedrich Engels (1820–1895), Verfasser des »Kommunistischen Manifests«. – Unten: Wilhelm Weitling (1808–1871), Verfasser von »Die Menschheit, wie sie ist und wie sie sein sollte«. – Moses Heß (1812–1872), Herausgeber des »Gesellschaftsspiegels«

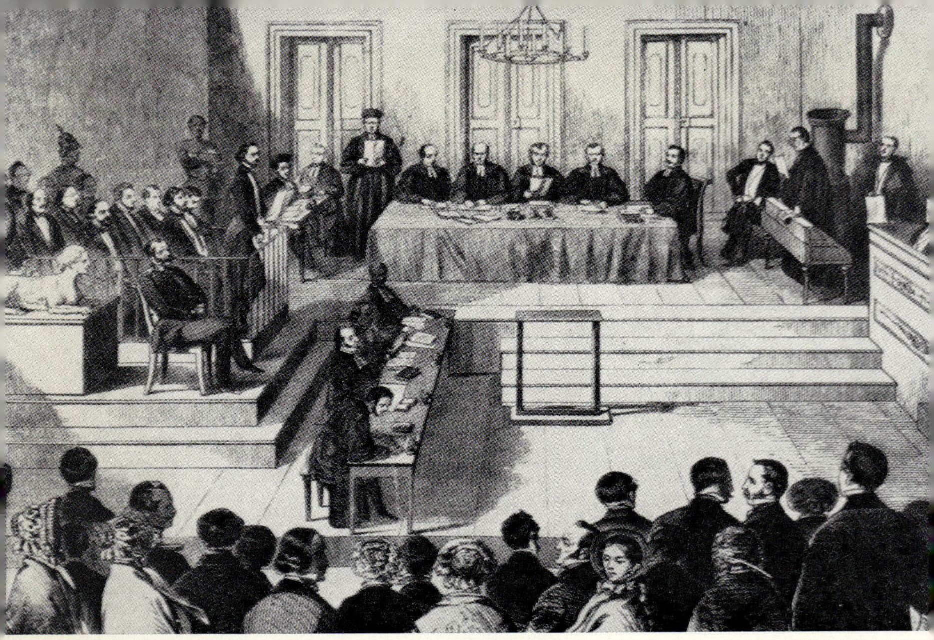

Oben: Kommunistenprozeß vor dem Schwurgericht in Köln vom 4. Oktober bis 12. November 1852. – Unten: Arbeiter fordern von ihrem Fabrikanten ausreichenden Lohn und erträgliche Arbeitsbedingungen

höflichst verbittest in Anbetracht, daß der Humor für ihn in London sehr gefahrlos ist, für Euch in Köln aber nicht.

Neue Verordnungen, neue Steuern bedrücken das Volk. Darüber schreibt Varnhagen von Ense am 27. Februar:

Von unseren politischen Verwirrungen schweige ich. Die Fürsten- und Diplomatenhände sind noch unfähiger als die der bisherigen Volksvertreter, neue Zustände zu begründen. Die Natur wird schon etwas herausarbeiten, aber nicht etwas ihnen Wohlgefälliges! Einstweilen trägt das Volk den Schaden, es ernährt die Höfe, die Beamten, die Heere reichlich, sich selbst kümmerlich. Wir haben neue Steuern und Abgaben in Fülle, und weitere stehen in Aussicht.

Freiligrath verfaßt unter dem Titel »Die Revolution« die Verse:

Und ob ihr sie, ein edel Wild,
mit euren Henkersknechten fingt;
Und ob ihr unterm Festungswall
standrechten die Gefangne gingt;
Und ob sie längst der Hügel deckt,
auf dessen Grün ums Morgenrot
Die junge Bäurin Kränze legt – doch
sag ich euch: sie ist nicht tot!

Am 13. April 1851 übersendet der General der Kavallerie und Kommandierende General des 1. Armeekorps, Graf zu Dohna, an den Minister von Manteuffel eine für den Prinzen Wilhelm von Preußen bestimmte Denkschrift, die ihm ein verhafteter Literat aufgesetzt hat. Darin heißt es:

La révolution marche. Die nächste Krisis kommt unaufhaltsam wie der Tod. Sie wird ungleich gefährlicher sein als die Krisis von 1848. [...]

Es gibt drei Propaganden: die jesuitische, die kommunistische, die politische. Die jesuitische kommt hier nicht in Betracht. Zwischen der kommunistischen und politischen Propaganda besteht ein tiefer und leidenschaftlicher Haß. Sie machen jedoch Kompromiß zu bestimmten Zwecken. Sie haben Kompromiß gemacht gegen Louis Philippe. Sie werden Kompromiß machen gegen Louis Napoleon. Sie werden in London Kompromiß machen. Die Zentralloge der kommunistischen Propaganda ist in New York. Von dort aus ist unter dem Namen von zwei Amerikanern der Aufruf zu einem Arbeiterkongreß in London ergangen. Die kommunistische Propaganda, die sich »der Bund der Gerechten« nennt, wird diesen Arbeiterkongreß leiten.

Urteile gegen die »Demokraten«, denen die Sympathie des Volkes gehört, ergehen in allen deutschen Ländern, selbst im Stadtstaat Bremen. Der Historiker Dietrich Schäfer erzählt aus seiner Kindheit in Bremen:

Eine meiner frühesten Kindheitserinnerungen ist, daß ich mit Vater, Mutter und Schwester aus einem Fenster [. . .] auf einen langen, langen Zug von Männern in sonntäglichen Kleidern mit Fahnen und Musik hinabblickte, der dem Markt zu zog. Es war ein politischer Aufzug des Jahres 1848. Ein überaus populärer Mann war der Pastor Dulon von Liebfrauen, der in einem der damaligen Pastorenhäuser am Domshof wohnte. Er war als Redner einer Volksversammlung 1851 in Eystrup von der hannoverschen Regierung verhaftet worden. Nach seiner Entlassung brachte man ihm einen Fackelzug. Ich stand an der Hand des Vaters auf dem Domshof und sah den Gefeierten im Fenster seines Hauses stehen und zu der Menge reden. [. . .]

Die Tagesereignisse wurden natürlich unter den Leuten, die im Keller verkehrten, lebhaft besprochen. Es gab damals noch nichts von Sozialismus in der Stadt, aber von Demokraten und Aristokraten war viel die Rede. Unter den im Keller sich zusammenfindenden Leuten überwogen natürlich die demokratischen Neigungen. [. . .] Abneigung gegen Preußen wurde oft laut, besonders gegen die Militärpflicht, die damals auch in Bremen, das sonst nur geworbene Soldaten, sogenannte Hanseaten, kannte, eingeführt wurde. Bei den Schönschreibübungen später in der Schule war der Satz: »Soldaten im Frieden sind Öfen im Sommer« eine besonders beliebte Vorschrift, mit der man die Seiten füllen mußte.

Bismarck ist inzwischen preußischer Gesandter beim wieder zusammengetretenen Deutschen Bundestag in Frankfurt am Main. Legationsrat Justus von Gruner schildert eine Episode vom Mai 1851:

Mit Bismarck hatte ich einen Spaziergang auf der Promenade gemacht, und wir kehrten nach unserm Hotel, dem »Englischen Hofe«, zurück. Als wir am Bundespalais in der Eschenheimer Straße vorüberkamen, fiel Bismarcks Blick auf die schwarzrotgoldene Fahne, welche auf dem Dache des Bundespalais flatterte. Er hatte mich untergefaßt, und als er diese damals sehr verrufenen Farben erblickte, drückte er mit äußerster Heftigkeit meinen Arm an sich und rief: »Sehen Sie, die Schurken, jetzt haben sie die schwarzrotgoldene Fahne aufgepflanzt, wenn es ihnen paßt, werden sie die rote aufpflanzen!«

Bismarck gibt seinem Chef, dem Minister von Manteuffel, am 7. Juni eine Meldung über ein demokratisches Fest:

Euer Exzellenz beehre ich mich über das gestern hier abgehaltene große demokratische Fest zu berichten, daß dasselbe [...] einen ruhigen Verlauf genommen hat. Die Ankündigungen und Einladungen waren in jeder Weise, am Sonnabend auch noch durch riesenhafte Anschlagezettel, vervielfältigt worden, und die ganze Demonstration trug den Charakter dessen, was die Engländer show of physical strength bei ihren Chartistenaufzügen nennen. [...] Die bei dem Fest anwesende Menge schätzte ein Berichterstatter annähernd auf 25 000 Menschen. [...] Auf den Charakter der ausgebrachten Toaste läßt sich aus dem einen schließen: »Möge der Bundestag verrecken und die Freiheit uns erwecken.« Nach vielfachen Absingungen revolutionärer Lieder, worunter das »Henkerlied«, das alte Hambacher (»Fürsten zum Land hinaus, jetzt kommt ein Völkerschmaus« usw.), hat man sich schließlich mit Tanzen belustigt und dabei die Melodie der »Marseillaise« mit dem Takt der Polka zu kombinieren versucht.

Bezeichnend für den Gedankengang der Bourgeois ist der Umstand, daß die hiesige »besitzende Klasse« heute nur *deshalb* ihre Entrüstung über das Fest ausspricht, weil dabei einem mit einer Dame einsam lustwandelnden Bürger, der aus Neugierde gekommen war, die Unannehmlichkeit begegnet ist, daß trunkene Strolche seine Begleiterin in einen Graben geworfen und ihm die Uhr aus der Tasche gerissen und entwendet haben. Daß das gesamte Fest eine Demonstration des politisch zu ordnenden Straßenraubes en gros war, fällt den Herren nicht auf.

Ferdinand Lassalle äußert sich über die Folgen des Staatsstreiches von Louis Napoleon in der Nacht vom 1. zum 2. Dezember 1851, der Frankreich zu einer Militärdiktatur macht und zur Verhaftung und Exilierung vieler Parlamentarier führt:

Das ist die Bedeutung jener Tage: negativ und positiv hat der Sozialismus den Sieg vom 2. bis 5. Dezember gemacht. Negativ – indem die einzige, des Sieges fähige, die soziale Partei, sich nicht erhob; positiv, indem aus Furcht vor dem Sozialismus die Bourgeoisie sich für ihre eigene Erniedrigung und Vernichtung enthusiasmierte! So sind diese Ereignisse nichts als die ungeheuren Zuckungen der Gesellschaft gegen ihr hereinbrechendes Schicksal; nichts als die Offenbarung, daß dieses Schicksal, der Sozialismus, schon *heute* ihr, wenn auch noch negativ, bestimmendes Wesen sei. Der Kreislauf der Ereignisse ist vollbracht. Die unerbittliche Konsequenz des Junisieges war die Aufhebung des allgemeinen Stimmrechts, und die Erinnye von beiden ist der 2. Dezember. Und mit dem 2. Dezember ist die Gesellschaft haarscharf vor dem Abgrund der neuen proletarischen Revolution angelangt. Schon seh ich sie stürzen.

Ist Napoleon III. der Retter vor der »roten Gefahr«? Engels schreibt am 14. Januar 1852 an Frau Jenny Marx:

Der Louis Napoleon wird doch täglich amüsanter. Während noch immer nicht eine einzige jener großen Maßregeln zur Vernichtung des Pauperismus etc. das Tageslicht erblicken kann, bringt das Männchen es fertig, das ganze Philistertum der Welt durch Maßregeln aufzuhetzen, die bloß die momentane Konsolidierung seiner Autorität sichern sollen. Kein nichtfranzösisches Blatt wagt mehr für ihn einzutreten [...].

Dazu hat Louis Napoleon schon alle Welt argwöhnisch gemacht, ganz Europa hallt wider von Krieg und Kriegsgeschrei, und selbst die friedfertige »Daily News« muß nolens volens in den Ruf nach national defences einstimmen. Der Kerl fängt nachgerade an, neben der einen [...] Seite seines Charakters, dem gambler, auch die zweite zu entwickeln, die des verrückten Prätendenten, der sich für einen prädestinierten Welterlöser hält und auf seinen Stern schwört. Und als die Zeit erfüllet war, da sandte Gott den Neffen, auf daß er erlöse alle Welt aus der Knechtschaft des Teufels und aus der Hölle des Sozialismus.

Joseph von Eichendorff urteilt:

Das Jahr 1848 hat [...] merkwürdige Aufschlüsse gegeben, und es ist daher von einer gewissen Seite her jetzt Mode geworden, diesem Jahre alles nur ersinnliche Schlechte zuzuschreiben und ihm dagegen jede historische Bedeutsamkeit abzusprechen. Aber was da Verkehrtes geschehen, war nicht die Schuld von 1848, sondern der frühern Dezennien. Das sollte man wohl bedenken und nicht das Neue nun wieder mit dem Alten anfangen wollen, das doch, nach diesen seinen Früchten, unmöglich so überaus vortrefflich und unfehlbar sein konnte. Es ist töricht [...], daß die seichten Aufklärer und ihre terroristischen Nachfolger die ganze große Vergangenheit ausstreichen, um ihre kleine impertinente Gegenwart an die Stelle zu setzen; aber es ist ebenso töricht, die Gegenwart mit ihren unabweisbaren Existenzen zu ignorieren und das Vergangene als Zukunft fixieren zu wollen, als ob nicht alle drei Zeitwandelungen ein unzertrennlicher Strom wären. Das Wahre ist freilich immer wahr und insofern stabil, aber es wiederholt und verjüngt sich, in Sitten wie in Staatseinrichtungen, stets in neuen zeitgemäßen Formen. Es nützt daher gar nichts, mit den Revolutionen zu brechen, sondern mit dem, was die Revolutionen erzeugt, und gegen unsichtbare Gedanken mit Bajonetten fechten, ist allezeit eine Donquichoterie; sie gehen wie ein Miasma durch die Luft über die Bajonette aller Sanitätskordons hinweg und lassen sich nieder, wo und wann ihnen die Atmosphäre eben zusagt.

Der »Kladderadatsch« beschwört das »rote Gespenst«:

Kennst du dies Bild? Wenn du's nicht kennst
Mit Schaudern dann erfahr es:
Es ist le spectre rouge, das Gespenst,
Das rote des nächsten Jahres.

Das rote Gespenst vom nächsten Jahr,
Es wird mit blutigem Schrecken
Der feigen Schläfer sorglose Schar
Aus ihren Träumen wecken.

Mit seinem Schaudern der Republik,
Dem roten Sozialismus,
Dem trikoloren Bürgerkrieg
Und blassen Terrorismus. [. . .]

An jeder Eck ein Tribunal
Zur Volksjustiz versammelt,
Und selten nur ein Laternenpfahl,
An dem nicht einer bammelt.

So wird's geschehen im nächsten Jahr,
Viel toller als je es gewesen;
Herr Romieu sagt's, und dann ist's wahr,
Ich hab's gedruckt gelesen.

Über den Kölner Kommunistenprozeß schreibt Engels später:

Mit der Verurteilung der Kölner Kommunisten 1852 fällt der Vorhang über die erste Periode der deutschen selbständigen Arbeiterbewegung. Diese Periode ist heute fast vergessen. Und doch währte sie von 1836 bis 1852, und die Bewegung spielte, bei der Verbreitung der deutschen Arbeiter im Auslande, in fast allen Kulturländern. Und damit nicht genug. Die heutige internationale Arbeiterbewegung ist der Sache nach eine direkte Fortsetzung der damaligen deutschen, welche die erste internationale Arbeiterbewegung überhaupt war und aus der viele der Leute hervorgingen, die in der Internationalen Arbeiterassoziation die leitende Rolle übernahmen. Und die theoretischen Grundsätze, die der Bund der Kommunisten im »Kommunistischen Manifest« von 1847 auf die Fahne schrieb, bilden heute das stärkste internationale Bindemittel der gesamten proletarischen Bewegung Europas wie Amerikas.

Aus der Todesstille entsteht eine neue Arbeiterbewegung, über die Lassalle am 24. Juni 1852 an Marx berichtet:

Das Proletariat betreffend, so scheint [...] eine Bewegung vorzugehen, welche Hegel eine »Einkehr in sich« nennen würde. Die Arbeiterklasse ist offenbar in hohem Maße und weitem Umfang drauf und dran, die politische Windstille benutzend, sich in ihr Inwendiges einzuleben, sich ihren inneren Begriff zum Bewußtsein zu bringen und sich dadurch zu festigen. Die augenblicklichen politischen Zustände verstimmen und entmutigen sie weit weniger, drücken sie weit weniger als die Bourgeois, weil sie ohnehin wissen, daß sie keine Ansprüche auf die allerunmittelbarste Gegenwart machen können, und andererseits den Instinkt haben, daß die Verlängerung des Absolutismus dafür um ebensoviel eine Abkürzung der direkten Klassenherrschaft der Bourgeoisie in sich einschließt. So benutzen sie diese Zwischenzeit, um sich ihrerseits mit ihrem Klassenbegriff so lebendig als nur möglich zu durchdringen, ihn sich nach allen Seiten möglichst klarzumachen und seine Konsequenzen theoretisch zu entwickeln.

Er fährt fort:

Ich brauche Dir nicht zu sagen, wie erfreulich diese Bewegung ist. Sie wird die Folge haben, daß die nächste Revolution in der Arbeiterklasse ein weit kompakteres und bewußteres Material vorfindet als die zerfahrenen Elemente, mit denen im Jahre 1848 eine Arbeiterpartei improvisiert werden mußte. Irre ich mich nicht, so wird gerade während dieser scheinbaren Todesstille die wirkliche deutsche Arbeiterpartei geboren.

Es geht jetzt um die Organisation der Partei. Darüber Marx am 10. März 1853:

Wir müssen durchaus unsre Partei neu rekrutieren. Cluß [*in Amerika*] ist gut, Reinhardt in Paris ist fleißig. Lassalle, trotz der vielen Abers, ist dur und energisch. Pieper wäre nicht unbrauchbar, wenn er weniger kindische vanité und mehr esprit de suite hätte. Imandt und Liebknecht sind zäh und jeder in seiner Art nutzbar. Aber alles das ist keine Partei.

Worauf ihm Engels am 12. März antwortet:

Der decline unsrer Freunde ist nicht sehr angenehm zu vernehmen. Die »Besseren« werden sich im entscheidenden Moment schon wieder besinnen, es ist aber nicht angenehm, wenn diese citoyens genauso klug und nicht klüger in die nächste Affäre hineingehn, als sie aus der letzten herausgegangen sind. Lassalle ist [...] bei weitem der brauchbarste von allen [...]. Er hat seine Mucken, aber er hat auch esprit de parti et ambition, und die kleinen Nebengelüste und Privathistorien, denen er unter öffentlichen Vorwänden immer nachgehn wird, kennt man einmal. Mit dem Rekrutieren ist das so eine Sache; ich glaube, wir werden, sobald wir nach Deutschland zurück sind, junge Kerle von Talent genug finden, die in dieser Zwischenzeit die verbotenen Früchte nicht ohne Erfolg genossen haben. Hätten wir die Mittel gehabt, [...] zwei bis drei Jahre wissenschaftlicher und gesetzter Propaganda zu machen, mit Büchern über n'importe quoi, so wären wir bedeutend besser dran. Aber das ging nicht, und jetzt ist das Donnerwetter schon am Brauen. Du solltest Deine Ökonomie fertigmachen, wir könnten sie nachher, sobald wir eine Zeitung haben, in weekly numbers drucken. [...] Damit wäre für alle unsre alsdann retablierten Vereine ein Anhaltspunkt der Debatte gegeben.

Bei Lassalle treten die Organisationsfragen immer klarer hervor; er äußert am 10. Februar 1854 in einem Brief an Marx:

Doch glaube ich, daß man jetzt *eines* tun kann, was ich nicht für gering halte. Man kann eine mehr oder weniger große Zahl Proletarier theoretisch bilden und in diesen, in möglichst vielen Städten, dem Proletariat zu [*sic*] Vertrauensmännern und geistigen Mittelpunkten für künftige Bewegungen erzeugen, welche dann verhindern, daß sich das Proletariat nochmals zum Chorus für die bürgerlichen Helden hergibt. Diese Proletarier können, vermöge der Höhe und Klarheit geistigen Bewußtseins, das man in ihnen zu entwickeln weiß, und vermöge des unmittelbaren Anhangs und Einflusses, den sie als Arbeiter unter den Arbeitern haben, überaus wichtig und heilsam in künftigen Bewegungen wirken; wenige Proletarier können so vorläufig für eine ganze Stadt respondieren.

Im Jahre 1854 erscheint der erste Band des »Deutschen Wörterbuchs« der Brüder Grimm. Unter dem Stichwort »Arbeiterbewegung« ist zu lesen:

aufruhr der arbeiter, arbeiterkrawall.

Das große Werk zeigt den Wandel der Anschauung z. B. im Band 10, der 1905 abgeschlossen wird. Hier heißt es:

sozial, die soziale frage, der complex von problemen, der die wirtschaftlichen und politischen zustände, namentlich die lage der unteren schichten, die lohnarbeiterklasse, betrifft. *die soziale bewegung,* bewegung zur besserung der wirtschaftlich-politischen zustände, zur verwirklichung der gerechtigkeit in der ordnung der gesellschaft, speciell zur hebung der arbeiterklasse. in diesem selben positiven sinne wird sozial auch sonst gebraucht: soziale gesinnung u. dgl. – dazu: *sozialdemokratie,* f. die politische partei, die eine umgestaltung der gesellschaftsordnung und productionsweise im sinne des sozialismus anstrebt; *sozialismus,* m. das streben nach besserung der sozialen verhältnisse, insbesondere nach umgestaltung der wirtschaftlichen ordnung, und nach einer gerechteren güterverteilung; gewöhnlich im engern sinne von den bestrebungen der sozialdemokratie, die auf die überführung der productionsmittel in den besitz der gesamtheit und eine genossenschaftliche (collectivistische) einrichtung der gütererzeugung abzielen, und von der entsprechenden richtung der nationalökonomie (marxismus).

Der Krimkrieg erschüttert Europa ungeheuer. Karl Marx nimmt dazu in der »New York Tribune« vom 19. Mai 1854 Stellung:

Selten oder nie führen Monarchen Krieg wegen der Prinzipien oder auch nur, um entfernte oder nahe Gefahren abzuwenden; sie tun es meist nur aus unmittelbarem Interesse und um unmittelbarer Vorteile willen. Auch werden die Monarchien durch gewisse Traditionen beeinflußt, besonders durch solche, die tief in den Gemütern der herrschenden Klasse der Nation wurzeln. In Preußen ist die herrschende Klasse das Militär, und das Land ist stolz darauf, sich einen Militärstaat zu nennen. Trotz aller gegenteiligen Behauptungen haben drei Viertel dieser Klasse [...] die nationalen Kämpfe von 1813 bis 1815 noch in lebhafter Erinnerung; alle die höheren Offiziere kämpften damals Seite an Seite mit den Russen gegen die Franzosen, für die sie auch heute noch keine Sympathien haben. Und es dürfte schwierig, wenn nicht unmöglich sein, sie dazu zu bewegen, diese Voreingenommenheit aufzugeben. Tatsächlich herrscht in der preußischen Armee ein Geist des Mißtrauens, wenn nicht des Hasses gegen die Franzosen.

Über die Lage des Proletariats schreibt der Bremer Arbeitersohn Dietrich Schäfer in seinen Erinnerungen:

Die Mutter ging zu der Frau Westenfeld [...], wurde dort für zwei Tage in der Woche zum Waschen und Reinemachen angenommen [...]. Morgens um 7 Uhr mußte sie zur Stelle sein; um 8 Uhr abends konnte sie heimgehen. Der Weg an die Arbeitsstellen forderte 20 bis 25 Minuten guten Gehens.

Ich weiß noch ganz genau, [...] was sie verdiente und wie der Haushalt sich stellte. Sie erhielt für Reinmachen einen Tagelohn von 18, für Waschen einen solchen von 20 Groten (83,4 bzw. 92,66 Pfennige), dazu die volle Kost. [...] Es gab in der Woche 2 Wasch-, 4 Reinmachtage, also einen gewöhnlichen Wochenverdienst von 1 Taler 40 Groten, macht für das Jahr 80 Taler 64 Groten, [...] so belief sich das Jahreseinkommen auf etwa 270 Mark [...].

Vom Einkommen war die Hälfte, 41 Taler, von vorneherein in Ausgaben festgelegt: 30 Taler Miete, [...] 4 Taler Schulgeld für mich und 7 Taler für einen halben Hunt Torf [...]. So mußte mit etwa 135 Mark jährlich der Bedarf an Nahrung, Kleidung und an den sonstigen kleinen Notwendigkeiten des Lebens gedeckt werden, mit täglich noch nicht 40 Pfennigen.

Auch was ein Proletarierkind zu essen hat, berichtet Schäfer, der spätere Berliner Professor der Geschichte:

Ich habe in deutlicher Erinnerung, wie ich in den nächsten sieben Jahren gelebt habe. Die Mutter war nur sonntags und nachts zu Hause. Ich war von morgens 6 ½ bis abends 8 ½ Uhr völlig auf mich allein angewiesen. Mittags war von 12 bis 2 Uhr Schulpause. Da der Schulweg nicht unter 20 Minuten erforderte, blieben mir etwa eineinviertel Stunden zu Hause. Da mußte ich mir mein Essen selbst machen. Sonntags kochte wohl die Mutter für einige Tage, so daß ich nur aufzuwärmen brauchte. Sonst bestand mein Mittagessen ganz überwiegend aus Kartoffeln [...]. Ich habe sie dann mittags gekocht und etwas ausgebratenen Speck oder zerlassenes Schweineschmalz und eine zerschnittene Zwiebel daraufgeschüttet, nie ohne Essig und Wasser dazu zu gießen, um das Gericht weniger trocken zu machen. Ein Festessen war es, wenn 2 Groten erübrigt werden konnten, beim Fleischer Koch in der Molkenstraße nach der Schule eine Grützwurst zu kaufen [...]. Morgen- und Abendessen bestanden aus Brot und Kaffee; gelegentlich wurden abends noch einmal Kartoffeln gebraten. In Bremen wurde damals Schwarz- und Weißbrot miteinander gegessen, [...] die aber bei mir so gut wie völlig ausschieden, weil sie zuviel kosteten. So bin ich bei Roggenbrot groß geworden. [...] Ich weiß den Preis für ein halbes Brot (9 bis 10 Pfund) nicht mehr genau anzugeben; er betrug aber ungefähr einen Tagelohn der Mutter. [...] Bestreichen konnte ich mein Brot mit Schmalz, sehr selten mit Butter, manchmal auch nur mit Sirup. Ganz ohne Brot bin ich doch eigentlich nie gewesen.

Aber er betont, daß von Klassenhaß nicht die Rede sein kann:

Ich habe die Gespräche der Arbeiter oft angehört; es wurde wohl einmal von den »Vornehmen«, den »Dickkoppten« geredet; Klassenhaß war aber nicht zu erkennen. Dazu war doch viel zuviel persönliche Fühlung vorhanden. Fabriken gab es damals erst in allerersten Anfängen in Bremen. [...] Das weitverbreitete Zigarrenmachen vollzog sich so gut wie ausschließlich als Hausarbeit; nur in Hemelingen, schon auf hannoverschem und Zollvereinsgebiet, hatten sich nach der Auflösung des Steuervereins einige Fabriken aufgetan [...]. In diesen Fabriken, wo man zahlreich in demselben Raume bei einer Arbeit saß, die Unterhaltung gestattete, ja geradezu herausforderte (man hielt sich vielfach einen Vorleser), hat später die Ausbreitung sozialistischer Anschauungen begonnen. Die Zigarrenmacher standen in Bremen nicht in besonderem Ansehen, galten als unruhige, leichtfertige Gäste.

Unter den Arbeiterführern ist viel Streit. Gustav Levy, der Verbindungsmann zwischen den rheinischen Anhängern und Marx, denunziert Lassalle in einem Brief nach London. Marx schreibt darüber an Engels am 5. März 1856:

Denunziation Lassalles. Und ich glaube, nach sehr scharfer Examination, daß sie recht haben. L., seit die Gräfin [*Hatzfeldt*] ihre dreihunderttausend Taler erhalten, ganz umgewandelt, die Arbeiter absichtlich zurückstoßend, Sybarit, mit den Blauen kokettierend. Sie werfen ihm ferner vor, daß er beständig die Partei für seinen Privatdreck ausgebeutet und die Arbeiter selbst zu Privatverbrechen benutzen wollte im Interesse des Prozesses [...]. Er habe immer renommiert, was er tun wolle, sobald der Prozeß gewonnen. Er werfe sie jetzt als überflüssige Instrumente absichtlich herausfordernd beiseite. Einem (privaten) Meeting habe er noch beigewohnt, Neujahrstag, weil ein französischer Oberst zugegen. Zum allgemeinen Erstaunen habe er vor sechzig Arbeitern von nichts gesprochen als »Kampf der Zivilisation gegen die Barbarei«, westmächtlich gen Rußland. Sein Plan sei gewesen, nach Berlin zu gehn, dort den großen Herrn zu spielen und Salon zu eröffnen. Er habe, bei seiner Rückkehr von dort, der Gräfin in Gegenwart Levys versprochen, »ihr einen Hof von Literaten« zu schaffen. Er habe, ebenfalls in Gegenwart Levys, beständig seine »Diktatorgelüste« (er scheint sich ganz anders zu nehmen, wie wir ihn nehmen, er hält sich für weltbezwingend, weil er sich rücksichtslos in einer Privatintrige, als ob ein wirklich bedeutender Mensch zehn Jahre einer solchen Bagatelle opfern würde) geäußert etc. etc.

Mit Besorgnis sieht Marx die Revolutionsbereitschaft der Arbeiter in einigen Bezirken. Er wendet sich an Engels:

Die Düsseldorfer Arbeiter stehn noch mit den Kölnern, wobei sich »keine Herrn« mehr befinden, in Verbindung. Die Hauptpropaganda besteht aber jetzt in den Fabrikarbeitern in Solingen, Iserlohn und Umgegend, Elberfeld und dem Herz.-Westfälischen. In den Eisendistrikten wollen die Kerls mit Gewalt losschlagen und sind nur mit Aussicht auf französische Revolution und damit, daß »die Londoner die Zeit noch nicht gekommen glauben« zurückzuhalten. Sollte sich die Sache noch lange hinziehn, so glaubt L[*evy*], daß eine Emeute schwerlich zu verhindern sein wird. Unter allen Umständen aber würde eine Pariser Insurrektion das Signal geben. [...]

Die Rotgerber von Elberfeld (oder Barmen?), die 1848 und 1849 ganz reaktionär, sind jetzt besonders revolutionslustig. Levy hat mir versichert, daß Du persönlich von den Arbeitern im Wuppertale als »ihr« Mann betrachtet wirst.

Am Rhein scheint übrigens der Glaube an Revolution in Frankreich ziemlich verbreitet, und selbst die Philister sagen: Diesmal geht's anders wie 1848. Diesmal kommen Lüt' wie Robespierre etc. statt der Schwätzer von 1848. Das Ansehn der Demokratie ist am Rhein wenigstens sehr low [*tief*] gefallen.

Gegen Ende der Periode entsteht eine gewisse Lockerung der polizeilichen Maßnahmen. Ja, Bismarck ist in einem Brief vom März 1858 an Manteuffel sogar der Ansicht:

Der Grad politischer Freiheit, welcher zulässig ist, ohne die Autorität der Regierung zu beeinträchtigen, ist in Preußen ein höherer als im übrigen Deutschland. Preußen vermag seiner Landesvertretung und seiner Presse ohne Gefahr auch im Bereich rein politischer Fragen einen freieren Spielraum zu gewähren als bisher.

Moses Heß äußert am 27. April 1859 in einem Brief an Friedrich Hermann Semig:

Es war Zeit, daß einmal wieder ein Funken in die Welt hineingeworfen wurde, daß die Schlafmützen wieder zu Schießbaumwolle verarbeitet, daß die Standrechtler selbst gestandrechtet werden und der Blutjunge [*Kaiser Franz Joseph I.*] seinen Lohn empfängt. Wie nach 1848 die Revolution schrittweise von der Reaktion beseitigt wurde, so wird seit einigen Jahren die letztere wieder von der ersteren ebenso allmählich – bis jetzt fast unmerklich – gleichsam schichtenweise abgetragen. Zuerst wurde ihr die Spitze, das vernickelte Rußland, abgekippt, durch den Krimkrieg, an dem Nickel [*Zar Nikolaus I.*] vor Verdruß und zurückgetretenem Gift gestorben. Jetzt kommt die Reihe [...] an den Heiligen Römischen Kaiser und Heiligen Vater. Dann geht es mit Riesenschritten und leichter Mühe vorwärts. Es ist eine viel solidere Arbeit als die »vormärzliche«, um mich deutscher Terminologie zu bedienen. Aber sieh da. Alles geht von Frankreich aus! Das ärgert unsere neidischen deutschen Patrioten. Wer hat ihnen verwehrt, das den Franzosen zuvorzutun? Haben sie doch in Preußen ihren liberalen Regenten; bilden sich doch ein, mehr Freiheit als die Franzosen zu haben. Aber sie lassen sich lieber von Österreich aus für das Heilige Römische Reich Deutscher Nation als von der Revolution für die moderne Welt begeistern.

Wie dem auch sei, die Bewegung, die jetzt beginnt und gegen welche 1848 ein Kinderspiel war, wird ihren eigenen Weg gehen, nicht den ihr vorgeschriebenen.

Der Komet Lassalle

Der italienische Krieg 1859 mit dem Ziel der Einigung Italiens hat ein neues Aufflammen der deutschen Einheitsbewegung und damit des deutschen Liberalismus zur Folge. Die Frage des Selbstbestimmungsrechts der Völker und die Absage gegen ein Eingreifen Preußens zugunsten Österreichs ruft Friedrich Engels und Ferdinand Lassalle auf den Plan. Mit dem Bekenntnis zum Nationalstaat und zur Demokratie beginnt der Aufstieg Lassalles in der Politik. Umworben von den Parteien und der Regierung erkennt der glänzende Redner und Politiker seine Stunde. Er schafft die theoretischen Grundlagen für den Allgemeinen Deutschen Arbeiterverein in einer mitreißenden Logik und Sprache. Er geht dabei von den Ideen Marx' aus, den er gern als Mitkämpfer nach Berlin ziehen würde, weicht aber in entscheidenden Punkten von ihm ab. Daß sein »ehernes Lohngesetz« durch die Wissenschaft und durch die Wirklichkeit widerlegt wird, ist richtig. Aber gerade in diesen theoretischen Diskussionen mit seinen Gegnern, vor allem mit dem Begründer des Genossenschaftswesens, Hermann Schulze-Delitzsch, entfaltet er eine wirksame Polemik über die die Arbeiter unmittelbar angehenden Fragen. Sie zündet in der Arbeiterschaft und weckt das Verständnis für politische Entscheidungen. Lassalles Kampf für eine Arbeiterpartei, die über den Weg eines allgemeinen Wahlrechts dem Proletariat einen Platz an der Sonne erkämpfen könne, zeigt einen Weg, der in einer nahen Zukunft zu Erfolgen führen muß. So zeigt Lassalle, von den Spannungen des Tages ausgehend, den Weg, den oft, auch im Widerspruch mit ihm, seine Gegner in den sozialistischen Reihen ebenfalls be-

schreiten. Weil er Grundfragen der Politik in bezwingender Klarheit und Einfachheit darzustellen weiß, findet auch heute sein Werk immer wieder Leser und Folger. Den politischen Instinkt für die Notwendigkeiten und für die Möglichkeiten, eine Situation zu gestalten, kann ihm keiner seiner zahlreichen Gegner absprechen; seine Freunde beklagen das zügellose Temperament, das dem Augenblick gehorcht, das Schwanken zwischen den Aufgaben, die ihm das Leben stellt. In seiner Schrift »Der italienische Krieg und die Aufgabe Preußens« wendet er sich 1859 gegen die Beteiligung Preußens am Kriege:

Das Prinzip der Demokratie hat seinen Boden und Lebensquell an dem Prinzip der freien Nationalitäten. Es steht ohne dasselbe in der Luft. Dieses Prinzip erleidet eine einzige Einschränkung, welche deshalb nur eine Einschränkung und keine Ausnahme ist, weil sie aus dem Begriff selbst fließt, aus welchem das Prinzip der Nationalität seine Berechtigung herleitet. Das Prinzip der Nationalitäten wurzelt in dem Recht des Volksgeistes auf seine eigene geschichtliche Entwicklung und Selbstverwirklichung.

Selbstverständlich gerät Lassalle damit in Gegensatz zu Marx, der darüber am 18. Mai 1859 an Engels schreibt:

L. Pamphlet ist ein enormous blunder. Das Erscheinen Deines »anonymen« Pamphlets ließ ihn nicht schlafen. Die Position der revolutionären Partei in Deutschland ist allerdings in diesem Moment schwierig. [...] Übrigens, wenn L. im Namen der Partei zu sprechen sich herausnimmt, muß er für die Zukunft entweder sich gefaßt machen, offen von uns desavouiert zu werden, indem die Verhältnisse zu wichtig sind für Rücksichtnahme, oder, statt den gemischten Inspirationen von Feuer und Logik zu folgen, muß er vorher sich verständigen über die Ansicht, die andre Leute außer ihm haben. Wir müssen jetzt durchaus auf Parteidisziplin halten, oder alles wird in den Dreck geritten.

Die Schwierigkeit aller Agitatoren liegt in der geistigen Bewußtseinsverfassung der Arbeiterschaft. Ottilie Baaders Leben sieht um 1860 so aus:

Lange bin ich nicht zur Schule gegangen. Als ich dreizehn Jahre alt wurde, zog der Vater mit uns nach Berlin, und hier war es mit meinem Schulbesuch vorbei. Ich mußte arbeiten und mitverdienen. Es brauchte kein großer Familienrat abgehalten zu werden, um den richtigen Beruf zu wählen, denn groß war die Auswahl für Mädchen damals nicht. In der Schule war ich immer gelobt worden, weil ich gut nähen und vor allem gute Knopflöcher machen konnte. Ich sollte also Wäsche nähen. Die Frau eines Sattlergesellen hatte in der Neanderstraße eine Nähstube für Oberhemden. Es wurde noch alles mit der Hand genäht. Nähmaschinen waren noch recht wenig im Gebrauch. Einen Monat lernte ich unentgeltlich, dann gab es monatlich drei Taler. Zwei Jahre später verdiente ich schon fünf Taler jeden Monat. Dabei aber blieb es dann auch einige Jahre. Um noch nebenbei etwas zu verdienen, nahm ich abends Manschetten zum Durchsteppen mit nach Hause. Durchsteppen – das hieß: mit der Hand immer über zwei Fäden. Einen Groschen gab es für das Paar. Wie oft mögen mir jungem Ding da wohl die Augen zugefallen sein, wie mag mir der Rücken geschmerzt haben! Zwölf Stunden Arbeitszeit hatte man immer schon hinter sich, von morgens 8 bis abends 8, mit kurzer Mittagspause.

Wichtig sind daher vor allem die Arbeiterbildungsvereine, von denen Karl Biedermann in seinen Erinnerungen schreibt:

Die hier und da entstandenen »Arbeiterbildungsvereine« strebten nach einer soliden Fortbildung ihrer Mitglieder, suchten auf dem von Schulze-Delitzsch vorgezeichneten Wege, durch Konsum- und Vorschußvereine, ihn zu Fleiß und Sparsamkeit anzuregen und von exzentrischen Ideen fernzuhalten. Allerdings fehlte es schon nicht an Reibungen zwischen dieser besonneneren und einer radikaleren Richtung, welche hier und da sich geltend zu machen suchte. [...] In Leipzig war jener Gesellenverein, dem ich einst regelmäßig Vorträge gehalten, noch vor meinem Weggange von Leipzig polizeilich (ohne einen nachweisbaren Grund) aufgelöst worden. An seine Stelle war später ein Arbeiterbildungsverein getreten, und diesen ließ man gewähren. Er betrachtete sich gewissermaßen als Fortsetzung jenes Gesellenvereins, was er u. a. dadurch bekundete, daß er am Abend meines Einzugs in Leipzig mir ein Gesangständchen brachte. [...] Zu der Deputation, welche bei mir erschien, um diese Gesinnungen auszusprechen, gehörte Herr August Bebel, der, obschon damals noch sehr jung, doch bereits eine tonangebende Stellung unter seinen Genossen einnahm. [...]

Der alte Stamm des Arbeiterbildungsvereins war von dieser Agitation damals unberührt geblieben. Insbesondere stand Herr Bebel [...] allen sozialistischen Tendenzen noch völlig fern. Ich erinnere mich sehr deutlich, wie er namentlich die Versuche Lassalles, die Arbeiter als einen besonderen (»vierten«) Stand dem Bürgertum feindlich gegenüberzustellen, mit großer Entschiedenheit zurückwies und verdammte. Herr Bebel hatte damals in seinem ganzen Auftreten etwas Zutrauenerweckendes, etwas zugleich Sicheres und doch Gemessenes und Bescheidenes. Mir bewies er eine Anhänglichkeit, die mich freute; er fragte mich häufig in Vereinsangelegenheiten um Rat, lud mich zu wichtigeren Sitzungen des Vorstandes ein, teilte mir Beschlüsse [...] vor der Ausführung mit usw. [...]

Das blieb so bis etwa ins Jahr 1865. Noch im Winter von 1865 zu 1866 hielt Herr Bebel in einer vom Nationalverein veranstalteten Versammlung eine feurige Rede zugunsten dieses Vereins, und um die gleiche Zeit ging er mit uns Liberalen Hand in Hand bei allerhand Bestrebungen teils für gewisse Reformen des Gemeindewesens, teils für ein zeitgemäßes Landtagswahlgesetz. [...]

Zuletzt [*kam*] Herr Liebknecht, der wohl bald einen beherrschenden Einfluß im Arbeiterbildungsverein gewann. Und hier scheint es Herrn Bebel ergangen zu sein, wie es auch politischen Führern oft ergeht: getrieben von jenem Ehrgeize, der begabten Naturen eigen zu sein pflegt und der an sich ganz berechtigt ist, wollte er hinter dem vorwärtsdrängenden Rivalen nicht zurückbleiben und ging daher selbst immer weiter und weiter, bis er [...] nicht mehr zurück konnte.

In einem Leitartikel umreißt die »Schlesische Zeitung« rückblickend die politische Lage der Arbeiterschaft:

Bis zum Beginn der Lassalleschen Agitation existierte in Deutschland nicht jene Feindschaft zwischen der Arbeiterklasse und dem Bürgertum, die mehr als alles andere dazu beigetragen hat, Frankreich in die Arme des Cäsarismus zu treiben. Lassalle selbst schadete seiner Sache mehr durch seine Übertreibungen und seine blinde Gehässigkeit, als seine Gegner es hätten tun können. So war vielleicht in der letzten Zeit die liberale Partei und das Bürgertum zu sorglos geworden. Aber nun erschien plötzlich die »konservative« Partei auf dem Plan. Sie begünstigte eine Bewegung unter den Arbeitern, welche einen schneidenden Keil in die bis dahin festgeschlossenen Reihen ihrer Gegner treiben mußte.

Noch ist Lassalle mehr auf das Schreiben als auf das Agitieren eingestellt. Zeitungspläne tauchen auf. Darüber sagt Marx in einem Brief vom 7. Mai 1861 an Engels:

Überhaupt ist der »schöne Wilhelm« [*I. von Preußen*], seit er König geworden, vom spectre rouge verfolgt. Er betrachtet seine »liberale« Popularität als Falle, die ihm die Umsturzpartei gelegt.

Unter diesen Umständen nun wäre es in der Tat ganz zeitgemäß, wenn wir nächstes Jahr eine Zeitung in Berlin herausgeben könnten, so widrig mir persönlich der Platz ist. Zwanzig- bis dreißigtausend Taler wären in Verbindung mit Lassalle etc. zusammenzubringen. But hic jacet. Lassalle machte mir direkt den Vorschlag. Zugleich vertraute er mir an, daß er neben mir Redakteur en chef sein müsse. »Und Engels?« fragte ich ihn. »Nun, wenn drei nicht zuviel sind, so kann ja auch Engels Redakteur en chef sein. Nur dürftet ihr zwei nicht mehr Stimmen haben als ich, da ich sonst jedesmal überstimmt würde.« Als Gründe, warum er mit an die Spitze treten müsse, gab er an: 1. daß er der bürgerlichen Partei in der allgemeinen Meinung näherstehe und daher leichter Geld beibringen könne; 2. daß er seine »theoretischen Studien« und theoretische Ruhe aufopfern müsse, und davon müsse er doch etwas haben etc. Indes, fügte er hinzu, wenn ihr nicht wollt, »so würde ich nach wie vor bereit sein, dem Blatt pekuniär und literarisch behilflich zu sein; es wäre dies ein Vorteil für mich; ich hätte den Nutzen des Blatts ohne die Verantwortlichkeit«, usw. Dies natürlich sentimentale Redensarten. Lassalle, geblendet durch das Ansehn, das er in gewissen Gelehrtenkreisen durch seinen Heraklit und in einem andren Kreis von Schmarotzern durch guten Wein und Küche hat, weiß natürlich nicht, daß er im großen Publikum verrufen ist. Außerdem seine Rechthaberei; sein Stecken im »spekulativen Begriff« (der Bursche träumt sogar von einer neuen hegelschen Philosophie auf der zweiten Potenz, die er schreiben will), seine Infektion mit altem französischem Liberalismus, seine breitspurige Feder, Zudringlichkeit, Taktlosigkeit usw. Lassalle könnte als einer der Redakteure, unter strenger Disziplin, Dienste leisten. Sonst nur blamieren. Aber Du siehst, ich war in großer Verlegenheit bei der großen Freundschaft, die er mir bewies, mit der Sprache herauszurücken. Ich hielt mich also in allgemeiner Unbestimmtheit, sagte, daß ich nichts entscheiden könne ohne vorherige Besprechung mit Dir.

Aber gerade diese Pläne führen 1862 bei einem Besuch Lassalles in London zum endgültigen Bruch mit Karl Marx, der am 13. Oktober 1868 darüber Johann Baptist von Schweitzer, dem Präsidenten des Allgemeinen Deutschen Arbeitervereins, schreibt:

Dennoch bestehen solche Differenzpunkte. D'abord, was den Lassalleschen Verein anbetrifft, so war er gestiftet in einer Zeit der Reaktion. Nach fünfzehnjährigem Schlummer rief Lassalle – und dies bleibt sein unsterbliches Verdienst – die Arbeiterbewegung wieder wach in Deutschland. Aber er beging große Fehler. Er ließ sich zu sehr durch die unmittelbaren Zeitumstände beherrschen. [...] Der »Staat« verwandelte sich ihm daher in den preußischen Staat. So wurde er zu Konzessionen an das preußische Königtum, die preußische Reaktion (Feudalpartei) und selbst die Klerikalen gezwungen. [...] Er gab ferner von vornherein – wie jeder Mann, der behauptet, eine Panazee für die Leiden der Masse in der Tasche zu haben – seiner Agitation einen religiösen Sektencharakter. [...] Er fiel in den Fehler Proudhons, die reelle Basis nicht aus den wirklichen Elementen der Klassenbewegung zu suchen, sondern letzterer nach einem gewissen doktrinären Rezept ihren Verlauf vorschreiben zu wollen. Was ich hier post festum sage, habe ich großenteils dem Lassalle vorhergesagt, als er 1862 nach London kam und mich aufforderte, mich mit ihm an die Spitze der neuen Bewegung zu stellen.

In der »Theorie der erworbenen Rechte und der Collision der Gesetze« stellt Lassalle 1861 die Frage:

Was ist es, das den innersten Grund unserer politischen und sozialen Kämpfe bildet? Der Begriff des erworbenen Rechtes ist wieder einmal streitig geworden – und *dieser* Streit ist es, der das Herz der heutigen Welt durchzittert und die tief inwendigste Grundlage der politisch-sozialen Kämpfe des Jahrhunderts bildet!

Im Juristischen, Politischen, Ökonomischen ist der Begriff des erworbenen Rechtes der treibende Springquell aller weiteren Gestaltung, und wo sich das Juristische als das Privatrechtliche völlig von dem Politischen abzulösen scheint, da ist es noch viel politischer als das Politische selbst, denn da ist es das *soziale* Element.

Immer wieder zeigen sich bei Lassalle die Beziehungen zur Gräfin Hatzfeldt. So schreibt er an den Militärschriftsteller Friedrich Wilhelm Rüstow am 9. Februar 1862:

Die Gräfin schreibt mir, sie habe aus meinem Briefe an Dich mit Befriedigung ersehen, daß ich hier »eine politische Tätigkeit gefunden«! Eine famose Auffassung! Ich bestrebe mich, die »Anbahnung« der Anbahnung einer politischen Tätigkeit anzubahnen! Das ist alles . . . und wahrscheinlich auch noch zu früh! Es ist ein Einwirken auf eine Handvoll Privatpersonen!

Manchmal inzwischen sieht man, daß man nicht ganz umsonst gelebt und gedacht und wie verrückt gearbeitet hat.

Die Frage eines Allgemeinen Deutschen Arbeiterkongresses wird heftig diskutiert; darüber August Bebel im Jahre 1862:

Die Leiter des Vereins Vorwärts begnügten sich aber nicht mit ihren Vereinsversammlungen, sie trugen die Agitation in die Arbeiter- und Volksversammlungen, die sie von Zeit zu Zeit einberiefen, in welchen Arbeiter- und Tagesfragen erörtert wurden. Diese Erörterungen waren noch sehr unklar. Man diskutierte über eine Invalidenversicherung der Arbeiter, über die Veranstaltung einer Weltausstellung in Deutschland [...]. Weiter forderte man das allgemeine Stimmrecht für die Landtagswahlen und ein deutsches Parlament, das sich der Arbeiterfrage anzunehmen habe. Ferner wurde die Einberufung eines Allgemeinen Deutschen Arbeiterkongresses diskutiert, auf dem die aufgetauchten Forderungen debattiert werden sollten.

Immer stärker tritt nun Lassalle als Redner hervor. Er greift mit mehreren Reden in den preußischen Verfassungskonflikt – es geht um die Verlängerung der Dienstpflicht – ein. Am 16. April 1862 analysiert er die Lage:

Das politische Machtmittel des Königs, das Heer, ist organisiert, ist in jeder Stunde beisammen, ist trefflich diszipliniert und in jedem Augenblick bereit auszurücken; die in jeder Nation ruhende Macht dagegen, meine Herren, wenn sie auch in Wirklichkeit eine unendlich größere ist, ist *nicht* organisiert; der Wille der Nation und besonders der Grad von Entschlossenheit, den dieser Wille bereits erlangt hat oder nicht, ist ihren Mitgliedern nicht immer leicht erkennbar; keiner weiß also genau, wieviel Nebenmänner er finden würde. Zudem mangeln der Nation jene Instrumente einer organisierten Macht, jene so wichtigen Verfassungsgrundlagen, von denen wir bereits gesprochen haben: die Kanonen. Zwar werden diese für bürgerliches Geld angeschafft; zwar werden sie auch nur vermöge der Wissenschaften, welche die bürgerliche Gesellschaft in sich entwickelt, die Physik, Technik usw., verfertigt und in einem fort verbessert. Ihr bloßes Dasein ist somit selbst schon ein Beweis, wie weit es die Macht der bürgerlichen Gesellschaft, die Fortschritte der Wissenschaften, der technischen Künste, Fabrikations- und Arbeitszweige aller Art bereits gebracht haben. Aber es trifft hier der Vers des Virgil zu: Sic vos non vobis! Du erzeugst es, aber nicht für dich! Da die Kanonen immer nur für die organisierte Macht verfertigt werden, so weiß das Land, daß es diese Kinder und Zeugen seiner Macht in einem Konflikte nur sich gegenüber finden würde. Diese Gründe sind es, welche es hervorbringen, daß die geringere, aber organisierte Macht häufig längere Zeit hindurch selbst die weit größere, aber nicht organisierte Macht der Nation überwiegen kann, bis dann, bei fortgesetzter Leitung und Verwaltung der nationalen Angelegenheiten in einem dem Willen und Interesse der Nation entgegengesetzten Sinne, diese sich entschließt, der organisierten Macht ihre unorganisierte Übermacht entgegenzusetzen.

Im Handwerkerverein der Oranienburger Vorstadt begründet Lassalle die Notwendigkeit einer selbständigen Arbeiterbewegung. Die entscheidenden Worte aus der später »Arbeiterprogramm« genannten Rede »Über den besonderen Zusammenhang der gegenwärtigen Geschichtsperiode mit der Idee des Arbeiterstandes« lauten:

Wer also die Idee des Arbeiterstandes als das herrschende Prinzip der Gesellschaft anruft, in dem Sinne, wie ich Ihnen dies entwickelt, der stößt nicht einen die Klassen der Gesellschaft spaltenden und trennenden Schrei aus; der stößt vielmehr einen Schrei der Versöhnung aus, einen Schrei, der die ganze Gesellschaft umfaßt, einen Schrei der Ausgleichung für alle Gegensätze in den gesellschaftlichen Kreisen, einen Schrei der Einigung, in den alle einstimmen sollten, welche Bevorrechtung und Unterdrückung des Volkes durch privilegierte Stände nicht wollen, einen Schrei der Liebe, der, seitdem er sich zum ersten Male aus dem Herzen des Volkes emporgerungen, für immer der wahre Schrei des Volkes bleiben und [. . .] selbst dann noch ein Schrei der Liebe sein wird, wenn er als Schlachtruf des Volkes ertönt. [. . .]

Die sittliche Idee der Bourgeoisie ist diese, daß ausschließlich nichts anderes als die ungehinderte Selbstbetätigung seiner Kräfte jedem einzelnen zu garantieren sei.

Wären wir alle gleich stark, gleich gescheit, gleich gebildet und gleich reich, so würde diese Idee als eine ausreichende und sittliche angesehen werden können.

Da wir dies aber nicht sind und nicht sein können, so ist

dieser Gedanke nicht ausreichend und führt deshalb in seinen Konsequenzen notwendig zu einer tiefen Unsittlichkeit. Denn er führt dazu, daß der Stärkere, Gescheitere, Reichere den Schwächeren ausbeutet und in seine Tasche steckt.

Die sittliche Idee des Arbeiterstandes dagegen ist die, daß die ungehinderte und freie Betätigung der individuellen Kräfte durch das Individuum noch nicht ausreiche, sondern daß zu ihr in einem sittlich geordneten Gemeinwesen noch hinzutreten müsse: die Solidarität der Interessen, die Gemeinsamkeit und die Gegenseitigkeit in der Entwicklung. [...]

Die Geschichte, meine Herren, ist ein Kampf mit der Natur; mit dem Elende, der Unwissenheit, der Armut, der Machtlosigkeit und somit der Unfreiheit aller Art [...]. Die fortschreitende Besiegung dieser Machtlosigkeit – das ist die Entwicklung der Freiheit, welche die Geschichte darstellt.

In diesem Kampfe würden wir niemals einen Schritt vorwärts gemacht haben oder jemals weiter machen, wenn wir ihn als einzelne jeder für sich, jeder allein, geführt hätten oder führen wollten.

Der Staat ist es, welcher die Funktion hat, diese Entwicklung der Freiheit, diese Entwicklung des Menschengeschlechts zur Freiheit zu vollbringen. [...]

Von den hohen Bergspitzen der Wissenschaft aus, meine Herren, sieht man das Morgenrot des neuen Tages früher als unten in dem Gewühle des täglichen Lebens.

Haben Sie bereits einmal, meine Herren, einen Sonnenaufgang von einem hohen Berge aus mit angesehen?

Ein Purpursaum färbt rot und blutig den äußersten Horizont, das neue Licht verkündend, Nebel und Wolken raffen sich auf, ballen sich zusammen und werfen sich dem Morgenrot entgegen, seine Strahlen momentan verhüllend – aber keine Macht der Erde vermag das langsame und majestätische Aufsteigen der Sonne selbst zu hindern, die eine Stunde später aller Welt sichtbar, hell leuchtend und erwärmend am Firmamente steht.

Was eine Stunde ist in dem Naturschauspiel eines jeden Tages, das sind ein und zwei Jahrzehnte in dem noch weit imposanteren Schauspiel eines weltgeschichtlichen Sonnenaufgangs.

Die »Berliner Reform« vom 18. November 1862 berichtet über Lassalles Auftreten am 14. November:

Es kann nicht oft genug auf den Wert dieser bedeutsamen Arbeiten hingewiesen werden, die in einer seltenen, objektiv-wissenschaftlichen Weise unsere Verhältnisse besprechen, die Schäden derselben auch dem blödesten Auge klarlegen und die Mittel zu deren Heilung aufs überzeugendste feststellen. Unmöglich ist es, den Eindruck zu schildern, den diese gewaltigen, wuchtigen Gedanken auf den Hörer ausüben: fern von brillierenden Tiraden [...] führt er in ruhiger Weise den Verstand des Auditoriums in die Bahnen, die er niemals wieder verlassen kann, zeigt ihm die Wahrheiten des alltäglichen Lebens in solch populären Worten, daß ein jeder [...] heimgeht [...] mit dem festen Vorsatze, beizutragen zur Schaffung solcher Zustände, wie sie sein eigener Verstand ihm soeben als die einzig richtigen hingestellt hat.

Der Staatsanwalt wird zu Hilfe gerufen. Es ist ausgerechnet Hermann von Schelling, der Sohn des Philosophen Schelling, der die Anklage vorbringt, Lassalle habe die besitzlosen Klassen zum Haß und zur Verachtung der Besitzenden öffentlich angereizt. Lassalle greift am 16. Januar 1863 den Staatsanwalt an:

Ich möchte den Staatsanwalt – ein *Schelling* hat die Anklage gegen mich unterzeichnet! – fragen: Wo hat er das gelernt? Bei seinem *Vater* – sicher nicht! Schelling der Vater gibt als den Zweck der Philosophie keinen geringeren an als den: die gesamte Zeit umzuformen. »Es heißt sich zuviel [...] von der Philosophie versprechen, wenn man eine Wiederherstellung der Zeit durch sie für möglich hält.« »Aber wenn ich [...] in der Philosophie das Mittel der Heilung für die Zerrissenheit unserer Zeit sehe, so meine ich damit natürlich nicht eine schwächliche Philosophie, [...] ich meine eine starke Philosophie, die mit dem Leben sich messen kann, die, weit entfernt, dem Leben und seiner ungeheuren Realität gegenüber sich ohnmächtig zu fühlen oder auf das traurige Geschäft der bloßen Negation und Zerstörung beschränkt zu sein, ihre

Kraft aus der Wirklichkeit selbst nimmt und darum auch wieder Wirkendes und Dauerndes hervorbringt.«

Lassalle erhält vier Monate Gefängnis, eine Strafe, die später in hundert Taler Geldstrafe umgewandelt wird. Die umstrittene Rede wird unter dem Titel »Die Wissenschaft und die Arbeiter« 1863 in Zürich gedruckt. – Über seine Erfolge und seine Schwierigkeiten ist sich Lassalle völlig im klaren; so schreibt er an Gustav Levy am 9. März:

Ich stehe jetzt an dem »Vorabend«, wie die beliebte Zeitungsphrase lautet, »eines sehr wichtigen Ereignisses«. Ich meine mein Antwortschreiben an die Leipziger Arbeiter, welches bereits im Druck ist. [...] Von den Arbeitern direkt und offen angefragt, ist es meine Pflicht gewesen, direkt und offen mit der Sprache herauszugehen. Die Schwierigkeiten waren immens. Bei den Arbeitern kann nicht einmal die Kenntnis dessen vorausgesetzt werden, was man heute unter Nationalökonomie versteht. [...] Offenbar war die ganze Arbeit rein unnütz, wenn es nicht gelang, die Arbeiter von innen heraus zum Verständnis ihrer ökonomischen Lage zu bringen und sie gegen alle Lügen, Illusionen und Täuschungen zu befestigen, mit denen man ihnen kommen kann. [...] Das Ganze liest sich mit solcher Leichtigkeit, daß es dem Arbeiter sofort sein muß, als wüßte er das jahrelang, und daß niemand es ihm mehr rauben oder mit Trugschlüssen und Sophismen beseitigen kann. [...] Da die Schrift ohnehin in eine bereits bestehende praktische Bewegung fällt, so müßte sie wirken ungefähr wie die Thesen von 1517 an der Wittenberger Schloßkirche. Und so muß sie wirken, wenn unser Arbeiterstand nicht noch sehr träge und faul ist! [...]

Der Arbeiterstand im allgemeinen ist aber vielleicht noch nicht reif zur Klarheit, und ist dies der Fall, so bin ich allerdings ein toter Mann. Aufgehen wird der Same schon, den ich durch dieses Manifest gestreut – gleichviel wann.

Bismarck, seit dem 6. Oktober 1862 preußischer Ministerpräsident, ist in dieser Zeit durchaus gewillt, eine Versöhnung zwischen Arbeiterschaft und Regierung herbeizuführen. So schreibt er an den Minister des Innern, den Grafen zu Eulenburg, am 18. März 1863:

In neuerer Zeit ist die Errichtung von Altersversorgungsanstalten vielfach in Anregung gebracht worden. Sie sind aus dem Bestreben hervorgegangen, den arbeitenden Klassen die Gelegenheit darzubieten, sich durch eigene Anstrengung und Sparsamkeit in jüngeren Jahren eine gegen Not gesicherte Existenz im Alter zu verschaffen. Mit Aufwendung seiner Ersparnisse kann der Arbeiter auf diesem Wege sich eine Invalidenpension sicherstellen, so daß er nach Erschöpfung seiner Arbeitskraft nicht im gebrechlichen Alter der öffentlichen Armenpflege anheimzufallen braucht. Es haben daher diese Anstalten die Tendenz, sowohl die Sparsamkeit und sittliche Selbständigkeit im Arbeiterstande zu heben, als auch die Armenpflege zu erleichtern. [...] In allen diesen Richtungen hat die Regierung ein Interesse, die Gründung von Altersversorgungsanstalten anzuregen und zu befördern. [...] Wenn die Regierung auch nicht die Verwaltung solcher Anstalten und keine Garantie übernehmen kann, so wird sie doch ihres gemeinnützigen Charakters zu ihrer Gründung die Anregung zu geben und für ihre Beaufsichtigung zu sorgen haben.

Diese Anregung wird von dem Minister nicht aufgenommen. – Ist die Forderung Lassalles nach einem allgemeinen, direkten Wahlrecht richtig? In der Berliner Arbeiterversammlung vom 19. April wird folgende Resolution angenommen:

Der Arbeiterverein, [...] nach reiflicher Überlegung und in Erwägung, daß den in dem Antwortschreiben des Herrn Lassalle an das Leipziger Zentralkomitee niedergelegten Grundsätzen in ihrem politischen Teil, bezüglich des allgemeinen, gleichen, direkten Wahlrechts, Geltung zu verschaffen *für jetzt* nicht geraten erscheint, weil das ganze Volk in dem Prinzipienkampfe, in dem es sich mit der Regierung befindet, fest zusammenstehen muß, und in Erwägung, daß in der Selbsthilfe und Selbstverantwortlichkeit allein den Arbeitern die Mittel geboten sind, eine ihrer würdige Stellung in der staatlichen Gesellschaft einzunehmen, erklärt:

1. an den von Schulze-Delitzsch in seinen im Berliner Arbeiterverein gehaltenen Vorträgen ausgesprochenen Grundsätzen festhalten und dieselben durchführen sowie

2. das Leipziger Zentralkomitee, weil es einseitig seine Stellung als solches aufgegeben, für die Folge nicht mehr als leitende Behörde der deutschen Arbeiterbewegung anerkennen zu wollen.

Lassalle ist zuversichtlich:

Das allgemeine Wahlrecht [*wird*] von 89 bis 96 Prozent der Bevölkerung als Magenfrage aufgefaßt und daher auch mit der Magenwärme durch den ganzen nationalen Körper hin verbreitet – seien Sie ganz unbesorgt, [...] es gibt keine Macht, die sich dem lange widersetzen würde!

Die Meinung der Liberalen geht aus einem Brief des Rechtsgelehrten Johann Kaspar Bluntschli vom 3. Mai an den Historiker Heinrich von Sybel hervor:

Ich weiß, es braucht einige Überwindung, sich an die Massen zu wenden. Aber die Dinge sind so beschaffen, daß nur noch die Massen helfen können, diese hartnäckige Torheit zu überwinden, die gegen die eigensten Interessen wütet. Tun es die rechten Führer nicht, so werden die Demagogen kommen und sich der Massen bemächtigen. Die Geschichte mit Lassalle zeigt deutlich, daß es im Notfall an solchen nicht fehlen wird.

Am 23. Mai 1863 wird in Leipzig der Allgemeine Deutsche Arbeiterverein gegründet. Der erste Paragraph des Statuts lautet:

Unter dem Namen »Allgemeiner Deutscher Arbeiterverein« begründen die Unterzeichneten für die deutschen Bundesstaaten einen Verein, welcher, von der Überzeugung ausgehend, daß nur durch das allgemeine, gleiche und direkte Wahlrecht eine genügende Vertretung der sozialen Interessen des deutschen Arbeiterstandes und eine wahrhafte Beseitigung der Klassengegensätze in der Gesellschaft herbeigeführt werden kann, den Zweck verfolgt, auf friedlichem und legalem Wege, insbesondere durch das Gewinnen der öffentlichen Überzeugung, für die Herstellung des allgemeinen, gleichen und direkten Wahlrechts zu wirken.

Temme, der alte Achtundvierziger, urteilt:

Schon vorher hatte ich den Verfall des parlamentarischen Lebens in Deutschland genug wahrnehmen müssen. Welche Feigheit und Fahnenflüchtigkeit hatte schon das deutsche Parlament in Frankfurt gezeigt! Welcher Mißgriff war das Rumpfparlament in Stuttgart! [...] Aber selbst das Rumpfparlament in Stuttgart war noch eine Macht, man mußte uns doch mit Waffengewalt auflösen und auseinandersprengen.

Wie ganz anders verkam und verfiel die preußische Volksvertretung, auf die seit dem Stuttgarter Gewaltakt die Blicke des deutschen Volkes sich richteten, zu der das Volk Vertrauen hatte, die den übrigen deutschen Volksvertretungen als Muster hätte voranleuchten sollen! [...]

Das Jahr 1860 hatte dem parlamentarischen Leben Preußens in der Tat einigen Aufschwung gebracht. In ganz Deutschland war durch die kriegerischen Ereignisse des Jahres 1859 ein neuer politischer Geist geweckt. Das italienische Volk hatte von so vielen und drückenden Fesseln sich befreit; sollte das deutsche Volk den Italienern nachstehen! Eine Bewegung ging durch alle deutschen Gaue. Die Demokratie erstand wieder aus der Untätigkeit, in der sie seit zehn Jahren verharrt hatte. Aber ihre Zeit sollte noch nicht gekommen sein.

Er berichtet über seine Enttäuschung, als er 1863 ins preußische Abgeordnetenhaus gewählt wird:

Um irgend etwas zu erreichen, mußte ich mich an eine der bestehenden Fraktionen halten; ich hatte keine Wahl; ich trat in die deutsche Fortschrittspartei ein; sie bildete die äußerste Linke. [...] Wie wurde ich schon gleich bei meinem Eintritte enttäuscht! [...] Die hohe Zahl war ihr Triumph. [...] Ich lernte dann auch bald den Geist der Versammlung kennen. Es war der der kleinlichen, mutlosen Rücksichtsnahme nach allen Seiten – auch auf das Volk? [...] Die Worte Volk und Volksrecht wurden auch hier nicht gehört, und die Namen Demokrat und Demokratie waren geradezu verpönt. [...]

Sie *wollten* keine Demokraten sein; die Demokratie habe die Revolution von 1848 gemacht, 1849 das Land in das Unglück gerissen; Demokratie sei Volksverführung usw.

Auch für Wiederherstellung einer alten Linken [...] wollte ich wirken. [...] Aber [*Benedikt*] Waldeck wollte nicht. [...] Vergebens sagte ich ihm, [...] vergebens hielt ich ihm vor, eine äußerste Linke müsse dasein, gerade um Ideale aufzustellen, die eben nicht zu erreichen seien; sie müsse das, damit das Volk nicht einschlafe. [...]

Welch ein Unterschied, diese Versammlung von 1863 und jene von 1849!

Das Wort parlamentarisch war damals schon gleichbedeutend mit revolutionär geworden, und wer möchte gar heutigen Tages noch wagen, es in den Mund zu nehmen!

Bürokratie und Individualismus, beides sind nach Lassalle Irrtümer. Er schreibt an Georg Herwegh am 12. Juli:

Zwei entgegengesetzte Anschauungen kämpfen jetzt miteinander:

1. der bürokratische, administrativ »zentralisierte« Staat und

2. die aus dem entgegengesetzten Extrem des Individualismus hervorgegangene Auflösung des Staatsbegriffes in den Atomismus der Individuen, das Ideal der Liberalen.

In praxi wären beide gleich falsch.

In philosophischer Beziehung ist die zweite Auffassung *noch* falscher und ideenleerer als die erste. Zudem ist sie der gefährlichere Irrtum. Denn der erste Irrtum besteht nur noch in der cruden Wirklichkeit, hält sich aber nur noch durch die Bajonette.

Aus den Gemütern des Volks dagegen ist er verschwunden. Grade in den Gemütern und Köpfen herrscht aber noch – zum Teil sehr mächtig – der zweite Irrtum. Er wird gerade an dem Tage des Sieges über die äußere Gewalt seine ganze Gefährlichkeit erst herauskehren. Ihm gilt es daher de longue main in den Gemütern und Köpfen entgegenzuarbeiten.

Die Verwahrung gegen dieses zweite Mißverständnis ist daher ebenso notwendig, ja *noch* notwendiger als die gegen das erste. Sie bildet unseren prinzipiell unterscheidenden Punkt von den Liberalen aller Schattierungen, auch der formell republikanischen.

Ein anderer Achtundvierziger, Arnold Ruge, hat bereits 1849 seine Schrift »Der social-demokratische Freistaat« erscheinen lassen. Lassalle wendet dieses Wort nun 1863 wieder an. Er hält am 22. November in Berlin eine öffentliche Versammlung ab, in der er durch einen Polizeileutnant mit einer Eskorte von etwa dreiundzwanzig Schutzleuten verhaftet wird. Drei Tage später, nach seiner Entlassung, versendet er folgende »Bekanntmachung«:

Arbeiter! In der Berliner Arbeiterversammlung vom 22. November wegen angeblicher Vorbereitung eines hochverräterischen Unternehmens von der Polizei verhaftet – und zwar [...] von seiten der Anhänger der Fortschrittspartei »unter ihrer energischen Zustimmung zu der polizeilichen Maßregel« –, bin ich heute [...] wieder in Freiheit gesetzt worden. Mein so unterbrochener Vortrag wird infolge meines Gesundheitszustandes nicht nächsten Sonntag, sondern Sonntag, den 6. Dezember, 11 Uhr, im »Eldorado« fortgesetzt werden. Arbeiter aller Orte Deutschlands! Schart Euch fester denn je um unser Banner. Erhebt energischer denn je unseren Ruf: Es lebe die sozialdemokratische Agitation!

Der Hochverratsprozeß findet am 12. April 1864 statt; Lassalle wird freigesprochen. – Zwischen dem Vertreter der sozialen Selbsthilfe der Arbeiterschaft, Schulze-Delitzsch, und Lassalle kommt es zu einem Zusammenstoß. Der Diplomat Robert von Keudell berichtet über Gespräche bei Bismarck:

Schon 1863 sprach Bismarck gelegentlich davon, daß Lassalle ihn mehrere Male besucht und sehr gut unterhalten hätte. Derselbe sei zwar ein Phantast und seine Weltanschauung eine Utopie, aber er spreche so geistvoll darüber, daß man ihm gern zuhöre. Er sei der beste aller jemals gehörten Redner. Sein Sport sei, vor einigen Tausend Arbeitern zu sprechen und sich an deren Beifall zu berauschen. Politisch willkommen wäre seine Gegnerschaft gegen die Fortschrittspartei; man könne deshalb seine Agitation eine Weile fortgehen lassen. [...] Einige Wochen nach Ausbruch des dänischen Krieges gab mir der Minister ein Schreiben Lassalles, mit welchem dieser zwei Exemplare eines eben erschienenen Werkes eingeschickt hatte. Das kleine Buch war betitelt: »Herr Bastiat-Schulze von Delitzsch, der ökonomische Julian, oder Kapital und Arbeit«. In dem Schreiben hieß es, der Minister würde aus diesem Holze Kernbolzen schneiden können zu tödlichem Gebrauche, sowohl im Ministerrat wie den Fortschrittlern gegenüber. [...] Der Minister gab mir das sonderbare Schreiben und trug mir auf, [...] mündlich oder schriftlich in seinem Namen den Empfang dankend zu bestätigen. [...] [*Ich*] war [...] mit unfruchtbaren Geschäften stark belastet und hatte kein Verlangen, die persönliche Bekanntschaft des notorisch übermäßig eitlen Briefstellers zu machen. Wagener hörte gelegentlich von ihm die Worte: »Ich, Bismarck und Sie sind die drei klügsten Leute in Preußen.« Einige Tage später erwähnte der Minister lächelnd, Lassalle habe sich schriftlich beschwert, daß er [...] nur durch ein trockenes Billet eines Rates belohnt worden sei; er verlange sachliches Eingehen auf sein Werk und müsse den Minister bald sprechen. Diese Tonart fand keinen Anklang bei Bismarck.

Im Jahre 1864 verhandelt Lassalle mit Bismarck; er schreibt ihm am 13. Januar:

Vor allem klage ich mich an, gestern vergessen zu haben, Ihnen noch einmal ans Herz zu legen, daß die Wählbarkeit schlechterdings *allen* Deutschen erteilt werden muß. Ein immenses Machtmittel, die wirkliche »moralische« Eroberung Deutschlands!

Was die Wahltechnik betrifft, so habe ich noch gestern nacht die gesamte französische Gesetzgebungsgeschichte nachgelesen und da allerdings wenig Zweckmäßiges gefunden. Aber ich habe auch nachgedacht und bin nunmehr allerdings wohl in der Lage, Euer Exzellenz die gewünschten Zauberrezepte zur Verhütung der Wahlenthaltung wie der Stimmzerbröckelung vorlegen zu können. An der durchgreifenden Wirkung derselben wäre nicht im geringsten zu zweifeln.

Fritz Reuter stöhnt:

Da sitze ich nun schon an die dreißig Jahre, bis mir das Haar grau geworden ist, und warte auf eine tüchtige Revolution, in der sich der Volkswille einmal energisch dokumentieren soll, aber was hilft's? Wenn doch das preußische Volk wenigstens zur Steuerverweigerung griffe, es ist das einzige Mittel, den Bismarck & Comp. loszuwerden und den alten König totzuärgern.

Der Versuch eines Ausgleiches zwischen Regierung und Arbeiterschaft, den schon Radowitz angeregt hat, führt zu dem berühmten Empfang der schlesischen Weber beim preußischen König. Die schlesische »Provinzial-Korrespondenz« berichtet:

Die schlesischen Weber haben bekanntlich vor kurzem eine Deputation an Seine Majestät den König entsandt, deren ergreifende Schilderung der Arbeitsverhältnisse im schlesischen Gebirge von neuem die volle Teilnahme des Fürsten und die Fürsorge der Staatsregierung für die Weber angeregt hat. Die Regierung ist fern von dem Wahne, ihrerseits Einrichtungen schaffen zu können, durch welche der Armut und Not der Arbeiterbevölkerung [...] durchgreifend abgeholfen werden könnte; diejenigen, welche derartige Verheißungen machen wollten, würden durch Erregung trügerischer Hoffnungen ein Verbrechen gegen die armen Arbeiter selbst begehen. Wenn es sich aber um so dauernde und so tiefgehende Notstände handelt, wie sie in der schlesischen Weberbevölkerung nun schon seit Jahrzehnten immer aufs neue hervortreten, so darf eine wahrhaft landesväterliche Verwaltung, wie es die preußische von jeher und in allem Wechsel der Zeiten gewesen ist, nicht unterlassen, wenigstens alles sorglich in Betracht zu ziehen und zu versuchen, was vielleicht den Weg zur Abhilfe eröffnen kann. Obwohl die Regierung auch seither schon [...] die genauesten und gewissenhaftesten Ermittlungen über die Zustände der Weber eingezogen [...] hat, so soll doch gegenwärtig noch ein Versuch gemacht werden, den Ursachen des Notstandes und den Möglichkeiten einer Hilfe durch eine allseitige, eindringliche und völlig unbefangene Untersuchung womöglich auf den Grund zu kommen. Zu dem Zweck hat die Staatsregierung [...] den Auftrag erteilt, [...] die Lage, die Bedürfnisse, die Anträge und Wünsche der armen Weberbevölkerung sorgfältig zu untersuchen und zu erörtern.

Auch der Bischof von Mainz, Ketteler, setzt sich öffentlich für die Arbeiterfrage ein:

Ich glaube schon insoweit ein Recht zu haben, über die Arbeiterfrage öffentlich mein Urteil abzugeben, als dieselbe sich mit den materiellen Bedürfnissen des christlichen Volkes beschäftigt. [...] Unser göttlicher Heiland hat die christliche Religion mit allem für immer und unauflöslich verbunden, was sich auf die Milderung des geistigen und leiblichen Elendes der Menschheit bezieht. Nach dieser Anweisung hat die Kirche überall und zu allen Zeiten gehandelt. [...]

Jeder Christ, der nicht gedankenlos unter den wichtigsten Zeitereignissen dahinleben will, muß [...] hierüber mit sich im reinen sein. [...] Ich glaube nicht nur, daß die Angelegenheiten des Arbeiterstandes eine tief innerliche Beziehung zu dem Christentum haben, ich glaube sogar, daß alle Vorschläge [...] nur dann und nur insoweit dem Arbeiterstande Hilfe bringen werden, als sie sich innig an das Christentum anschließen. [...]

Die sogenannte Arbeiterfrage ist in ihrem Wesen Arbeiterernährungsfrage. [...] Ihrem Gegenstande nach beschäftigt sie sich also mit den allerwesentlichsten Bedürfnissen der Menschen. [...]

Die Arbeiterfrage hat daher [...] eine ganz andere Bedeutung, als alle sogenannten politischen Fragen. [...] Das, was diese Massen des Volkes, was diese Arbeiter und Arbeiterfamilien vom Morgen bis Abend denken, sagen und empfinden, was sie und ihr Leben wahrhaft angeht, was ihre Lage und ihre wesentlichsten Lebensbedürfnisse verbessert und verschlechtert, wird in Wahrheit in allen politischen Tagesfragen kaum berührt. Eine Ausnahme findet nur statt, wenn die Arbeiter von den politischen Parteien als Mittel für ihre Zwecke in die politischen Bewegungen hineingezogen werden. [...] So ist es seit hundert Jahren oftmals geschehen. Die

Parteien geben sich immer das Ansehen, als ob alle wahren Interessen des Volkes mit ihrer Tätigkeit zusammenhingen; immer haben sie unter diesem Vorwande zur entscheidenden Zeit das Volk zur Tat aufgerufen; das Volk mußte mit seinem Blute der Partei zum Siege verhelfen; und immer wieder, wenn der Sieg errungen war, blieb die Lage des Volkes dieselbe; alle sogenannten großen Errungenschaften waren ein offenbarer Beweis, daß sie mit dem eigentlichen Volksleben und seinen Bedürfnissen nichts zu tun haben. [...]

Die Arbeiterfrage ist, wir wiederholen es, Arbeiterernährungsfrage, sie ist die Ernährungsfrage für den weitaus größten Teil aller Menschen. Wer zu ihrer Lösung einen guten Rat geben kann, den wollen wir von ganzem Herzen als einen Wohltäter des Arbeiterstandes anerkennen.

Ketteler schreibt im Januar 1864 an Lassalle:

Verehrter Herr! Ich wende mich an Sie mit der Bitte um Rat in der Arbeiterangelegenheit. Ich verstehe von dieser Frage nicht mehr, als ich mit dem gesunden Menschenverstand erfassen kann. [...] Ich stehe nicht ganz auf Ihrem Boden. [...] Dagegen bin ich mit Ihnen vollkommen darin einverstanden, daß [...] die Gründung von Produktivarbeiterassoziationen für die Arbeiter [...] das wahre Mittel ist, um die Lage dieses zahlreichen Standes materiell zu bessern. [...] Ich komme damit zum eigentlichen Gegenstande meines Schreibens. Ich könnte für diesen Zweck etwa fünfzigtausend Gulden zur Disposition stellen. [...] Mein Gedanke wäre der: Ich wünsche fünf Assoziationen zu gründen. [...] Ich erlaube mir nun die Frage: Halten Sie erstens diesen Plan überhaupt für durchführbar? Zweitens: Wären Sie geneigt, mir für eine solche Assoziation ein Projekt auszuarbeiten? [...] Ich schicke Ihnen diesen Brief anonym [...]. Die Stellung, die ich im Leben einnehme, macht es mir fast unmöglich, meinen Namen zu nennen.

Lassalle beurteilt Kettelers Äußerungen zur Arbeiterfrage positiv und greift dessen Anregungen sofort auf. Beim Stiftungsfest des Allgemeinen Deutschen Arbeitervereins am 22. Mai 1864 in Ronsdorf begrüßt er in der sogenannten »Rons-

dorfer Rede« mit warmer Zustimmung Kettelers Stellungnahme in der Arbeiterfrage:

Vor kurzem hat sich niemand anders als ein Fürst der Kirche, der Bischof von Mainz, Freiherr von Ketteler, in seinem Gewissen gedrungen gesehen, seinerseits das Wort in der Arbeiterfrage zu ergreifen. Es ist dies ein Mann, der am Rhein fast für einen Heiligen gilt. [...]

Auf den Beweisen fußend, welche ich in meinem »Antwortschreiben«, in meinem »Arbeiterlesebuch« [...] hierüber entwickelt habe, geht nun der Bischof so weit, [...] geradezu zu erklären: Jeder, der nach diesen von mir erbrachten Beweisen jenes Gesetz noch leugnet, wolle das Volk betrügen! (Enthusiastischer Beifall.) [...]

Meine Freunde, ich gehöre [...] nicht zu den Frommen. Mit Recht aber muß ich den höchsten Wert darauf legen, daß ein Bischof trotz der Milde und Rücksichtnahme, die ihm in seiner Stellung natürlich ist, sich dennoch in seinem Gewissen genötigt sieht, sich mit derselben Schärfe [...] auszusprechen. [...]

Urteilt, bis zu welcher Sonnenklarheit ich jene Beweise erbracht haben muß, um einen Kirchenfürsten zu dieser Sprache zu veranlassen!

Der Zeichner und Schriftsteller Ludwig Pietsch erzählt:

Hans von Bülow, der philosophische Musiker, [...] ein gefeierter Meister des Klavierspiels und ebenso gewandt, die Feder des Schriftstellers zur Verteidigung und zum kritischen Angriff mit gleicher Schärfe, gleichem Temperament und gleich glänzender Virtuosität zu führen, [...] schloß sich Lassalle mit enthusiastischer Sympathie an. Mit jenem gemeinsam stand er in der ersten Reihe der Kämpfer für das in jener Zeit noch so neue musikalische Evangelium Wagners.

Für das Bundeslied des Allgemeinen Deutschen Arbeitervereins, gedichtet von Georg Herwegh, mit dem Shelley-Motto »You are many they are few«, komponiert Hans von Bülow die Melodie. Hier einige Strophen:

Bet und arbeit! ruft die Welt,
Bete kurz! denn Zeit ist Geld.
An die Türe pocht die Not –
Bete kurz! denn Zeit ist Brot. [. . .]

Mann der Arbeit, aufgewacht!
Und erkenne deine Macht!
Alle Räder stehen still,
Wenn dein starker Arm es will. [. . .]

Brecht das Doppeljoch entzwei!
Brecht die Not der Sklaverei!
Brecht die Sklaverei der Not!
Brot ist Freiheit, Freiheit Brot!

Der »Kladderadatsch« beschreibt, wie manche Arbeiter das Wohnungselend überbrücken:

»Trockenwohner« nennt man in Berlin die Proletarier, welchen die Häuserspekulanten die Wohnungen in ihren neuerbauten, eben fertig gewordenen Häusern ohne Forderung eines Mietzinses überlassen, bis jede Feuchtigkeit aus dem Neubau geschwunden ist und das Haus für zahlende Mieter bewohnbar ist.

Das Wort »catilinarische Existenzen, die ein großes Interesse an Umwälzungen haben«, das Bismarck am 30. September 1862 geprägt hat, ironisiert der »Kladderadatsch« so:

Die kranken Recken, die vor allen Dingen
Das Junkertum zu Ehren nur zu bringen
Bestrebt sind, heißen – glaub ich – Exzellenzen.
Allein die Ciceronen dieser Zeiten,
Die Bürger, die für Recht und Freiheit streiten,
Nennt man – »catilinarische Existenzen«!

Daß unter den Arbeiterführern Spannungen bestehen, läßt Wilhelm Liebknechts Brief vom 3. Juni 1864 an Karl Marx erkennen:

Doch um auf mein Verhältnis zu Lassalle zurückzukommen, so halte ich, wie Du siehst, my distance, ohne mit ihm gebrochen zu haben, was ich unter den gegenwärtigen Verhältnissen noch für unzweckmäßig halte. Übrigens, so große Dummheiten ihn auch seine Eitelkeit begehen läßt, er nützt doch auch, indem er etwas Bewegung in den Sumpf bringt, und namentlich sein Bastiat-Schulze hat unleugbar viel Gutes gewirkt. Wenn das Bismarcksche Regiment zu Ende ist und wir uns mucksen können, wird der Bruch wohl unvermeidlich sein, denn ich glaube *nicht,* daß er auf die Karte der Revolution setzen wird.

Lassalle ist von sich überzeugt. In seiner letzten großen Rede sagt er:

Fünfzig Jahre nach meinem Tode wird man anders denken über diese gewaltige und merkwürdige Kulturbewegung, die ich unter Ihren Augen vollbringe, als der Düsseldorfer Richter erster Instanz.

In einem Duell am 31. August 1864 fällt Lassalle. Das Genfer Komitee der deutschen Republikaner ruft mit einem Flugblatt in französischer und deutscher Sprache zur Trauerfeier auf. Hier die deutsche Fassung:

Bürger von Genf! Republikaner!

In der Blüte seiner Kraft, inmitten seines großartigen Wirkens für das Wohl der Menschheit, verstarb heut früh 7 Uhr Ferdinand Lassalle, der Stolz Deutschlands, die Hoffnung des Vaterlandes und der deutschen Republikaner, eines unnatürlichen Todes, das Opfer der schmählichsten Intrige, die jemals von verworfenen Personen mit einem edeln, großen Mann gespielt wurde.

Bürger von Genf, Republikaner aller Nationen, die hier eine Freistätte gefunden, vereinigt Euch mit uns an dem Sarge des größten deutschen Bürgers.

Der Blitz hat jene stolze Eiche gefällt, aber ihre Wurzeln sind nicht erstorben, solange es Republikaner auf Erden gibt.

Die Leichenfeierlichkeit findet statt: Freitag, den 2. September, nachmittags 1 Uhr, im großen Saale des Temple Unique.

Auch in Frankfurt am Main und in Mainz finden Trauerfeierlichkeiten statt. Gräfin Hatzfeldt schreibt darüber:

Die ganze Stadt [*Mainz*] und Umgebung wogte um seinen Sarg, der, offen gefahren, unter Blumen und Lorbeerkränzen kaum gesehen, von Trauerfahnen, zwei Musikchören, Leuten mit umgestürzten Fackeln umgeben und von unabsehbarem Zug gefolgt, den langen Weg durch die Stadt nach dem Dampfschiff zog. Bis auf die Dächer waren Menschen, alle Klassen waren beteiligt. Es wundert mich nur, daß die Polizei nicht eingeschritten; es war ihnen wahrscheinlich zu großartig.

An seinem Sarg wurden Reden gehalten. Die Redner konnten vor Tränen kaum sprechen, die harten Arbeiter schluchzten wie die Kinder. [...] Die Erbitterung gegen die Mörder ist grenzenlos. Dann wurde der Sarg von Arbeitern aufs Dampfschiff getragen, wo eine Ehrenwache bei ihm die Nacht verblieb. Es geht das Gerücht, daß ich genötigt werden solle, die Leiche direkt nach Berlin zu befördern wegen der Großartigkeit der Vorbereitungen und der Erbitterung in Düsseldorf.

Audorf dichtet zur Totenfeier »Die Arbeitermarseillaise«:

Wohlan, wer Recht und Wahrheit achtet,
Zu unsrer Fahne steht zu Hauf!
Wenn auch die Lüg uns noch umnachtet,
Bald steigt der Morgen hell herauf!
Ein schwerer Kampf ist's, den wir wagen,
Zahllos ist unsrer Feinde Schar,
Doch ob wie Flammen die Gefahr
Mög über uns zusammenschlagen,
  Nicht zählen wir den Feind,
  Nicht die Gefahren all:
  Der kühnen Bahn nur folgen wir,
  Die uns geführt Lassalle.

Der Feind, den wir am tiefsten hassen,
Der uns umlagert schwarz und dicht,
Das ist der Unverstand der Massen,
Den nur des Geistes Schwert durchbricht.

Ist erst dies Bollwerk überstiegen,
Wer will uns dann noch widerstehn?
Dann werden bald auf allen Höhn
Der wahren Freiheit Banner fliegen.
  Nicht zählen wir den Feind . . .

»Das freie Wahlrecht ist das Zeichen,
In dem wir siegen« – nun, wohlan!
Nicht predigen wir Haß den Reichen,
Nur gleiches Recht für jedermann.
Die Lieb soll uns zusammenketten,
Wir strecken aus die Bruderhand,
Aus geistger Schmach das Vaterland,
Das Volk vom Elend zu erretten!
  Nicht zählen wir den Feind . . .

Als Lassalle in Breslau beerdigt wird, dürfte außer Georg Herwegh und Peter Nothjung wohl kaum ein Sozialdemokrat am Grab anwesend sein. Nothjung schreibt am 14. September:

Soeben komme ich von der Beisetzung Lassalles.

Gestern früh 8 Uhr ließ mir ein Freund sagen, daß die Leiche gegen 1/2 9 Uhr mit der Berliner Eisenbahn eintreffen sollte.

Auf dem Bahnhofe angekommen, sah ich einen Polizeikommissar, mehrere Polizisten und Gendarmen; nach vielem Hin- und Herfragen erlangte ich die Gewißheit, daß sich die Leiche wirklich in einem Packwagen befinde. [...] Die Arbeiter riefen nach dem Leichenwagen, und als solcher fuhr ein gewöhnlicher Plauwagen, wie er hier genannt wird (ein Korbwagen mit Leinwanddach) vor; das schien denn doch diesen Arbeitern zu unglaublich, und sagten, auf dieses Ding wird man ihn nicht setzen wollen, da aber war es so. [...] Ich begleite den Wagen heraus, auf dem Kirchhof angekommen, wurde der Sarg herausgehoben und in das Totenhaus gesetzt, das Totenhaus zugeschlossen und den Totengräbern gesagt, bei Verlust ihres Amtes niemandem aufzuschließen. [...] Am andern Morgen, also heute früh, traf seine Mutter, Mme. Lassalle, ein, und um 8 Uhr wurde mir gesagt, morgen soll die Beisetzung stattfinden. [...] Gegen 1 Uhr war ich schon wieder da und war nun zufällig Zeuge, daß man die Mutter nötigte, zu unterschreiben, daß schon um 3 Uhr die Beerdigung stattfinden könne. [...] Ich lief nun und machte es soviel als möglich bekannt und heraus nach dem Kirchhof, man arbeitete noch über dem Grabe, und Hals über Kopf wurde der Sarg verscharrt. [...] Aber etwas, daß ich nicht lüge, hatten sie herausgeschickt, und was, einen Polizei-Inspektor und ein paar Gendarmen. Und warum diese Eile, und warum dieses schnelle Verscharren? Wenn viele Menschen draußen gewesen, so wäre das eine Demonstration gewesen, das mußte verhütet werden. [...]

Lassalles Schwager Friedland, der stets ein heftiger Gegner von Lassalles Anschauungen geblieben ist, wollte [...] sagen, daß mit der Hülle auch seine Ansichten und seine Anhänger begraben würden. Dieser [...] weiß aber nicht, daß sich seine Ansichten nicht begraben lassen.

In den deutschen Arbeiterkreisen singt man ein Lied, in dem es heißt:

Zu Breslau ein Kirchhof,
Ein Toter im Grab,
Dort schlummert der Eine,
der Schwerter uns gab.

Erwähnt sei noch eine späte Rechtfertigung der Persönlichkeit Lassalles von Eduard Bernstein:

Er nimmt bei oberflächlicher Bekanntschaft menschlich eher gegen sich ein. Fast alle meine sozialistischen Bekannten, die ihn noch gehört und gesehen hatten, hatten mir mehr Ungünstiges als Günstiges über ihn erzählt. Aber sie hatten ihn eben alle nur halb kennengelernt – nahe genug, seine gewiß großen Fehler zu sehen, aber nicht nahe genug, seine noch größeren geistigen Eigenschaften zu erkennen und zu würdigen. Dringt man tiefer in sein Schaffen ein, dann wird man in die Lage kommen, seinem Genius diejenige Gerechtigkeit zuteil werden zu lassen, auf die dieser große Denker und Kämpfer Anspruch hat.

Der Einzug ins Parlament

Drei Männer bereiten in den Jahren 1864 bis 1870 den Weg, den Deutschlands Sozialdemokratie gehen soll: Jean Baptist Schweitzer, Wilhelm Liebknecht und August Bebel. Von diesen gehört Wilhelm Liebknecht noch zur alten Garde der mit Karl Marx am engsten verbundenen Achtundvierziger. Als Großdeutscher von vornherein gegen Bismarcks sich abzeichnende kleindeutsche Lösung, ist für ihn der Kampf gegen den »Junker« Bismarck kein taktisches Spiel, sondern eine grundsätzliche Entscheidung im Sinne eines dogmatischen Marxismus. In der Gründung der I. Internationale sieht er den entscheidenden Schritt zur Verwirklichung des »Kommunistischen Manifests«. Sein Ziel ist die Schaffung einer sozialdemokratischen Partei im Sinne von Marx. Liebknecht wird dessen bedeutsamster Vorkämpfer, der es versteht, die Lehren des Klassenkampfes so darzustellen, daß sie in weite Kreise der Arbeiterschaft dringen. Er wirkt auch durch sein treues Beharren an den Grundsätzen, an denen er unter allen Umständen, trotz des Widerspruches der gesamten Öffentlichkeit, festhält. Demgegenüber ist der 1833 geborene Jean Baptiste von Schweitzer, der süddeutsche Rechtsanwalt, der Lassalles Erbe antritt, ein bedeutender Taktiker. Sein Versuch, alle sozialistischen Kräfte zu einen, scheitert an Liebknechts Starrsinn. Gewandt, das Ziel der Erringung des allgemeinen, gleichen Wahlrechts verfolgend, ist er bereit, der öffentlichen Meinung und der Regierung gegenüber Konzessionen zu machen, praktische Fragen aufzugreifen und im Reichstag des Norddeutschen Bundes zu vertreten. Er hat damit große Tageserfolge. Als glänzender Organisator versteht er es, eine

Partei zu festigen und auszubauen. Der dritte im Bunde, August Bebel, wird mit siebenundzwanzig Jahren Abgeordneter des Reichstags. Er erkennt seine große Chance schnell – festhalten an den Grundsätzen der von Liebknecht verkündeten marxistischen Lehre, aber dabei Schweitzers Art begreifend, taktisch zu verfahren. Als Sohn eines preußischen Unteroffiziers ist er nicht belastet von der grundsätzlichen Abneigung gegen Preußen und sein Heer, als Drechsler steht er den Arbeitern näher als Liebknecht und Schweitzer. Durch seine Rednergabe und Überzeugungstreue, sein ungewöhnlich starkes Bildungsstreben erringt er schon in jungen Jahren die Achtung seiner Gegner, die ihn bald als den gefährlichsten Feind bekämpfen und gerade dadurch sein Ansehen im Proletariat stärken. Was sich in diesen drei Männern verkörpert, ist Inhalt der Auseinandersetzungen in der Arbeiterschaft. An dem Gegensatz zwischen »Lassalleanern« und »Eisenachern« über den einzuschlagenden Weg entzündet sich der politische Sinn der Arbeiterschaft, die nun zur Entscheidung aufgerufen ist. Über die Entstehung der I. Internationale berichtet Marx am 4. November 1864 an Engels:

Vor einiger Zeit hatten Londoner Arbeiter an Pariser Arbeiter Adresse wegen Polen geschickt und sie zum gemeinschaftlichen Handeln in dieser Sache aufgefordert.

Die Pariser schickten ihrerseits Deputation her. [. . .] Für 28. September 1864 wurde Public Meeting in St. Martin's Hall ausgeschrieben. [. . .]

Auf dem Meeting, das dicht bis zum Ersticken besetzt war, [. . .] wurde beschlossen die Stiftung einer Workingmen's International Association, deren General Council in London sitzen und die Arbeiter-Societies in Deutschland, Italien, Frankreich und England »vermitteln« solle. [. . .]

Ich hatte die Papiere [. . .] bisher nicht in der Hand gehabt, konnte also nichts vorbereiten. [. . .]

Ich sah, daß es unmöglich war, etwas aus dem Zeug zu machen. Um die höchst sonderbare Art, worin ich die bereits »votierten Sentiments« zu redigieren bezweckte, zu rechtfertigen, schrieb ich »An Address to the Working Classes«. [. . .]

In der Sitzung des Generalkomitees wurde meine »Address« etc. mit großem Enthusiasmus angenommen. [...]

Es war sehr schwierig, die Sache so zu halten, daß unsre Ansicht in einer Form erschien, die sie dem jetzigen Standpunkt der Arbeiterbewegung acceptable machte. [...] Es bedarf Zeit, bis die wiedererwachte Bewegung die alte Kühnheit der Sprache erlaubt.

Schweitzer sucht in seiner Zeitschrift »Social-Demokrat«, dem Organ des Allgemeinen Deutschen Arbeitervereins, die gesamte sozialistische Bewegung zu einen und mit dem in Deutschland aufflammenden Einheitsstreben zusammenzuführen. Er verkündet am 4. Januar 1865:

Drei große Punkte sind es, welche das Streben und die Tätigkeit unserer Partei bestimmen:

Wir bekämpfen jene Gestaltungen des europäischen Staatensystems, welche, unnatürlich die Völker trennend und verbindend, aus dem feudalen Mittelalter in das 19. Jahrhundert sich herübergeschleppt haben – wir wollen fördern die Solidarität der Völkerinteressen und der Volkssache durch die ganze zivilisierte Welt.

Wir wollen nicht ein ohnmächtiges und zerrissenes Vaterland, machtlos nach außen und voll Willkür im Innern – das ganze, gewaltige Deutschland wollen wir, den einen, freien Volksstaat.

Wir verwerfen die bisherige Beherrschung der Gesellschaft durch das Kapital – wir hoffen zu erkämpfen, daß die Arbeit den Staat regiere. [...]

Unsere Prinzipien sind einfach und klar – ihre Konsequenzen zu ziehen werden wir uns niemals scheuen.

Die vor allem in Frankreich aufflammenden Streiks sind es, die die deutsche Öffentlichkeit erregen. Darüber äußert sich der politische Publizist Joseph Edmund Joerg:

Als im Sommer des Jahres 1865 wie auf ein gegebenes Signal die Erscheinung massenhafter Arbeitseinstellungen in ganz Frankreich auftauchte, da hat der Korrespondent eines Wiener Blattes aus Paris geschrieben: »Die Arbeiterfrage wird eines schönen Tages, bälder als wir in Deutschland glauben mögen, ihr drohend Haupt erheben.« [...]

So ist es; und der Mann hat damit im Grunde nichts Neues gesagt. Auch in Deutschland sind seit bald einem Menschenalter alle ernsten Diagnosten der kreisenden Zeit einig, daß im Hintergrund aller unserer »Fragen«, und sie alle an Größe überragend, das dunkle Rätsel der »sozialen Frage« drohend stehe. [...] Noch eine große politische Krisis, und die Grundfrage der Gesellschaft wird in ihrer ganzen Riesenhaftigkeit leibhaft vor uns stehen!

Als Beispiel erwachenden Selbstbewußtseins der Arbeiterschaft führt Joerg folgende Begebenheit an:

Nur ein Beispiel möge hier die betreffende Anschauung der Arbeiterpartei erläutern. Ihrem Berliner Organ wurde ein Nachruf auf einen verstorbenen Großindustriellen eingesandt, der sich durch glänzende Wohltätigkeit gegen seine Arbeiter ausgezeichnet hatte. Der Nachruf enthält folgende Stelle: »Wären alle Fabrikanten von gleicher Menschlichkeit beseelt, wir fühlten uns nicht von einer sozialen Revolution bedroht.« Die Redaktion des »Social-Demokrat« (vom 29. Januar 1865) machte hierzu folgende Bemerkung: »Diese Stelle ist nicht ganz klar. [...] Humanität einzelner Fabrikanten gegen ihre Arbeiter ist ohne Zweifel eine höchst anerkennenswerte Sache; aber mit der sozialen Frage haben diese Dinge nichts zu tun. Hierfür ist es ganz gleichgültig, ob es edle Fabrikanten gibt oder nicht; denn es handelt sich nicht darum, im kleinen, sondern im großen andere Zustände herzustellen; und auch nicht darum, die Gnade oder den guten Willen einzelner Fabrikanten in Anspruch zu nehmen, sondern die Rechte – man verstehe wohl! –, die Rechte der Arbeit zu erkämpfen.«

»Der Vorbote«, das Zentralorgan der Sektionsgruppe deutscher Sprache der Internationalen Arbeiterassoziation, veröffentlicht am 19. Mai 1866 folgende anonyme »Stimme aus dem Geschäftsleben«:

Ich muß Ihnen wieder ein Lebzeichen von mir geben, damit Sie nicht glauben, unsere Sache schläft bei uns ein! Das ist aber eben der Fluch unserer sozialen Zustände, daß ein jeder so mit sich selbst beschäftigt ist, daß er sich um Besseres als das tägliche Brot gar nicht bekümmern kann, ohne seine Existenz zu beschädigen! Wie würde ich agitieren und propagandieren, wenn ich nicht mein Geschäft und meine Familie zu berücksichtigen hätte? Wie würden unsere alten bewährten Arbeiter und Arbeiterfreunde alle reisen, schreiben, sprechen, singen, malen, dichten für die Sache, daß es in eines jeden Armenhütte dränge, wenn die leidliche Existenzfrage nicht in unserem gesegneten industriellen Vaterland im Vordergrund stände? Das ist der Zügel, mit dem einige Geldfürsten, die ihrer Person nach die liebenswürdigsten und frommsten Menschen sein können, jeden Arbeiter, jeden Handwerksmeister, Kaufmann, kleinen Bankier und Fabrikanten lange, lange zügeln können, so lange, bis die Not mit ihrem ersten Schreckenbild die Hilflosen anstarrt. Politische Begeisterung ist hierdurch natürlich beinahe ganz unmöglich gemacht! Heutzutage revolutioniert nicht mehr ein Volk für die Demokratie, weil es für diese idealistisch schwärmt; heutzutage machen die Krisen die Republikaner und die Not die Arbeiterfreunde und die Revolutionäre.

Doch der Krieg zwischen Preußen und Österreich drängt diese Fragen zurück. Schweitzer entscheidet sich am Tage des Kriegsausbruchs für Preußen und erklärt in Leipzig:

Nicht Gewalt steht gegen Recht in diesem Kampfe, [...] es steht preußische Gewalt gegen österreichische Gewalt. Freilich, niemals dürften wir die Sache des Rechts und der Freiheit dahingeben, nicht für das allgemeine Stimmrecht und nicht für alle Güter der Welt, aber das konkordatliche Verdummungs-Österreich [...] dürfen wir, wollen wir hingeben für das allgemeine Stimmrecht. [...] Wir haben uns auf denjenigen Punkt zu werfen, wo wir Aussicht und Hoffnung haben, das fundamentalste Volksrecht zu erringen, und wir werden uns darin nicht irremachen lassen durch das Geschrei unserer Gegner.

Der Historiker Heinrich von Treitschke schreibt am 10. Juli 1866:

Während selbst die äußerste Linke mit einstimmt in den Jubelruf des Volkes und sogar der Weltbürger Arnold Ruge soeben eine gut patriotische Erklärung erlassen hat, verfolgt nur *eine* Partei in Preußen die Siege der schwarzweißen Fahnen mit verbissenem Ingrimm. Es ist Tatsache, daß noch während des Krieges ultramontane Prediger am Rhein von der Kanzel und dem Lehrstuhl herab die Gläubigen und die Kinder ermahnten, für den Sieg Österreichs zu beten; sonst werde das Rheinland lutherisch gemacht. Solche Erfahrungen werden der Regierung wohl endlich zeigen, wo sie ihre unversöhnlichsten Feinde zu suchen hat.

Kann man sich als Christ der Arbeiterbewegung anschließen? Das fragt ein Pfarrer, der drei Arbeitern die Absolution verweigert, Bischof Ketteler. Dieser antwortet:

Im allgemeinen finde ich, soweit ich die ursprüngliche Bestimmung des Allgemeinen Deutschen Arbeitervereins kenne, [...] die Teilnahme an demselben mit den Pflichten eines aufrichtigen katholischen Christen nicht unvereinbar. Das Bemühen, die trostlose Lage zu verbessern, in welche die Grundsätze der modernen Volkswirtschaft die Arbeiter dadurch gebracht haben, daß dieser zahlreiche Stand [...] täglich mit seiner ganzen Existenz vom Marktpreis der Löhne abhängt [...], ist gewiß nicht im Widerspruch mit dem Geiste des Christentums, sondern demselben vollkommen entsprechend. Überdies sind die Ansichten Lassalles [...] wohlbegründet. [...] Was das persönliche Verhalten Lassalles zu den Glaubenssätzen des Christentums betrifft, so war er zwar selbst kein gläubiger Christ, aber auch [...] kein blinder Parteimann, kein gehässiger Feind christlich-katholischer Denkweise. [...] Unter seiner Leitung würde der Allgemeine Deutsche Arbeiterverein von seiner Bestimmung, für das Wohl der Arbeiter zu sorgen, nicht abgebracht, nie als Mittel zu antikatholischen Bestrebungen mißbraucht worden sein.

Die Sächsische Volkspartei ist eine Vereinigung von Arbeitern und Bürgern. Bebel und Liebknecht müssen daher in ihrem am 19. August 1866 in Chemnitz aufgestellten Programm dieser Situation Rechnung tragen:

1. Unbeschränktes Selbstbestimmungsrecht des Volkes. Allgemeines, gleiches und direktes Wahlrecht mit geheimer Abstimmung auf allen Gebieten des staatlichen Lebens (das Parlament, die Kammern der Einzelstaaten, der Gemeinden usf.). Volkswehr anstelle der stehenden Heere. Ein mit größter Machtvollkommenheit ausgestattetes Parlament, welches namentlich über Krieg und Frieden zu entscheiden hat.

2. Einigung Deutschlands in einer demokratischen Staatsform. Keine erbliche Zentralgewalt. Kein Kleindeutschland unter preußischer Führung, kein durch Annexion vergrößertes Preußen, kein Großdeutschland unter österreichischer Führung, keine Trias. [. . .]

3. Aufhebung aller Vorrechte des Standes, der Geburt und Konfession.

4. Hebung der leiblichen, geistigen und sittlichen Volksbildung, Trennung der Schule von der Kirche, Trennung der Kirche vom Staat und des Staates von der Kirche, Hebung der Lehrerbildungsanstalten und würdige Stellung der Lehrer, Erhebung der Volksschule zu einer aus der Staatskasse zu erhaltenden Staatsanstalt mit unentgeltlichem Unterricht. Herbeischaffung von Mitteln und Gründung von Anstalten zur Weiterbildung der der Volksschule Entwachsenen.

5. Förderung des allgemeinen Wohlstandes und Befreiung der Arbeit und der Arbeiter von jeglichem Druck und jeglicher Fessel. Verbesserung der Lage der arbeitenden Klasse, Freizügigkeit, Gewerbefreiheit, allgemeines deutsches Heimatsrecht, Förderung und Unterstützung des Genossenschaftswesens, namentlich der Produktionsgenossenschaften, damit der Gegensatz zwischen Kapital und Arbeit ausgeglichen werde.

Im Jahre 1867 wird Bebel als Vertreter der Sächsischen Volkspartei in den Reichstag des Norddeutschen Bundes gewählt. Über das erste Auftreten August Bebels berichtet Karl Kautsky:

Als Bebel 1867 in den Reichstag als unser erster Abgeordneter kam, war die parlamentarische Tätigkeit eines sozialistischen Proletariers noch etwas ganz Unerhörtes. [. . .]

Weder in Frankreich noch in England fand Bebel ein Vorbild, an das er sich bei seiner Tätigkeit im Parlament halten konnte.

Auch einem erfahreneren, reiferen, besser vorgebildeten Mann hätte diese Situation schwere Probleme aufgegeben. Bebel war jung, noch nicht siebenundzwanzig Jahre alt, als er zuerst gewählt wurde, hatte nur eine höchst dürftige Schulbildung und geringe politische Erfahrung – so sah der sozialistische Proletarier aus, der als der erste der Weltgeschichte in ein Parlament eindrang. Ihm standen gegenüber die bedeutendsten Staatsmänner, die gelehrtesten Redner, die gewiegtesten Parlamentarier jener Zeit. Ihm stand gegenüber eine Regierung, die drei Kriege glänzend gewonnen, das Sehnen der Nation befriedigt hatte; eine Regierung, vor der die ganze bürgerliche Welt zusammenknickte. Und hinter ihm stand nichts als ein schwaches, noch nach eigener innerer Klärung ringendes Parteichen!

Und trotzdem wußte er sich zu behaupten und imponierte er. Aber noch mehr. Er fand, noch ohne klares theoretisches Wissen, ganz instinktiv sofort die dem proletarischen Klassenkampf am besten angepaßte, mit ihm harmonisch verbundene Art der parlamentarischen Taktik. Bewußt stellte er sich dabei in Gegensatz zu älteren, reiferen, weit besser gebildeten und an formaler Gewandtheit ihm überlegenen Männern der eigenen Partei, wie Liebknecht und Schweitzer, von denen jener zu sehr das Mißtrauen, den bloßen Protest betonte und dieser zu sehr in bloßer positiver Arbeit aufging und die Aufgabe schärfster, energischster Opposition darüber verdunkelte.

Für die Verwandlung des Parlamentarismus aus einem Mittel, die Massen zu beherrschen und zu nasführen, in eines, sie zu befreien, hat niemand so viel geleistet wie August Bebel. Er ist bahnbrechend dabei vorausgegangen, nicht durch theoretische Erörterungen, sondern durch meisterhafte Tat, durch die innigste Verbindung parlamentarischer Arbeit mit proletarischem Klassenkampf, mit der Tätigkeit der Massen, wobei die eine Aktion die andere befruchtet, kräftigt und hebt.

Bebel erzählt in seinen Erinnerungen von diesen Tagen:

Die in greifbare Nähe gerückten Wahlen zum Norddeutschen Reichstag nötigten uns zu einer intensiven Agitations- und Organisationsarbeit, die jedem von uns schwere Opfer auferlegte. In den Augen unserer bürgerlichen Gegner sind die sozialdemokratischen Agitatoren Leute, die sich von den Arbeitergroschen mästen. Hatte eine solche Anschuldigung nie Berechtigung, so am wenigsten in jener Zeit, von der ich eben spreche. Es gehörte ein großes Maß von Begeisterung, Ausdauer und Opfermut für die Sache dazu, um die Agitationsarbeit zu übernehmen. Der Agitator mußte froh sein, wenn er seine baren Auslagen ersetzt erhielt, und um diese möglichst herabzudrücken, betrachtete man es als selbstverständlich, daß er jede Einladung, bei einem Parteigenossen zu wohnen, annahm. Hier erlebte man aber manchmal merkwürdige Dinge. Mehr als einmal geschah es, daß ich mit den Eheleuten in demselben Raume schlafen mußte; ein andermal passierte es, daß unter dem Sofa, auf dem ich meine Nachtruhe hielt, die Hauskatze ihre Jungen zur Welt brachte, was nicht ohne Geräusch und Miauen abging. Wieder ein andermal wurde ich mit meinem Freunde Motteler in später Nacht auf dem Boden eines Hauses einquartiert, der mit Garnsträhnen angefüllt war, die der Faktor an die Hausweber abzugeben hatte. Als ich früh am Morgen durch die Sonne, deren Strahlen durch eine Dachluke mir ins Gesicht fielen, geweckt wurde, entdeckte ich, daß ich in einem Quantum gelber Garne und Mottelers schwarzlockiger Kopf in Haufen purpurroter Garne lagerte, ein Anblick, der mich dermaßen zum Lachen reizte, daß Motteler erwachte und verwundert fragte, was los sei!

Wegen der Luxemburger Frage entstehen Spannungen zwischen Frankreich und Preußen. Die Berliner Maschinenbauer senden ihren französischen Kollegen folgende Adresse:

Wir verabscheuen jeden Krieg und halten besonders einen Krieg zwischen Frankreich und Deutschland für gleich sehr schädlich den Interessen der Zivilisation und der Freiheit.

Wir wissen, daß beide Völker auf ihren weiten, schönen Gebieten Raum genug haben, um frei, glücklich und friedlich nebeneinander zu leben, und daß nur die Hetzereien derer, die ein Interesse daran haben, der rohen Gewalt über Recht und Freiheit zum Siege zu verhelfen, die Völker zu gegenseitigem Hasse und zum Neide aufzustacheln suchen.

Wir sind überzeugt, daß der Arbeiter nichts zu schaffen hat mit dem Lorbeer des Krieges, denn dieser Lorbeer wurzelt in den mit den Gebeinen der Arbeiter gedüngten Schlachtfeldern, ist befruchtet von den Tränen der Witwen und Waisen und ist beladen mit den Flüchen verhungernder Arbeiter.

Wir halten die Konkurrenz der Arbeit für die einzige unserer Kultur entsprechende Walstatt und den gemeinsamen Kampf sämtlicher Nationen *für* die Freiheit, *gegen* die Feinde derselben für den einzigen unserer würdigen Kampf.

So senden wir unseren französischen Brüdern unseren friedlichen Gruß.

Die französische Arbeiterschaft antwortet:

Bei Euch ist die Gerechtigkeit und die Wahrheit; mit Tränen im Auge und mit Freude im Herzen haben wir Eure Adresse gelesen. Mit Euch weisen wir jede Absicht der Eroberung und der territorialen Vergrößerung zurück.

Die Liberalen werfen Bebel Unterstützung der Bismarckschen Politik vor. Bebel antwortet:

Das ist entschieden nicht wahr. [. . .] Ich gehöre dieser Lasalleschen Partei nicht an, sondern einfach der radikal-demokratischen oder, wenn Sie wollen, der Volkspartei, [. . .] das ist ein wesentlicher Unterschied.

In der Debatte um die Verfassung des Norddeutschen Bundes am 10. April 1867 tritt Bebel für die deutsche Einheit ein:

Ich behaupte, daß mit der Gründung dieses Norddeutschen Bundes ein spezifisch preußisches Interesse, [. . .] daß die Stärkung der hohenzollernschen Hausmacht damit bezweckt worden ist [. . .]. Wenn Sie diesen Bund näher betrachten, so werden Sie mir zugeben müssen, daß dieses Verhältnis der Kleinstaaten zu Preußen ein ganz abnormes ist, daß dieser Bund nur Groß-Preußen ist, umgeben von einer Anzahl Vasallenstaaten, deren Regierungen nichts weiter als Generalgouverneure der Krone Preußens sind.

Am 19. Mai beschließt der Allgemeine Deutsche Arbeiterverein im Gegensatz zur Sächsischen Volkspartei folgende wesentliche Verschärfung des Programms:

Die deutsche Nation kann nur dann zur vollen Betätigung ihrer Kraft gelangen, wenn ihr die freie Bewegung gesichert ist und wenn sie einheitlich zu wirken vermag.

Aus diesen Gründen bekämpft der Allgemeine Deutsche Arbeiterverein ebensosehr jeden despotischen Druck und jede Bevormundung von oben wie jede bundesstaatliche Gestaltung; er will das ganze Deutschland zu einem einheitlichen und freiwilligen Volksstaate verbunden wissen. [...]

Die heutige Gesellschaft ist auf die Ausbeutung des Menschen durch den Menschen, auf die Ausnützung der Massen zugunsten weniger gegründet. [...]

Aus diesen Gründen ist der Allgemeine Deutsche Arbeiterverein bestrebt, an die Stelle der jetzigen Produktionsweise, unter welcher die Masse des Volkes – die Arbeiter – zugunsten des Kapitals mit einem kärglichen Lohne abgefunden werden, eine neue Produktionsweise zu setzen, durch welche eine gerechte Verteilung der durch die gemeinsame gesellschaftliche Produktion hergestellten Wertgegenstände verwirklicht wird.

Zur Anbahnung dieses neuen Gesellschaftszustandes verlangt der Allgemeine Deutsche Arbeiterverein die Begründung von Produktivassoziationen von Staats wegen nach dem Plane Ferdinand Lassalles. [...]

Die nächsten Ziele der Agitation des Allgemeinen Deutschen Arbeitervereins zu den angegebenen Zwecken sind diese:

a) Aufklärung der Arbeiter über ihre Klassenlage und die zu erstrebenden Ziele.

b) Insbesondere Einführung des allgemeinen Wahlrechts mit direkter, geheimer Abstimmung und Diätenzahlung zum Zwecke der Beeinflussung der öffentlichen Gewalten. [...]

Freiheitlicher deutscher Einheitsstaat, gleiche soziale Rechte für alle sind das Ziel – rege Agitation mit einheitlicher Organisation ist das Mittel!

Um die Einheit der Nation geht es auch bei der Debatte um die Dankadresse »im Namen der Nation«. Bebel führt am 24. September aus:

Ich glaube, daß man im Namen der Nation den Dank und die Befriedigung über die geführte deutsche Politik nicht aussprechen darf, weil der Reichstag nicht der Vertreter der ganzen Nation, sondern nur eines Teiles derselben ist. [...]

Ich will ferner nicht daran erinnern, daß es doch eigentümlich ist, von deutschen Errungenschaften zu reden, wenn man achtzehn Millionen Deutsche ausgeschlossen hat, wenn man zehn Millionen davon durch einen Friedensvertrag geradezu das Recht abgesprochen hat, sich ferner noch Deutsche zu nennen, und wenn man acht Millionen in der Schwebe hängen läßt, wie es mit den süddeutschen Staaten geschehen ist.

Nach einer Zwischenbemerkung Bismarcks zur Luxemburg-Frage spricht der Abgeordnete Försterling an diesem Tag:

Ich bin strenger Lassalleaner. [...] In der deutschen Frage lautet unser Prinzip: die gänzliche Beseitigung jeder Konföderation, jedes Staatenbundes, unter welcher Form es auch sei, Vereinigung aller deutschen Stämme zu einer innerlich und organisch durchaus verschmolzenen Staatseinheit, [...] und unsere Parole: »Durch Einheit zur Freiheit!« Die Parole, die man der entgegenstellt: »Durch Freiheit zur Einheit!«, halten wir [...] für eine trügerische und für eine solche, die das Volk irreführt. Denn die Freiheit soll erst erkämpft und errungen werden, und dazu muß das Volk, die Volkseinheit dasein: das Volk muß erst dasein, ehe von Freiheit die Rede sein kann. [...]

Wir müssen das einige Deutschland haben, denn nur wenn die gesamten Kräfte der Nation zusammengefaßt sind, dann kann die große Kulturarbeit geschehen, daß die Lösung der sozialen Frage, die uns Arbeitern so sehr am Herzen liegt, vollführt wird.

Andere Töne schlägt Wilhelm Liebknecht an. Bei der Beratung des Paßgesetzes äußert er am 30. September 1867:

Sie wissen, daß die polizeilichen Ausweisungen eine der Eigentümlichkeiten sind, durch welche Preußen seinen »deutschen Beruf« bis jetzt bezeugt hat, daß aus Preußen jeder Deutsche, welcher nicht Preuße ist, ausgewiesen werden kann, ohne daß ein Grund für die Ausweisung angegeben zu werden braucht. Wenn wir nun diese Bestimmung nicht ausdrücklich aufheben [...], so geben wir [...] für das Gebiet des ganzen Norddeutschen Bundes das Recht, [...] Deutsche, die nicht zum Norddeutschen Bund gehören, [...] als »Ausländer« auszuweisen. [...] Es ist notwendig, [...] daß das Polizeisystem, dessen große Ausbildung im Lande Preußen mehr dazu getan hat, die deutsche Einheit zu hintertreiben, als irgendeine andere Einrichtung – ein System, durch welches die Blut- und Eisenpolitik ermöglicht wurde, der wir den unheilvollen Krieg des vorigen Jahres verdanken, der wir es verdanken, daß Deutschland jetzt so zerrissen und ohnmächtig nach außen ist ...
(Große Unruhe. Oh! Oh! Zur Sache! rechts)

Präsident: Der Herr Redner spricht über andere Dinge, als die zur Debatte stehen; darauf mache ich ihn aufmerksam.

Abgeordneter Liebknecht: [...] Ich hoffe, daß das Haus [...] meinen Antrag annehmen, d.h. der Polizei das Recht entziehen wird, irgend jemanden [...] willkürlich auszuweisen.

Der Antrag wird abgelehnt. Liebknecht wiederholt seinen Antrag am 23. Oktober. Eisner berichtet darüber:

Als die Rechte in Gelächter ausbrach, flammte die Erregung Liebknechts jäh empor, und er rief den lachenden Herren die tief erschütternden Worte zu: »Sie nehmen solche Dinge sehr leicht. Ich kam nach Hause zurück, ich fand mein Weib sterbend – sie ist gestorben, und diejenigen, welche mich auswiesen, mein Familienglück zerstört haben, sie haben den Tod meiner Lebensgefährtin auf dem Gewissen! Das ist ein Fall! Ich bin nur einer von vielen. Hunderte – namentlich Arbeiter – werden alljährlich so traktiert.«

Liebknecht schildert dem Parlament seine persönlichen Erfahrungen:

Nach dem Tode Lassalles gab [...] diejenige Partei, welche hier durch das Mitglied aus Neu-Stettin [*Wagener*] vertreten wird, sich sehr große Mühe, die sozialistische Bewegung in ihre Hände zu bekommen. Ich stemmte mich dagegen. Man hielt den Arbeitern das allgemeine Stimmrecht hin, ich sagte: Das allgemeine Stimmrecht in einem Staate, der keine Freiheit hat, in einem Staate, wo es keine Preßfreiheit, kein Vereinsrecht gibt, ist absolut bedeutungslos und kann nur ein Werkzeug des Despotismus sein, wie wir es in Frankreich sehen. Ich warnte die Arbeiter davor, das allgemeine Stimmrecht in dieser Form als Bestechungsmittel anzunehmen. [...] Die Folge meines Auftretens [...] war, daß eines Morgens ein Schutzmann zu mir kam und mich für verhaftet erklärte, das war am 2. Juli 1865. [...] Ich ging nun mit ihm, und auf dem Polizei-Präsidium wurde ich bedeutet, ich sei aus der Stadt Berlin und aus dem Königreich Preußen ausgewiesen. Auf meine Frage: »Weshalb?« wurde mir geantwortet: »Aus allgemeinen polizeilichen Gründen.« Ich fragte, was ich verbrochen, was ich getan habe?

Die Antwort lautete: Mir als Ausländer brauche man keinen Grund anzugeben. [...] Ich sagte: »Ich bin aber kein Ausländer, ich bin ein Deutscher.« »Ja, für uns sind Sie Ausländer, wer nicht Preuße ist, ist Ausländer.«

Das taktische Vorgehen Jean Baptist von Schweitzers im Reichstag zeigt die Sitzung vom 10. Oktober 1867:

Die heutigen Verhältnisse werden reguliert durch die freie Konkurrenz. [...] Es ist also sehr natürlich, daß heutzutage, wo das Kapital die öffentliche Meinung macht, überall der Ruf ertönt: Nur Freiheit im Verkehr! Weg mit jedem Hindernis. [...]

Wenn [...] wir Sozialdemokraten für alle Gesetze stimmen, welche die Freiheit des Kapitals befördern, [...] so geschieht dies aus folgendem Grunde: [...] Man braucht kein Theoretiker zu sein, jeder Praktiker weiß es, welche unendlichen Vorteile in der Produktion das große Kapital über das kleine Kapital hat. Damit ist schon gesagt, daß der Zug der Zeit dahin geht, das kleine Kapital durch das große zu verschlingen. [. . .] Dieser Entwickelung gegenüber haben wir Sozialisten uns zu fragen: Müssen wir diese Bewegung beschleunigen, oder müssen wir sie aufzuhalten suchen? Die Antwort ist klar. Wir haben sie zu beschleunigen; denn auf die Lösung der sozialen Frage ist dann erst Hoffnung, wenn die Gegensätze klar und schroff einander gegenüberstehen.

Ein weiteres Beispiel bietet Schweitzers Rede zum Koalitionsrecht am 14. Oktober:

Auf der einen Seite stehen Kapital besitzende Unternehmer, auf der anderen Seite stehen kapitallose Arbeiter. Wenn es zu Arbeitseinstellungen kommt, wenn es ernst wird, so haben zwar ohne Zweifel auch die Unternehmer [. . .] einen Schaden, aber es ist unter allen Umständen nur ein Vermögensschaden. Auf der anderen Seite aber, bei den Arbeitern, kommt ein Punkt, wo der Hunger dazwischentritt, wo sie also gezwungen sind, nachzugeben, oder – kurz gesagt: die Seite der Kapitalisten kann es länger aushalten als die Seite der Arbeiter. Es ist also erstens klar, daß Streiks von vornherein meist verunglücken werden; es ist zweitens klar, daß selbst dann, wenn ein Streik [. . .] ausnahmsweise einmal geglückt ist, es sich dann immer noch fragt, ob nicht die Opfer, die von Seite der Arbeiterklasse notwendig waren, [. . .] nicht mindestens ebenso groß seien als der Vorteil, der erreicht wurde. [. . .] In der Arbeitseinstellung manifestiert sich zum ersten Male, in den ersten Keimen, diejenige Bewegung, die später zur vollen Aufklärung der Arbeiterklasse, zu den sozialistischen Ideen der Arbeiter, führt. Wollen Sie es für einen Zufall halten, daß die Arbeitseinstellungen überall gekommen, überall aufgetreten sind, mit dieser Hartnäckigkeit, trotz der Gesetze? Es kann kein Zufall sein. Es muß in der Natur der Sache liegen, daß in einem gewissen Grade der Entwickelung die Gegensätze so deutlich hervorzutreten beginnen, daß die Arbeiterklasse darauf aufmerksam wird und nun den Kampf aufzunehmen beginnt, zuerst in der nächstliegenden Form.

Zu einem Nachspiel kommt es tags darauf. Wiederum Schweitzer:

Der Herr Vorredner hat Ihnen mitgeteilt, in die Arbeiterbevölkerung zu Essen seien die aufregenden Ideen des Sozialismus geschleudert worden. Gegen das Wort »aufregend« habe ich nichts einzuwenden, denn allerdings, diese Ideen *sind* aufregend und sollen aufregend sein, und es scheint, als sei der Herr Landrat selbst von dieser Aufregung mitbefallen worden. (Heiterkeit.)

Wenn aber der Herr Landrat für gut befunden hat, hinzuzusetzen: es sei offen an die Gewalt appelliert worden, wir wollten auf gewaltsamem Wege unsere Sache durchsetzen, so ist das eine Denunziation, die ich zurückweisen muß. Unser Streben liegt offen am Tage, und wenn die Regierungen uns selbst das allgemeine Stimmrecht gewährt haben, so haben die Arbeiter ein ebenso gutes Recht, für ihre Interessen einzustehen wie die übrigen Gesellschaftsklassen. [...] Im übrigen fällt es mir nicht ein, unsere Arbeiter für Lämmer auszugeben.

Zu einem Zusammenstoß kommt es zwischen Liebknecht und Schweitzer in der Frage des stehenden Heeres am 17. Oktober. Liebknecht tritt im Gegensatz zu Schweitzer für eine Volkswehr nach Schweizer Muster ein. Er vertritt seinen Standpunkt mit den Worten:

Anstatt die nationalen Interessen zu beschützen, schädigt das stehende Heer dieselben in jeder Weise: es entzieht dem Ackerbau und der Industrie die tüchtigsten Kräfte, es belastet das Volk mit einer stets wachsenden Steuerlast, und gleichzeitig beschwört es [...] eine beständige Kriegsgefahr herauf. [...]

Zweck der bewaffneten Macht ist, die Freiheit nach innen zu schützen. Kann mir ein Beispiel hier angegeben werden, daß dies in neuerer Zeit auf dem Kontinente, überhaupt in Europa geschehen sei? Im Gegenteil, [...] überall wo das Volk sich für die Freiheit und das Recht erhoben hat, war es das stehende Heer, welches die Volksbewegung niederwarf. [...]

Hier wird viel gesprochen von deutscher Freiheit und Einheit. Vor jetzt achtzehn Jahren bestand eine Verfassung, welche die deutsche Freiheit und Einheit in gesetzliche Formen brachte, eine Verfassung, beschlossen von den Vertretern des deutschen Volkes, angenommen von *allen* Regierungen, mit Ausnahme derjenigen beiden, welche über die größten stehenden Heere verfügen, der österreichischen und der preußischen [...]. Aber Preußen [...] hat auf den Schlachtfeldern Badens die deutsche Einheit und Freiheit niedergeworfen (Oho, oho! rechts), niedergeworfen durch sein stehendes Heer.

Als alter Großdeutscher schreibt Liebknecht in der 1. Nummer seiner Zeitschrift »Demokratisches Wochenblatt« 1868:

Was insbesondere die beiden brennendsten Tagesfragen betrifft, die deutsche und die Arbeiterfrage, so erstreben wir einen deutschen Volksstaat, der alle Stämme des großen Vaterlandes (selbstverständlich auch die Deutsch-Österreicher) unter dem gemeinsamen Banner der Freiheit vereinigt, und werden Krieg auf Leben und Tod führen gegen jene verderbliche Politik, deren Endziel die Vergrößerung Preußens und die Verkleinerung Deutschlands ist. In der sozialen Frage werden wir rücksichtslos eintreten für die Rechte der Arbeit und mit aller Macht für die ökonomische Befreiung der Arbeiterklasse wirken.

Gibt es freie Wahlen? Schweitzer äußert dazu:

In Preußen hat die Polizei das Recht, jedes Zeitungsblatt und jede Flugschrift bis auf weiteres zu konfiszieren; in Preußen hat die Polizei das Recht, einen Schutzmann in eine Versammlung zu schicken, welcher Schutzmann jeden Augenblick, wenn es ihm gut scheint, die Versammlung auseinandergehen heißt. [...] Unter solchen Umständen ist das allgemeine Stimmrecht sowieso nur ein Schein, und es ist daher sehr natürlich, daß aus demselben Kammern hervorgehen, die gouvernemental sind und zu allem ja sagen.

Bismarcks Haltung zum allgemeinen Wahlrecht gibt ein Gespräch mit Otto von Völderndorff, Ministerialrat im Bayerischen Ministerium des Äußeren, wieder:

Der Kanzler erörterte zuvörderst, daß [...] der deutschen Nation notwendigerweise etwas ihr mehr Zusagendes geboten werden mußte und daß [...] ein von dem Volke unmittelbar gewähltes Parlament allein möglich und ein solches auch allein Deutschlands würdig gewesen sei. [...] Er fuhr dann fort [...]: »Ängstlichen Gemütern hätte es nun wohl zugesagt, die Wahl durch allerlei Kautelen [...] einzuengen; aber ich bin nie ein ängstliches Gemüt gewesen. Einem anderen Volke als dem deutschen hätte allerdings auch ich ein so gefährliches Recht einzuräumen vielleicht nicht gewagt. Die Deutschen aber sind nach meiner Überzeugung – wenigstens im Norden – zu neun Zehnteilen königstreu gesinnt; die große Masse der Bevölkerung hält im Grunde ihres Herzens zu ihrer Regierung, wenn sie auch mit dem Munde räsoniert. Die Leute wissen, daß sie ehrlich und gewissenhaft regiert werden, und im entscheidenden Augenblick kann man sich auf sie verlassen.« [...]

Wenn [...] das Volk selbst, unbeeinflußt und ohne sich überwacht zu fühlen, seine Stimme abgebe, werde die Regierung – vielleicht mit Ausnahme der großen Städte – in der Regel auf eine Mehrheit rechnen können.

Die Frage der Diäten ist für die Arbeiterschaft politisch äußerst wichtig; darüber Schweitzer in der Debatte vom 2. April 1868:

Ich glaube den hauptsächlichsten Grund zu erraten, warum man von mancher Seite daran festhalten will, daß Diäten nicht bewilligt werden sollen. Man fürchtet, es könnten, wenn Diäten gezahlt würden, in dieses Haus Vertreter aus den besitzlosen Ständen kommen. Meine Herren, diese praktische Rücksicht ist jedenfalls verfehlt. [...]

Der Grund, daß keine Diäten gezahlt werden, wird niemals einen Vertreter aus der Arbeiterklasse abhalten, hier zu erscheinen. Die Arbeiter sind das Hungern gewöhnt; ob sie hungern in den Gebirgen Schlesiens und in den Niederungen des Rheinlandes oder in der preußischen Hauptstadt, das bleibt sich schließlich ihnen gleich. Nicht also aus *praktischen* Gründen wünschte ich die gedachten Bestimmungen in der Verfassung aufgehoben zu wissen, ich wünschte sie aufgehoben zu wissen aus *prinzipiellen* Gründen. Meine Herren, geben Sie nicht der Armut und den besitzlosen Ständen einen Schlag ins Gesicht durch diese Bestimmung, welche mit anderen Worten heißt: Wir wünschen und wollen, daß nur Besitzende in diesem Hause tagen.

Zur Streikfrage äußert sich Schweitzer am 3. Juli 1868 in »Der Social-Demokrat«:

Nicht eher wird die soziale Frage zur Lösung kommen, als bis die Vorbedingungen sich geschichtlich vollständig entwikkelt haben. Demgemäß muß das Durchdringen der Arbeiterklasse zur vollen Klassenerkenntnis sich innerhalb der tatsächlichen Zustände und in Gemäßheit derselben vollziehen. Innerhalb dieser heutigen tatsächlichen Verhältnisse nun aber ist für die Entwickelung der Arbeiterklasse zu selbstbewußtem tatkräftigem Element kein anderer Anknüpfungspunkt vorhanden als der heutige, im Lohnverhältnis sich zeigende Gegensatz zwischen Kapital und Arbeit. Am Lohnverhältnis also wird der Hebel angesetzt.

Die Generalversammlung des Allgemeinen Deutschen Arbeitervereins, die vom 22. bis 26. August in Hamburg stattfindet, stimmt gegen den Streik. Andere Töne werden in einer von Bebel für den 5. bis 7. September nach Nürnberg einberufenen Tagung des Verbandes der Arbeiterbildungsvereine, dessen Präsident Bebel ist, laut. Mit 69 gegen 46 Stimmen wird folgendes Programm angenommen:

1. Die Emanzipation der arbeitenden Klassen muß durch die arbeitenden Klassen selbst erobert werden. Der Kampf für die Emanzipation der arbeitenden Klassen ist nicht ein Kampf für Klassenprivilegien und Monopole, sondern für gleiche Rechte und gleiche Pflichten und für die Abschaffung aller Klassenherrschaft.

2. Die ökonomische Abhängigkeit des Mannes der Arbeit von den Monopolisten der Arbeitswerkzeuge bildet die Grundlage der Knechtschaft in jeder Form, des sozialen Elends, der geistigen Herabwürdigung und der politischen Abhängigkeit.

3. Die politische Freiheit ist die unentbehrlichste Vorbedingung zur ökonomischen Befreiung der arbeitenden Klassen.

Die soziale Frage ist mithin untrennbar von der politischen, ihre Lösung durch diese bedingt und nur möglich im demokratischen Staat.

Das Schlußwort auf der Nürnberger Veranstaltung spricht Liebknecht:

Weil die soziale und politische Frage untrennbar sind, erheischt das Interesse der Arbeiter, daß sie sich von ihren sozialen Gegnern auch politisch trennen.

Im Kampf um die Gewerbeordnung hält Schweitzer am 17. März 1869 eine Grundsatzrede zur weltpolitischen Lage:

Wenn in diesem Augenblicke die Regierungen der Großstaaten sich so sicher fühlen, [...] wenn sie sich [...] wieder unterstehen, Kriege miteinander zu führen, so ist es darum der Fall, weil die politische Revolution in Europa, oder genauer gesagt: die soziale Revolution nach den bisherigen Prinzipien, in Europa abgenutzt und tot ist. [...] Die soziale Revolution nach den neuen Prinzipien aber [...] ist noch nicht reif. Wäre sie reif, so würden die Regierungen sich vielleicht anders verhalten und würden wie damals statt ans Kriegführen zu denken, wiederum gemeinsame Sache machen gegen die neue Entwickelung der Zeit – aber [...] muß man es denn überhaupt ankommen lassen auf Revolutionen, die ohne Zweifel erfolgen werden, wenn man nicht rechtzeitig vorbaut? [...] Lassen Sie es nicht auf solche Eventualitäten ankommen! Gehen wir diesmal der gewaltsamen Entwickelung der Dinge voraus, bauen wir ihr vor! [...] Die Arbeitsklasse wird nicht so einfältig, wird nicht so frevelhaft sein, daß sie, wenn ihr die Mittel und Wege zur ruhigen und friedlichen Entwickelung geboten werden, den Weg der Gewalt beschreiten möchte. Nimmermehr! Ermöglichen Sie diesen ruhigen und friedlichen Weg! Wir wollen ihn, kommen Sie uns entgegen!

Ein Vierteljahr später wird nach den Beratungen über die Gewerbeordnung folgende Bestimmung beschlossen:

Alle Verbote und Strafbestimmungen gegen Gewerbetreibende, gewerbliche Gehilfen, Gesellen oder Fabrikarbeiter wegen Verabredung und Vereinigungen zum Behufe der Erlangung günstiger Lohn- und Arbeitsbedingungen, insbesondere mittelst Einstellung der Arbeit oder Entlassung der Arbeiter, werden aufgehoben.

Jedem Teilnehmer steht der Rücktritt von solchen Vereinigungen und Verabredungen frei, und es findet aus letzteren weder Klage noch Einrede statt.

In den Kämpfen um diese Gewerbeordnung sucht Bismarck die Arbeiterschaft für seine Politik zu gewinnen, worüber Bebel am 18. März 1869 spottet:

Es ist [...] richtig, daß der Herr Abgeordnete Wagener, obgleich zur konservativen oder feudalen Partei gehörig, [...] die Gewohnheit hat, in einer Weise aufzutreten, daß es wirklich dem enragiertesten Sozialisten Ehre machen würde. (Heiterkeit.) Und, meine Herren, ich kann mir nicht helfen, man merkt es, daß dahinter eine gewisse Absicht ist. Ich betrachte den Abgeordneten Wagener sozusagen als Königlich Preußischen Hof-Sozialisten (große Heiterkeit, Bravo!), als denjenigen Abgeordneten, [...] der die Aufgabe hat, in der Arbeiterwelt den Glauben zu erwecken, daß die preußische Regierung gewillt wäre, durch irgendwelche Staatsintervention dem Massenelend und der unterdrückten Lage der Arbeiter aufzuhelfen. [...] Die Arbeiter werden, [...] wenn der Abgeordnete Wagener das sozialistische Prinzip auch noch so entschieden betont, [...] die Arbeiter werden sich nicht ködern lassen.

Bei dem Kampf um das Wahlrecht der Armen gehen Schweitzer und Bebel zusammen. Leidenschaftlich wehrt sich Bebel am 19. März:

Es kann aber auch sein, daß allgemeine Handelskrisen, große Geschäftsstockungen eintreten [...] und massenweise die Bevölkerung in eine unterstützungsbedürftige Lage versetzen. Meine Herren, wie kommen Sie dazu, das diejenigen fühlen zu lassen, die an diesen Stockungen nicht die mindeste Schuld tragen? Was können die Arbeiter in solchem Falle dafür, daß sie keinen Verdienst und deshalb kein Brot haben? [...] Der hierbei zugrunde liegende Gedanke konsequent durchgeführt, müßte dahin führen, ihnen jedes Recht zur Existenz abzusprechen; man müßte sagen, ihr habt überhaupt kein Recht mehr zu leben, man ertränke euch oder schlage euch tot!

Bebels Vorstoß bleibt ohne Erfolg. – Auch in anderen Fragen ergeben sich Gegensätze. Aus den Parlamentsreden einige Beispiele. Schweitzer sagt zur Sonntagsarbeit am 23. April:

Wenn die Arbeiter regelmäßig und stetig am Sonntag arbeiten, so tun sie das darum, weil man die Lohnverhältnisse so eingerichtet hat, daß die Arbeiter nur durch den Zusatzlohn, den die Sonntagsarbeit bringt, leben und bestehen können. In der regelmäßigen, stetigen Sonntagsarbeit liegt also eine Art sozialer Zwang, ein Zwang, den die Macht der Verhältnisse ausübt. [...] Diesem sozialen Zwange gegenüber ist es notwendig, daß der Staat ganz direkt eingreift, indem er die regelmäßige Arbeit am Sonntag hindert.

Bebel äußert sich tags darauf zur Aufrüstung:

Wo ein Staat dem anderen gegenüber immer nur durch größere Heere zu glänzen sucht, wo einer dem andern an besserer Bewaffnung zuvorzukommen sucht, da wird die Volkswohlfahrt und die Volksfreiheit nicht gedeihen können.

Schweitzer zu dem Vorwurf der Demagogie am 27. April:

Man hat uns zu verstehen gegeben: wir seien Demagogen. Es ist merkwürdig, daß dieser Vorwurf gerade von dieser Seite des Hauses (linkes Zentrum) kommt. Es gab ja eine Zeit, wo die Herren auch für Demagogen galten, in der preußischen Konfliktszeit wurde diesen Herren beständig gesagt, daß sie das Volk aufwühlten, daß sie ungehörigerweise Unzufriedenheit im Lande verbreiteten; kurz, alles, was die Herren uns heute vorwerfen, wurde denselben damals auch vorgeworfen, und genau mit demselben Recht, wie sie es uns heute vorwerfen. Jetzt freilich, nachdem sie von der Fortschrittspartei abgefallen sind, haben sie sich gebessert, wir wollen uns aber nicht bessern.

In derselben Parlamentssitzung erklärt er zum Normalarbeitstag:

In England hat man auch eine zwölfstündige und später eine zehnstündige Arbeit eingeführt und damit den Normalarbeitstag angenommen. Jedesmal [...] haben die Arbeitgeber anfangs einen sehr großen Widerstand entgegengesetzt und behauptet, dadurch werde der »Nationalreichtum« zugrunde gehen, es werde zu wenig produziert werden können, es werde nicht mehr möglich sein, die früheren Löhne zu zahlen und dergleichen mehr. Die Erfahrung hat aber dies alles widerlegt. Es hat sich gezeigt, daß, wenn die Arbeitszeit herabgesetzt wird und ein Normalarbeitstag eingeführt wird, die Arbeit an Intensität um so viel zunimmt, als sie an Extensität verliert.

Bei der Debatte über den Umfang der Kinderarbeit führt Bebel am 29. April aus:

Ich kann dem Herrn Abgeordneten Stumm versichern, daß zum Beispiel in unsern sächsischen Industriebezirken in Crimmitschau und Werdau, wo die Tuchmacherei besonders betrieben wird, nahezu drei Fünftel der ganzen Produktion ausschließlich durch Kinderhände produziert wird; daß in Crimmitschau nicht weniger als 1 400 Kinder unter vierzehn Jahren beschäftigt sind.

Schweitzer erklärt bei der Beratung der Gewerbeordnung am 29. April:

Es ist hier vorgeschrieben, daß in dem Arbeitsbuch auch die Religion des Arbeiters anzugeben ist. Gleichviel für wie wichtig oder wie unwichtig Sie die Frage nach der Religion halten, so viel steht fest, daß die Religion nichts zu tun hat mit dem Verhältnis zwischen Arbeitgeber und Arbeitnehmer. Aus diesem Grunde schlagen wir vor, diesen Punkt hier zu streichen.

Doch Schweitzer setzt sich nicht durch. – Bei der Beratung des Paragraphen 135 der Gewerbeordnung geht es um das Wort »Pause«. Hasenclever und Schweitzer setzen sich für »Pause« ein. Bebel sagt:

Mit dem Ausdruck »Muße« kann der Arbeitgeber [...] ganz gut sagen: In diesem Augenblick geht die Arbeit weniger strenge, da können Sie Ihr Frühstück einnehmen, indem Sie die leichtere Arbeit mitmachen. Das ist also ein bedeutender Unterschied, ob es »Muße« oder »Pause« heißt.

Das Wort »Pause« wird angenommen – und damit zum ersten Mal ein sozialdemokratischer Antrag. – Aus der Agitation dieser Tage hier ein Artikel aus »Der Vorbote« vom Mai 1869:

Was wir in folgendem mitteilen, wird, so entsetzlich es ist, gewiß keinen Parteigenossen in Verwunderung setzen. Wir wissen längst, daß die herrschende Klasse die Arbeiter nicht als Personen, sondern als Dinge von bestimmtem Gebrauchswert ansieht und demgemäß behandelt. Die große Mehrzahl der Arbeiter läßt sich eine solche Behandlung ruhig gefallen und noch dazu von Leuten, die eben nichts als die schamloseste Selbstsucht auf ihre Fahne schreiben. Um so begreiflicher wird man es finden, daß auch die Männer der Wissenschaft den Menschen im Arbeiter nicht sonderlich respektieren.

Auf unsern Hochschulen studieren eine Menge junger Leute Medizin, und die Professoren müssen natürlich wünschen, ihren Schülern möglichst viele Krankheitsfälle vorzuführen und möglichst viele Operationen vorzumachen. [...]

Was ist zu tun? Man redet einigen Arbeitern, die irgendeiner Kleinigkeit wegen im Hospitale sind, ein, sie litten an dem und dem Übel, und eine Operation sei unvermeidlich. Der arme Teufel wird ängstlich und läßt an seinem Leibe eine Operation ausführen, die sehr häufig langwierige Krankheit, zuweilen den Tod zur Folge hat. Solche Fälle sind vor nicht langer Zeit in dem Hospital zu Heidelberg vorgekommen und werden wohl überhaupt nicht zu den Seltenheiten gehören. [...]

Die angegebenen Punkte, denen sich noch andere anreihen ließen, werden wohl genügen, die Aufmerksamkeit der Arbeiterpartei zu erregen, und nur von dieser läßt sich eine Beseitigung der gerügten Mißstände erwarten. Der Bourgeois läßt seinem erkrankten Pferde alle mögliche Sorgfalt angedeihen, um keinen Verlust zu erleiden; aber an die Stelle eines gestorbenen Arbeiters tritt sofort ein anderer, ohne daß es den Arbeitgeber etwas kostet.

»Der Vorbote« sammelt sozialdemokratische Wahlsprüche:

Wollt Ihr in der Freiheit leben,
Müßt Ihr Euch die Gleichheit geben:
Nur wo niemand arm noch reich,
Ist man frei und lebt man gleich.

Nur im Reiche gleicher Brüder
Läßt sich auch die Wahrheit nieder:
Wo für jeden ist genug,
Braucht's nicht Lüge und Betrug.

Fort die Grenzen, fort die Klassen!
Einen Herd und Schirm der Rassen,
Reiche Kost für Leib und Geist,
Wo ein Ebenbild sich weist.

»Freude schöner Götterfunken!«
Wer noch nie von dir getrunken
Fehlt der Ansporn zur Moral,
Fehlt der Menschheit Ideal.

So die Fahne hochgehalten!
Gleich zu leben, frei zu walten.
»Was für uns, ist auch für mich!«
Ruft der Zukunft Fähnerich.

Aufsehen erregt Bebels Rede gegen die Privilegien des Militärs und der Fürsten vom 13. Mai:

Nach einem ungefähren Überschlage zahlen die norddeutschen Bundesbevölkerungen an neunzehn oder zwanzig regierende Häupter jährlich allermindestens die Summe von sieben Millionen Talern, das heißt ungefähr einhundertachtzig mal soviel als die Amerikanische Union an ihren Präsidenten ausgibt. [...] Der König von Preußen beispielsweise bekommt allein jährlich vier Millionen Taler, [...] d. h. eine Einnahme hat der Mann von täglich 10 666 Talern, was genau so viel ist, daß ungefähr 54 Arbeiterfamilien das ganze Jahr von dieser Tageseinnahme des Königs von Preußen leben können. [...] Die paar hundert oder tausend Taler, die die Fürsten an Portogebühren zahlen müssen, können sie recht gut abgeben, da haben sie noch durchaus keinen Mangel und brauchen durchaus nicht zu darben. [...] Ich [...] bin allerdings nicht in der Lage oder war nie in der Lage, in einem fürstlichen Arbeitszimmer zugegen zu sein, [...] aber [...] was man so in den Zeitungen liest, die Beschäftigung, womit die Herren ihre Zeit totschlagen ... (Lebhafte Unterbrechung. Ausrufe der Indignation.) [...] Meine Herren, wenn Sie einmal Privilegien abschaffen wollen, dann schaffen Sie alle ab, dann schaffen Sie zunächst die Privilegien ab für das Militär und für unsere Fürsten.

Aufmerksam verfolgt die alte Garde die Vorgänge in Deutschland. Moses Heß schreibt aus Paris am 10. August an Johann Philipp Becker:

Merke wohl, lieber Alter, daß es zwischen zwei sich gegenseitig absolut ausschließenden Produktionsweisen, wie die kommunistische oder kollektive und die individuelle, keinen andern Übergang geben kann, als die Scheidung und scharfe Begrenzung der beiden Gebiete. Ist einmal ein Anfang auf dem Gebiete der kollektiven, ich meine der nationalen, kommunistischen Produktionsweise gemacht, so haben die Arbeiter die Partie gewonnen; denn die kollektive Produktionsweise dehnt sich dann ganz von selbst, unwiderstehlich, mit innerer Notwendigkeit auf alle Arbeitszweige aus, die der kollektiven Produktionsweise überhaupt fähig sind. Solange dieser Anfang nicht gemacht ist, können und müssen sich zwar die Arbeiter unter allen erdenklichen Formen vereinigen, um gegen das Kapital und die es schützende Macht zu kämpfen, Greven machen, um das Salär zu erhöhen und die Arbeitsstunden zu vermindern, Kooperationen gründen, politische Vereine etc. stiften; aber das sind alles nur Präliminarien und Vorübungen, die schließlich den Feind nicht töten und besiegen, sondern ihn nur beunruhigen und zu Reaktionen provozieren und ermächtigen würden, wenn sie nicht zu einer wirklich kommunistischen Produktion auf den Gebieten führten, die eben zu solcher Produktion schon heute reif und geeignet sind.

In Eisenach wird die Einigung der verschiedenen sozialistischen Gruppen versucht; sie scheitert: Das Hauptergebnis des Kongresses schildert der Österreicher Andreas Scheu:

Viel wärmer gestaltete sich die Aussprache über den Titel der Partei; und als [...] beschlossen wurde, das Parteiorgan einfach »Organ der sozialdemokratischen Partei« zu nennen, sprang ein Delegierter [...] auf und rief mit hocherregter Gebärde: »Meine Herren! Mit diesem Beschluß haben Sie die Arbeiter aus der Partei hinausgeworfen!«

Diese verblüffende Äußerung rief einen wahren Sturm von Protestrufen hervor. [...]

Ich muß gestehen, daß mir die Ausführungen derer, die sich der Bezeichnung »Sozialdemokratische Partei« entgegensetzten, etwas beschränkt und sektiererhaft erschienen. [...] Es schien mir fraglich, ob das Wort »Arbeiter« an sich geeignet sei, das Klassenbewußtsein der werktätigen Bevölkerung zu wecken. Die Lohnsklaven des Kapitalismus sind von je Arbeiter genannt worden, ohne daß diese Bezeichnung ihr Klassenbewußtsein sonderlich stimuliert hätte. Mir schien es wichtig, daß die Industriearbeiter sich mit dem werktätigen Volke aller Art identisch fühlen sollten, und fand mich damit im Einverständnis mit Liebknecht, Bebel, Rittingshausen und anderen. Aber schließlich wurde der proletarischen Opposition die gewünschte Konzession gemacht und das Wort »Arbeiter« wieder in den Parteititel aufgenommen.

Beifall findet das Vorgehen der thüringischen Polizei, wie Scheu sich erinnert:

Inzwischen erstattete Bebel Bericht über sein Zusammentreffen mit dem Polizeiinspektor von Eisenach, aus dem einige Sätze auch auf mich [...] einen wohltuenden Eindruck machten. Dieser Inspektor hatte zum Genossen Bebel unter anderem gesagt: »Sie können in jeder Beziehung auf gesetzlichen Schutz rechnen. Sie sind hier in einem freien Lande. Sie können hier sprechen und beschließen, was Sie wollen – wir werden nicht danach fragen. Sie können auch unter freiem Himmel tagen, in einem anderen Saal oder an einem anderen Tage. Wenn aber Ihre Anordnungen durch Gewalt gestört werden sollten, dann haben Sie Anspruch auf den Schutz der Behörde, und ich werde den Kongreß schützen, soweit ich kann.

Das »Eisenacher Programm der Sozialdemokratischen Arbeiterpartei« lautet:

I. Die Sozialdemokratische Arbeiterpartei erstrebt die Errichtung des freien Volksstaates.

II. Jedes Mitglied der Sozialdemokratischen Arbeiterpartei verpflichtet sich, mit ganzer Kraft einzutreten für folgende Grundsätze:

1. Die heutigen politischen und sozialen Zustände sind im höchsten Grade ungerecht und daher mit der größten Energie zu bekämpfen.

2. Der Kampf für die Befreiung der arbeitenden Klassen ist nicht ein Kampf für Klassenprivilegien und Vorrechte, sondern für gleiche Rechte und Pflichten und für die Abschaffung aller Klassenherrschaft.

3. Die ökonomische Abhängigkeit des Arbeiters von dem Kapitalisten bildet die Grundlage der Knechtschaft in jeder Form, und es erstrebt deshalb die Sozialdemokratische Arbeiterpartei unter Abschaffung der jetzigen Produktionsweise (Lohnsystem) durch genossenschaftliche Arbeit den vollen Arbeitsertrag für jeden Arbeiter.

4. Die politische Freiheit ist die unentbehrliche Vorbedingung zur ökonomischen Befreiung der arbeitenden Klassen. Die soziale Frage ist mithin untrennbar von der politischen, ihre Lösung durch diese bedingt und nur möglich im demokratischen Staat.

5. In Erwägung, daß die politische und ökonomische Befreiung der Arbeit nur möglich ist, wenn diese gemeinsam und einheitlich den Kampf führt, gibt sich die Sozialdemokratische Arbeiterpartei eine einheitliche Organisation, welche es aber auch jedem einzelnen ermöglicht, seinen Einfluß für das Wohl der Gesamtheit geltend zu machen.

6. In Erwägung, daß die Befreiung der Arbeit weder eine lokale noch eine nationale, sondern eine soziale Aufgabe ist, welche alle Länder, in denen es moderne Gesellschaft gibt, umfaßt, betrachtet sich die Sozialdemokratische Arbeiterpartei, soweit es die Vereinsgesetze gestatten, als Zweig der Internationalen Arbeiterassoziation [...].

III. Als die nächsten Forderungen in der Agitation der Sozialdemokratischen Arbeiterpartei sind geltend zu machen:

1. Erteilung des allgemeinen, gleichen, direkten und geheimen Wahlrechts an alle Männer vom zwanzigsten Lebensjahr an zur Wahl für das Parlament, die Landtage der Einzelstaaten, die Provinzial- und Gemeindevertretungen wie alle übrigen Vertretungskörper. Den gewählten Vertretern sind genügend Diäten zu gewähren.

2. Einführung der direkten Gesetzgebung [...] durch das Volk.

3. Aufhebung aller Vorrechte des Standes, des Besitzes, der Geburt und der Konfession.

4. Errichtung der Volkswehr anstelle des stehenden Heeres.

5. Trennung der Kirche vom Staat und Trennung der Schule von der Kirche.

6. Obligatorischer Unterricht in Volksschulen und unentgeltlicher Unterricht in allen öffentlichen Bildungsanstalten.

7. Unabhängigkeit der Gerichte, Einführung der Geschworenen- und Fachgewerbegerichte, Einführung des öffentlichen und mündlichen Gerichtsverfahrens und unentgeltliche Rechtspflege.

8. Abschaffung aller Preß-, Vereins- und Koalitionsgesetze; Einführung des Normalarbeitstages; Einschränkung der Frauen- und Verbot der Kinderarbeit.

9. Abschaffung aller indirekten Steuern und Einführung einer einzigen Einkommensteuer und Erbschaftssteuer.

10. Staatliche Förderung des Genossenschaftswesens und Staatskredit für freie Produktionsgenossenschaften unter demokratischen Garantien.

Über die Opfer, die ein Abgeordneter der Arbeiterklasse zu bringen hat, berichtet Bebel in seinen Lebenserinnerungen:

Ich möchte hier die Bemerkung einschalten, daß die Teilnahme an den Reichstags- und Zollparlamentsverhandlungen für Liebknecht und mich ein großes Opfer war. Zwar taten unsere Wahlkreise, und namentlich der meine, was sie konnten, um uns finanziell zu unterstützen. Es war aber doch ein peinliches Gefühl für uns beide, von einer Wählerschaft finanzielle Hilfe annehmen zu sollen, die mit zur ärmsten Deutschlands gehörte. Eine Parteiunterstützung gab es damals noch nicht, für Diäten war kein Geld vorhanden. Die Diätenzahlung durch die Partei trat erst vom Jahre 1874 ab ein, die mager genug ausfiel. Auch mußten wir die Reisen nach und von Berlin aus eigener Tasche bezahlen. So fehlten wir häufig in den Sitzungen, manchmal sogar, wenn unser Parteiinteresse gebot, anwesend zu sein. [...] Doch waren wir bei weitem nicht die einzigen, die schwänzten. Die große Mehrzahl der Gesetze wurde von beschlußunfähigen Häusern angenommen. So blieb es bekanntlich bis zur Einführung der Diäten im Frühjahr 1906.

Den Unterschied zwischen bewußten Vertretern der Arbeiterklasse und anderen Abgeordneten beleuchtet Schweitzer am 2. März 1870 im Reichstag:

Man sagt uns, den sozialistischen Abgeordneten, immer: »Ihr erklärt, ihr seid von Arbeitern gewählt, und bestreitet uns, daß wir auch von Arbeitern gewählt sind.« [...] Es fällt uns nicht im Traume ein, Ihnen zu bestreiten, daß Sie alle mehr oder minder auch von Arbeitern gewählt sind. Wenn wir uns als Arbeiterabgeordnete betrachten, so ist es in dem Sinne, daß wir sagen wollen: Abgeordnete derjenigen Arbeiter, die zur Erkenntnis ihrer Klassenlage durchgedrungen sind und die große Wahrheit erkannt haben, daß die Frage des Mein und Dein die Grundlage von allem ist.

Die »revolutionäre« Bemerkung Bebels über das Gottesgnadentum verstimmt weite Kreise. Anläßlich der Debatte um die Todesstrafe führt er am 24. Mai 1870 aus:

Das Gottesgnadentum hat in der öffentlichen Meinung nicht mehr den Boden, den es früher gehabt hat, Sie können dem

Volke nicht mehr einreden, daß, wenn ein Fürst gemordet wird, dies an und für sich ein größeres Verbrechen wäre, als wenn man einen gewöhnlichen Menschen aus der Welt schafft. Nein, meine Herren, der Herr Bundeskanzler hat sogar meiner Überzeugung nach mehr wie jeder andere – und das ist das einzige Verdienst, was ich in seiner Tätigkeit erblicke – dafür gesorgt, daß in der öffentlichen Meinung der Glaube an das Gottesgnadentum vollends heruntergebracht und untergraben worden ist. (Gelächter. Oho!) Meine Herren! Wenn man – wie [*es*] der Herr Bundeskanzler im Jahre 1866 getan hat – so mit Fürstenkronen spielt, sie ohne weiteres abschlägt und in die Tasche steckt (große Heiterkeit, oho!), dann muß es dahin kommen, daß in der Masse des Volkes, wo etwa der Glaube an die Unumstößlichkeit des Gottesgnadentums noch existiert, derselbe völlig zerstört wird.

Der Krieg zwischen Frankreich und Preußen droht. Auf der Landesversammlung der Sozialdemokratischen Arbeiterpartei in Chemnitz wird am 17. Juli 1870 von Liebknecht und Bebel folgende Resolution vorgelegt, die einstimmig angenommen wird:

Die Landesversammlung protestiert gegen jeden nicht im Interesse der Freiheit und Humanität geführten Krieg, als einen Hohn auf die moderne Kultur. Die Landesversammlung protestiert gegen einen Krieg, der nur im dynastischen Interesse geführt wird und das Leben von Hunderttausenden, den Wohlstand von Millionen auf das Spiel setzt, um den Ehrgeiz einiger Machthaber zu befriedigen. Die Versammlung begrüßt mit Freuden die Haltung der französischen Demokratie und insbesondere der sozialistischen Arbeiter, sie erklärt sich mit deren Bestrebungen gegen den Krieg völlig einverstanden und erwartet, daß auch die deutsche Demokratie und die deutschen Arbeiter in diesem Sinne ihre Stimme erheben.

Am 19. Juli 1870 erklärt Frankreich Preußen den Krieg. Nach heftigen Auseinandersetzungen beschließt der Parteiausschuß der Sozialdemokratischen Arbeiterpartei in Braunschweig:

So gewiß wir nicht die leiseste Schuld tragen an diesem

unseligen Krieg, [...] so gewiß haben wir als Deutsche für Deutschland einzustehen, und so gewiß haben wir trotz aller Berechtigung, mit der wir die Gründung eines deutschen Staates erhoffen, die ernste Pflicht, uns rein zu halten von jedem Übermaß von Nationalgefühl und uns kräftig zu erhalten für den höheren, den glorreicheren gemeinsamen Kampf aller Unterdrückten der Erde. Ist in Napoleon unser gefährlichster Gegner besiegt, so wird das französische Volk freier aufatmen, und dann haben auch wir in unserem Vaterland die Machthaber daran zu erinnern, was dem Volke von Gottes und Rechts wegen gebührt und was zu fordern die unendlichen Opfer und Qualen des Krieges es doppelt und dreifach berechtigen. [...] Unsere Aufgabe ist es, bei der Geburt des, so hoffen wir, ganz Deutschland umfassenden Staates bestimmend mitzuwirken, damit, wenn möglich, nicht der dynastische, sondern der sozialdemokratische Volksstaat ins Leben tritt. Unsere Aufgabe ist es, mag der gewordene Staat bei der Geburt noch dynastische Züge tragen, ihm in ernstem, schwerem Kampfe den Stempel unserer Ideen aufzudrücken. [...] Es lebe Deutschland, es lebe der internationale Kampf des Proletariats!

Entrüstet schreibt Marx am 10. September 1870 an Engels über das vom Braunschweiger Ausschuß herausgegebene Flugblatt gegen die Fortführung des Krieges:

Du weißt, daß ich nach Braunschweig Instruktionen schrieb. Man unterstellt dabei – mit Unrecht –, daß man nicht mit flegelhaften Babys zu tun hat, sondern mit gebildeten Leuten, die wissen müssen, daß die brutale Sprache von Briefen nicht »für den Druck« berechnet ist und daß ferner in Instruktionen geheime Winke gegeben werden müssen, die nicht unter Trommelschall zu verraten sind. Well! Diese Esel drucken nicht nur »wörtlich« aus meinem Brief ab. Sie zeigen auf mich mit der Heugabel als den Briefschreiber. Sie drucken dazu Sätze, wie den über »die Verlegung des Schwerpunkts der kontinentalen Arbeiterbewegung von Frankreich nach Deutschland« usw., die ihnen zur Anfeuerung dienen sollten, aber unter keinen Umständen *jetzt* zu publizieren waren. Ich muß ihnen wohl noch dankbar sein, daß sie wenigstens meine Kritik der französischen Arbeiter *nicht* gedruckt haben.

Engels dagegen ist der Meinung:

Mir scheint der Kasus so zu liegen: Deutschland ist durch Badinguet [*Spottname für Napoleon III.*] in einen Krieg um seine nationale Existenz hineingeritten. Unterliegt es gegen Badinguet, so ist der Bonapartismus auf Jahre befestigt und Deutschland auf Jahre, vielleicht auf Generationen, kaputt. Von einer selbständigen deutschen Arbeiterbewegung ist dann auch keine Rede mehr, der Kampf um Herstellung der nationalen Existenz absorbiert dann alles [...]. Siegt Deutschland so ist der französische Bonapartismus jedenfalls kaputt, der ewige Krakeel wegen Herstellung der deutschen Einheit endlich beseitigt, die deutschen Arbeiter können sich auf ganz anders nationalem Maßstab als bisher organisieren [...]. Die ganze Masse des deutschen Volks aller Klassen hat eingesehen, daß es sich eben um die nationale Existenz in erster Linie handelt, und ist darum sofort eingesprungen. Daß eine deutsche politische Partei unter diesen Umständen à la Wilhelm die totale Abstention predigt, [...] scheint mir unmöglich.

Marx dagegen billigt Liebknechts und Bebels Erklärung am 17. August mit den Worten:

Das war ein »Moment«, wo die Prinzipienreiterei un acte de courage war, woraus aber keineswegs folgt, [...] daß die Stellung des deutschen Proletariats in einem Krieg, der national geworden ist, sich in Wilhelms Antipathie gegen die Preußen zusammenfaßt.

Es folgen die deutschen Siege. Engels schreibt am 12. September an Marx:

Wenn man in Paris irgend etwas tun könnte, so müßte man ein Losschlagen der Arbeiter vor dem Frieden verhindern. Bismarck wird bald in der Lage sein, den Frieden abzuschließen. [...] Wie auch der Friede ausfällt, er muß abgeschlossen sein, ehe die Arbeiter irgend etwas machen können. Siegen sie jetzt – im Dienste der Nationalverteidigung –, so haben sie die Erbschaft Bonapartes und der jetzigen Lauserepublik anzutreten und werden von den deutschen Armeen nutzlos niedergeschlagen.

Engels ist über das Vorgehen der preußischen Polizei gegen die Braunschweiger erregt:

Was diese Preußen für unverbesserliche Esel sind! Haben sie den ganzen unglücklichen sozialdemokratischen Ausschuß in Braunschweig und sogar den Drucker der wohlmeinenden und wahrhaftig noch zahmen Proklamation [...] arretiert und geschlossen nach Lötzen in Ostpreußen abgeführt. Du weißt, daß unter dem Vorwande der französischen Landung fast ganz Norddeutschland in Kriegszustand erklärt ist und daher die Militärbehörde nach Belieben arretieren kann. [...] Man sieht, [...] wie die bloße Phrase der Republik diese Jammerseelen erschreckt und wie unbehaglich sich die offizielle Welt ohne Staatsgefangne fühlt.

Am 26. November 1870 steht die Bewilligung weiterer hundert Millionen Mark für die Fortführung des Krieges zur Debatte. Liebknecht begründet die sozialdemokratische Ablehnung:

Ich war im Begriffe auszuführen, daß der Krieg nach der Schlacht von Sedan, im Moment, wo die Republik in Frankreich erklärt wurde, einen vollständigen anderen Charakter angenommen hat; wir sind nicht mehr in der Verteidigung [...]. Die Wacht am Rhein steht vor Paris und bedroht die französische Republik. Die Regierung, die im Juli den Krieg erklärt hatte, ist beseitigt, und ihr Führer sitzt auf Wilhelmshöhe und ist der Bruder des Königs von Preußen; er schwelgt in kaiserlichem Luxus, während die deutschen Krieger da draußen ihr Blut vergießen und die furchtbarsten Strapazen erdulden müssen, im Kampfe gegen das französische Volk, welches unser Brudervolk trotz alledem und alledem ist und welches den Frieden mit uns will. [...] Es ist wahrlich ehrenhafter, der Bruder des französischen Volkes und der französischen Arbeiter zu sein als der »liebe Bruder« des Schurken auf Wilhelmshöhe. [...]

Die Anleihe, die man von uns fordert, ist für die Durchführung der Annexion bestimmt. [...] Die Annexion aber bringt uns nicht den Frieden, sondern den Krieg, und indem sie auch nach dem Frieden eine beständige Kriegsgefahr schafft, befestigt sie in Deutschland die Militärdiktatur. [...]

Aus diesen Gründen bin ich natürlich gegen die Kriegsanleihe und habe mit meinem Freunde Bebel den Antrag auf Verweigerung derselben gestellt.

Dieser Antrag wird gegen fünf Stimmen abgelehnt. – Bebel führt an demselben Tag im Reichstag zur Elsaß-Lothringen-Frage aus:

Von meinem Standpunkt aus ist der Wille der Bevölkerung Elsaß-Lothringens für diese Frage entscheidend. Das Selbstbestimmungsrecht ist die Hauptgrundlage, auf welche wir von unserem Standpunkte fußen müssen, und wenn wir heute das Selbstbestimmungsrecht mit Füßen treten, [...] dann vergeben wir damit das eigene Selbstbestimmungsrecht, dann müssen wir es uns ebensogut gefallen lassen, wenn andere, wo die Gelegenheit sich bietet, auch Stücke unseres Landes nehmen (große Heiterkeit), dieselben Gründe [...] können auch eines Tages *gegen* uns geltend gemacht werden. Das Nationalitätsprinzip ist [...] ein durchaus reaktionäres Prinzip; wollen wir das [...] in Europa wirklich unverfälscht zur Geltung bringen, [...] wäre des Krieges kein Ende abzusehen, dann wäre der Beruf der Völker, immer nur Krieg zu führen, zu arbeiten, nur, um den Krieg möglich zu machen.

Dazu Hermann Becker 1871:

Als im September nach Proklamierung der Republik der französische Notschrei an die deutschen Sozialdemokraten erging, um dieselben zu ködern, da bissen die beiden Sozialisten [*Liebknecht und Bebel*] auf den faulen Köder an. Das Schauspiel, das diese beiden Herren [...] gaben, ist ein so widerliches, daß man gewiß nicht zuviel sagt, wenn man behauptet, es habe im ganzen Volke ein Gefühl der Scham und des Ekels hervorgerufen. In einem Augenblick, der nach Jahrhunderten politischer Leiden und beklagenswerter innerer Zerklüftung

Deutschland endlich einig und groß werden sieht, [. . .] wagt es eine winzige Minorität von Männern, die auch deutsch zu sein vorgibt, sich mit dem Gefühle der gesamten Nation [. . .] in Widerspruch zu stellen. [. . .]

Die wirtschaftlichen Folgen des Krieges schildert Ottilie Baader:

Unmittelbar nach seinem Ausbruch gab es auch in der Wäscheindustrie einen Stillstand des Absatzes. Arbeiterinnen wurden entlassen und standen mittellos da, denn von dem Verdienst konnte niemand etwas erübrigen. Unsere Firma wollte das »Risiko« auf sich nehmen, uns auch bei dem eingeschränkten Absatz voll zu beschäftigen, wenn wir für den »halben« Lohn arbeiten wollten.

Von Organisation hatten wir keine Ahnung – und wir waren in einer Notlage [. . .]. So sagten wir zu, es einmal eine Woche zu versuchen.

Nun wurde drauflosgeschuftet. Das Resultat aber war kläglich; von dem um die Hälfte gekürzten Lohn wurden uns die vollen Kosten für Garn und Nadeln in Abzug gebracht. Das brutale Vorgehen des Unternehmers brachte uns zur Besinnung. Wir beschlossen einmütig, lieber zu feiern [. . .]. Drei Arbeiterinnen, zu denen auch ich gehörte, wurden bestimmt, dies dem Chef mitzuteilen. Als die Deputation ihm nun den Gesamtbeschluß vortrug, wollte er uns damit beschwichtigen, daß er erzählte, sobald Siegesnachrichten eingingen, würde das Geschäft sich sofort wieder heben und die Löhne steigen. Er hatte wohlweislich vermieden, zu sagen, »die alte Höhe erreichen«. Wir waren glücklicherweise in dem Moment schlagfertig genug, zu antworten, der Lohn steige nie so schnell, wie er herabgesetzt würde, und zudem habe dann das Geschäft ein volles, zu den niedrigen Löhnen hergestelltes Lager. Als der Chef merkte, daß wir uns nicht so leicht unterkriegen ließen, wurde er so wütend, daß er uns rot vor Ärger anschrie: »Na, dann werde ich euch den vollen Preis wieder zahlen! Wollt ihr nun wieder arbeiten?«

Da antworteten wir ihm kurz: »Jawohl, nun werden wir wieder arbeiten.«

Auch die Achtundvierziger melden sich wieder zum Wort – sie wollen ihre alten Farben wieder. Darüber unterhält sich Bismarck mit Moritz Busch, der berichtet:

Beim Essen war Graf Lehndorff zugegen, und es gab eine lebhafte Unterhaltung. Als von der Besteckung des alten Fritz vor den Linden mit schwarzrotgelben Fahnen die Rede war, mißbilligte der Minister, daß [*der Polizeipräsident von Berlin*] Wurmb die Aufrührung des Streits über die Farben zugelassen habe. [...] »Für mich [...] ist die Sache abgemacht, seit die norddeutsche Fahne einmal angenommen ist. Sonst ist mir das Farbenspiel ganz einerlei. Meinethalben grün und gelb und Tanzvergnügen oder auch die Fahne von Mecklenburg-Strelitz. Nur will der preußische Troupier nichts von schwarzrotgelb wissen« – was ihm, wenn man sich an die Berliner Märztage und an das Erkennungszeichen der Gegner im Mainfeldzuge von 1866 erinnert, von Billigdenkenden nicht übelgenommen werden wird.

Immer wieder spielt die Braunschweiger Frage eine Rolle. Bebel spricht darüber am 3. Dezember 1870 im Reichstag:

Der Herr Abgeordnete Wagener gab dieser Seite des Hauses vorhin den guten Rat, sie möge die schmutzige Wäsche nicht hier vor ganz Europa waschen, und ich bezweifle gar nicht, daß dieser Rat sehr gut gemeint war; aber er war an die falsche Adresse gerichtet. Nicht wir sind daran schuld, sondern diejenigen, die die schmutzige Wäsche gemacht haben. [...] Der Herr Abgeordnete Wagener sagte weiter, durch die Schritte des Generalgouvernements habe man den Schein des Martyriums auf unsere Partei- und Gesinnungsgenossen geworfen. Das ist insoweit richtig, als wir selbst haben öffentlich erklärt, daß das Vorgehen des Generals Vogel von Falkenstein und seiner Auftraggeber mehr als alles andere dazu beigetragen hat, uns in vielen Kreisen die Sympathien der Bevölkerung zuzuführen; gerade, daß man gegen uns so brüske vorging, [...] hat viele stutzig gemacht.

Bei den Beratungen über die neue Bundesverfassung führt Bebel drei Tage später aus:

Ich betrachte insofern die Ereignisse mit einer gewissen Genugtuung, weil nämlich eine Frage, die sogenannte Einigungsfrage, von der Tagesordnung nunmehr verschwunden ist, gerade jene Frage, welche jahrelang dazu beigetragen hat, Millionen ehrenwerter und tüchtiger Männer irrezuführen, welche meinten: erst Einigung, nachher wird sich die Freiheit finden. Nun, wir haben jetzt die Einigung, und wir werden sehen, wie es mit der Freiheit beschaffen ist. [...] Erst wenn das Volk einsieht, daß es von seinen Regierungen, von seinen Fürsten nichts zu hoffen hat, daß jeder Krieg [...] immer nur gegen sein Interesse geführt wird, [...] dann wird es besser werden; [...] und [...] das Resultat wird sein, daß das Volk begreift und einsieht, daß es, [...] nur gestützt auf seine eigene Macht, auf sein eigenes Selbstbestimmungsrecht, eine neue Verfassung sich schaffen muß: daß, mit einem Worte, das Endziel des deutschen Volkes einzig und allein die Beseitigung der Monarchie und die Begründung der Republik sein kann und muß. (Widerspruch, große Unruhe.)

Und Liebknecht am 9. Dezember:

Es handelt sich [...] darum, die deutsche Einheit herzustellen. Was heißt denn Einheit? Dieses Wort hat auch uns, wie gewiß einem jeden von uns, in der Jugend das Herz höher schlagen lassen; wir haben darunter aber nicht die Einigung eines Teils von Deutschland verstanden, sondern die Einheit, die Einigung des ganzen Deutschland. [...] Wenn die deutsche Einheit nicht das ganze Deutschland umfaßt, so kann es eine Einheit nicht genannt werden. [...]

Warum debattieren wir überhaupt über dieses Werk? [...] Nun, meine Herren, wir alle wissen, jeder von Ihnen ebensogut wie ich, daß die Debatten hier auf das Werk selbst absolut keinen Einfluß ausüben. Das Werk ist in dem Heerlager von Versailles gemacht und ist Ihnen einfach vorgelegt mit der stillschweigenden Weisung: entweder angenommen ganz, so wie es ist, oder abgelehnt! Sie alle wissen aber, [...] daß, wenn das Werk auch von Ihnen abgelehnt wird, es damit doch nicht umgestoßen ist. [...]

Dies Werk ist das Produkt der realen Verhältnisse; es ist

aus den Machtverhältnissen hervorgegangen; die Macht liegt aber in Versailles, nicht hier; das Resultat wird dasselbe sein, ob Sie »Ja« oder »Nein« sagen, und Sie werden »Ja« sagen, um nicht durch das »Nein« Ihre Machtlosigkeit völlig zu enthüllen.

Gibt es neben Frankreich eine andere Gefahr? Moritz Busch sieht sie in der »internationalen Revolution«:

Wir meinten anfangs nur Frankreich uns gegenüber zu haben, und so war es auch bis zum Tage von Sedan. Nach dem 4. September aber hat sich vor uns eine andre Macht erhoben: die allgemeine Republik, die internationale Vereinigung der vaterlandslosen Schwärmer für den Gedanken der Vereinigten Staaten von Europa, die kosmopolitische Revolution. Die französische Fahne dient den Anhängern dieser Klasse von Menschen als Mittel- und Sammelpunkt. Von allen Richtungen der Windrose eilen sie herbei, um uns als Soldaten der Monarchie zu bekämpfen. Polen, Irländer, Spanier, Italiener, selbst Zuzügler aus der Türkei haben sich den französischen Republikanern als »Brüder« angeschlossen. Alles, was einen Weltbrand ersehnt, worin die alten Staaten vergehen sollen, die gesamte kosmopolitische Demagogie, die Roten [...] betrachten das jetzige Frankreich als den Herd, an dem sich diese große revolutionäre Feuersbrunst entzünden müsse. [...] Auch die deutschen Demokraten der verschiednen Farben beugen sich vor dem Pariser Geiste, sehen in Frankreich die Mutterrepublik.

Busch berichtet über ein Gespräch, an dem Bismarck teilnimmt:

Die Rede kam hiernach auf die internationale Friedensliga und deren Zusammenhang mit der Sozialdemokratie, als deren Haupt für Deutschland man Karl Marx in London bezeichnete. Diesen nannte [*der Sekretär Bismarcks, Legationsrat Lothar*] Bucher einen gescheiten Kopf mit guter wissenschaftlicher Bildung und den eigentlichen Führer der internationalen Arbeiterverbindung. Der Chef [*Bismarck*] äußerte über die Friedensliga, ihre Bestrebungen seien bedenklicher

Natur, und ihre Zielpunkte bestünden in ganz anderen Dingen als im Frieden. Es verstecke sich der Kommunismus dahinter.

Georg Herwegh schreibt im Februar 1871 das Gedicht »Der schlimmste Feind«:

Das Blut von Wörth, das Blut von Spichern,
Von Mars-La-Tour und Gravelotte,
Einheit und Freiheit sollt es sichern –
Einheit und Freiheit? Großer Gott!

Ein Amboß unter *einem* Hammer,
Geeinigt wird Alt-Deutschland stehn;
Dem Rausche folgt ein Katzenjammer,
Daß euch die Augen übergehn. [. . .]

Es wird die Fuchtel mit der Knute
Die heilge Allianz erneun:
Europa kann am Übermute
Siegreicher Junker sich erfreun.

Gleich Kindern laßt ihr euch betrügen,
Bis ihr zu spät erkennt, o weh! –
Die Wacht am Rhein wird nicht genügen,
Der schlimmste Feind steht an der Spree.

Der Zusammenschluß

Die Gründung des zweiten Kaiserreiches nach drei für Preußen-Deutschland siegreichen Kriegen erfüllt die Sehnsucht der Deutschen nach staatlicher Einheit, schafft die Grundlage zu politischem und wirtschaftlichem Aufschwung, verstärkt Ansehen und Macht der regierenden Kreise. Sie schwächt aber auch den Einfluß der politischen Parteien – das Reich ist entstanden durch Bismarcks Staatskunst, nicht durch die liberale Bewegung. Der Deutsche Reichstag ist nicht der Träger der Staatsgewalt. Klassenwahlrechte bleiben in Preußen und anderen Bundesländern bestehen. Diese Situation erkennen die Sozialisten klar, auch wenn manche ihrer Anhänger im ersten Freudentaumel unsicher werden. Ihre Lage ist durch die revolutionären Aktivitäten der Pariser Arbeiterschaft 1871 und deren Niederwerfung äußerst erschwert. Seit den Tagen der Kommune sind die Sozialisten zum Bürgerschreck geworden; Politiker und übereifrige Polizeibeamte beweisen ihre Gesinnungstüchtigkeit durch Brandreden oder Einzelaktionen gegen die »vaterlandslosen Gesellen«, die in den allgemeinen Jubel nicht einstimmen. Aber die Sozialisten gelten in Deutschland als bedeutungslos, da sie, innerlich zerspalten, keine Macht darstellen. Bismarck wendet daher seine ganze Kraft gegen die in der Zentrumspartei politisch organisierten Katholiken, vor allem gegen die Jesuiten, die er als eine Gefahr für das Reich ansieht. Der Kulturkampf endet mit einer innenpolitischen Niederlage des Reichsgründers. Die Sozialisten, nach deren Parteiprogramm Religion Privatsache ist, haben sich aus grundsätzlichen Erwägungen gegen die Ausnahmegesetze gewandt, sind aber ihrer Natur nach nicht Freunde kirchlicher Organisationen. Tief wirkt auf sie die »Gründer-

zeit«, die Entstehung von Konzernen und deren Zusammenbruch. Die Folgen der wirtschaftlichen Krise treffen die Arbeiter unmittelbar. Damit wächst die Erkenntnis, daß die Arbeiter ihr Schicksal selbst in die Hand nehmen müßten; sie erkennen, daß über alle trennenden Theorien hinweg eine gemeinsame Aufgabe entstanden ist. Sie zwingt zu einem Zusammenschluß, der nun nicht mehr wie einst das Werk eines einzelnen ist, sondern eine Notwendigkeit, die dem Willen der Arbeiter entspricht. Man kann an dem Gothaer Einigungsprogramm theoretisch manches aussetzen; Karl Marx hat es kräftig kritisiert; das Programm trägt die Züge des Kompromisses. Aber nicht das Programm – es wird später vielfach geändert werden –, sondern der Wille zur Einheit und zum Beschreiten des gemeinsamen legalen Weges ist das Entscheidende. Wilhelm Liebknecht erkennt dies klar. Er wird in jenen Jahren aus dem Theoretiker zum Politiker, der den Forderungen des Tages Rechnung trägt, Theorien opfert, ohne das Ziel zu vergessen. Aber schwerer wiegt, daß es eben die Arbeiterschaft selbst ist, die sich in den Parteitagen ihr Forum schafft und eine Organisation, die bei den Wahlen von 1877 einen bedeutsamen Erfolg erzielt. Die Arbeiter sind nun nicht mehr die »Geführten«, sie fühlen sich als die Träger der sozialistischen Idee, um deren Erkenntnis sie sich mühen. Ihre Abgeordneten sind ihre Sprecher, unterworfen der Kritik auf den Parteitagen, die Rückhalt und Bewährungsprobe für die Parlamentarier werden. – Am 1. April 1871 tritt der Deutsche Reichstag zusammen. Die Verfassung wird beraten. Im Gegensatz zu dem Historiker Heinrich von Treitschke tritt August Bebel am 3. April für die Aufnahme der Grundrechte in die Verfassung ein:

Der Abgeordnete von Treitschke hat vollständig recht, von politischer Kindheit zu reden, wenn er die Zeit von 1848 erwähnt. Denn, meine Herren, politische Kinder können es allerdings nur gewesen sein, die in einer Reichsverfassung, an deren Spitze der König von Preußen als deutscher Kaiser stehen soll, absolute Preßfreiheit, absolutes Vereins- und Versammlungsrecht, Trennung der Schule von der Kirche, der

Kirche vom Staat, Gewährleistung der persönlichen Freiheit und noch eine Menge anderer Dinge verlangen. Das von dem König von Preußen, überhaupt von einem Fürsten zu verlangen, ist allerdings kindisch. (Heiterkeit.)

Denn, meine Herren, wir dürfen nie vergessen, daß die Interessen des Volkes und der Fürsten entgegengesetzte sind (Widerspruch und Gelächter), daß der Fürst das Interesse hat, möglichst absolut zu regieren. [...] Und ich bin deshalb auch der Meinung, daß es hier allerdings [...] ziemlich überflüssig ist, über die Grundrechte zu diskutieren, solange man nicht entschlossen ist, nötigenfalls die Grundrechte um jeden Preis auch mit Gewalt durchzuführen. (Gelächter.) [...] Sie werden nicht eher die Grundrechte erlangen, bis Sie klar und deutlich aussprechen: Wenn das, was wir für unser Recht, für das Recht des Volkes halten, uns nicht bewilligt wird, so werden wir es gegen euren Willen uns nehmen.

Sollen Diäten gezahlt werden? Das ist eine nicht unwesentliche Frage. Bebel führt dazu am 19. April im Reichstag aus:

Der Grund, weshalb ich mich überhaupt zum Worte gemeldet, ist wesentlich der: hier einmal mit wenigen Worten zu konstatieren, woher es kommt, daß gerade der Reichstag, die höchste Vertretung in Deutschland, im Gegensatz zu jeder anderen Vertretung der Einzelstaaten keine Diäten bezieht. Es muß doch da etwas ganz Charakteristisches vorhanden sein. [...] Es ist einfach die Angst sowohl in Regierungskreisen wie auf der Seite der Rechten, wie auch zu einem großen Teile auf Seite der Linken dieses Hauses vor dem Ausfall der radikalen Wahlen, vor den demokratischen, respektive sozialdemokratischen Wahlen, die die Herren abhält, für die Diäten zu stimmen. [...] Wenn die Gründe [...] wirklich durchschlagende sind, wenn man sagt, man müsse im Interesse der Selbstverwaltung auf die Diäten verzichten, man müsse von den Abgeordneten verlangen, daß sie beweisen, daß sie ein Opfer für die gemeinsame Sache bringen können, warum tun denn Sie (auf die Nationalliberalen zeigend), die Sie zum großen Teil im preußischen Abgeordnetenhause sitzen, ruhig Ihre drei Taler Diäten einstecken? [...]

Also, bestimmt ausgesprochen, ist der einzige Grund [...] einfach der: die Angst vor der Sozialdemokratie; und ich halte es für nötig, das hier einfach auszusprechen, damit die Arbeiter in Deutschland wissen, woran sie sind.

Ein prophetisches Wort zur Außenpolitik spricht Bebel am 24. April:

Ich habe die Überzeugung, daß die wohlwollende Neutralität, welche die russische Regierung vorzugsweise in diesem Kriege Deutschland gegenüber an den Tag gelegt hat, in etwas ganz anderem seinen Grund hat als in dem bloßen Wohlwollen. [...]

Ich bezweifle, daß die russische Regierung etwa sich in ähnlicher Weise über den Löffel barbieren lasse, wie dies seinerzeit bei Napoleon durch den Herrn Reichskanzler geschehen ist. (Stürmische Heiterkeit.)

Auf sogenannte »dilatorische« Verhandlungen wird sich künftig die russische Regierung auf keinen Fall einlassen, und sowohl die russische wie die französische Regierung [...] wird die Gelegenheit künftig besser wahrnehmen, wo sie mit mehr Aussicht auf Erfolg die Eroberungen Deutschlands rückgängig machen kann.

Bei der Beratung des Haftpflichtgesetzes trägt Bebel konkrete Fälle vor; so zitiert er am 8. Mai 1871 folgenden Brief:

Die Befahrung der Grube und des Ortes, an welchem sich der Unglücksfall zugetragen hat, geschieht nun durch den Werksinspektor oder seinen Assistenten erst nach Tagen oder Wochen des erfolgten Unglücksfalles. Innerhalb der Zeit wird nun von der Werksverwaltung alles unregelmäßige und gesetzwidrige Abbauen usw. beseitigt und in guten Zustand gesetzt, so daß die Werksinspektion alles in gutem Zustande findet und die Umstände, die eigentlich den Unglücksfall herbeigeführt haben, ganz unberührt lassen kann – folglich fällt die Schuld auf den verunglückten Arbeiter selbst oder wird als unvorhergesehener Fall in dem Gutachten der Werksinspektion hingestellt, worauf die Werksverwaltung trotz ihrer Schuld dennoch schuldfrei gesprochen wird. [...]

Die Mitarbeiter des Verunglückten können die Wahrheit [...] noch weit weniger zur Geltung bringen, ihrer eigenen Existenz wegen schon nicht, mindestens würden dieselben auf ein wahrheitsgetreues Bekenntnis so lange mit schlecht lohnender Arbeit bedacht werden, bis dieselben durch fortwährend schlechte Belohnung [...] ihre Arbeitsentlassung zu nehmen gezwungen wären, wenn deren sofortige Entlassung nicht gleich erfolgte.

Durch die Arbeitsentlassung verliert aber auch der Arbeiter die Mitgliedschaft im Knappschaftsverbande, alle geleisteten Beiträge zu dessen Kasse und alle erworbenen Rechte.

Am 25. Mai greift Bebel den Historiker Treitschke an wegen dessen Bestrebungen, in Elsaß-Lothringen die preußischen Verwaltungsmaximen zur Geltung zu bringen:

Aber welcher Art sind denn diese Verwaltungsmaximen. Derjenige Beamte, der gegenwärtig im Elsaß und [*in*] Lothringen vorzugsweise kommandiert, ist der [...] berüchtigte Herr von Kühlwetter (Stimme rechts: Oho!), der sich durch seine reaktionären Maßnahmen in der Rheinprovinz, durch seine Maßregeln gegen die liberale Presse, gegen den fortschrittlichen Bürgermeister Trip einen europäischen Ruf, aber keinen guten europäischen Ruf erworben hat. [...]

Es ist unter anderem charakteristisch, daß, als der vorhin von mir genannte Bürgermeister Trip in Solingen nicht bestätigt wurde, weil er mit seiner Gesinnung der Regierung nicht konvenierte und offiziell nach dem Grunde gefragt wurde, Herr von Kühlwetter angab, es habe sich herausgestellt, daß Trip ein schlechter Verwaltungsbeamter sei, weil er nicht einmal die Aktenschwänze in Ordnung zu halten wisse. (Große Heiterkeit.)

In eine schwierige Lage kommen die Sozialdemokraten durch den blutigen Kampf der Kommunarden in Paris. Die Stimmung dieser Tage zeigt die von Karl Marx verfaßte zweite Adresse des Internationalen Generalrats vom 30. Mai:

Daß nach dem gewaltigsten Krieg der neuern Zeit die siegreiche und die besiegte Armee sich verbünden zum gemeinsamen Abschlachten des Proletariats – ein so unerhörtes Ereignis beweist [. . .] nicht, wie Bismarck glaubt, die endliche Niederdrückung der sich emporarbeitenden neuen Gesellschaft, sondern die vollständige Zerbröcklung der alten Bourgeoisgesellschaft. Der höchste heroische Aufschwung, dessen die alte Gesellschaft noch fähig war, ist der Nationalkrieg, und dieser erweist sich jetzt als reiner Regierungsschwindel, der keinen andern Zweck mehr hat, als den Klassenkampf hinauszuschieben. [. . .]

Das Paris der Arbeiter, mit seiner Kommune, wird ewig gefeiert werden als der ruhmvolle Vorbote einer neuen Gesellschaft. Seine Märtyrer sind eingeschreint in dem großen Herzen der Arbeiterklasse. Seine Vertilger hat die Geschichte schon jetzt an jenen Schandpfahl genagelt, von dem sie zu erlösen alle Gebete ihrer Pfaffen ohnmächtig sind.

Zur Rede Bebels über die Annexion Elsaß-Lothringens bemerkt die in Berlin erscheinende konservative »Kreuzzeitung«:

Man hat Bebels Erklärungen mit Gelächter begleitet. Allerdings mögen sie inmitten einer Versammlung ernsthafter und wohlsituierter Männer, die auf dem festen Grund eines wohlgefügten Staatsgebäudes zu stehen sich bewußt sind, als haarbuschige Tiraden erscheinen und insofern amüsieren, als sie zeigen, wie die Welt sich in einem solchen Kopfe spiegelt. Aber man muß doch endlich eingesehen haben, daß, ebensowenig wie die absolute wirtschaftliche Freiheit sich selber reguliert, ebensowenig der kommunistische Wahnsinn sich selber belehrt und daß man mit der absoluten Koalitionsfreiheit schon recht bedenkliche Experimente gemacht hat und mit der Zeit, unter Benutzung der Freizügigkeit, mitten im Frieden zu revolutionären Vorstudien gelangen kann.

Über die Stellung der Deutschen zur Internationale schreibt Liebknecht an Engels:

Wir fassen unser Verhältnis zur Internationale nichts weniger als platonisch auf. [. . .] Nach der staatsanwaltlichen Theorie, welche auch die der Polizei, überhaupt der Exekutivbehörde ist, begeht jeder, der der Internationale beitritt, bloß durch den Akt des Beitritts eine »Hochverrat vorbereitende Handlung«. [...] Du vergleichst die Franzosen mit uns. Der Vergleich hinkt: 1. haben die Franzosen keine Organisation außer der Internationale, und 2. haben die französischen Arbeiter eine revolutionäre Schule durchgemacht, die den unseren noch abgeht. Hätten unsere Arbeiter diese Schule, bei Gott, wir wären weiter als die französischen, und zwar durch unsere Organisation; mit einer gleich guten Organisation wäre die Kommune nicht erlegen.

Zögernd wendet sich die Arbeiterschaft den politischen Problemen zu. Der Arbeiter Karl Fischer erzählt in seinen Erinnerungen:

Als ich nach Osnabrück kam, da hatte ich noch keinen Verstand: weder von Politik noch von den Parteien, denn ich hatte mich nie um dergleichen gekümmert und war auch kein Zeitungsleser. Da war ich nicht wenig verlegen, als 1871 die Reichstagswahl war; da bekamen wir am Wahltage schon mittags Feierabend, damit wir alle wählen konnten. Zwar war auf dem Stahlwerk nicht das geringste bekanntgemacht oder angeschlagen, wen man wählen sollte; aber weil wir deswegen überhaupt Urlaub bekamen und einen halben Tag feiern mußten, da nahm ich die Sache ernst und bedachte, daß ich wählen müßte. Aber derzeit war ich noch bei den Maurern, [...] und ich hörte, daß sie alle wählen wollten. Aber die meisten [...] waren katholisch, und waren auch welfisch Gesinnte darunter. [...] Aber da ich [...] bloß gut preußisch gesinnt war, da mußte ich den andern wählen. [...] Es war [...] keine Auswahl [...]. Da verlor ich das bißchen Lust wieder und [...] beschloß, gar nicht zu wählen.

Das Jahr 1871 bringt den Sozialisten eine Niederlage; nur Bebel und Schraps werden gewählt. Selbst Liebknecht und Schweitzer unterliegen. Allzu einfach urteilt darüber der Historiker Treitschke:

Die Führer der deutschen Sozialdemokratie predigten den Verrat. Doch sie sprachen zu tauben Ohren. Die Sozialisten im Heer erfüllten ehrlich ihre Soldatenpflicht unter den Fahnen der Monarchie. [...] Die Macht des Sozialismus sank in demselben Maße, als die Idee des Vaterlandes im Volke lebendig wurde.

Die Agitation im Lande vollzieht sich vor allem auf den Tagungen der einzelnen Berufsgruppen, etwa auf dem 1. deutschen Webertag vom 28. bis 30. Mai 1871 in Chemnitz. Bebel weist bei dieser Gelegenheit darauf hin:

[...] daß durch die Annexion von Elsaß-Lothringen mit seiner hochentwickelten Baumwollspinnerei und -weberei den gleichen deutschen Industriezweigen eine gewaltige Konkurrenz erwachsen dürfte, die zweifellos eine revolutionierende Wirkung auf die Art der bisherigen Produktionsweise in Deutschland [...] ausüben werde. [...] Ich empfahl, mit den elsaß-lothringischen Webereiarbeitern Fühlung zu nehmen. Weiter beantragte ich Resolutionen, die ein Verbot der Kinderarbeit in den Fabriken und die gesetzliche Einführung eines zehnstündigen Normalarbeitstages verlangten. [...]

Bezüglich der Schiedsgerichte schlug ich folgende Resolution vor:

»Der 1. allgemeine deutsche Webertag erachtet es für wünschenswert, daß sich Schiedsgerichte bilden, die zu gleichen Teilen aus Arbeitern und Arbeitgebern bestehen, um Differenzen, durch die ein Streik droht, auf gütlichem Wege auszugleichen.«

Im Briefwechsel Bismarcks mit dem Grafen Tauffkirchen spiegelt sich die Stellung des Staatsmannes zu den »Schwarzen« und den »Roten«. So schreibt der Reichskanzler am 30. Juni:

Wir sehen in dem Gebaren dieser Partei die Gefahr für die Kirche und den Papst selbst; das Bündnis der schwarzen mit der roten Partei [...] hat sich an diesen Punkten als eine vollendete Tatsache gezeigt; ist es doch selbst im Reichstage durch den Versuch der Einführung der Grundrechte offen zutage getreten. [...]

Diese aggressive Tendenz der die Kirche beherrschenden

Partei nötigt uns zur Abwehr, in welcher wir nur unsere eigene Verteidigung suchen, die wir aber mit allem Ernst mit den uns zu Gebote stehenden Mitteln durchführen müssen. Kann man sich im Vatikan entschließen, mit der regierungsfeindlichen Partei zu brechen und ihre Angriffe auf uns zu verhindern, so wird uns das nur erwünscht sein, kann oder will man das nicht, so lehnen wir die Verantwortung für die Folgen ab.

Immer wieder kommt es zu Verfolgungen. Vor dem Leipziger Schwurgericht erklärt Wilhelm Liebknecht:

Ich habe Ihnen mein Leben und Wirken bloßgelegt. Ich bin, was ich war. In vielen Punkten habe ich mich weiterentwickelt, im wesentlichen stehe ich auf demselben Standpunkt wie vor zweiundzwanzig Jahren. [...] Ich bin nicht der verkommene Abenteurer, zu dem mein Verleumder mich machen will. Schon in frühester Jugend habe ich die Schiffe hinter mir verbrannt und seitdem ununterbrochen für meine Prinzipien gerungen. Meinen persönlichen Vorteil habe ich nie gesucht [...]. Wenn ich nach unerhörten Verfolgungen arm bin, so ist das keine Schande – nein, ich bin stolz darauf, denn es ist das beredteste Zeugnis für meine politische Ehre. Noch einmal: ich bin *nicht* ein Verschwörer von Profession, *nicht* ein fahrender Landsknecht der Konspiration. Nennen Sie mich meinethalben einen Soldat der Revolution [...].

Ein zwiefaches Ideal hat mir von Jugend an vorgeschwebt: das freie und einige Deutschland und die Emanzipation des arbeitenden Volkes [...]. Für dieses Doppelziel habe ich nach besten Kräften gekämpft, und für dieses Doppelziel werde ich kämpfen, solange noch ein Hauch in mir ist. Das will die Pflicht!

Die soziale Frage beschäftigt weite Kreise. Die Wissenschaft soll helfen. Der Barmer Fabrikant Ernst von Eynern wendet sich am 14. Februar 1872 an den Historiker Heinrich von Sybel:

In unseren Fabrikanten- wie in unseren Bürgerkreisen schenkt man notgedrungen der sozialen Frage die größte Aufmerksamkeit. Gar zu erklärlich ist es aber, daß dieselbe vielfach in ihrer Beurteilung den Interessen der einzelnen oder den einseitigen Urteilen der zu gleichen Erwerbsbedingungen vereinigten Gesamtinteressen unterworfen ist. Eine wissenschaftliche Behandlung der Frage wird allen denen aufs höchste erwünscht und willkommen sein, welche die Unmöglichkeit der jetzigen Lage erkennen; denen die Wirkung vor Augen steht, die diese aber ohne gründliche Erkenntnis ihrer Ursachen nicht zu beseitigen imstande sind.

Viel beachtet wird Bebels Angriff auf die indirekten Steuern. In diesem Falle geht es um die Salzsteuer. Seine grundsätzliche Rede vom 1. Mai 1872 endet:

In dem direkten Steuersystem betrügt die besitzende Klasse den Staat, und in bezug auf die indirekte Steuer ist es der Staat, der an der arbeitenden Klasse den Diebstahl in Permanenz gesetzlich regelt. [...] Auf der einen Seite verlangt man von dem armen Mann als Pflicht, er solle nur immer zahlen, und benutzt dazu das indirekte Steuersystem. [...] Auf der anderen Seite aber, wenn es sich um Rechte handelt, dann werden die direkten Steuern als Maßstab angelegt, wie es vor kurzem erst bei den Gemeindegesetzen in Sachsen geschehen ist, wo der Minister des Innern mit einer fast zynischen Offenheit erklärte: wir müssen diesen Zensus einführen, sonst kriegen wir die Sozialdemokraten in die Gemeinden. [...] Wenn Sie, meine Herren, in dieser Weise fortfahren, die arbeitende Klasse zu unterdrücken, dann wird Ihnen, der Bourgeoisie, bald von uns gesagt werden, was Tell dem Geßler sagt:

> Mach deine Rechnung mit dem Himmel, Vogt,
> Fort mußt du, deine Uhr ist abgelaufen!

(Stürmisches Gelächter und Unruhe.)

Wie es um die Schulbildung der Arbeiterschaft bestellt ist, darüber berichtet der Zigarrenfabrikant und spätere Redakteur Julius Bruhns aus eigener Erfahrung:

Mit dem zwölften Jahr war ich in die sogenannte »Halbtagsschule« gekommen. Das war eine besondere Prämie der

Volksschule auf die Ausbeutung der Kinderarbeit. Diejenigen Knaben, die gewerblich tätig sein mußten, konnten nach Erreichung des 12. Lebensjahres auf Antrag der Eltern in einer außerhalb des Rahmens der eigentlichen Volksschule befindliche Schulklasse aufgenommen werden, die den »Vorzug« hatte, ihre Schüler täglich nur drei Stunden festzuhalten. War schon die Volksschule mit voller Unterrichtszeit damals von recht zweifelhaftem Wert, so konnte natürlich bei dem täglich dreistündigen Unterricht nicht mehr herausspringen als etwas Lesen, Schreiben, Rechnen und sehr wenig Geschichte und Geographie, um so weniger, als noch ein sehr erheblicher Teil der geringen Zeit für Religionsunterricht und biblische Geschichte aufgewendet werden mußte. Dafür war aber der glückliche Angehörige dieser Halbtagsklasse schon früh 10 Uhr mit der Schule fertig und konnte nun den ganzen Tag nach Herzenslust in der Fabrik oder bei der Heimarbeit ausgebeutet werden. Meine Eltern empfanden die Notwendigkeit, in dieser Weise meine Arbeitskraft gebrauchen zu müssen, bitter genug, aber es mußte sein, denn die Arbeitsfähigkeit meines dem fünfzigsten Lebensjahre nahekommenden Vaters verringerte sich immer mehr.

Die Zeitschrift »Glückauf« nimmt am 21. Juli 1872 Stellung zum Streik der Essener Zechenarbeiter:

Was nun den Vorwand des Streiks betrifft, so kann man ihn wohl mit Recht als frivol bezeichnen. [...] Eine Frage der Not ist der gegenwärtige Streik nicht; er erscheint vielmehr eminent als eine Machtfrage, d. h. es muß sich für jetzt und hoffentlich für eine längere Zukunft entscheiden, ob in dem Arbeitsverhältnis lediglich wie bisher Übereinkunft, Angebot und Nachfrage die regelnden Faktoren sein sollen oder ob einseitig das Verhältnis von seiten der Arbeiter und der hinter ihnen stehenden und sie leitenden Mächte bestimmt werden soll. [...]

Ein jeder, welcher der Entwickelung der sozialen und moralischen Verhältnisse unserer Gegend mit Aufmerksamkeit gefolgt ist, weiß, daß bereits im Jahre 1866 die Sozialdemokratische Partei unter den Arbeitern Essens bedeutenden Anhang zu werben verstand. [...] Mit dem Abzuge der leitenden Personen schwand jedoch die Partei äußerlich bald auf ein kleines Häuflein zusammen, und es war gerade während dieses Auflösungsprozesses der sozialdemokratischen Bewegung, als es die klerikale Partei ihren Zwecken entsprechend fand, sich der Arbeiter zu bemächtigen. [...] Es ist [...] offenkundig Tatsache, daß mehrere Kapläne der hiesigen Gegend, unter dem Vorwande, für das Wohl der arbeitenden Klassen zu sorgen, ihren Einfluß auf Arbeiterkreise zur Anregung der Klassenunzufriedenheit und des Klassenhasses benutzt haben.

Der Schriftsteller Heinrich Bernhard Oppenheim wendet sich am 29. August gegen Eduard Laskers Beteiligung bei den Kathedersozialisten:

Daß Du die Einladung der Kathedersozialisten angenommen, halte ich für einen großen Fehler. [...] Sie wollen auf einer bestimmten Grundlage (Gewerbevereine!!) Schiedsgerichte usw. beraten, die Du als feststehende Voraussetzungen nicht akzeptieren kannst. [...] Ich möchte selbst nicht ohne weiteres zugeben, daß es eine »soziale Frage« und gar auch eine »Wohnungsfrage« gibt. Und dann die Menschheitsretterei in Konventikeln – man weiß, was das für einen bloßen Eitelkeitskultus bedeutet!

Am 6. Dezember schreibt auch der Kunsthistoriker Herman Grimm an Lasker:

Unser Volk fängt an, seine Struktur zu verlieren. Die den niederen, handarbeitenden Klassen zuströmende geistige Anregung muß sie zum Genusse dessen führen, was Aristoteles als die einzige würdige Beschäftigung des freien Bürgers anerkennt: zum Philosophieren ohne körperliche Arbeit [...]. Wie soll sich das jemals ausgleichen? Der Andrang der ungeheuren, von Sehnsucht nach Bildung erfüllten Massen hätte etwas Begeisterndes, wäre er nicht so übermächtig bereits, daß man die Machtlosigkeit der reinen Gedanken bereits empfindet und die dämonische Herrschaft der Phrase herannahen fühlt.

In den »Briefen eines Luxemburgers an einen Landsmann« findet sich 1873 folgende Stelle:

Du sagst, Preußen beherrsche Deutschland mit eiserner Rute. Wenn das wirklich der Fall wäre, so würde Deutschland in der Tat die Rute verdienen. [...] Und dann erlaubst Du mir auch wohl noch diese Frage: Was wollte Europa heute tun ohne die regierungstreuen Heere Deutschlands, der schwarzen und der roten Internationale gegenüber, die mit vereinten Kräften überall auf den Umsturz und das Chaos losarbeiten? [...] Ohne das stramme deutsche Heerwesen, die regierungstreuen deutschen Heere bliebe Europa keine andere Wahl, als sich, an Hand und Fuß gebunden, dem Ultramontanismus, in dessen Bund die rote Internationale steht, zu unterwerfen.

Im Mai 1873 wendet sich Bebel Engels gegenüber scharf gegen den Lassalleanismus:

Der Lassallekultus muß ausgerottet werden, damit bin ich ganz einverstanden, auch die falschen Ansichten Lassalles müssen bekämpft werden [...].

Sie dürfen nicht vergessen, daß die Lassalleschen Schriften tatsächlich – das läßt sich nicht wegdiskutieren – durch ihre populäre Sprache die Grundlage der sozialistischen Anschauung der Massen bilden. [...]

In unserer eigenen Partei ist der Lassallekultus so gut wie verschwunden, aber immerhin gibt es einige Gegenden, [...] in denen er Anhänger zählt [...]. Daß je der Lassalleanismus in Deutschland wieder Oberwasser bekommt, daran ist nicht entfernt zu denken; lassen wir also den Dingen ruhig ihren Lauf.

»Die parlamentarische Thätigkeit des deutschen Reichstages und der Landtage und die Sozialdemokratie von 1871 bis 1874«, so lautet der Titel einer Broschüre, die August Bebel für die Wahlagitation 1874 verfaßt. Zunächst gibt er einen Überblick über die Lage:

Als am 3. März 1871 unter dem Glockengeläute und Kanonendonner für den Versailler Frieden dieser Reichstag gewählt wurde, gab es wohl viele, die hoffnungsselig ihm entgegensahen. [...] Aber das durch »Blut und Eisen« mühsam zusammengeschweißte »Reich« ist kein Boden für die bürgerliche Freiheit, geschweige für die soziale Gleichheit. Staaten werden mit den Mitteln erhalten, durch die sie gegründet wurden. Der Säbel stand als Geburtshelfer dem »Reich« zur Seite, der Säbel wird es ins Grab begleiten. Toren sind, die von Schöpfungen der monarchischen Gewalt die »Freiheit« erwarten, noch größere Toren sind die, welche von der auf der Klassenherrschaft und dem Säbelregiment beruhenden Staatsgewalt die Pflege wirklicher Volkswohlfahrt erwarten. Es gibt in Deutschland nur eine Klasse, der die neue Reichsschöpfung zusagte und die sie auch mit berechtigtem Jubel begrüßte: die deutsche Bourgeoisie.

Die Broschüre schließt mit den Worten:

Wir geben uns keinen Illusionen hin: wir glauben nicht, daß das allgemeine Wahlrecht ein Heilmittel oder eine Wünschelrute ist, durch welche das arbeitende Volk das Glück sich herbeiführen kann. Wir glauben auch nicht, daß es ihm unter den heutigen Verhältnissen gelingen wird, die Machtverhältnisse umzugestalten. Und dennoch muß das arbeitende Volk das angeführte Mittel als das einzige benutzen, welches ihm augenblicklich gegeben ist, um seine Stimme zu erheben, für seine vorenthaltenen Rechte einzutreten [...].

Darum Mann für Mann auf den Plan, die selbstbewußt und zur Erkenntnis ihrer Lage gekommen sind! Zögere keiner, scheue keiner Opfer; der Kampf ist ein harter, das Ziel ein großes, der endliche Sieg uns gewiß!

Der Schriftsteller und Redakteur Wilhelm Hasenclever sagt am 16. Februar 1874 im Reichstag:

Bei der Ausbildung der Jugend durch ein größeres Schulbudget würde [...] der Turnunterricht in die Schulen hineinverpflanzt werden können, und dadurch würde man die Jugend gewissermaßen wehrhaft machen; und, meine Herren, ich glaube, wenn man diesen Punkt und diese Idee recht kultivieren würde, man könnte aus ihm ein wirklich gutes Verteidigungsheer machen.

Meine Herren, man hat so oft von der Kulturaufgabe Deutschlands gesprochen [...]. Ich glaube, daß die Kulturaufgabe einer Nation darin zu suchen ist, daß sie sich allerdings im Falle des Angriffs *verteidigen* kann, aber sonst alle Kraft anwendet, um im Innern Ruhe und auch eine soziale Ordnung herzustellen. [...] Wenn Sie, meine Herren, der Kulturaufgabe, die Sie selbst Deutschland vindizieren, gerecht werden wollen, dann befreien Sie ganz Europa von dem Kriegsalb. [...] Wir sind ja im Bewußtsein der deutschen Volkskraft gegenwärtig die stärkste Nation, und die Pflicht des Stärksten wäre es, den anderen Nationen voranzueilen und zu sagen: ich will nicht fortwährend auf dem hohen Kriegsfuß stehen. Der Stärkste hat zunächst die Pflicht abzurüsten [...].

Nochmals, meine Herren, schaffen Sie ein *Verteidigungsheer,* verurteilen Sie eine *Eroberungsarmee,* und dann erst können Sie sagen: Deutschland marschiert an der Spitze der Zivilisation.

Bei der Beratung über das Impfgesetz tritt Hasenclever am 6. März für öffentliche Badeanstalten ein:

Die Wohlhabenden besitzen Wohnhäuser, die an und für sich geräumig und luftig sind; in ihren Wohnungen ist nicht eine solche Atmosphäre, die den Krankheitsstoff leicht verbreitet; sie besitzen [...] auch eigene Badeanstalten, und ich, meine Herren, gönne ihnen das herzlich gern. Aber es wäre nun doch gut, wenn auch dem notleidenden Volke Gelegenheit geboten würde, solchen Epidemien wirksam entgegenzutreten, und das werden Sie mit bezwecken, wenn Sie solche öffentliche unentgeltliche Badeanstalten einrichten.

Am 12. März stellt Hasenclever im Reichstag den Antrag:

[...] die Aufhebung der gegen die Abgeordneten Bebel und Liebknecht erkannten Haft für die Dauer der Sitzungsperiode zu verlangen.

In der Debatte geht es um die Unabhängigkeit der Richter. Hasenclever bemerkt dazu:

Oben: Der Norddeutsche Reichstag, dem August Bebel als Abgeordneter angehört, während der Eröffnungssitzung am 10. September 1867. – Unten: Versammlung eines Arbeiterbildungsvereins im Jahre 1868

Oben: Hochverratsprozeß vor dem Schwurgericht in Leipzig vom 11. bis 26. März 1872. Auf der Anklagebank von links: Wilhelm Liebknecht, Adolf Hepner (1846–1923) und August Bebel. – Unten: Demonstrierende Arbeiter

Der Prozeß gegen Liebknecht und Bebel hat eigentlich mit diesen unabhängigen Richtern gar nichts zu tun; es waren Geschworene, die da zu Gerichte gesessen haben, und die Geschworenen standen ganz bestimmt unter dem Druck ihrer gesellschaftlichen Verhältnisse, sie standen ganz bestimmt, besonders den Sozialdemokraten gegenüber, auf einer politisch-sozialen Stellung, die, wenn sie auch nicht direkt in Haß gegen die Sozialdemokraten umschlägt, doch die Meinung über Recht und Unrecht sehr leicht zu trüben geeignet ist.

Der Antrag wird abgelehnt. – Zur Pressefreiheit spricht am 16. März der Schriftsteller Hasselmann:

Ohne Preßfreiheit wird man wahrlich die Vernunft nicht totschweigen; gerade umgekehrt, es wird die Vernunft mit der Leidenschaft sich alliieren. Dann wird nicht bloß das Recht auf kalte, ruhige Weise sprechen, sondern dann spricht die Gewalt, dann kommt die Politik des Blutes und Eisens wirklich zutage. Meine Herren, wir fordern Preßfreiheit, weil wir gesetzlich vorgehen wollen. Diejenigen, welche die Presse knebeln wollen, sind die Männer des Blutes und Eisens. (Murren.)

Zur Wehrpflicht erklärt Hasenclever am 14. April:

Zunächst will ich auf den Antrag des Herrn Abgeordneten von Bennigsen und Genossen eingehen, der besagt, daß die Friedenspräsenzstärke des Heeres auf sieben Jahre (drei Jahre Wehrpflicht, vier Jahre Reserve) festgesetzt werden soll. [. . .] Mir [. . .] kommt es so vor, als wenn man die Zahl »sieben« aus Rücksicht auf das Septennat in Frankreich gewählt habe. (Heiterkeit.) [. . .]

Ob Sie damit der heutigen französischen Regierung einen Gefallen haben tun wollen, weiß ich nicht; daß Sie aber dem Herrn MacMahon einen großen Gefallen getan haben, das steht fest. Sie haben ganz bestimmt die Regierung MacMahons durch diese siebenjährige Präsenzstärke gefestigt; denn nunmehr wird in Frankreich die heutige Regierung, die eine Kriegsregierung ist, nicht eher zu Fall gebracht werden, bevor das Septennat abgelaufen ist. [. . .] Wenn ich Herr MacMahon wäre, so würde ich ganz bestimmt den Herren Abgeordneten, die den Antrag zuwege gebracht haben, den Orden der Ehrenlegion verleihen. (Heiterkeit.)

Immer schärfer wird die Sprache Bismarcks gegen die Zentrumspartei. Dem Abgeordneten Dr. Peter Franz Reichensperger gegenüber, der als Grund für die Überfüllung der Gefängnisse die neueste kirchenpolitische Gesetzgebung bezeichnet hat, tritt Bismarck am 21. November 1874 für die Gewissensfreiheit der Sozialdemokratie ein:

Ich habe nicht alles genau hören können, was der Herr Redner sagte, was ich um so mehr bedaure, als es mir sehr lehrreich, aber nicht immer richtig erschien. So viel aber ist gewiß, daß der Herr Vorredner einmal die Berechtigung des persönlichen Gewissens über die Berechtigung der Staatsgesetze stellte und sagte, Gesetze gegen das Gewissen sollten nicht befolgt werden. Wenn ich in der Lage wäre, die Richtigkeit dieses Satzes zuzugeben, so müßte ich doch auch weiter gehen und sagen: das Gewissen eines jeden Deutschen hat eine gleiche Berechtigung. Ich kann nicht ein Gewissen aus der Zentrumspartei höher anschlagen als ein Gewissen aus der sozialdemokratischen. Der Herr Liebknecht und seine Genossen vertreten auch nichts weiter als die Überzeugung, daß ihrem Gewissen nach die jetzigen Gesetze unrichtig sind, und sie sagen nicht, wir wollen sie mit Gewalt zerschlagen, nein, sie sagen, wir lassen es darauf ankommen, die Schlechtigkeit der Regierung wird es dazu treiben, wir wollen es abwarten. Sie stehen dabei genau auf derselben gleichen Basis mit der Zentrumspolitik. Ich wollte Sie nur bitten, sich dieser Gleichheit mit den Sozialdemokraten bei der Gegenüberstellung des persönlichen Ermessens und der Majestät des Gesetzes vollständig bewußt zu werden, bis in die höchsten Instanzen Ihrer Partei hinauf.

Zum Antrag Liebknechts auf Freilassung der inhaftierten Reichstagsabgeordneten sagt Bismarck an demselben Tag:

Der Herr Vorredner veranlaßt mich, [...] mich mit einigen Worten in die Debatte zu mischen, dadurch, daß er die Häufigkeit der Einsperrungen [...] in einer Art und Weise vortrug, als wenn sich daraus ein Vorwurf gegen einzelne Regierungen oder gegen die Reichsregierung begründen ließe – einer von diesen Vorwürfen, die nicht ausdrücklich ausgesprochen werden; man überläßt dem Leser, daß an all diesen Übeln irgendeine Ungerechtigkeit von seiten des Reichs oder der Regierungen schuld wäre, zwischen den Zeilen zu lesen. [...] Ein Schuldiger muß doch sein, und als schuldig [...] denkt man sich natürlich die Regierung. Ich möchte diesem Eindruck doch [...] entgegentreten, indem ich sage: Wenn sehr viele Beispiele vorliegen von [...] Einsperrungen, [...] so ist das allerdings eine sehr bedauerliche Erscheinung. [...] Das häufige Einsperren liegt nicht an denen, die das Gesetz handhaben; [...] es liegt an denen, die das Gesetz übertreten. Das [...] ist nur ein Beweis, daß die Gesetzesübertretungen in neuerer Zeit zahlreicher sind wie früher, daß die Achtung vor den Gesetzen erheblich geschwunden ist. Fragen wir uns nun: Woran liegt das? [...] Es liegt darin, daß die Tendenz der Kritik, die Tendenz der Auflehnung, [...] überhaupt Schichten der Gesellschaft ergriffen hat, in denen sie früher nicht heimisch war; es liegt in den hochstehenden Beispielen derer, die vorzugsweise auf die Achtung vor dem Gesetze halten sollten [...]. Diese Beispiele wirken sehr nachteilig [...]. Die *Tatsache* ist, daß unter diesen Einwirkungen eine Verwilderung in unseren sozialen Verhältnissen eingerissen ist, die in den neuesten Lossagungen von der Pflicht [...] nur ihre Bestätigung gefunden hat.

Heinrich von Treitschke sieht die Lage so:

Eine grundtiefe Umwälzung [...] ist über unser Volksleben hereingebrochen. [...] Diese plötzliche Erschütterung aller alten Ordnung und das entsetzliche Elend, womit die Völker stets den Übergang zu neuen Wirtschaftsformen erkaufen müssen, haben den modernen Sozialismus [...] auf unseren Boden hinübergelockt. Noch ist der deutschen Sozialdemokratie kein wahrhaft neuer, fruchtbarer Gedanke entsprungen. [...] Aber die Führer des Sozialismus gebieten über eine prahlerische Zuversicht, die in der Geschichte deutschen Parteilebens ihresgleichen nicht findet; sie erklären mit so hartnäckiger Frechheit Schwarz für Weiß und Weiß für Schwarz, daß der harmlose Zuhörer sich unwillkürlich fragt, ob er sich nicht vielleicht doch geirrt habe. Sie kennen als erfahrene Demagogen das Gemüt der Massen, das Verlangen des kleinen Mannes nach einer festen, sicheren, zweifellosen Autorität; [...] Sie wissen, daß man dem Volke den Glauben an ein besseres Jenseits nur dann zu rauben vermag, wenn man ihm ein feistes Diesseits in nahe Aussicht stellt, und schildern darum den baren Unsinn, das faule und satte Schlaraffenleben der Zukunft in so bestimmten Umrissen, mit so brennenden Farben, als ob ein Zweifel gar nicht denkbar sei.

Der Historiker sieht einen neuen, sich in der Zukunft bildenden Stand:

Die Sozialdemokratie bekennt schon durch ihren Namen, daß sie den Unsinn will. Auf einem ihrer Kongresse war bereits, wie in unbewußter Selbstverhöhnung, die Frage aufgeworfen, ob nicht ein fünfter Stand entstehen würde, wenn dereinst der vierte Stand am Ziele seiner Wünsche angelangt sei. Ganz gewiß würde er entstehen! Sobald die heutigen Arbeiter sich in eine Klasse privatisierender Gentlemen verwandeln, welche zwanzig Stunden des Tages den freien Künsten des Schlafens, Trinkens und Redehaltens widmen, muß unfehlbar zu ihren Füßen ein neuer Stand sich bilden, der durch wirkliche Arbeit die wirtschaftlichen Bedürfnisse der Gesellschaft befriedigt.

Treitschke urteilt über Arbeitszeit und Muße:

Ich rede nicht von dem Schlagworte der Sozialisten: »Die Kultur der Nationen bemißt sich nach der Kürze ihres Arbeitstages.« Diese Tollheit führt offenbar zu dem Schlusse, daß die höchste Gesittung nur aus der vollkommenen Faulheit erblühe. Ich rede von den bescheideneren Weissagungen, welche heute von allen Kathedern widerhallen: Die erleichterte Produktion werde den Arbeiter dereinst in den Stand setzen, durch vier- bis sechsstündiges Schaffen seinen Anteil an der täglichen Gesamtarbeit der Gesellschaft abzutragen. Mit Verlaub, das wird sie nicht und sie soll es nicht. Die schwere Arbeitslast der Gegenwart entspringt nicht der Habgier der Unternehmer, sondern den gesteigerten Bedürfnissen der Gesellschaft [...]. Nachhaltiger Ernst der Arbeit bleibt die erste wirtschaftliche Tugend der Völker. [...] Der Arbeiter hat ein gutes Recht, eine solche Verkürzung des Arbeitstages zu fordern, daß er gesund bleiben, an Weib und Kind sich menschlich erfreuen kann und zuweilen noch einige Zeit behält, um an dem geistigen Leben seiner Epoche, an den öffentlichen Interessen seines Volkes teilzunehmen. [...] Aber wirkliche Muße gereicht jedem zum Verderben, der die Sprache der Musen nicht versteht. Ein Arbeiterstand, der durch die Anstrengung weniger Stunden mit seinen sozialen Pflichten sich abzufinden vermöchte, fällt dem Laster und giftiger Wühlerei anheim.

Grundsätzlich ist er optimistisch in seiner Zukunftsschau:

Und nun frage ich: Ist dies eine Partei, mit der wir verhandeln können? Sie hat uns durch ihre schonungslose Kritik auf manche Gebrechen unseres sozialen Lebens aufmerksam gemacht und durch ihre wüste Sinnlichkeit uns gezeigt, wohin der in der Volkswirtschaft früherhin vorherrschende Eudämonismus am letzten Ende führt. Außer diesen beiden negativen, unfreiwilligen Verdiensten gebührt ihr keines. [...] Die verhängnisvolle Verirrung der Hochkonservativen, welche einst den Sozialismus als eine Waffe gegen die Liberalen zu brauchen dachten, hat sich schwer bestraft. [...]

Wohl möglich, daß die Macht der deutschen Sozialdemokratie in den nächsten Jahren noch anwächst. Gar zu plötzlich erfolgte die Umwälzung unseres wirtschaftlichen Lebens: gar zu lockend klingt der Ruf der Begierde in diesem nordischen Lande, in dieser Welt der entsagenden Arbeit; [...] Alle faulen Glieder des Weltteils arbeiten dem Sozialismus in die Hände. [...] Unermüdlich reisen und reden und hetzen die Führer; in Leipzig werden [...] zahlreiche Sendboten durch das Auswendiglernen der Werke Lassalles gebildet. [...]

Gleichwohl ist die Organisation der Partei bei weitem nicht so stark, als die allen Utopisten eigentümliche Selbstüberschätzung glaubt. Revolutionäre Tatkraft war in unserem gesetzliebenden Volke immer selten; noch ist die Mannszucht des deutschen Heeres von dem radikalen Toben völlig unberührt geblieben. Die große Mehrzahl der Sozialdemokraten würde zurückschaudern, wenn sie die letzten Zwecke der Führer verstände. Darum dürfen wir noch auf ein langsames Ebben dieser trüben Fluten hoffen.

Ein von Ignaz Auer, Eduard Bernstein, Wilhelm Liebknecht u. a. unterzeichnetes Flugblatt »An die Sozialdemokraten Deutschlands« aus dem Jahre 1875 lautet:

Parteigenossen! Immer dringender tritt die Notwendigkeit an die deutschen Arbeiter heran, die gesamte Sozialdemokratie Deutschlands zu einer einheitlichen Partei zu verschmelzen. Um so mehr ist dies der Fall, als die verschiedenen Differenzpunkte, welche bisher das Zusammengehen aller Sozialdemokraten Deutschlands verhindert haben, im Laufe der letzten Jahre ausgeglichen und durch die heftigen Verfolgungen, welchen die Sozialdemokratie seitens ihrer Gegner ausgesetzt ist, zugunsten einheitlichen Widerstands überwunden wurden. [...]

Heute nun sind wir imstande, einen weiteren Schritt zur Begründung dieser Arbeiterpartei zu tun; derselbe erfolgt im Einverständnis mit Euch, Parteigenossen, die Ihr schon in vielen Versammlungen der erwähnten Einigung Eure Sympathien kundgegeben habt. So laden wir Euch denn ein zur Beschickung eines Kongresses der Sozialdemokraten Deutschlands, welcher am 23., 24. und 25. Mai d. J. in Mitteldeutschland an einem noch näher zu bestimmenden Orte stattfinden wird.

Die Tagesordnung dieses Kongresses lautet:

1. Die Vereinigung der Sozialdemokraten Deutschlands.
2. Das Programm der neu zu begründenden Arbeiterpartei.
3. Die Organisation dieser Partei.
4. Die Presse dieser Partei.
5. Die Parteiagitation.
6. Wahl der Parteibehörden.

Am Tage von Bismarcks Geburtstag, dem 1. April, schreibt die »Frankfurter Zeitung«:

Unser Glückwunsch sucht an einem anderen Orte einen anderen Mann. Er gilt dem schlichten Bürger und Arbeiter, der morgen nach fast ununterbrochener dreijähriger Haft das Gefängnis verläßt mit demselben fleckenlosen Rufe, mit dem er es nach einem Richterspruch, über den, soweit es von der Mitwelt noch nicht geschehen ist, die Nachwelt richten wird, betreten hat, geliebt von seinen Parteigenossen, gefürchtet und geachtet von seinen Gegnern. Wir zählen nicht zu diesen noch zu jenen, aber wir schätzen, wo wir sie finden, Überzeugungstreue und ehrliches, uneigennütziges Streben, und es erfüllt uns die stärkste Sympathie für jeden, der um ihrer willen leiden muß. [. . .] Gruß und Glückwunsch darum dem Reichstagsabgeordneten August Bebel.

In der Beratung über das Parteiprogramm auf dem Einigungskongreß in Gotha (22.–27. Mai 1875) sagt Liebknecht:

Daß wir uns Arbeiterpartei nennen, ist getadelt worden; man hat gesagt, dadurch beschränkten wir die sozialistische Bewegung, die eine allgemein menschliche sei, ein allgemein menschliches Ziel verfolge, auf eine bestimmte Bevölkerungsklasse. Der Einwand ist aber nicht stichhaltig. Das Wort Arbeiter hat durchaus keinen exklusiven Charakter. Arbeit ist Betätigung des Menschentums. Die Arbeit ist das spezifisch Menschliche, ist, was den Menschen von dem Tier unterscheidet. Durch Arbeit wird der Mensch erst zum Menschen. Arbeiter heißt also Mensch – als Mensch sich betätigender Mensch, und Arbeiterpartei nennen wir uns nicht bloß, weil wir die Arbeit als einzige wirtschaftliche Basis der Gesellschaft anerkennen, [. . .] sondern auch im Hinblick auf den echt menschlichen Charakter der Arbeit, weil die Arbeit alleinige Trägerin der Kultur und des Menschentums ist, so daß Arbeiterpartei heißt: die Partei der wahren Kulturkämpfer, die Partei der für Kultur und Menschentum ringenden Menschen.

Bei der Abstimmung wird der Name »Sozialistische Arbeiterpartei Deutschlands« angenommen. Das in Gotha beschlossene Einigungsprogramm lautet:

I. Die Arbeit ist die Quelle alles Reichtums und aller Kultur, und da allgemein nutzbringende Arbeit nur durch die Gesellschaft möglich ist, so gehört der Gesellschaft, das heißt allen ihren Gliedern, das gesamte Arbeitsprodukt, bei allgemeiner Arbeitspflicht, nach gleichem Recht, jedem nach seinen vernunftgemäßen Bedürfnissen.

In der heutigen Gesellschaft sind die Arbeitsmittel Monopol der Kapitalistenklasse; die hierdurch bedingte Abhängigkeit der Arbeiterklasse ist die Ursache des Elends und der Knechtschaft in allen Formen.

Die Befreiung der Arbeit erfordert die Verwandlung der Arbeitsmittel in Gemeingut der Gesellschaft und die genossenschaftliche Regelung der Gesamtarbeit mit gemeinnütziger Verwendung und gerechter Verteilung des Arbeitsertrages.

Die Befreiung der Arbeit muß das Werk der Arbeiterklasse sein, der gegenüber alle andern Klassen nur eine reaktionäre Masse sind.

II. Von diesen Grundsätzen ausgehend, erstrebt die Sozialistische Arbeiterpartei Deutschlands mit allen gesetzlichen Mitteln den freien Staat und die sozialistische Gesellschaft, die Zerbrechung des ehernen Lohngesetzes durch Abschaffung des Systems der Lohnarbeit, die Aufhebung der Ausbeutung in jeder Gestalt, die Beseitigung aller sozialen und politischen Ungleichheit.

Die Sozialistische Arbeiterpartei Deutschlands, obgleich zunächst im nationalen Rahmen wirkend, ist sich des internationalen Charakters der Arbeiterbewegung bewußt und entschlossen, alle Pflichten, welche derselbe den Arbeitern auferlegt, zu erfüllen, um die Verbrüderung aller Menschen zur Wahrheit zu machen.

Die Sozialistische Arbeiterpartei Deutschlands fordert, um die Lösung der sozialen Frage anzubahnen, die Errichtung von sozialistischen Produktivgenossenschaften mit Staatshilfe unter der demokratischen Kontrolle des arbeitenden Volkes. Die Produktivgenossenschaften sind für Industrie und Ackerbau in solchem Umfange ins Leben zu rufen, daß aus ihnen die sozialistische Organisation der Gesamtarbeit entsteht.

Die Sozialistische Arbeiterpartei fordert als Grundlagen des Staates:

1. Allgemeines, gleiches, direktes Wahl- und Stimmrecht, mit geheimer und obligatorischer Stimmabgabe aller Staatsangehörigen vom zwanzigsten Lebensjahre an für alle Wahlen und Abstimmungen in Staat und Gemeinde. Der Wahl- und Abstimmungstag muß ein Feiertag sein.

2. Direkte Gesetzgebung durch das Volk. Entscheidung über Krieg und Frieden durch das Volk.

3. Allgemeine Wehrhaftigkeit. Volkswehr anstelle der stehenden Heere.

4. Abschaffung aller Ausnahmegesetze [...].

5. Rechtsprechung durch das Volk. Unentgeltliche Rechtspflege.

6. Allgemeine und gleiche Volkserziehung durch den Staat. Allgemeine Schulpflicht. Unentgeltlicher Unterricht in allen Bildungsanstalten. Erklärung der Religion zur Privatsache.

Die Sozialistische Arbeiterpartei Deutschlands fordert innerhalb der heutigen Gesellschaft:

1. Möglichste Ausdehnung der politischen Rechte und Freiheiten im Sinne der obigen Forderungen.

2. Eine einzige progressive Einkommensteuer für Staat und Gemeinde [...].

3. Unbeschränktes Koalitionsrecht.

4. Einen den Gesellschaftsbedürfnissen entsprechenden Normalarbeitstag. Verbot der Sonntagsarbeit.

5. Verbot der Kinderarbeit und aller der Gesundheit und Sittlichkeit schädigenden Frauenarbeit.

6. Schutzgesetze für Leben und Gesundheit der Arbeiter. Sanitätliche Kontrolle der Arbeiterwohnungen. Überwachung der Bergwerke, der Fabrik-, Werkstatt- und Hausindustrie durch von den Arbeitern gewählte Beamte. Ein wirksames Haftpflichtgesetz.

7. Regelung der Gefängnisarbeit.

8. Volle Selbstverwaltung für alle Arbeiterhilfe- und Unterstützungskassen.

Karl Marx und Friedrich Engels mißbilligen die Einigung schärfstens. Engels schreibt aus London einen langen Brief an August Bebel, in dem es heißt:

Ich höre auf, obwohl fast jedes Wort in diesem dabei saft- und kraftlos redigierten Programm zu kritisieren wäre. Es ist der Art, daß, wenn es angenommen wird, Marx und ich uns *nie* zu der auf dieser Grundlage errichteten *neuen* Partei bekennen können und uns sehr ernstlich werden überlegen müssen, welche Stellung wir – auch öffentlich – ihr gegenüber zu nehmen haben. [...] Sie werden aber selbst einsehen, daß dies Programm einen Wendepunkt bildet, der uns sehr leicht zwingen könnte, alle und jede Verantwortlichkeit mit der Partei, die es anerkennt, abzulehnen.

Im September 1875 findet in Offenbach ein Arbeiterfest statt. Trotz des ruhigen Verlaufes wird eine Art Belagerungszustand verhängt. Bei den Beratungen über den Militäretat berichtet der Abgeordnete Liebknecht im Reichstag:

Ich kann im Namen meiner Partei erklären, daß wir auf Provokationen irgendwelcher Art nicht eingehen werden. Wir werden nicht auf das Gebiet treten, auf welches man uns ziehen möchte; unsere Partei ist nicht eine Partei der Putsche, sondern der Propaganda. Die Verhältnisse machen aber die beste Propaganda für uns. [...] Die ganze Lage, die Geschäftskrisis, die politische Unsicherheit – alles wirkt propagandistisch in unserem Sinn. [...] Genug, meine Herren, wir überlassen die Hauptagitation für unsere Prinzipien unseren Gegnern und vor allen Dingen dem Herrn Reichskanzler.

Der Katholikentag 1875 in Freiburg sympathisiert mit der Arbeiterbewegung. Man spricht die Überzeugung aus:

[...] daß die soziale Frage nur unter Beobachtung der christlichen Grundsätze in befriedigender Weise gelöst werden kann.

Ferner äußert die Versammlung:

Sie empfiehlt die Erstrebung eines auf christlichen Grundsätzen basierten Arbeitsgesetzes. [...]

Sie spricht den Wunsch aus, daß die katholische Presse der sozialen Frage eine größere Aufmerksamkeit als bisher zuwende.

Gleich nach der Beendigung des Kommunistenprozesses in Köln – am 12. November 1852 – schreibt Marx seine Schrift »Enthüllungen über den Kommunistenprozeß zu Köln«. Die Schrift wird sofort verboten und kann erst im Jahre 1885 erscheinen mit einem Nachwort aus dem Jahre 1875, in dem Marx sagt:

Nach dem Untergange der Revolution von 1848 existierte die deutsche Arbeiterbewegung nur noch unter der Form theoretischer, zudem in enge Kreise gebannter Propaganda, über deren praktische Gefahrlosigkeit die preußische Regierung sich keinen Augenblick täuschte. Ihr galt die Kommunistenhetze nur als Einleitung zum Reaktionskreuzzug gegen die liberale Bourgeoisie. [...] Gerade in seiner Eigenschaft als Diktator der deutsch-liberalen Bourgeoisie wähnt Bismarck sich stark genug, die Arbeiterpartei aus der Welt stiebern zu können. An dem Wachstum der Größe Stieber kann das deutsche Proletariat daher den Fortschritt der Bewegung messen, die es selbst seit dem Kölner Kommunistenprozeß zurückgelegt hat.

Im Entwurf zur Novelle zum Strafgesetzbuch heißt es:

§ 130. Wer in einer den öffentlichen Frieden gefährdenden Weise verschiedene Klassen der Bevölkerung gegeneinander öffentlich aufreizt, [...] wird mit Gefängnis bestraft.

§ 131. Wer dadurch, daß er erdichtete oder entstellte Tatsachen öffentlich behauptet oder verbreitet, desgleichen wer durch öffentliche Schmähungen oder Verhöhnungen Staatseinrichtungen oder Anordnungen der Obrigkeit oder das Reich oder einen Bundesstaat selbst verächtlich zu machen sucht, wird mit Geldstrafe bis sechshundert Mark oder mit Gefängnis bestraft.

Bismarck verteidigt den Entwurf am 9. Februar 1876:

Das Journal, die Zeitung, das Wochenblatt, welches von denen, die seine politische Leitung übernommen haben, einem Manne von wenig Mitteln und wenig Bildung behändigt wird, der keine Art von Kontrolle hat, die Irrtümer, ja dreisten

Lügen, die ihm darin aufgebürdet werden, irgendwie zu bemessen, [...] die Zeitung, die sich in solchen, in den ärmeren und unzufriedeneren Kreisen der Bevölkerung einnistet, die hat ein leichtes und sicheres Spiel, indem sie ohne Kontrolle den gemeinen Mann, der da glaubt und mit Recht glaubt, daß er in einer unangenehmen Lage ist, darin betört, daß er – mit Unrecht – glaubt, er könne durch weniger Arbeit und durch eine Anweisung auf das Vermögen seiner Mitbürger der eigenen Not dauernd abhelfen. [...] Diese Art von Presse hat uns wesentlich geschadet und uns zurückgebracht; die sozialistisch-demokratischen Umtriebe haben wesentlich mit dazu beigetragen, den geschäftlichen Druck [...] zu schaffen; sie haben ganz gewiß die deutsche Arbeit verteuert und vermindert [...]. Wir sind zurückgekommen in der Arbeit, und dadurch haben wir aufgehört, konkurrenzfähig zu sein. Daß wir zurückgekommen sind, schieben wir wesentlich den sozialistischen Umtrieben zu; [...] und deswegen klage ich die Führer der Sozialisten an, daß sie an der Not, in der sich der Arbeiterstand heutzutage befindet, wesentlich mit schuld sind.

Er fährt fort:

Wenn hier einer von den sozialdemokratischen Herren Abgeordneten spricht, so ist es hergebracht, ich möchte sagen Komment, darauf nicht zu antworten und ihn zu behandeln, als wenn er aus einer anderen Welt spräche [...]. Ich weiß nicht, meine Herren, ob das richtig ist. Ich würde, wenn ich Abgeordneter wäre, [...] vielmehr den Theorien, die dort aufgestellt werden, fest und direkt zu Leibe gehen; es wird das sehr lehrreich sein, [...] denn ich halte es nicht für richtig, [...] daß wir die sozialistischen Lehren alle an den Kinderschuhen abgetreten haben – so gelehrt [...] sind die wenigsten von uns.

Es ist in dem Sozialismus sehr viel Neues hervorgetreten, und viele von uns haben nie ein sozialistisches Blatt gesehen oder wenigstens nie aufmerksam gelesen und studiert, beobachten auch die Bewegung nicht, sondern beurteilen sie nur nach dem Hörensagen. Es handelt sich nicht darum, die sozialistischen Redner selbst zu überzeugen und zu belehren, aber doch alle einzelnen unter uns, und jedem Material zur Belehrung anderer an die Hand zu geben. [. . .] Ich glaube, es wäre sehr viel nützlicher, die sozialistischen Blätter mehr zu verbreiten und nachzudrucken. Den Herren Sozialisten geschieht damit ja auch ein großer Gefallen; sie haben meinem Kollegen, dem Grafen Eulenburg, ihren Dank dafür votiert, daß er dazu beitrage, als Apostel ihre Lehre zu verbreiten, denn sie reichten so weit nicht mit ihrer Presse wie er. Es sind das eben Gebilde, die von dem Verführten nur im Dunkel unter der Blendlaterne der Verführer gesehen werden; wenn sie hinreichend an die Luft und Sonne kommen, so müssen sie in ihrer Unausführbarkeit und verbrecherischen Torheit erkannt werden.

Am 24. Mai schreibt Friedrich Engels verärgert an Karl Marx über Johann Most und Wilhelm Liebknecht:

Der Fluch der bezahlten Agitatoren, der Halbgebildeten, fällt schwer auf unsre Partei in Deutschland. Wenn das so fortgeht, so werden bald die Lassalleaner die klarsten Köpfe sein, weil die am wenigsten Unsinn aufnehmen und Lassalles Schriften die am wenigsten schädlichen Agitationsmittel. [. . .] All dergleichen Blödsinn wäre unmöglich, wenn statt Wilhelms ein Mann von nur einiger theoretischer Einsicht an der Spitze stände, jemand, der nicht jeden nur möglichen Blödsinn – je toller, desto besser – mit Wollust drucken ließe. [. . .] Es fragt sich, ob es nicht an der Zeit sein wird, unsre Stellung vis-à-vis diesen Herren in ernstliche Erwägung zu ziehn. Für den dummen Wilhelm ist das alles nur ein erwünschter Vorwand, auf Manuskript zu pressen. Welch ein Parteiführer!

Bereits in Gotha hat Bebel das Wahlrecht für Staatsangehörige beiderlei Geschlechts gefordert; damals ist dieser Antrag mit 55 gegen 62 Stimmen abgelehnt worden. Ende 1876 beruft er in Leipzig eine Volksversammlung ein mit der Tagesordnung »Die Stellung der Frau im heutigen Staat und zum Sozialismus«. Er berichtet selbst darüber:

Obgleich wir den größten Saal Leipzigs zur Verfügung hatten, faßte er nicht die Masse der herbeiströmenden Zuhörer.

[...] Die Frauen waren sehr zahlreich vertreten. Ich setzte ihnen unter anderem auseinander, welch lebhaftes Interesse auch sie an den bevorstehenden Reichstagswahlen nehmen müßten; da sie aber vorläufig kein Wahlrecht besäßen, sei es ihre Aufgabe, agitatorisch in den Wahlkampf einzugreifen und ihre Männer und wahlberechtigten männlichen Verwandten für die Beteiligung an der Wahl anzutreiben, und zwar zugunsten der Sozialdemokratie, die für ihre volle politische und soziale Gleichberechtigung eintrete. Die Versammlung verlief nach Wunsch; es war die erste Versammlung, in der Frauen zur politischen Beteiligung bei einer Wahl aufgefordert wurden.

In der Beratung über das Gerichtsverfassungsgesetz erklärt der Abgeordnete Bebel am 18. Dezember 1876:

Woher nimmt der Bundesrat das Mandat, sich als den vorzüglichsten Vertreter der ihm anvertrauten öffentlichen Interessen zu betrachten? (Unruhe.) [...] Die Frage ist allerdings notwendig zu erörtern, denn, wenn *wir* in diesem Sinne reden, so haben wir ein vollständiges Recht dazu, weil wir ein Mandat des Volkes besitzen. [...] Die Regierungen können ein solches Mandat nicht nachweisen, die Regierungen bestehen aufgrund der Gewalt, die sie haben. [...] (Unruhe. Widerspruch.) Ich halte mich für verpflichtet, hier dem Volke das volle Recht zu wahren (oh!), indem ich dem Volke das Recht zuschreibe, in dem Augenblicke, wo es erkennt, daß die Gewalt, welche die Regierungen ausüben, seinem Wohle und seinen Interessen schädlich sind, diese Regierungen zu beseitigen, so wie das Volk das Recht hat, diesen Reichstag zu beseitigen. (Unruhe. Widerspruch.)

Am 2. Februar 1877 schreibt Bebel an den Parteigenossen Hermann Schlüter in Dresden, nachdem er zum Reichstagsabgeordneten dieses Bezirks gewählt worden ist:

Es amüsiert mich, daß es gerade neunzehn Jahre waren, seitdem ich als Handwerksbursche in die Fremde ging, natürlich ohne eine Ahnung, daß ich neunzehn Jahre später auf denselben Tag an einen Wahlkommissar meine Erklärung für die Annahme des Reichstagsmandats für die sächsische Residenz abschicken würde. Der alte Napoleon äußerte einmal, jeder Soldat hat den Marschallstab im Tornister, heute könnte man sagen: Jeder Handwerksbursche trägt ein Reichstagsmandat im Berliner. Es geht vorwärts. Unsere Freunde, die Feinde sollen leben.

Die Gründerzeit regt Bebel zu folgenden Überlegungen an:

Der Umstand, daß mit der Gründung des Reichs eine Zeit allgemeinster Prosperität begann, in welcher die Bourgeoisie ihre tollsten Orgien feierte, konnte bei vielen Kurzsichtigen den Glauben erzeugen, es sei das Reich und sein genialer Leiter, dem dieser Aufschwung der materiellen Entwickelung zu danken, und es werde immer so bleiben, wenigstens so lange, wie der Heilige von Varzin [*Bismarck*] das Ruder in Händen habe.

Die armen Vertrauenden sind gar arg enttäuscht worden! Wohl hat die deutsche Bourgeoisie durch ihre Vertreter im Reichstag [...] alle staatlichen Schranken hinwegräumen lassen, welche der kapitalistischen Entwickelung hinderlich waren; wohl hat sie [...] alles getan, um die »allgemeine Wohlfahrt«, wie die schöne, die egoistischen Zwecke verdeckende Phrase lautet, auf die höchste Stufe zu heben; aber alles umsonst. Der Rückschlag kam. Er mußte kommen, je mehr die Bourgeoisie in ihrer wilden Gier nach großartigem materiellem Gewinn ihrem Egoismus die Zügel schießen ließ und durch ihr tonangebendes Beispiel alle Kreise der Gesellschaft in den tollen Cancan um das goldene Kalb hineinriß. [...] Die herrschende Klasse, in dem kurzsichtigen und einseitigen Bestreben, ihr Wohlbefinden ohne Rücksicht auf die übrige Gesellschaft möglichst zu fördern, [...] befördert damit aber auch ihren eigenen Verfall und endlichen Untergang.

Am 18. April 1877 wendet sich Bebel gegen die Katholikenhetze:

Ich werde es stets bekämpfen, wenn hier rein humane Forderungen aufgestellt werden im Namen und als Eigentümlichkeit einer spezifischen Religion [...].

Wir haben eine zu hohe Achtung vor der Freiheit der Überzeugung des einzelnen, möge sie nun religiöser oder sonstiger Natur sein, als daß wir geneigt wären, derselben Zwang anzutun. Wir haben wesentlich aus dieser Anschauung bisher stets die Maßregeln, die der sogenannte Kulturkampf gegen die Zentrumspartei gebracht hat, eifrigst bekämpft und entschieden verworfen, [. . .] wie es denn auch in unserem Programm ausdrücklich heißt: Die Religion ist Privatsache, in die weder der Staat noch das Gemeinwesen in irgendeiner Art sich einmischen soll.

Immer wieder kommen Wahlbeeinflussungen vor, die Sozialdemokraten beschweren sich darüber. Bebel am 2. Mai:

Es sind bei dieser Wahl in einer ganzen Reihe von Orten Beeinflussungen seitens der Arbeitgeber gegenüber den Arbeitern vorgekommen, die [. . .] die Wahlfreiheit der Arbeiter [. . .] vollständig in Frage stellen. [. . .]

Es ist z. B. [. . .] in Türchau vorgekommen, daß der Gemeindevorsteher, der gleichzeitig auch Wahlvorsteher war, seine Arbeiter mit Verlust der Arbeit in seinem Bergwerk bedroht hat, wenn sie nicht für Dr. Pfeiffer stimmen würden. Ähnliches ist in Oybin seitens Großschönauer Fabrikanten vorgekommen, die ebenfalls erklärt haben, sie würden die Arbeiter entlassen, wenn sie für Fränkel stimmten, ähnliches geschah auch in Zittau. [. . .] Aus Burkersdorf und Schlegel wird behauptet, daß der Wahlkandidat Dr. Pfeiffer Brot und Speck unter die Arbeiter verteilt habe, um sie dadurch gewissermaßen zu beeinflussen. In Haynewalde hat der Rittergutsbesitzer von Kiau seine Leute, mit Pfeifferschen Wahlzetteln versehen, gar in Kolonne nach dem Wahllokal marschieren lassen. [. . .]

Wenn nun ein solcher Arbeiter dem Willen seines Arbeitgebers bei einer Wahl nicht nachkommt und nicht für den Kandidaten stimmt, für den der Arbeitgeber es wünscht, so ist nichts leichter – und die Fälle haben wir dutzendweise bei den letzten Wahlen erlebt –, als ihn aus der Arbeit zu schicken.

Friedrich Engels schreibt am 19. Juli grollend an Karl Marx:

Oben: Ferdinand Lassalle (1825–1864), Gründer des Allgemeinen Deutschen Arbeitervereins. – Johann Baptist von Schweitzer (1833–1875), nach Lassalles Tod Präsident des Allgemeinen Deutschen Arbeitervereins. – Unten: Wilhelm Liebknecht (1826–1900) und August Bebel (1840–1913), Gründer der Sozialdemokratischen Arbeiterpartei

Oben: Max Hödel (1857–1878) verübt am 11. Mai 1878 »Unter den Linden« in Berlin ein Attentat auf Kaiser Wilhelm I. (1797–1888). – Unten: Sozialdemokraten werden nach einer Razzia in der Umgebung von Berlin abgeführt

Das Elend ist nur, daß unsre Leute in Deutschland so jammervolle Gegner haben. Wäre auf der Bourgeoisseite nur ein einziger fähiger und ökonomisch gebildeter Kopf, er würde die Herren bald auf den Pott setzen und ihnen Klarheit über ihre eigne Konfusion verschaffen. Aber was kann bei einem Kampf herauskommen, wo hüben und drüben nur Gemeinplätze und Philisterkohl die Waffen sind! Gegenüber dem höheren Bürgerschädel in Deutschland entwickelt sich ein neuer deutscher Vulgärsozialismus, der sich würdig an den alten »wahren Sozialismus« von 1845 anreiht.

Im Dezember 1877 wird in Bremen das Stück »Die Arbeiter« des dortigen Stadtarchivars Heinrich Bulthaupt aufgeführt. Über dessen Aufnahme berichtet der Verfasser selber im Vorwort der Reclam-Ausgabe von 1893:

Meine eigenen Landsleute, unter denen ich aufgewachsen war, die mich kannten, die mich im öffentlichen Leben und in der Gesellschaft sahen und sehr wohl wußten oder wissen konnten, einen wie bürgerlich ruhigen Verlauf mein Leben bis dahin genommen, stempelten mich plötzlich zum Sozialdemokraten – und ein ärgeres Brandmal konnte man dazumal einem Menschen nicht aufdrücken. Denn nur aus politischen und sozialen, nicht aus ästhetischen Gründen wies man das Stück so beleidigt zurück. Wie wunderlich! Die bloße Darstellung der Sozialkämpfe genügte, ein Theaterpublikum zu entrüsten. Man wollte davon nichts sehen und hören. Und wer sich dennoch erkühnte, das furchtbare Gespenst an die Wand zu malen, der wurde geächtet, und seine Werke folgten ihm nach.

Der badische Abgeordnete Pfarrer Heinrich Hansjakob notiert rückblickend:

»Unser Jahrhundert«, so meint ein geistvoller Kritiker (Nordau in seinen »konventionellen Lügen«), »hat nichts Widersinnigeres erfunden als die liberale konstitutionelle Monarchie. Man hat da versucht, zwei politische Formen, zwei Weltanschauungen zu verschmelzen, die einander unbedingt ausschließen, das absolute Königstum von Gottes Gnaden und das Recht des Volkes, seine Geschicke selbst zu bestimmen.« Nordau nennt darum vortrefflich den Parlamentarismus nur die spanische Wand, hinter der das Königtum von Gottes Gnaden sein Ergötzen hat wie ehedem. Und in der Tat kann man bis zur Stunde erleben, wie die Fürsten und ihre Regierungen fast regelmäßig alles erhalten, was sie wünschen, und nur zum Schein wird bisweilen eine andere Form gewählt. [...] Auch bezahlt bis heute kein regierender Fürst Steuern, unter denen die niedersten Untertanen nicht verschont sind. Es kommt auch nicht die Mehrheit des Volkes in den Parlamenten zum Ausdruck, sondern lediglich die Meinung der Parteiführer. »Die Kräfte, welche in der Theorie die parlamentarische Maschine bewegen sollen«, schreibt Nordau, »sind Erfahrung, Voraussicht, Selbstlosigkeit; in Wirklichkeit sind es Egoismus, Phrasendrescherei und dröhnendes Wort.«

So ist es, so war es, und so wird es bleiben, selbst wenn dereinst die Sozialdemokraten ans Ruder gekommen sein werden. Nichts ist eben vollkommen auf Erden, nicht einmal die schönste Republik. Nur geht es in der letzteren nicht so knechtselig und ordensdurstig her wie in einer konstitutionellen Monarchie.

In einer Auseinandersetzung mit Bismarck sagt Liebknecht am 19. Februar 1878:

Sie mögen sich gegen die Wahrheit sträuben wie Sie wollen, aber Sie werden die Kriege nicht eher beseitigen können, als bis [...] sich die Reiche der Welt auf die Gerechtigkeit gründen, bis die Völker ein neues Völkerrecht geschaffen haben, ein wahres Völker- und Menschenrecht, welches das gleiche Recht des einzelnen anerkennt. Dann erst [...] wird der Weltfrieden möglich sein. Die Sozialdemokratische Partei, die Sie verlachen, wenn sie in dieser Weise auftritt, sie hat auf ihr Schild geschrieben die Forderung einer Politik, welche die sittlichen Grundsätze des Privatlebens auf das öffentliche Leben überträgt. Das, was die Moral im Privatleben erheischt, soll auch gelten in dem öffentlichen Leben, in der Politik. Heut wird der Diebstahl im kleinen schwer bestraft, im großen aber gepriesen, der Raub ganzer Länder bedeckt mit Ruhm, während der Raub eines Nahrungsmittels ins Zuchthaus bringt. Das ist ein moralisches Chaos. Wenn dieses Chaos gelichtet und einmal die Moral in die Politik eingezogen ist, werden die Geschicke der Völker anders und zum Heil für die Menschheit gelenkt werden! (Lachen.)

Am 7. März stirbt der verdienstvolle Sozialdemokrat August Heinsch im Alter von 31 Jahren. Über das Leichenbegängnis am 10. März berichtet die nationalliberale, sozialistenfeindliche »Magdeburger Zeitung«:

Soeben spielte sich in den Straßen des Nordostviertels in Berlin eine Szene ab, die ihresgleichen in den Annalen dieser Stadt kaum aufzuweisen haben dürfte. Der Leichenzug der Märzgefallenen mag erschütternder gewesen sein [...]. Das Leichenbegängnis Waldecks, die großartigste Demonstration des bürgerlichen Liberalismus, hatte etwas in seiner Feierlichkeit Ergreifendes, das seine unauslöschlichen Spuren dem Gedächtnis der Teilnehmer einprägte. Nichts von alledem schien der Gefolgschaft innezuwohnen, welche die Berliner Sozialdemokraten der Leiche eines ihres ausgezeichnetsten Lokalagitatoren bereitet hatten. Diese unabsehbaren Menschenmassen, welche sich wie ein mächtiger Strom durch die überdicht bevölkerten Arbeiterquartiere unserer Stadt ergossen, gemahnten den Beobachter an die Macht eines Elementarereignisses. Nichts Erschütterndes, nichts Feierliches bezeichnete diesen Leichenzug, nein, etwas Fürchterliches, etwas Erschreckendes sprach sich in dieser Leichenparade aus, zu welcher die Heerführer der Sozialdemokratie ihre Mannschaften entboten hatten. [...] Wer spricht noch vom Arbeiterbataillon Berlins angesichts dieses Leichenaufgebots? Das sind Regimenter, Divisionen, Brigaden; ja mehr, das sind ganze Armeekorps, ohne jedwede Übertreibung gesagt, das sind ganze Armeekorps, welche ihrem sicherlich um die Sache hochverdienten Toten die letzte Ehre erwiesen.

Der »Kladderadatsch« veröffentlicht unter dem Titel »Für die Sozialdemokratie« folgende Zeilen:

Daß neulich Zucht und Ordnung sie gehalten
Bei ihrem Aufzug, laßt es uns gestehn.
Ein gleicher Geist der Ordnung möge walten
Bei uns, wenn wir in solchen Massen gehn!
Wir wollen gern den Beifall ihnen zollen,
Der ungerecht nur scheint den Toren.
Es sind verloren,
Die nicht vom Gegner lernen wollen.

Die Bewährung

Attentate auf Kaiser Wilhelm I. lösen eine allgemeine Empörung aus. Der Mord als politische Waffe, von der kleinen Gruppe der Anarchisten gepredigt, wird von der Sozialdemokratie und der Arbeiterschaft in schärfster Form abgelehnt; nicht nur aus taktischen, sondern aus ethischen Gründen und politischer Einsicht. So scharf die deutsche Sozialdemokratie auch den Grundsatz vertritt, daß nur der legale Weg Erfolg verspreche, so unüberhörbar sind die revolutionären Töne in den Reden ihrer Leiter. Seit jener Rede Bebels, mit der er die französische Arbeiterschaft und die Kommune in Schutz genommen und verteidigt hat, betrachtet Bismarck die sozialistische Bewegung in Deutschland mit tiefem Mißtrauen. Ihr Aufstieg – 1877 hat sie viereinhalb Millionen Stimmen erzielt und war damit zur viertgrößten Partei geworden –, die zügellose Propaganda, vor allem Johann Joseph Mosts, für den Kirchenaustritt, eine Folge des Versuchs des Hofpredigers Adolf Stoecker, eine christliche Arbeiterpartei zu bilden, haben die Stimmung verschärft. Bismarck ist überzeugt davon, daß die Attentate Signal für einen bevorstehenden revolutionären Ausbruch seien. Aus dieser Stimmung heraus beschließt er die Ausnahmegesetzgebung gegen die Sozialdemokratische Partei und beginnt die Sozialreform von oben, um die Arbeiterschaft für den Staat zu gewinnen. Selten hat ein Politiker die Situation so klar dargestellt und die Folgen einer solchen Politik so richtig vorausgesehen wie Bebel am 16. September 1878. Er kennt die Stimmung der Arbeiter, kennt ihre Opferbereitschaft und ihren zähen Willen auszuharren. Selten hat ein Staatsmann so offen und ehrlich aus der Leidenschaft seines

Temperaments gesprochen wie Bismarck am Tage darauf. Für ihn ist das monarchische Empfinden, die Verteidigung des preußischen Königtums Herzenssache, nicht kühle Überlegung. Er veranlaßt mit seiner Leidenschaft das widerstrebende Parlament zur Annahme des Sozialistengesetzes, und zwar gegen die innere Überzeugung vieler Reichstagsmitglieder. Was ihm in dieser Stunde der Entscheidung gelingt, muß, sobald sich der von ihm eingeschlagene Weg als nicht richtig erweist, sein Ansehen mindern und zu seinem Sturze beitragen. Hier versagt der große Staatsmann, der Deutschland die Einheit gebracht, ihm den Frieden gesichert hat, auf innenpolitischem Gebiet, weil er die Gegenkräfte falsch einschätzt. Darin liegt die Tragik seiner aus der Stimmung des Tages heraus getroffenen Entscheidung. Zweierlei ist die Folge. Die deutsche Sozialdemokratie erstarkt unter dem polizeilichen Druck, und sie übernimmt von Frankreich die Führerrolle in der sozialistischen Bewegung. Sie bildet einen Staat im Staate, erreicht den Beginn der sozialen Gesetzgebung, die das Los der Arbeiter wesentlich erleichtert. Ohne die deutsche Sozialdemokratie hätte Bismarck seine Sozialreform von oben nicht gegen die anderen Parteien durchsetzen können. Aber sein Ziel, die Arbeiterschaft von ihren Sprechern zu lösen, mißlingt. Der deutsche Arbeiter wird Sozialist und steht dem Staat mißtrauisch gegenüber. – Am 11. Mai 1878 schießt der Klempnergeselle Hödel auf den Kaiser, ohne ihn zu treffen. Die Zeitungsmeldung vom folgenden Tag:

Als der Kaiser mit der Großherzogin von Baden heute nachmittag 3 1/2 Uhr von einer Spazierfahrt nach dem Palais zurückfuhr, wurden Unter den Linden mehrere Revolverschüsse auf den Kaiser abgefeuert. Der Kaiser ist glücklicherweise unverletzt. Der Täter ist verhaftet.

Der Chef der Reichskanzlei, Christoph von Tiedemann, berichtet:

Wie ein Lauffeuer verbreitete sich die Nachricht [. . .] durch die Stadt, überall die größte Erregung und Empörung hervorrufend. Ich war nach den Linden geeilt, um nähere Erkundigungen über die Tat und den Täter einzuziehen, und hatte soeben ein längeres Telegramm an den Fürsten Bismarck nach Friedrichsruh gesandt, [. . .] als ich spätabends einen Brief des Grafen Herbert Bismarck erhielt, der mich nach Friedrichsruh berief. Diesem Brief folgte am nächsten Morgen ein zweiter, durch den ich beauftragt wurde, den Ministern mitzuteilen, Fürst Bismarck wünsche die Ausarbeitung eines gegen die Sozialdemokratie gerichteten Ausnahmegesetzes, und zwar auf das schleunigste. Die Grundzüge eines solchen Gesetzes waren in nuce skizziert. Ich konnte den meisten Ministern den Inhalt dieses Briefes mitteilen, bevor sie sich ins Palais begaben, um dem Kaiser ihre Glückwünsche zu seiner Errettung aus Mörderhand darzubringen. Als sie von dort zurückgekehrt waren, sprach ich den Minister [*Bernhard Ernst*] von Bülow, der, ganz erfüllt von dem Eindruck, den die ruhige, würdevolle Haltung des Kaisers auf ihn gemacht hatte, dessen Äußerungen zu rekapitulieren versuchte. [. . .]

Die Minister standen noch ganz unter dem Eindruck dieser schlichten, aber den Kern der Frage treffenden Worte, als sie sich abends zu einer vertraulichen Besprechung versammelten. [. . .] Alle waren darüber einig, daß etwas geschehen müsse. Nicht allen Ministern war aber der Vorschlag des Fürsten Bismarck sympathisch; namentlich [*Landwirtschaftsminister*] Friedenthal und [*Justizminister*] Leonhardt hatten Bedenken gegen ein »Ausnahmegesetz«.

Die »Allgemeine Zeitung« schreibt am 14. Mai:

Es bedarf kaum der ausdrücklichen Konstatierung, daß das gestern von einem Unsinnigen gegen die geheiligte Person des greisen Kaisers Wilhelm verübte Verbrechen in allen deutschen Herzen nur die Gefühle des stärksten Abscheus und Unwillens erregt und zu den allgemeinsten und aufrichtigsten Kundgebungen der Teilnahme und Verehrung für das der Lebensgefahr glücklich entgangene erlauchte Haupt des Reiches [. . .] Veranlassung gegeben hat. Selbst die Anzeichen, welche dafür sprechen, daß sich der den deutschen Namen schändende Verbrecher zu den Sozialisten oder Anarchisten zählt, gestatten es kaum, die unter allen Umständen nur anwidernde Untat unter einem politischen Gesichtspunkte zu betrachten, und es bleibt [...] nur ein pathologisches Interesse an dem hirnverbrannten Menschen zurück.

Liebknecht gibt am 23. Mai eine Erklärung der sozialdemokratischen Reichstagsfraktion ab:

Der Versuch, die Tat eines Wahnwitzigen, noch ehe die gerichtliche Untersuchung geschlossen ist, zur Ausführung eines lange vorbereiteten Reaktionsstreiches zu benutzen und die moralische Urheberschaft eines noch unerwiesenen Mordattentats auf den Deutschen Kaiser einer Partei zuwälzen zu wollen, welche den Mord in jeder Form verurteilt, [...] richtet sich selbst so vollständig in den Augen jedes vorurteilslosen Menschen, daß wir [...] uns zu der Erklärung gedrungen fühlen:

> Wir erachten es mit unserer Würde nicht vereinbar, an der Diskussion des [...] vorliegenden Ausnahmegesetzes teilzunehmen, und werden uns durch keinerlei Provokationen [...] in diesem Entschluß erschüttern lassen. Wohl aber werden wir uns an der Abstimmung beteiligen, weil wir es für unsere Pflicht halten, zur Verhütung eines beispiellosen Attentats auf unsere Volksfreiheit das Unsrige beizutragen. [...]

Falle die Entscheidung des Reichstags aus, wie sie wolle; die deutsche Sozialdemokratie, an Kampf und Verfolgung gewöhnt, blickt weiteren Kämpfen und Verfolgungen mit jener zuversichtlichen Ruhe entgegen, die das Bewußtsein einer guten und unbesiegbaren Sache verleiht. (Oh, oh! rechts.)

Noch können sich weite Kreise nicht mit einem Ausnahmegesetz befreunden. Die »Allgemeine Zeitung« bringt am 1. Juni einen Beitrag »Der Sozialismus im Deutschen Reiche«:

Es war ein merkwürdiges Zusammentreffen, daß die deutsche Reichsregierung, noch ehe der Sturm der Glückwünsche und herzlichen Sympathiebezeugungen über die Rettung des Reichsoberhauptes aus allen Kreisen der Nation sich gelegt hatte, den Mut fassen konnte, dieses Attentat als Vorwand zu einem Ausnahmsgesetz zu benutzen, während wenige Tage vorher in dem Zentrum der Baumwollenindustrie Englands [...] ein Ausstand ausgebrochen war, bei welchem Gebäude und Maschinen zerstört und Menschen tätlich mißhandelt worden sind, ohne daß sich die Behörden dadurch im geringsten aus ihrem gewöhnlichen Geleise bringen ließen. [...] Die Regierungen dieser Länder lassen sich so wenig von diesen Fanatikern beunruhigen, daß vielmehr z. B. in Bern die Polizei sich veranlaßt sah, Sozialisten, Kommunisten und Nihilisten sogar gegen die Mißhandlung des entrüsteten Volkes in Schutz zu nehmen. In England kommt es keinem Staatsmann in den Sinn, ein Attentat auf die Königin zum Vorwand einer Ausnahmsregel oder gar eines Ausnahmsgesetzes machen zu wollen.

Am Tage darauf wird von Karl Nobiling ein neues Attentat auf Wilhelm I. ausgeführt; er verwundet den Kaiser und dann sich selbst, so daß er zunächst vernehmungsunfähig ist. Dennoch wird die »offizielle« Nachricht verbreitet:

Berlin, 3. Juni, 3 Uhr 20 Minuten morgens. Bei einer späteren gerichtlichen Vernehmung hat der Attentäter Nobiling bekannt, daß er sozialdemokratischen Tendenzen huldige, auch wiederholt hier sozialistischen Versammlungen beigewohnt und schon seit acht Tagen die Absicht gehabt habe, den Kaiser zu erschießen, weil er es für das Staatswohl ersprießlich gehalten habe, das Staatsoberhaupt zu beseitigen.

Den Eindruck auf Bismarck schildert Tiedemann:

Es läßt sich schwer beschreiben, welchen Eindruck diese Nachricht auf uns machte. Wir waren im ersten Moment sprachlos. Dann fragte ich Rantzau, ob der Fürst [*Bismarck*] schon von dem furchtbaren Ereignis unterrichtet sei. Als Rantzau dies verneinte und hinzufügte, er sei noch nicht von seinem Spaziergang zurückgekehrt, bat ich Herbert [*Bismarck*], dem Fürsten entgegenzugehen und ihm die Telegramme zu zeigen. Herbert schien hierzu jedoch keine Neigung zu haben; er meinte, es sei korrekter, wenn ich dies täte. [...] Da ich die Berechtigung dieses Einwandes anerkennen mußte, entschloß ich mich schweren Herzens, den Fürsten aufzusuchen.

Wie ich auf dem Wege nach der Aumühle aus dem Friedrichsruher Park hinaustrat, gewahrte ich den Fürsten, der, von seinen Hunden begleitet, langsamen Schrittes im Sonnenschein über das Feld daherkam. [...] Er war in heiterster Laune und erzählte von seinen Wanderungen an diesem Tage und von der wohltuenden Wirkung, die die lange Bewegung in der Waldluft auf seine Nerven gehabt habe. Nach einer kleinen Pause sagte ich: »Es sind einige wichtige Telegramme eingelaufen.« Er antwortete im scherzenden Ton: »Sind sie so eilig, daß wir sie hier auf freiem Felde erledigen müssen?« Ich erwiderte: »Leider! Sie enthalten eine empörende Nachricht; es ist wieder auf den Kaiser geschossen worden, und dieses Mal haben die Schüsse getroffen; der Kaiser ist schwer verwundet.«

Mit einem Ruck blieb der Fürst stehen. Er stieß in heftiger Bewegung seinen Eichenstock vor sich in die Erde und sagte tief aufatmend [...]: »Dann lösen wir den Reichstag auf.«

»Die Gegenwart« schreibt am 15. Juni:

Gewisse Tatsachen schneiden so tief und schmerzlich in unser ganzes Volksleben ein, daß ein jeder von uns, den wir »Landsmann« nennen wollen, dessen wir uns nicht als eines Deutschen zu schämen haben, dadurch notwendigerweise in Mitleidenschaft gezogen wird.

Eine solche Tatsache ist das Verbrechen vom 2. Juni.

Alles Menschliche, alles Deutsche in uns empört sich dagegen.

Ein ehrwürdiger Greis, ein König seines Volkes, wie kein Land der Erde einen bessern, einen ähnlichen aufweisen kann; der Vater des Vaterlandes im edelsten Sinne des Wortes, der Sieger in verhängnisvollen Schlachten, die das Vaterland groß gemacht haben; der Stolz, die Zierde der Nation; ein großer Mann, ein guter Mensch ist von meuchlerischer Hand angefallen, schwer verletzt, auf ein Schmerzenslager geworfen worden; wie ein Wilddieb auf dem Anstand hat der Mörder ihm aufgelauert, und wie auf ein Stück Hochwild, mit sicherem Auge, fester Hand hat er auf den Edelsten seines Stammes angelegt, gezielt, geschossen. Hätte er an Vater und Mutter gedacht, so müßte die Greisengestalt ihn zittern gemacht haben; wäre er ein Deutscher, so hätte der Anblick des Helden von Königgrätz, Gravelotte, Sedan ihn erbleichen machen; lebte irgendein sittliches Gefühl in ihm, so hätte das Gebot »Du sollst nicht töten« seine Hand von der himmelschreienden Tat zurückgehalten. Der Mörder war ein Unmensch!

Heinrich von Treitschke veröffentlicht fast zur gleichen Zeit seinen Aufsatz »Der Sozialismus und der Meuchelmord«. Darin kommt er zu dem Ergebnis:

Eine allmähliche Läuterung der Sozialdemokratie von innen heraus haben wir nie erwartet, denn der Unsinn und die Niedertracht können sich nicht abklären. [. . .]

Wir können uns nicht mehr darüber täuschen, die Sozialdemokratie ist der Rute entwachsen, sie ist zu einer Schule des Verbrechens geworden. [. . .]

Die Sozialdemokratie bildet einen Staat im Staate. [. . .] Es wird höchste Zeit, daß der Staat für längere Zeit die Vereine der Sozialdemokratie schließt, ihre Zeitungen verbietet, ihre Agenten aus den großen Mittelpunkten der Arbeiterbevölkerung ausweist. Diese Menschen trotzen auf die Gewalt der Fäuste, und sie verstehen nur die Sprache der Gewalt.

Doch Theodor Fontane meint in einem Brief an seine Frau:

Millionen von Arbeitern sind geradeso gescheit, so gebildet, so ehrenhaft wie Adel und Bürgerstand; vielfach sind sie ihnen überlegen. [. . .] Alle diese Leute sind vollkommen ebenbürtig, und deshalb ist ihnen weder der Beweis zu führen, daß es mit ihnen nichts sei, noch ist ihnen mit der Waffe in der Hand beizukommen. Sie vertreten nicht bloß Unordnung und Aufstand, sie vertreten auch *Ideen,* die zum Teil ihre Berechtigung haben und die man nicht totschlagen oder durch Einkerkerung aus der Welt schaffen kann.

Der Reichstag wird am 11. Juni 1878 aufgelöst. Die Sozialdemokraten veröffentlichen vor der Neuwahl ein Flugblatt:

Der traurige Anlaß, welchen die Regierung benutzte, um die Auflösung herbeizuführen, ist bekannt. Ein entweder wahnsinniger oder moralisch total verkommener Mensch aus den sogenannten besseren Gesellschaftsklassen hat auf den einundachtzigjährigen Deutschen Kaiser ein Attentat ausgeführt [...].

Was nun ein Elender verbrochen, die Nation soll es büßen, ja noch mehr, [...] die Partei der Armen und Enterbten, [...] sie soll dafür rechtlos gemacht werden.

Ausnahmegesetze gegen die Sozialdemokratie! Das ist der Schlachtruf, unter dessen Klängen die Regierung und fast alle übrigen Parteien in den Wahlkampf ziehen. [...]

Die Regierung will aber nicht bloß Ausnahmegesetze gegen die Sozialdemokraten. [...]

Es ist ein öffentliches Geheimnis, daß das gleiche und direkte Wahlrecht zum Reichstag beschränkt werden soll.

Bürger, Arbeiter! Könnt Ihr ein solches Beginnen unterstützen, wenn noch ein Tropfen demokratischen Blutes in Euren Adern rollt?

Am 30. Juli wird Euch Gelegenheit gegeben, der Reaktion auf ihre finsteren, volksfeindlichen Pläne Antwort zu geben.

Ein Wahlflugblatt des Fortschrittlichen Wahlkomitees hat folgenden Wortlaut:

Der sozialdemokratische Schwindel mitsamt seinen Schmarotzerpflanzen ist eine Schmach für das ganze deutsche Volk, berechnet, den kleinen Mann an sich zu locken und die Kluft zwischen Arbeiter und Fabrikant zu erweitern.

Die sozialistischen Agitatoren verführen die leichtgläubigen Arbeiter zu ungerechtem Widerstande gegen seinen Arbeitgeber und rauben ihm dadurch das Brot! Keiner aber ist imstande, der hungernden Arbeiterfamilie Arbeit und dadurch Brot zu verschaffen.

Darum folget nicht den Lockungen der vaterlandslosen Zugvögel, sondern jaget sie hinaus aus Berlin, dahin, woher sie gekommen sind.

Bei der Reichstagswahl am 30. Juli entfallen 7,6 Prozent, das sind 437 158 Stimmen, auf die Sozialdemokratie, die damit an fünfter Stelle steht. – Der neue Entwurf zu einem Ausnahmegesetz wird am 13. August vorgelegt. Bei der ersten Beratung am 16. September führt Bebel aus:

Ich kann Ihnen bestimmt versichern, daß ich sehr tüchtige unserer Parteigenossen habe äußern hören: ich wünschte, das Gesetz ginge durch! Sie könnten uns gar nicht besser nützen als durch Annahme des Gesetzes, denn Tausende und aber Tausende, die heute noch keine Sozialdemokraten sind, werden es dann sicher werden. Wir sind in wenigen Jahren stärker als je zuvor. [. . .]

Glauben Sie, daß ein so gewaltsamer und umfassender Eingriff in die Eigentums- und Erwerbsverhältnisse von Tausenden nicht einen tiefen Groll, den heftigsten Haß in die weitesten Kreise ziehen wird? Ich behaupte, daß unsere zehn- bis fünfzehnjährige Agitation auch nicht entfernt einen solchen Haß gegen den heutigen Staat [. . .] erzeugt hat, als durch dieses Gesetz erweckt werden wird! [. . .]

Warum zieht man denn nicht die Konsequenzen und sagt: Gut, habt ihr keine Rechte im Staat, so habt ihr auch keine *Pflichten* mehr, ihr habt keine Steuern zu bezahlen, ihr braucht nicht Soldat zu werden. Das wäre die einfache und natürliche Konsequenz eines solchen Gesetzes. [. . .]

Nehmen Sie also dieses Gesetz an, so haben wir ein Ausnahmegesetz, ein Klassengesetz, das allerdings mehr als alles, was bisher dagewesen ist, gegen Ihren Willen Propaganda für uns machen wird. Es wird in einer Weise gegen Sie wirken, wie Sie es nicht erwarten, und wird das herbeizuführen geeignet sein, was Sie verhüten wollen und sollen: einen gewaltsamen Umsturz.

Am 17. September begründet Bismarck seine Feindschaft gegen die Sozialdemokratie:

Ich komme zu der Frage zurück, wann und warum ich meine Bemühungen um soziale Verhältnisse aufgegeben habe. [. . .] Es stammt dies von dem Augenblick her, wo im versammelten Reichstag, [. . .] ich weiß nicht, war es der Abgeordnete Bebel oder Liebknecht, [. . .] in pathetischem Appell die französische Kommune als Vorbild politischer Einrichtungen hinstellte und sich selbst offen [. . .] zu dem Evangelium dieser Mörder und Mordbrenner bekannte. Von diesem Augenblick an habe ich die Wucht der Überzeugung von der Gefahr, die uns bedroht, empfunden; ich war inzwischen abwesend gewesen, [...] aber jener Anruf der Kommune war ein Lichtstrahl, der in die Sache fiel, und von diesem Augenblick an habe ich in den sozialdemokratischen Elementen einen Feind erkannt, gegen den der Staat, die Gesellschaft sich im Stande der Notwehr befindet.

Weiter sagt er dazu am 9. Oktober:

Wir sind erst seit 1867 mit den Führern der Sozialdemokratie amtlich bekanntgeworden durch die Gegenwart der Herren Bebel, Liebknecht, Fritzsche, Schweitzer, Mende. Sie wechselten, es waren zwei, [...] aber diese zwei, die landeten wie die Weißen in Amerika, und ich will keine Indianerklage dadrüber anstellen, denn wir beherrschen noch die rote Rasse. Damals traten sie doch noch mit einer gewissen Schüchternheit auf, wenn sie auch Sorge trugen, zu bekennen, daß sie nicht etwa die zahmen Leute wie Lassalle und dergleichen seien, sondern die eigentlichen Sozialdemokraten. [...] Aber der eigentliche Aufschwung zu dem Streben, das sie jetzt beseelt, sich der Staatsgewalt zu bemächtigen, [...] trat doch erst nach 1870 auf. Was hat nun 1870 für einen Unterschied in der Sache gemacht? Bis zu 1870 [...] war doch Frankreich das eigentliche Versuchsfeld, [...] und nur in Frankreich hatten sie eine Armee bereit. [...] Nun, nachdem sie von der französischen Regierung niedergeworfen waren, bei der Energie, mit der die französische Regierung gegen sie einschritt, [...] sahen die Leiter wohl ein, daß dieses Versuchsfeld verlassen werden mußte, [...] daß ihnen Deutschland in erster Linie einfiel, [...] das wundert mich gar nicht. Ein Land mit so milden Gesetzen, mit so gutmütigen Richtern (Lachen und lebhafter Widerspruch) – Meine Herren, sind unsere Richter nicht gutmütig? Sind sie etwa bös? (Widerspruch, Heiterkeit) –, mit so gutmütigen Richtern, ein Land mit so hervorragender Freude an der Kritik, namentlich wenn sie die Regierung betrifft, ein Land, in dem der Angriff auf einen Minister, das Tadeln eines Ministers noch heut für eine Tat gilt, [...] ein Land, wo die Anerkennung für irgend etwas, was die Regierung tut, gleich in den Verdacht des Servilismus bringt, ein Land, in dem die Operationsbasen des Sozialismus durch die großen Städte, durch die fortschrittliche Bearbeitung sehr sorgfältig vorbereitet waren (Heiterkeit), das hatte sein Anziehendes, [. . .] kurz und gut, sie erkannten hier das Land, von dem sie sagten: Lasset uns Hütten bauen.

Bei der Diskussion über den Paragraphen 2 nimmt Bebel am 11. Oktober noch einmal das Wort:

Meine Herren, ich habe hier in der allerentschiedensten Weise zu erklären, daß die deutsche Sozialdemokratie nie und zu keiner Zeit und zu keinem Augenblick ihres Bestandes unter internationaler Leitung gestanden hat, daß ferner kein Mitglied des Generalrats der Internationale und auch nicht der mit Recht als ihr geistiges Haupt betrachtete Karl Marx in London zu irgendeiner Zeit das Recht gehabt oder auch nur den Versuch gemacht hat, uns irgendwelche Befehle zu erteilen, irgendeine Direktion zu geben. Die Verbindung war und ist keine andere, als, daß der eine oder andere meiner Freunde vielleicht die Ansicht von Karl Marx über diese und jene Frage eingeholt hat. Die Internationale [. . .] hat eine solche dirigierende Leitung vollständig ausgeschlossen und als nichts anderes die Generalleitung der Arbeiterassoziationen angesehen als ein Vermittlungs- und Korrespondenzbüro.

Acht Tage später berichtet er, wie die Polizei eingreift:

Ich selbst habe erst vor wenigen Tagen hier in Berlin Gelegenheit gehabt, [. . .] eine sehr charakteristische Erfahrung zu machen. [. . .] Ich hatte vor zwei Tagen einen Vortrag in einer Versammlung zu halten, welche hier in der Belle-Alliance-Straße stattfinden sollte. [. . .] Sobald der Vorsitzende die Versammlung eröffnet hat, nimmt der anwesende Polizeikommissar das Wort und erklärt: »Meine Herren, es ist im Saal eine solche Wärme, daß dieselbe offenbar für die Gesundheit der Anwesenden und das Atmen derselben beschwerlich ist; ich sehe mich daher veranlaßt, aus sanitätspolizeilichen Rücksichten die Versammlung hiermit zu schließen.« (Große Heiterkeit. Hört!) Und damit war die Versammlung aufgelöst. (Hört, hört, links und im Zentrum.)

Die Generaldiskussion zum Sozialistengesetz findet am 18. Oktober statt. Liebknecht ergreift das Wort zu längeren Ausführungen:

Ich weiß, daß die Würfel der Entscheidung bereits gefallen sind, und wenn ich rede, so tue ich es nur, um meiner Pflicht zu genügen – eine Wirkung ist nicht mehr zu erzielen.

Das Gesetz, um welches es sich handelt, ist ein Ausnahmegesetz in des Wortes schlimmster Bedeutung – ein Ausnahmegesetz, durch welches eine Million deutscher Reichsbürger vogelfrei erklärt, politisch geächtet wird. [...]

Ich weiß, das Urteil hier ist gesprochen, [...] der Schlag gegen uns wird geführt werden. Eins möchte ich Ihnen aber doch sagen, ehe Sie den Schlag führen: Schlagen Sie zu, aber verleumden Sie nicht, verleumden Sie nicht fünfhunderttausend deutsche sozialdemokratische Wähler, verleumden Sie nicht eine Million deutscher Reichsbürger, die durch die Motive dieses Gesetzes zu Meuchelmördern oder zu Mitschuldigen von Meuchelmördern gestempelt werden! Sagen *Sie*, meine Herren, da auf der rechten Seite: wir hassen die Sozialdemokratie und wollen sie beseitigen, weil sie *demokratisch* ist, und *Sie* (zu den Nationalliberalen), weil sie *sozialistisch* ist, weil sie unsere Klasseninteressen bedroht [...]! Haben Sie den Mut, die *wahren* Motive zu erklären, und klagen Sie uns nicht einer Schuld an, die nicht besteht. [...]

Meine Herren, was nun die Wirkungen des vorliegenden Gesetzes betrifft, so machen wir uns [...] durchaus keine Illusionen. [...] Wir wissen, daß wir es mit einem Gegner zu tun haben, der entschlossen ist, seine Macht zu gebrauchen, wir wissen aber auch, daß die Machtmittel, über die die Gegner verfügen, nicht imstande sind, unsere Partei zu vernichten. [...] Gestützt auf die Wissenschaft, gestützt auf unsere Kultur, gestützt auf unser gutes Recht, sehen wir ruhig dem entgegen, was da kommen möge. In der kommenden Zeit der Reaktion wird die Sozialdemokratie sich vertiefen, sich sammeln. [...]

Sozialist wird bald *jeder* genannt werden, der der Regierung mißliebig ist. [...] Und, meine Herren, wenn dann einmal die Partei der Sozialdemokratie unterdrückt ist, glauben Sie nicht, daß dann [...] man [...] die leiseste *liberale* Regung als *demokratisch* denunzierte, man jetzt jeden Oppositionsgedanken als *sozialdemokratischen* Gedanken verfemen wird? Mit uns, mit der Sozialdemokratie, ist überhaupt die Freiheit geächtet. [...] Die Verantwortlichkeit dafür falle auf diejenigen, welche es bringen! Der Tag wird kommen, wo das deutsche Volk Rechenschaft fordern wird für dieses Attentat an seiner Wohlfahrt, an seiner Freiheit, an seiner Ehre! (Bravo!)

Das Zentralwahlkomitee in Hamburg, das als Vorstand der Partei fungiert, erklärt am 19. Oktober 1878 seine Auflösung. Bereits einige Tage früher ist im Hinblick auf die bevorstehende Auflösung ein Aufruf veröffentlicht worden, der so schließt:

Parteigenossen! Schulter an Schulter könnt Ihr in nächster Zeit nicht mehr stehen. Eine neue Zeit – eine neue Kampfart – das sagt alles. Und nun guten Mutes, wie immer.

Bei der Ausschreibung der Erd- und Maurerarbeiten in Berlin werden 1878 folgende Bedingungen gestellt:

Alle diejenigen Handwerker, Arbeiter usw., welche sozialdemokratischen Verbindungen angehören oder [...] den Bestrebungen der Sozialdemokratie offenkundig beistimmen, die Zeitungen dieser Partei halten oder für Zwecke derselben in irgendeiner Weise wirken, dürfen [...] nicht beschäftigt werden. [...]

Sollte der Unternehmer selbst den Bestrebungen der Sozialdemokratie huldigen, so wird demselben [...] die Arbeit nicht übertragen. Stellt es sich nach Übertragung erst heraus, so wird demselben die Arbeit ohne weiteres abgenommen.

Das »Gesetz gegen die gemeingefährlichen Bestrebungen der Sozialdemokratie« wird am 21. Oktober 1878 im »Reichsgesetzblatt« veröffentlicht; die wichtigsten Paragraphen dieses Gesetzes lauten:

§ 1. Vereine, welche durch sozialdemokratische, sozialistische oder kommunistische Bestrebungen den Umsturz der bestehenden Staats- oder Gesellschaftsordnung bezwecken, sind zu verbieten. [...]

Den Vereinen stehen gleich Verbindungen jeder Art.

§ 11. Druckschriften, in welchen sozialdemokratische, sozialistische oder kommunistische, auf den Umsturz der bestehenden Staats- und Gesellschaftsordnung gerichtete Bestrebungen [...] zutage treten, sind zu verbieten. [...]

§ 17. Wer an einem verbotenen Vereine [...] als Mitglied sich beteiligt oder eine Tätigkeit im Interesse eines solchen Vereins ausübt, wird mit Geldstrafe bis zu fünfhundert Mark oder mit Gefängnis bis zu drei Monaten bestraft. Eine gleiche Strafe trifft denjenigen, welcher an einer verbotenen Versammlung [...] sich beteiligt oder welcher nach polizeilicher Auflösung einer Versammlung [...] sich nicht sofort entfernt. [...]

§ 19. Wer eine verbotene Druckschrift [...] verbreitet, fortsetzt oder wieder abdruckt, wird mit Geldstrafe bis zu eintausend Mark oder mit Gefängnis bis zu sechs Monaten bestraft.

§ 22. Gegen Personen, welche sich die Agitation für die [...] bezeichneten Bestrebungen zum Geschäfte machen, kann im Falle einer Verurteilung [...] neben der Freiheitsstrafe auf die Zulässigkeit der Einschränkung ihres Aufenthaltes erkannt werden.

Treitschke sagt zur Lage:

Die Nation fühlt, daß mit diesem Gesetze nur das Unerläßliche geschehen ist, daß wir nur einige Sicherheit gegen die weitere Verbreitung der sozialdemokratischen Umsturzlehren gewonnen haben. Welche Gefahren uns aber noch immer bedrohen, das lehren vor allem die noch fast täglich erfolgenden Verbote sozialistischer Schriften. Wir sind eben alle blind gewesen, niemand in den gemäßigten Parteien hat von dem Umfange und der Macht der Organisation des Aufruhrs einen klaren Begriff gehabt.

Bebel sagt am 26. Februar 1879 im Reichstag:

Ich habe in meiner schon ziemlich langen parlamentarischen Tätigkeit bisher noch immer die Erfahrung gemacht, daß, wenn es sich um neue Belastungsmittel, um neue Steuern für das Volk handelt oder um neue Unterdrückungsmaßregeln, die Regierungen außerordentlich rasch bei der Hand sind. Dann ist es wahrhaft wunderbar, wie schnell man da vollständig klar ist, was zu geschehn hat [...]. Aber wenn es sich darum handelt, wirklich vorteilhafte Maßregeln von allgemeinem Nutzen einzuführen, dann geht der Staatskarren merkwürdig langsam, und allemal am langsamsten, [...] wenn es ein Gesetz betrifft, welches die Interessen der besitzenden Kreise in besonderem Maße in unangenehme Mitleidenschaft zieht.

Wilhelm I. zeichnet Bismarck aus:

Es ist Ihnen beschieden gewesen, in Zeit eines Vierteljahrs Europa durch Ihre Einsicht, Umsicht und durch Ihren Mut den Frieden teils wiederzugeben, teils zu erhalten und für Deutschland auf gesetzlichem Wege einem Feinde entgegenzutreten, der für alle staatlichen Verhältnisse Verderben drohte. Wenn beide weltgeschichtliche Ereignisse von allen Wohlgesinnten begriffen und Ihnen derselben Anerkennung zuteil geworden ist, [...] so geziemt es mir nun auch, für die Entschiedenheit, mit welcher Sie den Rechtsboden verteidigt haben, Ihnen diese Anerkennung auch öffentlich darzulegen. Das Gesetz, welches ich im Sinne habe und welches seine Entstehung einem meinem Herzen und Gemüt schmerzlichen Ereignisse verdankt, soll den deutschen Staaten ihren jetzigen rechtlichen Standpunkt erhalten und sichern, also auch Preußen.

Ich habe als Zeichen meiner Anerkennung Ihrer großen Verdienste um mein Preußen die Zeichen meiner Macht gewählt: Krone, Zepter und Schwert, und dem Großkreuz des Roten Adlerordens, welches Sie stets tragen, zufügen lassen. [...]

Das Schwert spricht für den Mut und die Einsicht, mit welcher Sie mein Zepter und meine Krone zu unterstützen und zu schützen wissen!

Möge die Vorsehung Ihnen noch die Kraft verleihen, um lange Jahre hindurch ferner Ihren Patriotismus meiner Regierung und dem Wohle des Vaterlandes zu widmen.

Die nervös gewordene preußische Regierung verhängt über Berlin den Belagerungszustand. Der Abgeordnete Liebknecht betont demgegenüber am 17. März 1879 das legale Verhalten der Sozialdemokratie:

Wir werden festhalten an dem Gesetz, weil wir wissen, daß die Gesetzlichkeit, die Ruhe das herrschende System tötet. Was ein Minister Bonapartes einst sagte: »La légalité nous tue!«, die Gesetzlichkeit tötet uns, tötet unsere imperialistische Blut-und-Eisen-Politik – das gilt auch von Deutschland! Wir werden gesetzlich vorgehen, weil wir wissen: auf dem Boden des Gesetzes werden wir siegen; wir wissen, daß das Bürgertum von der törichten Furcht, die es in das Sozialistengesetz hineingetrieben hat, zurückkommen wird, wenn es sieht, daß die Sozialdemokratie nicht das rote Schreckgespenst ist [...]. Das Bürgertum wird bald begreifen, daß es den Satan mit dem Beelzebub hat austreiben wollen. Statt der Sozialdemokratie, die organisch reformierend vorgehen will (Heiterkeit), haben Sie jetzt einen Gegner, der, mit der ganzen Macht des Polizeistaats ausgestattet, das bellum omnium contra omnes predigt und Ihnen den Sozialismus in der unangenehmsten Fasson, in der Fasson des königlich preußischen Kasernen- und Staatssozialismus eingeben wird. [...]

Entscheiden Sie, entscheide die öffentliche Meinung, wer von beiden, die Reichsregierung, die Männer, welche den Belagerungszustand verhängt haben, oder die Sozialdemokratie auf die Anklagebank gehört. (Oho! Unruhe.)

Über die Hilfsaktionen bei den ersten Ausweisungen aus Berlin berichtet Hermann Grimpe:

Das war eine Arbeit! Jeder Bezirk eines jeden Wahlkreises mußte neu zusammentreten und seinen Vertrauensmann ernennen. Was damals aus Anlaß der Ausweisungen von den Berliner Genossen geleistet wurde, ist einzig dastehend. Sooft ich im Laufe der Zeiten vorübergehend von Kleinmut gepackt wurde, [. . .] so brauchte ich nur an den Opfermut der Berliner Genossen in den ersten Tagen des Belagerungszustandes zu erinnern, und jedesmal überkam mich ein Hochgefühl, das Berge versetzen könnte. Die ersten Opfer der Ausweisungen wurden verhältnismäßig reich bedacht. [. . .] Viele davon meinten, sie kämen nach Ablauf des Jahres, für welches der Belagerungszustand verhängt war, wieder nach Berlin zurück, und wollten ihren Hausstand nicht aufgeben. Aber ach! Sie wurden über die Großmut des Berliner Polizeiregiments eines anderen belehrt. Uns Zurückgebliebenen blieb die Sorge für die Familien der Ausgewiesenen. Und wahrlich, es war keine kleine Sorge. [. . .] Und dies unter den denkbar schwierigsten Verhältnissen und großen Gefahren. Die Polizeispitzel waren bei Tage und bei Nacht die begleitenden Schatten der bekannteren Genossen. Während der Arbeitszeit waren die Fabriken und Werkstätten, in denen bekannte Genossen beschäftigt waren, ständig polizeilich bewacht, und wenn die bewachten Genossen Fabrik oder Werkstatt verließen, dann haftete sich der Polizeischatten wieder an ihre Fersen und konnte oft erst durch einen regelrechten Dauerlauf »versetzt« werden. [. . .] Diese damals geschaffene Organisation hat sich gut bewährt und hat mit wenig Unterbrechungen die ganze Zeitdauer des Sozialistengesetzes überdauert.

Liebknecht nimmt zu Angriffen gegen seine Person am 14. Mai Stellung:

Hier habe ich eine Reihe von Flugblättern, welche speziell gegen mich erlassen worden sind. Ich werde in dem ersten derselben zunächst hingestellt als der »Verherrlicher der Pariser Kommune mit ihren Mordbrennereien und Schlächtereien«, als »ein Wilhelm Liebknecht, der traurige Mann, welcher die Worte ›Gott, Vaterland, Bürgertum‹ nur noch in den Mund nimmt, um sie mit dem Geifer des giftigsten Hohns zu besudeln«.

Es heißt da weiter, wir Sozialdemokraten »wollten aus unserem Volk ein Volk von Idioten und Blödsinnigen machen«. Es werden [. . .] gewisse Kraftphrasen aus dem Zusammenhang gerissen, aus denen erhellen soll, daß ich »der Prediger des Umsturzes, der Revolution, des Königsmordes« bin; ich soll namentlich die Erschießung der Geiseln in Paris gutgeheißen und gepriesen haben.

Gegen die Petroleumsteuer spricht Bebel am 5. Juli:

Es ist hier gestritten worden über die Verwendung des Petroleums und des Gases. Das eine steht unzweifelhaft fest, daß im großen und ganzen die Großproduzenten aller Industrien, die Fabriken meist Gas brennen. [...] Wie steht es nun mit unserer Hausindustrie? [...] Diese armen Weber sind heutzutage nur imstande, das Allernotdürftigste dadurch zu verdienen, daß sie den Arbeitstag von zwölf auf sechzehn und achtzehn Stunden und mehr ausdehnen; sie sind gezwungen, wenn es überhaupt Arbeit gibt, abends bis 11 Uhr zu arbeiten und müssen vielleicht morgens um 3 Uhr schon wieder in der Arbeit sein. Gehen Sie in einer Periode, wo halbwegs das Geschäft geht, in unsere Weberdörfer, da werden Sie meine Angaben bestätigt finden. Um 10, um 11 Uhr, wenn alles bereits im tiefsten Dunkel liegt, hören Sie die Webstühle klappern, und früh, wenn die meisten Bewohner noch nicht daran denken aufzustehen, hören Sie wiederum die Webstühle klappern. Meine Herren, alle diese Menschen brauchen bloß Petroleum und viel Petroleum. Und grade diesen Ärmsten, deren Existenzbedingung durch die ganze moderne Entwickelung, durch das Umsichgreifen des Maschinenwesens auf allen Gebieten so höchst prekär geworden ist und es immer mehr wird, diesen Ärmsten wird das so wichtige Petroleum durch den Zoll sehr erheblich verteuert. Meine Herren, wenn Sie glauben, daß das der Weg ist, der Ihnen die Sympathien des Volkes zuführt, irren Sie sich sehr.

Sobald das Sozialistengesetz verkündet und in Kraft getreten ist, wird auch die gesamte Parteipresse unterdrückt. Die Versuche, anstelle der verbotenen Blätter neue zu gründen, die nach Lage der Dinge außerordentlich vorsichtig redigiert werden müssen, mißlingen fast alle. Bebel schildert die Folgerungen des Gesetzes in seinen Erinnerungen ausführlich. Da mit der Dauer des Ausnahmegesetzes das Bedürfnis nach einer allgemein informierenden Presse beständig wächst, wird da-

her bereits 1879 in Zürich die Zeitung »Der Sozialdemokrat« gegründet. Die Schwierigkeit ist, das Blatt ins Deutsche Reich zu transportieren und die Verbreitung dort zu organisieren. Der Mann, der diese schwierige Aufgabe übernimmt, ist Julius Motteler, einer der Mitbegründer der Sozialdemokratischen Arbeiterpartei von 1869. Bebel erzählt:

Motteler war nicht nur Geschäftsmann, er war auch eine geborene Dichter- und Künstlernatur. Ein genialisch angelegter Mensch und ein angenehmer Gesellschafter, dem Witz und Humor zur Verfügung standen. [...] Was ihn besonders für seine neue Stellung geeignet machte, war seine Energie und Findigkeit. Auch war er eine unermüdliche Arbeitskraft, im höchsten Grad opferwillig, gewissenhaft und zuverlässig. Eine besondere Geschicklichkeit entwickelte er in der Verpackung des Blattes, sei es in Briefen, sei es in Paketen. [...] Der beständige Wechsel in den Adressen, herbeigeführt durch Wohnungs- oder Ortswechsel, Briefsperre, Verrat oder Bespitzelung der Adressaten, verursachte sehr viel Arbeit und erforderte große Umsicht. Kam aber ein Genosse auf den »Olymp«, der nach Deutschland reiste, dann mußte ein solcher eine besondere Prozedur über sich ergehen lassen. Der »rote Postmeister«, wie bald genug Motteler [...] hieß, ordnete alsdann an, daß der Betreffende bis auf die Unterwäsche sich entkleidete. Alsdann wurden der Körper und seine Gliedmaßen kunstgerecht mit Briefen in den verschiedensten Formen eingepackt und ausgepolstert. War dieses Geschäft unter steter großer Heiterkeit der Beteiligten beendet, dann durfte er zur Bahn, um sich jenseits der Grenze in sicheren Händen der überflüssigen Last zu entledigen. Mir ist nicht bekannt, daß je einer der so ausgepolsterten Genossen von einem Zerberus jenseits der Grenze gefaßt worden wäre.

Im Jahre 1879 läßt August Bebel seine Broschüre »Die Frau und der Sozialismus« erscheinen, in der er begründet, daß die Frauenfrage nur eine Seite der allgemeinen sozialen Frage sei:

Und so wird der Weg für die Lösung der Frauenfrage auch der Weg für die Lösung der Arbeiterfrage sein. [...]

Die Männer sehen in ihrer großen Mehrzahl in den Frauen nichts als Mittel zu ihrem Nutzen und ihrem Vergnügen, als Gleichberechtigte sie anzusehen widerstrebt ihrem Vorurteil. [...] Spricht man aber von der Gleichheit aller Menschen, dann ist es ein Unding, die Hälfte des Menschengeschlechts davon ausschließen zu wollen.

Die Frau hat das gleiche Recht wie der Mann, der Zufall der Geburt kann daran nichts ändern. Die Frau, weil sie als Frau und nicht als Mann geboren ist – woran der Mann so unschuldig ist als die Frau –, von Rechten auszuschließen ist ebenso ungerecht, als wenn Rechte von dem Zufall der Religion oder der politischen Gesinnung abhängig gemacht werden, und ebenso unsinnig, wie daß zwei Menschen als Feinde sich betrachten, weil sie beide durch den Zufall der Geburt verschiedenen Volksstämmen oder verschiedenen Nationalitäten angehören. Das sind eines freien Menschen unwürdige Gesinnungen [...]. Es hat keine Ungleichheit auf Bestand eine Berechtigung als jene, welche die Natur für die Erreichung des äußerlich verschiedenartigen, im Wesen gleichartigen Naturzwecks begründete. Die Naturschranken wird aber kein Geschlecht überschreiten, weil es damit seinen eigenen Naturzweck vernichtete. Kein Geschlecht ist berechtigt, dem andern Schranken zu ziehen, so wenig wie eine Klasse der andern.

Wegen seiner Äußerungen im Reichstag am 2. März 1880 zur neuen Militärvorlage wird Bebel in der Zeitung »Der Sozialdemokrat« von einem ungenannten süddeutschen Genossen angegriffen. Bebel antwortet:

Es mag der Sozialdemokratie sehr hart ankommen, eventuell in einem Kampfe für die Integrität des deutschen Bodens gewissermaßen das famose heimische Regierungssystem und ihre Todfeinde mit verteidigen zu müssen, aber diese wird sie nicht durch fremde Eroberer los, sondern allein durch eigene Hilfe, durch die Übertreibung des Systems, das herrscht und schließlich die Massen gegen sich empört. Wir geben uns, indem wir unser Land und uns selbst – nicht unsere Feinde und deren Institutionen, die vorübergehende sind – gegebenenfalls vor Zerstückelung und Unterdrückung schützen, nicht zum Bollwerk her, »um unseren wackeren Polizisten und Richtern Schutz vor dem Feinde zu bieten«, wie der verehrliche Genosse aus Süddeutschland höhnt, sondern um selbst freie Hand zu haben, uns mit unseren Feinden zu Hause ins reine setzen zu können. Es könnte eine Zeit kommen, wo ein russischer Kaiser mit seiner Armee in Berlin den Feinden der Sozialdemokratie sehr genehm, ihr selbst aber sehr unbequem wäre.

In meiner Rede vom 2. März ist nicht ein Wort, das unserem Standpunkt etwas vergäbe, denn wir verteidigen in einem Verteidigungskrieg nicht unsere Feinde und deren Institutionen, wir verteidigen uns selbst und das Land, dessen Institutionen wir in unserem Sinne umgestalten wollen, das allein den Boden für unsere Tätigkeit bildet.

Am 6. März 1880 führt Bebel vor dem Reichstag zu allgemeiner Heiterkeit aus:

Nicht allein die hiesigen Parteigenossen, [...] selbst die Reichstagsabgeordneten unterliegen der Spionage, sobald sie den Berliner Bahnhof betreten. (Sehr richtig! rechts.) Sehr richtig – ich glaube, daß das Ihnen recht ist. Sobald wir auf dem Berliner Bahnhof zur diesmaligen Eröffnung des Reichstags ankamen, wurden wir bereits gewahr, wie der Geheimpolizist, man kennt ja die Herren, wenn man einige Übung hat (Heiterkeit), sich sofort an den wachhabenden Wachtmeister wandte. [...] Dem Abgeordneten Hasselmann ist es in dieser Session passiert, daß, als er im Tiergarten einen Spaziergang machte, er sehr bald entdeckte, daß ein Geheimpolizist hinter ihm herging. Er denkt den Versuch machen zu können, sich dieser lästigen Überwachung zu entziehen, indem er nunmehr seine Schritte aufs eifrigste beschleunigt, der Polizist schweißtriefend fortwährend hinter ihm, und das währt circa anderthalb Stunden (große Heiterkeit), da steht endlich mit einer plötzlichen Kehrtwendung der Abgeordnete Hasselmann vor dem Polizisten und fragt ihn: »Was wollen Sie denn eigentlich von mir?« Der arme Mann war darüber so überrascht und verblüfft, daß er nichts anderes zu sagen wußte als: »Ich bin Geheimpolizist und muß Sie überwachen« – und zeigt ihm zu seiner Legitimation seine Karte.

Dem Kaiserlichen Botschafter in Wien, dem Prinzen Heinrich VII. Reuß, schreibt Bismarck am 20. April 1880:

Was hilft uns die theoretische Parteinahme des römischen Stuhles gegen die Sozialisten, wenn die katholische Fraktion im Lande [...] in allen ihren Abstimmungen den Sozialisten wie jeder anderen subversiven Tendenz öffentlich Beistand leistet? Unter Beteuerung guter Absichten, welche niemals zur Ausführung gelangen, und unter dem Vorwande, daß man gerade so, wie die Regierung es betreibe, die Sozialisten nicht bekämpfen wolle, im übrigen aber sie verurteile, stimmt das Zentrum stets mit den Sozialisten. [...] In der Reichspolitik und gerade in Existenzfragen, wie der Militäretat, das Sozialistengesetz und die Steuervorlagen, steht die katholische Partei wie ein Mann geschlossen uns gegenüber und nimmt jede reichsfeindliche Bestrebung unter ihren Schutz. [...] Ein Wort von dem Papst oder den Bischöfen [...] würde diesem unnatürlichen Bunde des katholischen Adels und der Priester mit den Sozialisten ein Ende machen.

Am 17. Oktober schreibt Ignaz Auer in »Der Sozialdemokrat« den Artikel »Was haben wir zu tun?«, der mit der Feststellung beginnt, daß selbst bürgerlich-konservative Kreise die beschlossene Streichung des Wortes »gesetzlich« aus dem sozialdemokratischen Programm als eine naturgemäße Folge des Sozialistengesetzes anerkannt hätten, und fährt fort:

Der Fehler, den unsere Herren Gegner in ihrer blinden Wut gemacht haben, [...] liegt also klar vor uns und soll [...] uns zur Warnung dienen, nicht in einen ähnlichen Fehler zu verfallen. Dies aber würde meiner Meinung nach der Fall sein, wenn wir uns nach und nach in die Täuschung hineinlebten, als wenn es sich für uns zunächst nur darum handelte, uns auf die »große Revolution« vorzubereiten, deren Ausbruch schon vor der Tür stehe. [...] Diejenigen, die in Deutschland leben und die Stimmung des Volkes kennenzulernen Gelegenheit haben, werden zwar gefunden haben, daß in weiten Kreisen, und zwar nicht bloß unter den Arbeitern, eine tiefe Mißstimmung herrscht; aber von dieser Mißstimmung bis zum Geiste des Aufruhrs ist noch ein himmelweiter Weg. [...]

Ich weiß wohl, daß ich mich durch das Aussprechen dieser Sätze bei den »Sozialrevolutionären« um allen Respekt bringe, aber das ist mir sehr gleichgültig. [...]

Wir verurteilen und verdammen aufs schwerste jene gekrönten Tyrannen, die ihre Völker aus irgendwelchen Gründen des Ehrgeizes und der Herrschsucht in den Krieg treiben. Nun, diejenigen Revolutionsapostel, die nur nach Revolution schreien, um der Revolution willen – sie sind [...] um kein Haar besser als jene völkermordenden Tyrannen.

Eine Partei der bloßen Revolution [...] ist die deutsche Sozialdemokratie *nie* gewesen, und das soll und will sie auch heute, trotz des Ausnahmegesetzes, *nicht* werden. Die Kraft der deutschen Sozialdemokratie bestand und besteht darin, daß sie [...] die Vertreterin des politisch denkenden Teiles der Arbeiter ist.

Anfang Dezember 1880 fahren Bebel und Bernstein zu Marx und Engels nach London, um sich mit ihnen zu verständigen. Bebel schildert diese Begegnung in seinem Kapitel »Der Canossagang nach London«:

In London angelangt, besuchten wir zunächst Engels. [...] Engels empfing uns sehr liebenswürdig; er redete mich sofort mit Du an, ebenso Marx, den wir am Nachmittag besuchten, außerdem lud mich Engels, der dieses Jahr zum Witwer geworden war, ein, bei ihm zu wohnen, und die Tage unserer Anwesenheit wurden selbstverständlich zu einem gründlichen Meinungsaustausch [...] benutzt.

Und Bernstein sagt dazu:

Die Mission, um derentwillen Bebel und ich nach London gekommen waren, wurde [...] nach Wunsch erledigt. Bebel, der damals in der vollen Blüte seiner geistigen Kraft stand, entzückte die beiden Alten durch seinen Freimut und die erschöpfende Aufklärung, die er ihnen über die politische Lage in Deutschland und die Verhältnisse der Partei gab, und was mich anbetrifft, so scheinen sie von mir das Bild eines anmaßenden Stubensozialisten gehabt und es daher angenehm empfunden zu haben, daß ihnen statt dessen ein Mensch zugeführt wurde, der mit Leib und Seele in der praktischen Bewegung steckte und zu dessen letzten Tugenden Selbstbewußtsein in literarischen Dingen gehörte. In der Tat fiel mir Friedrich Engels eines Tages beinahe um den Hals, als ich mit etwas Scham ihm gestand, obwohl schon dreißig Jahre alt, noch kein Buch geschrieben zu haben. »Was, Sie haben noch kein Buch geschrieben«, rief er aus, »das ist ja sehr gut«, und er zog vehement über die Art los, wie Leute, die noch nichts Ordentliches gelernt, jetzt in Deutschland Bücher über alles mögliche schrieben. Daß man, wenn man etwas taugt, mit vierundzwanzig Jahren ein so epochemachendes Buch wie »Die Lage der arbeitenden Klassen Englands« schreiben kann, unterließ ich, dem Verfasser dieses Buches ins Gedächtnis zu rufen.

Bismarck spricht am 2. April 1881 zur Unfallversicherung:

Ich gehe auf den Vorwurf des Kommunismus nicht weiter ein, ich möchte nur bitten, daß man sich in Fragen wie diese, wo wir wirklich alle unseren Weg noch nicht sicher vor uns liegen sehen, sondern ihn eben mit Stab und Sonde mühsam erforschen, daß man da doch nicht alles aus dem Gesichtspunkte der Parteitaktik, aus dem Gesichtspunkte der Fraktionstaktik, aus dem Gefühle »Fort mit Bismarck« und dergleichen betreiben möge. Ich wünsche ja so schnell wie möglich an meiner Stelle einen anderen, wenn er nur dies fortsetzen wollte, ich würde gern sagen: »Sohn, hier hast du meinen Speer« [*Zitat aus Friedrich Leopold Graf zu Stolbergs »Lied eines alten schwäbischen Ritters an seinen Sohn«*], wenn er auch nicht mein eigener Sohn wäre. (Heiterkeit.) [. . .]

Das Almosen ist das erste Stadium christlicher Mildtätigkeit. [. . .] Das ist die erste Pflicht; die gesetzliche Hilfe des Armenverbandes ist die zweite. Aber ich möchte gerne, daß ein Staat, der – wenn Sie auch die Benennung »christlicher Staat« perhorreszieren – doch in seiner großen Mehrheit aus Christen besteht, die Grundsätze der Religion, zu der wir uns bekennen, namentlich in bezug auf die Hilfe, die man dem Nächsten leistet, in bezug auf das Mitgefühl mit dem Schicksal, dem alte, leidende Leute entgegengehen, sich einigermaßen durchdringen läßt.

Bei den Beratungen zum Unfallgesetz antwortet Bebel auf Bismarcks Ausführungen am 4. April:

Es dürfte [...] allerdings die Tatsache zutage treten, daß der Herr Reichskanzler [...] heute die Erfahrung macht, daß er bei uns für seinen Entwurf bis zu einem gewissen Grade eine Unterstützung findet, die ihm selbst in diesem Falle nicht so unangenehm sein dürfte. [...] Er bedarf dringend einer Unterstützung, [...] und wir wollen ihm diese [...] unsererseits angedeihen lassen. Ja, meine Herren, wir wollen ihm und Ihnen sogar nach besten Kräften dazu helfen, die positiven Bestrebungen, die zur Bekämpfung der Sozialdemokratie durch diesen Gesetzentwurf erreicht werden sollen, zu fördern, damit Sie zu einem gedeihlichen Ziel kommen. [...]

Meine Herren, ich komme nun zunächst zu den Motiven dieses Gesetzentwurfs. [...] Da heißt es, [...] daß der gegenwärtig uns vorliegende Gesetzentwurf seine Existenz dem Umstand verdanke, daß man die bei Beratung des Gesetzes vom 21. Oktober 1878, betreffend die gemeingefährlichen Bestrebungen der Sozialdemokratie, abgegebenen Versprechen, nämlich auch für positive Maßregeln zum Wohl der Arbeiter zu sorgen und damit die Sozialdemokratie zu bekämpfen, seinen Ursprung verdanke. [...] Meine Herren, das freut uns ganz außerordentlich, denn damit ist ja bewiesen, daß wir eigentlich die Urheber dieses Gesetzentwurfs sind. (Sehr richtig! links, Heiterkeit.) [...] Ich hoffe aber, daß alle diejenigen, welche mit der Meinung der Regierung übereinstimmen, die Sozialdemokratie positiv zu bekämpfen, auch unsere Bestrebungen unterstützen werden, die darauf hinausgehen, diese Waffen gegen die Sozialdemokratie noch bedeutend zu verbessern und zu verschärfen, [...] d. h. dem Gesetzentwurf eine solche Gestalt zu geben, daß er auch wirklich in umfassendem Grade zur positiven Bekämpfung der Sozialdemokratie beiträgt. (Heiterkeit.)

Bismarck vertritt am 26. Juni seine neue Sozialpolitik vor dem Reichstag:

Mitleid, hilfreiche Hand, wo Not ist. Der, welcher uns am leichtesten Geld aufbringen kann, der Staat, muß die Sache in die Hand nehmen. Nicht als Almosen, sondern als Recht auf Versorgung, wo der gute Wille zur Arbeit nicht mehr kann. Wozu soll nur der, welcher im Kriege oder als Beamter erwerbsunfähig geworden ist, Pension haben und nicht auch der Soldat der Arbeit? [...] Es ist möglich, daß unsre Politik einmal zugrunde geht, wenn ich tot bin. Aber der Staatssozialismus paukt sich durch. Jeder, der diesen Gedanken wieder aufnimmt, wird ans Ruder kommen.

Eduard Bernstein schildert in seinen »Erinnerungen eines Sozialisten« die Gestalt von Wilhelm Liebknecht:

Bei den weiteren Besuchen, die Liebknecht uns in der Folge abstattete, sowie durch unseren Briefwechsel habe ich reichlich Gelegenheit gehabt, ihn genauer kennenzulernen. Vor allem lernte ich seine Arbeitskraft bewundern. Der Mann war von einer erstaunlichen Elastizität des Geistes. Ich glaube nicht, daß er sonderlich viel und intensiv gelesen hat, und theoretisch war er schon damals nicht mehr mein Lehrer. [...] Nach seiner Geistesrichtung gehörte Liebknecht [...] eher zu den Sozialisten französischer Schule, und an die Franzosen erinnerte auch sein glänzender, an kurzen schlagenden Sätzen und zugespitzten Gegenüberstellungen reicher Stil. Er beherrschte die Form in ungleich höherem Grade als sein Mitkämpfer August Bebel, dessen Stärke dagegen die Substanz war, und ganz besonders zu Hause war er in der Geschichte der Revolutionskämpfe Frankreichs. [...] [*Ich fragte*] ihn einmal, ob er mir nicht zur Wiederkehr des 10. August einen Artikel über den Sturm auf die Tuilerien (1792) schreiben könne. »Gewiß«, sagte er, »den sollst du haben.« Sprach's, ging in sein Zimmer und brachte mir, ohne zu Büchern gegriffen zu haben, nach einer Stunde einen mit packender Kraft geschriebenen Artikel. [...] Ebenso war er als Redner durchaus nicht auf Vorbereitung angewiesen. Die beste Rede, die ich von ihm gehört habe, war ganz und gar improvisiert.

Karl Marx spricht einmal in einem Brief an Friedrich Engels von dem »grenzenlosen Optimismus unseres Liebknecht«.

Das Wort war berechtigt, aber es deckt die Geistesart nicht völlig. [...] Mit dem Optimismus in innigster Verbindung stand zugleich, vielleicht als Uranlage, eine seltene Unbesorgtheit um alles, was die eigene Person betraf, und Gleichgültigkeit gegen formale Regeln. Auch Wilhelm Liebknecht folgte als Politiker nicht selten ohne langes Überlegen spontanen Eingebungen; auch er rief [...] durch rücksichtsloses Aussprechen dessen, was ihm Wahrheit war, Stürme im Parlament hervor, auch brachte er sich nicht selten durch eigenmächtiges Handeln mit seinen politischen Freunden in Konflikte. Dieser Hang zur Eigenmächtigkeit war nicht auf berechnete Effekthascherei zurückzuführen, er war die Komplementäreigenschaft des Mutes, der Wilhelm Liebknecht befähigte, in Situationen, wo alles um ihn herum dem Taumel des Erfolgs huldigte oder vor letzterem die Segel strich, den Berauschten als Anwalt der Menschlichkeit und Gerechtigkeit entgegenzutreten. [...]

Soviel vom Soldaten der Revolution, wie Wilhelm Liebknecht sich [...] selbst bezeichnet hat und wonach er – ich glaube zuerst von mir – den Beinamen »der Soldat« erhielt.

Zur ersten Reichstagswahl unter dem Sozialistengesetz, am 27. Oktober 1881, richten die Sozialdemokraten folgenden Wahlaufruf an die Wähler:

Um die Erbitterung, welche das Sozialistengesetz in den Arbeiterkreisen hervorrufen mußte, zu beschwichtigen, proklamierte die Reichsregierung, während sie die Sozialdemokratie ächtete, die Sozialreform, das heißt, wenn ernsthaft gemeint, das, was die Sozialdemokratie stets gefordert und wodurch sie sich gerade die Feindschaft der Regierungen und der übrigen Parteien zugezogen hatte. [...] Echter Staatssozialismus ist nur möglich in einem demokratischen Staat, da der Sozialismus seiner innersten Natur nach demokratisch ist; was ein Polizei-, Militär- und Klassenstaat für Staatssozialismus ausgibt, kann höchstens Kasernenwirtschaft und Fiskalismus sein.

Trotz großer Behinderungen bekommen zwölf Sozialdemo-

kraten ein Mandat. Der Reichstag wird am 17. November 1881 mit einer Kaiserlichen Botschaft eröffnet:

Schon im Februar dieses Jahres haben Wir Unsere Überzeugung aussprechen lassen, daß die Heilung der sozialen Schäden nicht ausschließlich im Wege der Repression sozialdemokratischer Ausschreitungen, sondern gleichmäßig auf dem der positiven Förderung des Wohles der Arbeiter zu suchen sein werde. Wir halten es für Unsere kaiserliche Pflicht, dem Reichstage diese Aufgabe von neuem ans Herz zu legen, und würden Wir mit um so größerer Befriedigung auf alle Erfolge, mit denen Gott Unsere Regierung sichtlich gesegnet hat, zurückblicken, wenn es Uns gelänge, dereinst das Bewußtsein mitzunehmen, dem Vaterlande neue und dauernde Bürgschaften seines inneren Friedens und den Hilfsbedürftigen größere Sicherheit und Ergiebigkeit des Beistandes, auf den sie Anspruch haben, zu hinterlassen.

In der Debatte um das Tabaksmonopol am 12. Juni 1882 geht Bismarck auf den Vorwurf des Sozialismus ein, der ihm gemacht worden war:

Aber den Vorwurf des Sozialismus möchte ich noch erwähnen. Sozialistisch sind viele Maßregeln, die wir getroffen haben, [...] und etwas mehr Sozialismus wird sich der Staat bei unserem Reiche überhaupt angewöhnen müssen.

Wir werden den Bedürfnissen auf dem Gebiete des Sozialismus reformierend entgegenkommen müssen, wenn wir dieselbe Weisheit beobachten wollen, die in Preußen die Stein- und Hardenbergsche Gesetzgebung bezüglich der Emanzipation der Bauern beobachtet hat. Auch das war Sozialismus, dem einen das Gut zu nehmen, dem anderen zu geben, ein sehr viel stärkerer Sozialismus als ein Monopol. Ich freue mich, [...] daß man diesen Sozialismus geübt hat; wir haben dadurch einen sehr wohlhabenden, freien Bauernstand erhalten, und ich hoffe, wir werden mit der Zeit ähnliches für die Arbeiter erreichen. [...]

Das alles ist sozialistisch, [...] aber wenn Sie glauben, mit dem Worte »Sozialismus« jemand Schrecken einflößen zu können oder Gespenster zu zitieren, so stehen Sie auf einem Standpunkte, den ich längst überwunden habe und dessen Überwindung für die ganze Reichsgesetzgebung durchaus notwendig ist.

»Der Sozialdemokrat« bringt am 1. Oktober in einer Korrespondenz aus Bremen ein Beispiel über das Schicksal der Ausgewiesenen:

Bremen, 31. August. Zum ersten Male erhält das Parteiorgan eine Korrespondenz von hier und noch dazu in Veranlassung eines Umstandes, der unser aller Gemüter seit einigen Tagen in nicht geringer Aufregung erhält. Es betrifft das plötzliche Hinscheiden unseres mutigen und braven Genossen Julius Lewin. Derselbe, im Februar dieses Jahres aus Berlin ausgewiesen und erbarmungslos von Ort zu Ort gehetzt, hatte schließlich in Magdeburg Arbeit gefunden; aber auch dort wurde er von der Polizei mit raffinierter Bosheit aus der Arbeit getrieben, von Fabrik zu Fabrik gejagt, und so traf er denn endlich, nachdem er abermals dazu gezwungen war, den Wanderstab zu ergreifen, vor fünf Wochen mit siechem und gebrochenem Körper hier ein. Es wurde ihm Arbeit verschafft, und obwohl er nur einen kargen Verdienst erzielte, sprach Lewin doch oft seine Befriedigung darüber aus, daß er jetzt doch wenigstens in der Lage sei, warme Speisen zu sich zu nehmen und sich satt essen zu können. [...] Doch die Verfolgungen und die damit verbundenen Strapazen und Entbehrungen hatten dem Körper unseres Genossen den letzten Rest von Lebenskraft geraubt. Kaum einige Wochen in Arbeit, wurde er von einem Blutsturz überfallen. Wir trafen sofort die nötigen Vorkehrungen, um ihn nach Berlin zurück ins Krankenhaus zu befördern, und noch waren wir mit diesem Vorhaben beschäftigt, als am 10. August Lewin, der noch bei unserem Parteifreund Frick zu Mittag gespeist hatte, im Begriff, einige zur Abreise erforderlichen Wege zu besorgen, kaum hundert Schritte vom Haus entfernt von einem plötzlichen Unwohlsein befallen wird; er eilt hilfesuchend und schwankenden Schrittes zurück. [...]

Die Beerdigung übertrugen wir der israelitischen Gemeinde,

die sich weit toleranter gegen uns benahm, als voraussichtlich die christliche getan haben würde.

Am 11. Januar 1883 wird im Reichstag der von dem Abgeordneten Liebknecht und seinen Genossen eingebrachte Gesetzentwurf, betreffend die Aufhebung sämtlicher im deutschen Reich bestehenden Ausnahmegesetze, beraten. Liebknecht begründet diesen Antrag:

Die Tatsache, daß wir die Abschaffung *sämtlicher* Ausnahmegesetze beantragen, beweist Ihnen, daß wir in dieser Frage uns auf den rein prinzipiellen Boden stellen. Es ist von verschiedenen Seiten angeregt worden, wir sollten bloß einen Antrag auf Abschaffung des Sozialistengesetzes einbringen. Das können wir nicht; hätten wir den Rat befolgt, so würden wir nicht bloß den Boden des Prinzips verlassen, sondern auch der irrigen Vorstellung Raum gegeben haben, als hätten wir ein ganz besonderes Bedürfnis, dieses Gesetz loszuwerden. [...] Indem wir aber rein prinzipiell vorgehen und, unserem Programm gemäß, gleiches Recht für alle verlangen, haben wir diesem Vorwurf von vornherein die Spitze abgebrochen. [...] Das Prinzip ist unteilbar!

Gegen Schluß seiner großen Rede sagt Liebknecht:

Wir glauben, daß die Menschheit sich nicht in die engen Schranken einzelner Nationalitäten einpferchen läßt; wir glauben nicht an die Bestimmung einzelner Völker, die Zivilisation zu monopolisieren, sondern wir glauben, daß die große Kulturarbeit der Menschheit auch bloß durch eine Art nationale und internationale Arbeitsteilung zwischen den verschiedenen Völkern geleistet werden kann.

Am 14. März 1883 stirbt Karl Marx. Franz Mehring, erst 1891 zur Sozialdemokratie gekommen und später ihr großer Historiker, schreibt am 22. März in der »Weser-Zeitung« dazu, anknüpfend an den Tod zweier anderer kurz vorher verstorbener Persönlichkeiten:

Gambetta wurde von einer großen Nation in tiefer Trauer begraben, aber sein Name verwittert mit unheimlicher Schnelligkeit; um Wagner klang wochenlang die bewegliche Totenklage eines mächtigen Volkes, aber seine Kunst ist doch nur einer winzigen Minderheit ein unlöslicher Teil ihres Lebens geworden; der gebrochene und greise Mann dagegen, welcher vor einigen Tagen in London starb, einsam, halb vergessen, von keinem Volke beweint, wird riesenhaft in die Zukunft wachsen, so gewiß seine Lehre Tausenden und Hunderttausenden unter allen Völkern die Hoffnung auf das Diesseits und den Glauben an das Jenseits ersetzt.

Tiefer wie irgendein einzelner Mensch des neunzehnten Jahrhunderts hat Karl Marx seine Spuren in diesen Erdball gedrückt. [...]

In diesem Manne steigert sich der revolutionäre Gedanke des 19. Jahrhunderts zu seiner höchsten und reinsten Höhe.

Am 27. August schreibt Engels an Eduard Bernstein:

Was sagen Sie zu folgendem: »Kölnische Zeitung«, 20. Juli 1883. »Die letzte sogenannte rote Nummer der ›Rheinischen Zeitung‹ (dritte Auflage) vom 19. Mai 1849, welche an ihrer Spitze das ›Abschiedswort der Neuen Rheinischen Zeitung‹ von F. Freiligrath veröffentlichte, ist dieser Tage hier nochmals von der Polizei in Beschlag genommen worden. Ein Althändler hatte diese Schluß- und Abschiedsnummer des damaligen Organs der Demokratie in einer Anzahl Exemplaren als Makulatur gekauft und verkaufte sie das Stück zu zehn Pfennig. Die Polizei machte der Sache durch Konfiskation der noch bei dem Händler vorhandenen Blätter ein Ende. Wenn die Beschlagnahme mit Rücksicht darauf geschah, daß der ganz miserable blaßrote Druck des Blattes den Augen der Leser verderblich werden muß, so mag das Publikum der Polizei Dank wissen; der Text dürfte heute kaum mehr ein Gemüt erregen.«

Seit dem Erlaß des Sozialistengesetzes gibt der Polizeipräsident von Berlin, Guido von Madai, regelmäßig geheime Berichte für hohe Kommandostellen und Regierungsbehörden. In dem vom 4. März 1884 heißt es:

In demselben Maße, in dem die sozialpolitischen Reformbestrebungen der Regierung aus dem bloßen Stadium der bloßen Pläne in das der Verwirklichung gekommen sind, ist auch das Interesse daran in den Kreisen der arbeitenden Bevölkerung, deren Lage dadurch gebessert werden soll, gewachsen und wird allerorten durch eingehende kritische Besprechungen betätigt. Da aber die Reformen für alle Arbeiter, also auch die unter ihnen befindlichen Sozialdemokraten, bestimmt sind, so mußte auch den letzteren gestattet werden, ihre Meinung darüber zu äußern, solange sie sich innerhalb der durch das Gesetz gezogenen Schranken hielten.

Diese vorteilhafte Situation haben die Führer bald erkannt und in sehr geschickter Weise für ihre Zwecke auszunutzen verstanden, indem sie unausgesetzt im Lande umherreisten, überall in die Bewegung sich mischten, in zahllosen Versammlungen das Wort ergriffen und dadurch zunächst die Aufmerksamkeit, dann die Sympathie der Arbeiter zu gewinnen suchten. [. . .]

Dies zeigte sich zunächst bei dem Krankenversicherungsgesetz. Aus Anlaß desselben sind innerhalb der Berichtszeit im Reichsgebiet gewiß über tausend öffentliche Versammlungen abgehalten, bei denen Sozialdemokraten als Einberufer fungierten oder als Redner auftraten. Nur in sehr wenigen dieser Versammlungen wurde dem Gesetz einige Anerkennung gezollt. [. . .]

Noch kürzlich wurde in einer Berliner Versammlung das Gesetz zum Beweise für die Behauptung herangezogen, daß die Regierung nur darauf bedacht sei, die Arbeiter zu unterdrücken und mit Füßen zu treten, und die »Metallarbeiterzeitung« vom 10. Januar cr. meinte, es zeige sich in dem Gesetz wieder, daß die Arbeiter als Bürger zweiter Klasse, bzw. als Unmündige, betrachtet würden. Nichts erbittere aber mehr, als eine solche fortwährende Zurücksetzung; es sei daher kein Wunder, wenn der Arbeiter alles, was ihm angeblich zur Verbesserung seiner Lage geboten werde, mit Mißtrauen betrachte und die Reform das Gegenteil von dem bewirke, was sie bezwecke.

In der Reichstagsdebatte über die Verlängerung des Sozialistengesetzes führt Bismarck nach einer Rede Windthorsts aus:

Ich möchte noch eine andere Bemerkung des Herrn Vorredners resümieren. Derselbe behauptet, ich hätte von der »Selbstverteidigung der Sozialdemokratie« gesprochen. [...] Sollte ich [...] das wirklich gesagt haben, so würde ich mich unrichtig ausgedrückt haben. Gemeint habe ich die »Selbstverteidigung des Arbeiters«, die doch auch beschränkt ist. Es können durch dies Gesetz unter Umständen ganz ähnliche Bestrebungen zur Verbesserung des Loses der Arbeiter, die mit denen des Staates nicht notwendig im Kampfe stehen, getroffen werden, und da habe ich allerdings gesagt: Unser Recht, die Ausnahmegesetze fortbestehen zu lassen, schöpfen wir aus der Pflicht und aus der Erfüllung der Pflicht einer christlichen Gesetzgebung. Nennen Sie es »sozialistische« Gesetzgebung auf der Fortschrittsseite, ich ziehe den Ausdruck »christlich« vor. Der Sozialismus der Zeit der Apostel ging noch sehr viel weiter. Wenn Sie die Bibel vielleicht einmal lesen wollen, werden Sie verschiedenes aus der Apostelgeschichte darüber finden. So weit gehe ich in unseren heutigen Zeiten nicht. Den Mut aber zu Repressionsmaßregeln schöpfe ich nur aus meinem guten Willen, daran zu arbeiten, daß die wirklichen Beschwerden, die wirklichen Härten des Schicksals, über die die Arbeiter zu klagen haben, soweit eine christlich gesinnte Staatsgemeinschaft es vermag, gemildert werden und ihnen abgeholfen wird.

Kautsky sagt in einem Brief an Engels vom 29. April:

An eine energische Handhabung des Sozialistengesetzes glaube ich übrigens für die nächste Zeit selbst für den Fall der nichtamendierten Verlängerung nicht recht. Die Situation ist zu unsicher für alle Parteien, die Volksstimmung uns günstig, und jede Partei hat auf die Wähler Rücksicht zu nehmen. Diese Rücksicht zwingt viele Deutschfreisinnige und Zentrumsleute nolens volens *gegen* das Gesetz aufzutreten. Andererseits sind bei den Wahlen nicht die Konservativen, sondern die Fortschrittler unsere nächsten Gegner: Nur auf deren Kosten können wir im großen und ganzen neue Sitze gewinnen – ein Grund für die Regierung, uns ebenfalls freie Hand zu lassen. [...]

Das ist meine Ansicht von der Situation. Die Stimmung ist heute eine andere als 1878; die Polizei arbeitet freilich krampfhaft, eine solche Stimmung wieder zu erzeugen; ihre Agenten im Verein mit den Anarchisteneseln geben sich redliche Mühe dazu.

Bei der 2. Beratung über die Verlängerung des Gesetzes wendet sich Bismarck am 9. Mai 1884 wiederum an die Reichstagsabgeordneten:

Jetzt haben Sie die Initiative mit einem solchen Gesetz ergriffen; wir nehmen sie dankbar an, akzeptieren sie utiliter und sind überzeugt, daß Sie das damit Ihrerseits gegebene Wort nicht zurückziehen wollen.

Daß Sie damit nicht die ganze Gefahr decken, gegen welche die sozialistische Gesetzgebung überhaupt gegeben ist, liegt auf der Hand. Die Attentate, über die wir bei uns im Lande zu klagen haben, sind eben bisher nicht mit Dynamit begangen worden. [...] Die schweren Verbrechen, die vor sechs Jahren diese Gesetze ins Leben riefen, hätten auch ohne Dynamit und unter dem strengsten Dynamitgesetze begangen werden können. Und außerdem trifft diese Dynamitgesetzgebung gar nicht die allgemeine Gefahr, die dem ruhigen Bürger in der Sorge vorschwebt, was aus ihm werden könnte, wenn die Theorien, wie sie im Schlosse Wyden zu Papier gebracht worden, bei uns die Oberhand erhalten und zur Regierung gelangen könnten. Diese allgemeine Sorge, als ob die Regierung nicht wachsam und stark genug wäre, die Zukunft des ruhigen Bürgers zu schützen, von letzterem zu nehmen, halten wir einstweilen für die Aufgabe, die durch kein Dynamitgesetz erledigt werden kann.

Mit dem Stichwort »Wyden« bezieht sich Bismarck auf die erste geheime Konferenz der Sozialdemokratie, die vom 20. bis 23. Mai 1880 in Schloß Wyden im Kanton Zürich stattgefunden hat. Der Kongreß beschloß, das Wort »gesetzlich« aus dem Gothaer Programm zu streichen – da die Partei rechtlos sei und ihr gesetzliches Wirken unmöglich gemacht worden sei, habe das Wort jeden Sinn verloren. Bismarck sagt weiter:

Sie haben nun die Frage aufgeworfen: Soll dieses Gesetz von ewiger Dauer sein? Ich habe schon bei der ersten Lesung darauf geantwortet – weder von ewiger noch von zu kurzer Dauer, sondern wir haben die Hoffnung, auf dem Wege der Reform, die wir erstreben, zwar nicht alle Beteiligten zu bekehren, aber doch den Zulauf, die Rekrutierung für die revolutionären Pläne wesentlich zu beschränken, wenn wir dem Arbeiter das geben, was die Kaiserliche Botschaft und was die daran geknüpften Reformvorschläge verheißen haben. [...] Ich will mich nur dahin resümieren: Geben Sie dem Arbeiter das Recht auf Arbeit, solange er gesund ist, [...] sichern Sie ihm Pflege, wenn er krank ist, sichern Sie ihm Versorgung, wenn er alt ist – wenn Sie das tun und die Opfer nicht scheuen und nicht über Staatssozialismus schreien, sobald jemand das Wort ausspricht, wenn der Staat etwas mehr christliche Fürsorge für den Arbeiter zeigt, dann glaube ich, daß die Herren vom Wydener Programm ihre Lockpfeife vergebens blasen.

Nachdem Bismarck an diesem Tag vom »Recht auf Arbeit« gesprochen hat, bringen die Sozialdemokraten sofort einen Initiativantrag ein. Die »Frankfurter Zeitung« schreibt dazu:

Die Sozialdemokraten sind Leute, selbst den Teufel beim Wort zu nehmen, [...] der Reichskanzler steht vor der Wahl, ob er eine Übereilung eingestehen oder die höchste Autorität in den Dienst der sozialdemokratischen Idee stellen will.

Im Jahre 1884 erscheint unter einem Pseudonym ein kleines Büchlein eines Journalisten »Die deutsche Sozialdemokratie unter dem Ausnahmegesetz« mit einem Wort aus Lassalles »Franz von Sickingen« als Motto:

> Ehrwürdger Herr!
> Schlecht kennt Ihr die Geschichte.
> Ihr habt ganz recht, es ist Vernunft ihr Inhalt,
> Doch ihre Form bleibt ewig die Gewalt!

In dem Kapitel über die Agitation heißt es:

Sehen wir uns den Entwicklungsgang jener Männer an, deren Wirken es namentlich zuzuschreiben ist, daß die deutschen Arbeiter trotz des Ausnahmegesetzes an der Spitze des internationalen Radikalismus marschieren. Die Sozialdemokratische Partei hat sich [...] ihre zahlreichen Agitatoren in den letzten zwanzig Jahren selbst erzogen.

In wie systematischer Weise dies geschieht, davon haben außerhalb der Partei stehende Personen nur selten eine Ahnung. [...] Ich will ein Bild nach dem Leben zeichnen.

Es ist spätabends. Die Fabriken der Großstadt haben ihre Arbeitermassen ausgestoßen, [...] und wie in den glänzenden Restaurants sich die noble Gesellschaft der »Bourgeois« versammelt, so sucht auch der ärmliche Arbeiter seine Kneipe [...] auf, um einen Abendtrunk zu tun. [...]

Eine enge, winklige Straße führt zu einem winkligen Hause, dessen Inschrift »Restaurant zum Deutschen Kaiser« wie eine Ironie klingt. [...] Wir sind allen, namentlich aber den einflußreichen Personen bekannt, und wenn man auch weiß, daß wir kein Freund der Partei sind, so werden wir doch als durchaus vertrauenswürdig und unverdächtig geachtet.

Freilich, für die Ohren eines Polizisten sind die Reden und Bemerkungen, welche wir hören, nicht geeignet. Würde es jemals einem Polizeimann vergönnt sein, unerkannt in einer solchen radikalen Gesellschaft zu weilen, er könnte ein reiches Anklagematerial erlauschen, [...] daß ein halbes Dutzend Staatsanwälte ein ganzes Jahr [...] zu tun hätte.

Doch das geschieht selten und ist nach der jetzigen Organisation der Partei fast unmöglich. [...]

Die Mehrzahl der heutigen Gäste ist [...] eingeweiht. Fast sämtliche Anwesende besuchen die Agitatorenschule und haben sich bereits in der Partei Vertrauen erworben. [...]

Der Wirt hat die Gläser neu gefüllt, und der Unterricht kann beginnen.

Der Eifer und das meist unleugbare Talent der Schüler erleichtern die Aufgabe des Lehrers ganz wesentlich. [...] Grundlage des Unterrichts sind die Schriften Lassalles. [...] Seine kleineren Schriften werden nicht nur gelesen, sondern ganze Seiten müssen auswendig gelernt werden. [...]

Der glänzende, gemeinverständliche Stil, in dem bei aller Wissenschaftlichkeit Lassalles Broschüren geschrieben sind,

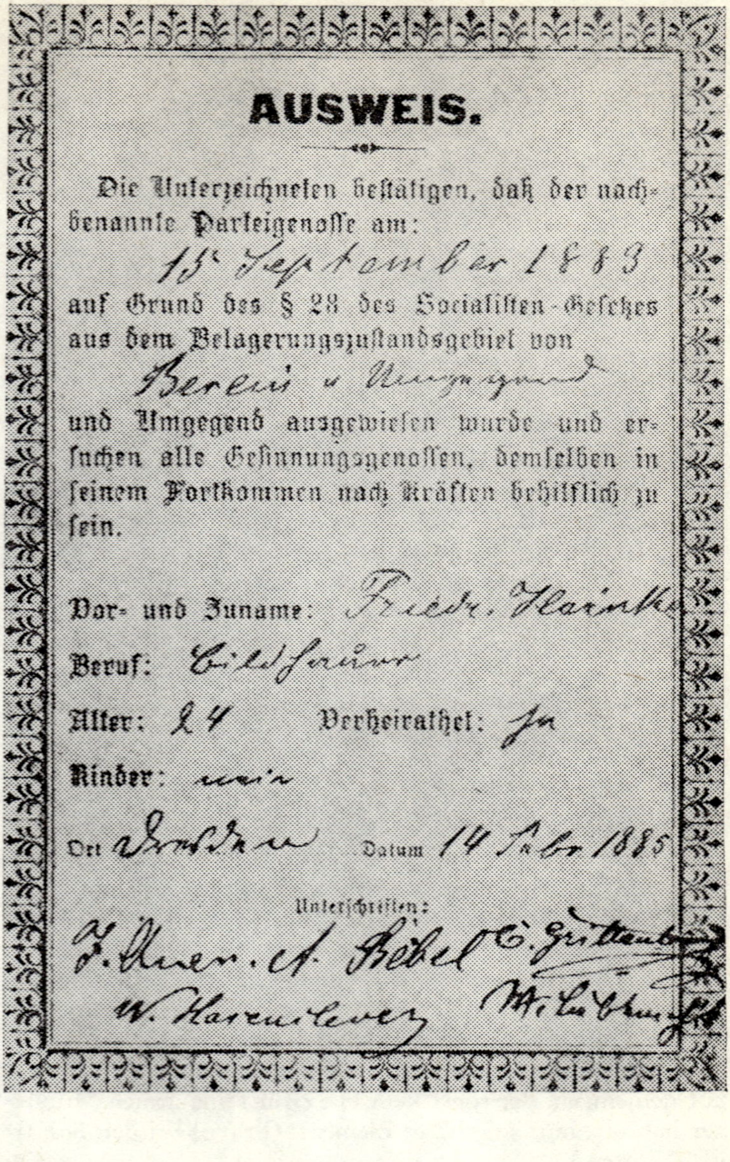

AUSWEIS.

Die Unterzeichneten bestätigen, daß der nachbenannte Parteigenosse am:

15t September 1883

auf Grund des § 28 des Socialisten-Gesetzes aus dem Belagerungszustandsgebiet von

Berlin u Umgegend

und Umgegend ausgewiesen wurde und ersuchen alle Gesinnungsgenossen, demselben in seinem Fortkommen nach Kräften behilflich zu sein.

Vor- und Zuname: Friedr. Hainke

Beruf: Bildhauer

Alter: 24 Verheirathet: ja

Kinder: nein

Ort Dresden Datum 14 Febr 1885

Unterschriften:

J. Auer. A. Bebel C. Grillenberger

W. Hasenclever W. Liebknecht

macht diese mehr als die Werke des schwer verständlichen Marx für das Anfangsstadium geeignet. Lassalle weiß dem einfachsten Arbeiterverstande die abstraktesten Theoreme der Volkswirtschaft mit spielender Leichtigkeit klarzumachen. Er, jeder Zoll ein König unter den Agitatoren, war der wissenschaftliche Barrikadenkämpfer, Karl Marx der systematische Kopf, bei aller Gelehrsamkeit ein tüchtiger Praktiker, ein weitausschauender Politiker, ruhelos im Organisieren und Revolutionieren, aber ruhig, nur hin und wieder nach rechts und links polemische Schwertschläge austeilend.

Zur zweiten Reichstagswahl unter dem Sozialistengesetz erläßt die sozialdemokratische Fraktion 1884 einen Wahlaufruf, in dem unter anderem zu lesen ist:

Unser Programm ist einfach: Wir wollen eine gerechte und vernünftige Regelung der wirtschaftlichen Verhältnisse durch den Staat, und da diese ungeheure soziale Umgestaltung nicht durch den Willen eines einzigen, nicht durch Ukase von oben herab dekretiert werden kann, sondern des freien, begeisterten Zusammenwirkens der Volksmassen bedarf, so sind wir zugleich für alle Forderungen der Demokratie. Die politischen und sozialen Fragen sind untrennbar. Sozialismus ohne Demokratie wird Kasernen- und Polizeisozialismus; Demokratie ohne Sozialismus ist Manchestertum.

Bismarck sagt am 26. November im Reichstag:

Die Sozialdemokratie ist so, wie sie ist, doch immer ein erhebliches Zeichen, ein Menetekel für die besitzenden Klassen dafür, daß nicht alles so ist, wie es sein sollte, daß die Hand zum Besseren angelegt werden kann. [...] Wenn es keine Sozialdemokratie gäbe und wenn nicht eine Menge Leute sich vor ihr fürchtete, würden die mäßigen Fortschritte, die wir überhaupt in der Sozialreform bisher gemacht haben, auch noch nicht existieren (sehr richtig! bei den Sozialdemokraten), und insofern ist die Furcht vor der Sozialdemokratie in bezug auf denjenigen, der sonst kein Herz für seine armen Mitbürger hat, ein ganz nützliches Element. (Bravo! bei den Sozialdemokraten.)

Scherzhaft dichtet Jakob Audorf im Jahre 1885 »Die sozialdemokratischen Dienstmädchen«:

Achtzigtausend Domestiken –
Also rechnete man aus –
Findet in Berlin verteilt man
In der Stadt von Haus zu Haus;
Und in all den andern Städten
Findet Tausende man noch,
Die nur ungern noch sich fügen
In der Herrschaft strenges Joch. [...]

Schrecklich bricht die Propaganda
In Kasernen dann sich Bahn,
Wo der Hauptmann wird vergeblich
Nach verbotnen Schriften fahn;
Jede Wurst- und Käsestulle
Aus der Herrschaft Küchenschrein,
Wird ein Propagandamittel
Dann bei den Soldaten sein. [...]

Unter süßem Liebeskosen,
Selbst beim Tanz, beim Stelldichein,
Jedes Röckchen, jedes Mieder,
Wird dann Agitator sein;
Jede Disziplin vergeblich,
Nutzlos der Kasernenzwang –
Welch ein Jammer! Dann Verderben
Gehe schrecklich deinen Gang!

Im Jahre 1885 wird der »Verein zur Vertretung der Interessen der Arbeiterinnen« gegründet. In seinem ersten Flugblatt heißt es:

Arbeiterinnen! Eine jede von Euch weiß, wie traurig die Verhältnisse sind, unter denen Ihr lebt. Ein Lohn wird Euch gezahlt, der Eurer Menschenwürde spottet und Euch in beständiger geistiger und materieller Abhängigkeit erhält. Überflüssig wäre es, ein Wort mehr oder eine Zahl zum Beweise hinzuzufügen: Die tägliche Not und die tägliche Entbehrung lehren einer jeden von Euch bitter und scharf genug, daß Euer Lohn der gedrückteste, daß Eure Arbeit die schlechtbezahlteste ist!

Nun kommt noch hinzu, daß wegen dieser ihrer schmachvoll kargen Entlohnung die Frauenarbeit die gefährlichste Konkurrentin der Männerarbeit ist. In jeder Branche, in welche die Frau eindringt, ist ein Sinken des Lohnes unausbleiblich, der männliche Arbeiter wird von der neuen, billigeren Arbeitskraft beiseite geschoben, [...] und die Folgen, [...] das törichte Widerspiel, daß der »Ernährer« [...] untätig zu Haus sitzt, die Frau aber in die Fabrik muß, um ihre Kinder vor Hunger zu schützen – diese Zersprengung der Familie, diese Vernichtung jeder Sittlichkeit, diese Gefährdung der kommenden Geschlechter –, sie liegen vor den Augen aller, die sehen wollen! An uns Frauen ist es, nicht länger mehr mit dem Gleichmut der Gewohnheit der Entwickelung des Unheils zuzusehen, das uns und das *ganze* Volk bedroht. Wir müssen uns aufraffen und im Namen der Gerechtigkeit eine Forderung erheben, [...] die Forderung der Lohngleichheit der Männer- und Frauenarbeit!

Wohl liegt das Ziel fern, und der Weg ist ungebahnt, aber es gibt ein Mittel, zu erreichen, was wir wollen. Dieses Mittel heißt: Vereinigung.

Empörung löst das Eingreifen der Polizei bei der Beerdigung eines Frankfurter Sozialdemokraten aus. Die »Frankfurter Zeitung« berichtet darüber:

Sofort stürzten die Schutzleute, [...] welche um die Leidtragenden einen geschlossenen Kreis bildeten, im Sturmschritt auf die Menge [...] und hieben mit ihren Säbeln ein. Dabei riefen Schutzleute: »Nieder mit der Bande. Nieder mit der Schwefelbande!« Man kann sich leicht denken, welch ein schauriges Durcheinander und Geschrei, Gekreisch und Hilferufen entstand. Viele stürzten über die Gräber, aber auch die Liegenden wurden noch geschlagen. [...] Alles rannte dem Ausgange zu. Aber auch am Portale standen Schutzmänner und hieben auf die verfolgten Fliehenden ein. [...] Ein Kind wurde aufgehoben und fortgetragen. Ein zweiter Mann, der infolge der wuchtigen Hiebe zusammenbrach, schleppte sich bis in die Anlage, wo er in Krämpfe verfiel. Ein junges Mädchen [. . .] fiel in der Nähe des Grabes nieder und erhielt einen Hieb von einem ihr nacheilenden Schutzmann. Ein junger Mann wurde verfolgt, stürzte in ein offenes Grab und erhielt hier seine Hiebe. Ein alter Familienvater wurde mit Ohrfeigen traktiert und sein Schwiegersohn mit dem Säbel geschlagen. [. . .] Auch darin stimmten alle Berichte überein, daß von keiner Seite auch nur der geringste Widerstand versucht worden, daß sich Wehrlose den von allen Seiten herabsausenden Hieben durch die Flucht zu entziehen suchten.

Im Grimmschen Wörterbuch heißt es 1886 unter dem Stichwort »vaterlandslos«:

heute vielfach von der gesinnung gebraucht, z. B. die ultramontanen sind vaterlandslos.

Ein Landarbeiter, Franz Rehbein, erzählt:

Da lernte ich im Jahre 1886 [. . .] einen Schuster namens Schröder kennen. [. . .] Dieser Mann erzählte mir immer allerhand von der Sozialdemokratie, ohne daß ich jedoch besonderes Interesse dafür zeigte, denn einmal war das, was er sagte, meistens herzlich konfus und wenig überzeugend, dann aber auch hatte ich in meiner bisherigen Lektüre [. . .] nur stets sehr Ungünstiges über die Sozialdemokratie gelesen.

Eines Tages aber hielt mir Schröder ein Blatt vor, wie mir's bis dahin noch nicht in die Hände gekommen war, den Züricher »Sozialdemokrat«. Ganz geheimnisvoll sagte er mir, daß dieses Blatt in Deutschland eigentlich verboten sei. [. . .] Ich selbst hatte ja kaum eine Ahnung davon, daß damals das Sozialistengesetz existierte und diese Blätter nach Deutschland eingeschmuggelt wurden. [. . .]

Donnerwetter, war das eine Tonart in diesen Dingern! Da wurden die Regierung und die gesellschaftlichen Einrichtungen ja in einem ganz anderen Lichte gezeigt, als wie ich das sonst immer gelesen hatte. Und wie warm das Blatt für die Arbeiter schrieb! Da wurde das Arbeiterelend und die Abhängigkeit der Arbeiter von Kapitalisten und Grundbesitzern mit einer

Lebendigkeit und Naturtreue geschildert, daß ich ganz verblüfft wurde. Mir fiel's förmlich wie Schuppen von den Augen. Teufel noch einmal, das war ja *wahr*; [...] mein ganzes bisheriges Leben war Beweis dafür. Konnten die Leute, die so etwas schrieben, schlecht sein? Unmöglich.

Georg von Vollmar sagt am 14. September 1886 im Reichstag über den Leipziger Belagerungszustand:

In der Tat: wer die gegenwärtige Ordnung der Dinge um jeden Preis aufrechterhalten will, wer dabei keine Scheu hat, die letzten Reste der bürgerlichen Freiheit zu vernichten, der kann gar nicht anders, als jede Art von Arbeitervereinigungen – soweit sie nicht im Gängelbande der herrschenden Parteien laufen – zu hassen und auf ihre Unterdrückung hinzuarbeiten. Die Arbeiterbewegung ist in jedem ihrer Teile gegen die vorhandenen sozialen Verhältnisse gerichtet. Die Arbeiter sind bisher ein unterdrückter Stand gewesen, und sie wollen sich aus dieser unterdrückten und ausgebeuteten Lage befreien.

Liebknecht veröffentlicht »irgendwo im September 1886« seine Flugschrift »Warum verfolgt man uns!«. Darin heißt es:

Die deutsche Sozialdemokratie wandert nicht aus; sie kämpft da, wo der Feind ihr das Schlachtfeld angewiesen hat. Sie sucht nicht in fremden Landen die Verwirklichung ihrer Ideale – sie kämpft in der Heimat, in der Alten Welt –, und in der Alten Welt wird sie siegreich erkämpfen die Neue Welt – die Neue Welt der Freiheit, Gleichheit, Brüderlichkeit und sozialen Ordnung.

Am 14. Januar 1887 wird der Reichstag aufgelöst, am 21. Februar finden die »Faschingswahlen« statt. »Der Sozialdemokrat« setzt dem Bismarckschen Losungswort »Kaiserliches oder Parlamentsheer« entgegen »Für die soziale Republik«. Im Aufruf der sozialdemokratischen Fraktion heißt es:

In dem Konflikt, welcher zur Auflösung geführt hat, war uns, den Abgeordneten der Sozialdemokratischen Partei [...] der Weg klar vorgezeichnet; unwandelbar auf dem Boden unseres Programms stehend, mußten wir jeden Kompromiß verwerfen, im Interesse des arbeitenden Volkes mußten wir der Regierung, welche eine Verstärkung des Militärs forderte, jeden Mann und jeden Groschen verweigern. [...] Der Militarismus ist unverträglich mit der Freiheit und dem Wohlstande der Völker und legt es in die Hand der Machthaber, ohne Zustimmung der Volksvertretungen verheerende Kriege herbeizuführen. Wir verlangen die allgemeine Volksbewaffnung, die Erziehung der gesamten Nation zur Wehrhaftigkeit, die Schaffung eines Volksheeres, welches die ganze Wehrkraft der Nation umfaßt. Ein solches Heer ist zur Verteidigung des Landes doppelt und dreifach so stark als das gegenwärtige, zum Angriff auf andere Nationen nicht zu verwenden und folglich eine Bürgschaft des Friedens. Mit der Beseitigung des Militarismus ist der Weltfriede gesichert.

Friedrich Engels gibt im Jahre 1887 die Schrift »Zur Erinnerung an die deutschen Mordspatrioten von 1806–1807« seines verstorbenen Freundes Sigismund Borkheim neu heraus, »weil der deutsche Spießbürger womöglich noch aufgeblasener und frecher geworden ist als damals«. In seiner Einleitung warnt er die deutschen Politiker mit visionärem Zukunftsblick davor, einen neuen Krieg zu entfesseln:

Kein anderer Krieg ist für Preußen-Deutschland mehr möglich als ein Weltkrieg, und zwar ein Weltkrieg von einer bisher nie geahnten Ausdehnung und Heftigkeit. Acht bis zehn Millionen Soldaten werden sich untereinander abwürgen und dabei ganz Europa so kahlfressen wie noch nie ein Heuschreckenschwarm. Die Verwüstungen des Dreißigjährigen Krieges zusammengedrängt in drei bis vier Jahre und über den ganzen Kontinent verbreitet; Hungersnot, Seuchen, allgemeine, durch akute Not hervorgerufene Verwilderung der Heere wie der Volksmassen; rettungslose Verwirrung unseres künstlichen Getriebes in Handel, Industrie und Kredit – endend im allgemeinen Bankrott; Zusammenbruch der alten Staaten und ihrer traditionellen Staatsweisheit, derart, daß die Kronen zu Dutzenden über das Straßenpflaster rollen und niemand sich findet, der sie aufhebt; absolute Unmöglichkeit, vorherzusehen, wo das alles enden und wer als Sieger aus dem

Kampf hervorgehen wird. Nur *ein* Resultat absolut sicher: die allgemeine Erschöpfung und die Herstellung der Bedingungen des schließlichen Sieges der Arbeiterklasse.

Prinz Wilhelm von Preußen will der Berliner Stadtmission durch Zusammenschluß aller »christlich-sozialen« Kräfte helfen. Er schreibt am 21. Dezember 1887 an Bismarck:

Ich habe zu meinem Bedauern erfahren, daß Euer Durchlaucht mit einem Werke, welches ich im Interesse der armen Klassen unseres Volkes begonnen habe, nicht einverstanden sein sollen. Ich fürchte, daß die hierüber von sozialdemokratischen Blättern ausgegangenen und leider in viele andre Zeitungen übernommenen Nachrichten die Veranlassung gegeben haben, meine Absichten zu entstellen. [. . .]

Daß es gerade mir in meiner schwierigen, verantwortungsvollen und dornenvollen Lage daran gelegen sein mußte, einer solchen Sache keinen politischen Anstrich zu geben, versteht sich doch wohl von selbst. Auf der anderen Seite aber bin ich davon durchdrungen, daß eine Vereinigung dieser Elemente zu dem genannten Zweck ein anzustrebendes Ziel ist, welches das wirksamste Mittel zur nachhaltigen Bekämpfung der Sozialdemokratie und des Anarchismus bietet. Die in den einzelnen großen Städten des Reichs bereits bestehenden Stadtmissionen scheinen mir dazu die geeigneten Werkzeuge.

Auf dem Katholikentag in Freiburg (3.–6. September 1888) hält der Zentrumsführer Dr. Ludwig Windthorst die Schlußansprache über die soziale Frage:

Ich fürchte, daß, wenn wir nicht energischer, als es bisher geschehen, an der Lösung dieser Frage arbeiten, wir noch böse Tage erleben könnten. Es war mir ein außerordentlich ernster Moment, als Pater Weiß von dieser Stelle aus und gleichsam am Vorabend des Revolutionsgedächtnisses von 1789 hinwies, welche Gefahren im Schoße der Zukunft zu liegen scheinen. Mögen wir so ernste Betrachtungen uns recht zu Herzen nehmen und alle in Gleichmäßigkeit wirken zur Lösung der sozialen Frage.

Im Dreikaiserjahr 1888 – am 9. März ist Wilhelm I., am 15. Juni sein Sohn Friedrich III. gestorben – bereitet Wilhelm II. seine sozialpolitische Gesetzgebung mit der Thronrede vom 22. November vor:

Als ein teures Vermächtnis Meines in Gott ruhenden Herrn Großvaters habe Ich die Aufgabe übernommen, die von Ihm begonnene sozialpolitische Gesetzgebung fortzuführen. Ich gebe Mich der Hoffnung nicht hin, daß durch gesetzgeberische Maßnahmen die Not der Zeit und das menschliche Elend sich aus der Welt schaffen lassen, aber Ich erachte es doch für eine Aufgabe der Staatsgewalt, auf die Linderung vorhandener wirtschaftlicher Bedrängnisse nach Kräften hinzuwirken und durch organische Einrichtungen die Betätigung der auf dem Boden des Christentums erwachsenden Nächstenliebe als eine Pflicht der staatlichen Gesamtheit zur Anerkennung zu bringen. Die Schwierigkeiten, welche sich einer auf staatliches Gebot gestützten durchgreifenden Versicherung aller Arbeiter gegen die Gefahren des Alters und der Invalidität entgegenstellen, sind groß, aber mit Gottes Hilfe nicht unüberwindlich.

Am 9. Januar 1889 hält Max Schippel, der Herausgeber der »Berliner Arbeiterbibliothek«, eine Rede vor den Berliner Maurern in Sanssouci:

Kein Stand und keine Klasse wird mit dem vollen Bewußtsein der historischen Rolle, welche ihm zufällt, geboren. Jede emporstrebende Bevölkerungsschicht reift durch lange Erfahrungen und durch unausgesetzte Selbstzucht zu der äußeren Einheit und inneren Kraft heran, ohne welche ihr selbst im gerechtesten Kampfe kein Sieg beschieden ist.

Auch das Proletariat muß an sich arbeiten, um alle Irrtümer und Vorurteile abzulegen, um von seinem Handeln alles Kleinliche und Gehässige abzustreifen, das ihm noch anhaftet. Ja, es muß härter an sich arbeiten, als es jemals andere Schichten getan haben, weil es durch seine Not und seinen Lebensgang tiefer herabgedrückt wurde, als es etwa das Bürgertum in der Zeit seines Emanzipationskampfes war. Gerade den Gewerkschaften ist hier eine große Aufgabe für die Förderung der ganzen großen Arbeiterbewegung zugefallen.

Im Ruhrgebiet kommt es zu einem Streik von rund 10 000 Bergarbeitern. Es gibt blutige Zusammenstöße mit dem eingesetzten Militär. Am 14. Mai empfängt Kaiser Wilhelm II. eine Delegation der Bergleute. Das Ergebnis ist das »Berliner Protokoll«, in dem den Arbeitern einige Zugeständnisse gemacht werden. Der Kaiser führt in seiner Rede gegenüber der Delegation aus:

Sollten aber Ausschreitungen gegen die öffentliche Ordnung und Ruhe vorkommen, sollte sich der Zusammenhang der Bewegung mit sozialdemokratischen Kreisen herausstellen, so würde Ich nicht imstande sein, eure Wünsche mit Meinem Königlichen Wohlwollen zu erwägen. Denn für Mich ist jeder Sozialdemokrat gleichbedeutend mit Reichs- und Vaterlandsfeind. Merke Ich daher, daß sich sozialdemokratische Tendenzen in die Bewegung mischen und zu ungesetzlichem Widerstande anreizen, so würde Ich mit unnachsichtlicher Strenge einschreiten und die volle Gewalt, die Mir zusteht, [...] zur Anwendung bringen.

Am 18. Mai 1889 ergreift Bismarck bei der dritten Lesung der Gesetze zur Alters- und Invalidenversicherung im Reichstag das Wort:

Es hat mich in keiner Weise überrascht, daß die Sozialdemokratische Partei gegen dieses Gesetz ist. [...] Diese lehnen natürlich das Gesetz ab, weil es immer [...] doch ein Schritt auf dem Wege und eine Abfindung mit unserem eigenen Gewissen ist, daß wir wirklich berechtigte Unzufriedenheiten nach der Möglichkeit, die sich uns bietet und die der Reichstag uns gestattet, mildern wollen, eine Beruhigung unseres Gewissens für den Fall, daß das nichts hilft, sondern daß wir fechten müssen. Täuschen wir uns doch darüber nicht, daß wir mit der Sozialdemokratie nicht wie mit einer landsmannschaftlichen Partei in ruhiger Diskussion sind; sie lebt mit uns im Kriege (sehr richtig!), und sie wird losschlagen, [...] sobald sie sich stark genug dazu fühlt.

Auf den Vorwurf der Vaterlandslosigkeit erwidert Bebel zwei Tage später:

Wir sind in Deutschland und somit als Deutsche geboren – und wir, die wir die deutsche Sprache sprechen, an der Kulturarbeit des deutschen Volkes uns ebensogut beteiligt haben wie Sie, und vielleicht in viel höherem Maße als die meisten von Ihnen, haben dasselbe Recht an unser Vater-, an unser Heimatland, wie Sie! Aber Sie können uns nicht verpflichten, die Institutionen, die Sie in Ihrem Interesse geschaffen haben, für gut und richtig zu halten. Hier kommt unser freies Bürgerrecht, unser Menschenrecht und unsere Überzeugung in Betracht, die uns kein Kaiser, kein Kanzler und kein Reichstag nehmen kann, mag er Gesetze machen, wie er will! Darum werden wir uns wehren mit allen Mitteln, die uns zu Gebote stehen, gegen diejenigen, die uns unser Menschen-, unser Bürgerrecht nehmen wollen! Und wenn wir in diesem Kampfe gehetzt und verfolgt werden und viel Unangenehmes zu erdulden haben, dann zeigen wir viel mehr Patriotismus und Vaterlandsliebe als [...] diejenigen, die aus den heutigen Staats- und Gesellschaftszuständen die größten Vorteile für sich und ihre Klassengenossen herauszubringen wissen.

Am 14. Juli 1889, am Tage der Jahrhundertfeier des Bastillesturmes, tritt in Paris – eine erste derartige Veranstaltung der Auflösung der alten Internationalen Arbeiterassoziation – ein Internationaler Sozialistischer Arbeiterkongreß zusammen, der erste Kongreß der II. Internationale. In der Schlußsitzung wird folgender Antrag eingebracht:

Es ist für einen bestimmten Zeitpunkt eine große internationale Manifestation zu organisieren, und zwar dergestalt, daß gleichzeitig in allen Ländern und in allen Städten an einem bestimmten Tage die Arbeiter an die öffentlichen Gewalten die Forderung richten, den Arbeitstag auf acht Stunden festzusetzen und die übrigen Beschlüsse des internationalen Kongresses von Paris zur Ausführung zu bringen.

In Anbetracht der Tatsache, daß eine solche Kundgebung von dem Amerikanischen Arbeiterbund auf seinem im Dezember 1888 zu St. Louis abgehaltenen Kongreß für den 1. Mai 1890 beschlossen worden ist, wird dieser Zeitpunkt als Tag der internationalen Kundgebung angenommen.

Die Sozialisten singen das »Arbeiterverbrüderungslied«:

Die Fahn empor, die Fahn voran,
Wir alle folgen nach!
Errette, was da retten kann,
Uns aus des Elends Schmach!
Zu lang mit Tränen ward genäßt
Der Arbeit hartes Brot;
Nun wallt ein feuriger Protest,
Hoch unsre Fahne rot! [...]

Nun vorwärts denn, und schließt euch dicht,
Und haltet Mann an Mann!
Wo ist, der unsre Masse bricht
Und der sie sprengen kann?
Nicht einer, der die Schar verläßt,
Und ging sie in den Tod!
Wir halten treu, wir halten fest,
Denn unsre Fahn ist rot!

Am 22. November 1889 gibt der Berliner Polizeipräsident, Freiherr von Richthofen, einen neuen Geheimbericht über die deutschen Sozialdemokraten:

Beim Vergleich der heutigen Lage der sozialdemokratischen und revolutionären Bewegung mit der zuletzt vor zwei Jahren geschilderten ergibt sich wiederum eine erhebliche Erweiterung der zwischen der Arbeiterschaft und den übrigen Gesellschaftsklassen entstandenen Kluft. Die Unzufriedenheit mit ihren politischen und wirtschaftlichen Verhältnissen, die Anschauung, daß die ebenso notwendige wie mögliche Besserung von den übrigen Klassen nur aus Eigennutz und bösem Willen hintertrieben werde, [...] greift auch unter den noch nicht der Sozialdemokratischen Partei angehörigen Arbeitern immer mehr um sich. Die Arbeiter fühlen auch, daß sie, wenn einig, die Macht besitzen würden, in diesem Kampfe zu siegen, daher die Neigung zur Gründung von politischen und gewerkschaftlichen Vereinen und der Drang nach Anknüpfung und Pflege internationaler Beziehungen. [...] Ob diese Unzufriedenheit begründet ist oder nicht [...] und ob sie nicht ohne sozialdemokratische Agitation sich auch eingestellt hätte, ist hier nicht zu erörtern. [...]

Die große Schuld der Sozialdemokratie besteht aber darin, daß sie, anstatt die entstandenen Gegensätze auszugleichen, dieselben absichtlich verschärft und noch neue hervorsucht; daß sie alles, was auf gesetzgeberischem Wege oder aus freiem Willen der Arbeitgeber für die Arbeiter getan wird, wider besseres Wissen in deren Augen herabsetzt und sie durch falsche Vorspiegelungen bezüglich ihrer Fähigkeit, den Arbeitern eine glückselige Zukunft zu bereiten, deren immer mehr umgarnt und dem gewaltsamen Umsturz entgegentreibt.

Daß ohne diesen ihr Programm niemals ausgeführt werden kann, weiß sie selbst am besten und hat das auch früher oft genug zugestanden. Erst in neuerer Zeit ist die Taktik in dieser Beziehung geändert. [...]

Wie sehr die Siegeszuversicht gewachsen ist, ergibt sich unter anderem daraus, daß auf dem Marxistenkongreß ganz ernstlich der Vorschlag gemacht wurde, an einem noch zu bestimmenden Tage des nächsten Jahres einen Universalstreik in Szene zu setzen. [...] Jedenfalls soll am 1. Mai 1890 die allgemeine Demonstration für den achtstündigen Arbeitstag stattfinden, und es werden schon jetzt Gelder gesammelt, um dieselbe möglichst eindrucksvoll zu gestalten.

Weiter heißt es in diesem Dokument:

Die deutsche Sozialdemokratie nimmt [...] unter den gleichartigen Parteien sämtlicher europäischer Länder zweifellos die erste Stelle ein, und mit Recht.

Sie ist vor allem vorzüglich organisiert. [...]

Die Partei besitzt ferner [...] in Bebel und Liebknecht Führer, die in die Bewegung wie kein anderer eingeweiht sind, denen die Partei ihre bisherigen Erfolge in erster Linie zu verdanken hat und denen deshalb das unbeschränkteste Vertrauen entgegengebracht wird. [...] In allen wichtigen Fragen wird ihr Rat eingeholt. Sie regeln die Agitation, besorgen die Geldgeschäfte, greifen hier anspornend, dort abmahnend ein, schlichten Streitigkeiten, kurz, ihrer Oberleitung untersteht die ganze sozialdemokratische Bewegung Deutschlands. [...]

Es sind mithin alle Vorbedingungen für ihr Gedeihen vorhanden, und es ist auch aufgrund der vorliegenden Nachricht nicht in Abrede zu stellen, daß sie [...] im ganzen unaufhaltsame und sichere Fortschritte macht und immer weitere Kreise der Arbeiterschaft in ihr Netz zieht.

In London erscheint 1889/1890 eine zweibändige Broschüre, von Ignaz Auer verfaßt, »Nach zehn Jahren«, in der es heißt:

Und nun ist plötzlich dem Blindesten klar, daß das Sozialistengesetz unhaltbar, zwecklos geworden ist. So sehr hat die Sozialdemokratie den Urhebern und Vollstreckern des Ausnahmegesetzes dessen Handhabung verleidet. Diese offene Bankrotterklärung der Gewaltspolitik gegen die deutschen Arbeiter ist das ausschließliche Verdienst des einigen, zielbewußten, opferfreudigen Kampfes, den die Sozialdemokratie von der ersten Stunde der Achterklärung an aufgenommen und in dem sie sich nicht bloß auf die Verteidigung beschränken ließ, somit das prophetische Wort des verstorbenen Bracke [*vom 11. Oktober 1878*] erfüllend: »Wir pfeifen auf dieses Gesetz!«

Auch Liebknecht drückt es ähnlich aus:

Das Sozialistengesetz existiert für uns bloß als Tatsache, der wir uns, soweit sie uns aufgezwungen ist, fügen müssen, hat aber für uns durchaus keine bindende Kraft. [...]

Der Sieg unserer Partei ist der Sieg des Menschentums. In Anbetracht des Zieles muß uns jedes Mittel recht sein, das uns dem Ziel zuzuführen verspricht. [...] Das Unrecht fällt auf diejenigen zurück, welche dieses Gesetz gemacht haben. [...]

Die sozialistische Minorität muß zur Majorität werden oder mindestens die Majorität geistig und moralisch beherrschen. Das ist das Ziel.

Staat im Staate

Der wilhelminische Zeitabschnitt bringt dem Reich wirtschaftlichen Aufschwung und politisches Ansehen. Deutschland steigt in den Kreis der Großmächte auf. Kunst und Wissenschaft blühen. Obzwar dies in erster Linie dem Bürgertum zugute kommt, ist die deutsche Arbeiterschaft von diesem allgemeinen Aufschwung nicht ausgeschlossen. Sie gewinnt an Bildung und politischem Selbstbewußtsein. Sie schafft sich in den Gewerkschaften ein Machtinstrument im wirtschaftlichen Kampf, und sie ist entschlossen, ihre Forderungen durch das Mittel des Streiks gegenüber den Unternehmern durchzusetzen. Versuche, nach der liberalen Ära Caprivis unter den Reichskanzlern Hohenlohe und Bülow das Sozialistengesetz in veränderter Form neu zu beleben, scheitern im Parlament. Die Sozialdemokratische Partei unter Liebknechts und Bebels Leitung nimmt scharf Stellung zu den Reden des Kaisers, zu jedem innen- und außenpolitischen Ereignis und erzieht sich selbst damit zur Übernahme der Verantwortung. Sie erkennt die Gefahren einer imperialistischen Politik, bekämpft die Aufrüstung und läßt sich nicht in das Gefühl unbedingter Sicherheit einwiegen. Ihr Streben nach dem Zusammenschluß »aller Proletarier«, ihr zähes Festhalten an einer Demokratisierung Deutschlands, bringt ihr die Feindschaft der konservativen Kreise, stärkt aber zugleich ihre auf Zukunftshoffnungen aufgebaute Werbekraft. Sie hat sich einen Staat im Staate aufgebaut. Die »roten Preußen« schaffen sich ihre eigene straff gegliederte Organisation, ihre Presse, ihre Bibliotheken und in den Parteitagen ihr eigenes Parlament, in dem offen und ehrlich um die Tagesfragen, die Theorie und die Praxis gerun-

gen wird. Bei allen scharfen Zusammenstößen, zwischen Marxisten und Revisionisten, zwischen Arbeitern und Akademikern, hat man gelernt, daß nur durch Zusammenstehen die Ziele der Sozialdemokratie zu erreichen sind. – Das Jahr 1890 bringt die Aufhebung des Sozialistengesetzes und den Versuch Kaiser Wilhelms II., die Arbeiterschaft für sich zu gewinnen. Der Vizepräsident des preußischen Staatsministeriums, Karl Heinrich von Boetticher, schreibt am 5. Januar 1890 über die Absichten des Kaisers, den Landtag mit einer Rede zu eröffnen:

Er würde dies gern dann tun, wenn darin die Verheißung auf Erlaß eines Arbeiterschutzgesetzes enthalten wäre. Ein solches Gesetz liege ihm sehr am Herzen, und er halte es für durchaus nötig, die Initiative auf diesem Gebiete den Parteien, insbesondere der Sozialdemokratie, aus der Hand zu nehmen. Ich habe mich darauf eingelassen, die Gründe, welche gegen den Erlaß von Arbeiterschutzvorschriften im Sinne der im Reichstage hervorgetretenen Aktion durch ein Gesetz streiten, zu entwickeln, ohne damit auf einen fruchtbaren Boden gekommen zu sein.

Bismarcks Bemerkung am Rande dieses Dokuments bei den Wörtern »Arbeiterschutz« und »Sozialdemokratie«:

Was ist darunter zu begreifen?
Die wird immer darüber hinausgehen.

In seinen »Gedanken und Erinnerungen« schreibt Bismarck über den Kronrat vom 24. Januar:

Ich warnte vor den Folgen: die Steigerung der Erwartungen und der niemals zu befriedigenden Begehrlichkeit der sozialistischen Klassen werde das Königtum und die Regierungsgewalt auf abschüssige Bahn treiben; Seine Majestät und der Reichstag sprächen von Arbeiter*schutz*, es handle sich aber in der Tat um Arbeiter*zwang*, um den Zwang, weniger zu arbeiten; ob der Ausfall in den Einnahmen des Familienhauptes den Unternehmern gewaltsam aufgebürdet werden könne, sei fraglich, weil Industrien, welche 14 Prozent Arbeit durch die Sonntagsruhe verlören, vielleicht nicht bestandfähig bleiben und die Arbeiter schließlich ihren Erwerb verlieren würden. Ein Kaiserlicher Erlaß in dem gewollten Sinne würde die bevorstehenden Wahlen schädigen, weil er die Besitzenden erschrecken, die Sozialisten ermutigen werde. Eine Mehrbelastung der Produktionskosten würde nur dann möglich sein und auf die Konsumenten abgebürdet werden können, wenn die anderen großen Industriestaaten gleichmäßig verführen.

Am 4. Februar bekräftigt Kaiser Wilhelm II. seinen Entschluß gegenüber dem Reichskanzler:

Ich bin entschlossen, zur Verbesserung der Lage der deutschen Arbeiter die Hand zu bieten, soweit die Grenzen es gestatten, welche Meiner Fürsorge durch die Notwendigkeit gezogen werden, die deutsche Industrie auf dem Weltmarkte konkurrenzfähig zu erhalten und dadurch ihre und der Arbeiter Existenz zu sichern.

An demselben Tag veröffentlicht er folgende Botschaft:

Bei Meinem Regierungsantritt habe Ich Meinen Entschluß kundgegeben, die fernere Entwicklung Unserer Gesetzgebung in der gleichen Richtung zu fördern, in welcher Mein in Gott ruhender Großvater Sich der Fürsorge für den wirtschaftlich schwächeren Teil des Volkes im Geiste christlicher Sittenlehre angenommen hat. So wertvoll und erfolgreich die durch die Gesetzgebung und Verwaltung zur Verbesserung der Lage des Arbeiterstandes bisher getroffenen Maßnahmen sind, so erfüllen dieselben doch nicht die ganze Mir gestellte Aufgabe. Neben dem weiteren Ausbau der Arbeiterversicherungsgesetzgebung sind die bestehenden Vorschriften der Gewerbeordnung über die Verhältnisse der Fabrikarbeiter einer Prüfung zu unterziehen, um den auf diesem Gebiet laut gewordenen Klagen und Wünschen, soweit sie begründet sind, gerecht zu werden. Diese Prüfung hat davon auszugehen, daß es eine der Aufgaben der Staatsgewalt ist, die Zeit, die Dauer und die Art der Arbeit so zu regeln, daß die Erhaltung der Gesundheit, die Gebote der Sittlichkeit, die wirtschaftlichen Bedürfnisse der Arbeiter und ihr Anspruch auf gesetzliche Gleichberechtigung gewahrt bleiben. Für die Pflege des Friedens zwischen Arbeitgebern und Arbeitnehmern sind gesetzliche Bestimmungen über die Formen in Aussicht zu nehmen, in denen die Arbeiter durch Vertreter, welche ihr Vertrauen besitzen, an der Regelung gemeinsamer Angelegenheiten beteiligt und zur Wahrnehmung ihrer Interessen bei Verhandlung mit den Arbeitgebern und den Organen Meiner Regierung befähigt werden. Durch eine solche Einrichtung ist den Arbeitern der freie und friedliche Ausdruck ihrer Wünsche und Beschwerden zu ermöglichen und den Staatsbehörden Gelegenheit zu geben, sich über die Verhältnisse der Arbeiter fortlaufend zu unterrichten und mit den letzteren Fühlung zu behalten.

Das »Berliner Tageblatt« feiert am 6. Februar die sozialpolitischen Erlasse Kaiser Wilhelms, die »Februarerlasse«, wie sie später genannt werden:

Es ist [. . .] ein ungeheuer folgenschwerer Schritt geschehen, der uns zeigt, daß der Monarch, welcher an der Spitze des preußischen und deutschen Staates steht, einen offenen Blick hat für die Erfordernisse der Gegenwart. Es ist in diesem kaiserlichen Programm nicht die Rede von sozialistischen Utopien, von unausführbaren Ideen, sondern es spricht aus ihnen eine klare Beobachtung der gegenwärtigen Verhältnisse und das nüchterne Urteil eines Mannes, der sich bewußt ist, daß mit den Mitteln des alten Polizeistaates in unseren Tagen nicht mehr auszukommen ist. Der Kaiser hat eingesehen, daß gewisse Beschwerden der arbeitenden Bevölkerung dringend Abhilfe erheischen; er gibt in diesem Programm mit aller Entschiedenheit dem patriarchalischen Staatswesen völlig den Abschied. Er stellt sich mitten hinein in die frisch pulsierende Gegenwart und ist der Ansicht, daß, wenn der Arbeiter dem Kaiser gebe, was des Kaisers ist, der Kaiser auch die Pflicht hat, dem Arbeiter zu geben, was des Arbeiters ist.

»Der Sozialdemokrat« nennt am 15. Februar 1890 den Erlaß ein Wahlmanöver, um der Sozialdemokratie den Wind aus den Segeln zu nehmen, und fügt hinzu:

Nun, die Sozialdemokratie ist weit entfernt, darüber verstimmt zu sein. Allerorts haben die deutschen Arbeiterblätter die Kaiserlichen Erlasse als einen Sieg der Sozialdemokratie gefeiert, und sie haben ein volles Recht dazu.

Man denke: hier der Deutsche Kaiser, der mächtigste Monarch in Europa, der zivilisierten Welt, der Befehlshaber über die, wenn auch nicht der Zahl nach, so doch tatsächlich stärkste Armee der Welt. Dort die Sozialdemokratie, die Partei der Armen und Enterbten, der Habenichtse – aller äußeren Machtmittel bar, unter ein Polizeigesetz gestellt, verfolgt und verfemt. Und gegen diese Partei weiß der Monarch nichts anderes in die Waagschale zu legen, als daß er eine Anzahl von ihr verfochtener Arbeiterforderungen zu erfüllen verspricht.

Dieses Versprechen in dem Moment, das ist in Wirklichkeit Kapitulation vor der Schlacht. Dieses Zugeständnis [...] ist eine öffentliche Bestätigung ihres moralischen Sieges über die ihr gegenüberstehenden Gewalten. [...]

Wenn Wilhelm II. seine Erlasse aufrichtig gemeint hat – und wir sind überzeugt, daß ihm bitter Ernst damit ist –, so wird er an den sozialdemokratischen Arbeitern seine Freude erleben. Er soll sich nicht umsonst vor ihren Siegeswagen gespannt haben.

Im übrigen aber bleibt natürlich alles beim alten. Getreu ihrer bisherigen Taktik [...] wird die Sozialdemokratie ihren Kampf fortsetzen, unablässig, unermüdlich bis zum Ziele. Weder Verfolgungen noch Versprechungen werden sie aus ihrer Bahn ablenken. Den ersteren setzt sie kühnen Trotz entgegen, den das Bewußtsein einer gerechten Sache verleiht, den letzteren begegnet sie mit den stolzen Worten des alten »Hildebrandsliedes« »Mit gêrû scal man geba mfâhan, ort widar orte. – Mit dem Speere soll man Gaben empfangen, Spitze gegen Spitze.«

Bei den Reichstagswahlen am 20. Februar 1890 gewinnen die Sozialdemokraten rund 1,4 Millionen Stimmen und bekommen 35 Mandate. Engels befürchtet daher einen neuen Angriff Bismarcks auf die Arbeiterschaft und warnt am 8. März:

Die deutschen sozialdemokratischen Arbeiter haben soeben einen Triumph erfochten, wie ihre zähe Standhaftigkeit, ihre eiserne Disziplin, ihr heiterer Humor im Kampf, ihre Unermüdlichkeit ihn nicht anders verdient haben, der aber wohl ihnen selbst unerwartet gekommen ist und der die Welt in Erstaunen versetzt hat. Mit der Unwiderstehlichkeit eines Naturprozesses ist der Zuwachs der sozialdemokratischen Stimmen bei jeder Neuwahl vor sich gegangen; Vergewaltigung, Polizeiwillkür, richterliche Niedertracht, alles prallte wirkungslos ab, vorwärts und immer rascher vorwärts bewegte sich die stets anschwellende Angriffskolonne, bis sie jetzt dasteht, die zweitstärkste Partei im Reich. Und da sollten die deutschen Arbeiter sich ihr eigenes Spiel verderben, indem sie sich zu einem aussichtslosen Putsch verleiten ließen, einzig und allein, um Bismarck aus seiner Todesnot zu erretten? In dem Augenblick, wo ihre eigene, über alles Lob erhabene Tapferkeit unterstützt wird durch das Zusammenwirken aller äußerer Umstände, [...] in dem Augenblick sollte die Disziplin, die Selbstbeherrschung versagen und wir selbst uns in das vorgehaltene Schwert stürzen? Nimmermehr. Dazu hat das Sozialistengesetz unsere Arbeiter zu gut eingeschult, dazu haben wir viel zuviel alte Soldaten in unsern Reihen und unter ihnen zu viele, die Gewehr bei Fuß im Kugelregen ausharren gelernt, bis der Augenblick reif für den Angriff.

Die persönlichen Spannungen zwischen Kaiser und Reichskanzler führen zu Bismarcks Entlassung. Bebel und Liebknecht betrachten das Ereignis fast wie einen persönlichen Sieg. Nüchterner beurteilt das »Berliner Volksblatt« die Lage am 21. März:

Wir sehen den Reichskanzler aus seinem Amte scheiden ohne Erregung, denn wir hatten das Ereignis längst erwartet; wir empfinden aber eine gewisse Genugtuung darüber, daß der mächtigste Gegner des Arbeiterschutzes und der hartnäckigste Träger des Sozialistengesetzes sich außerstande sehen muß, die Regierung des Reiches weiterzuführen. Das System Bismarck hat sich überlebt. Wir widmen dem Ereignis nur unsere ruhige Betrachtung, denn wir wollen nicht verwechselt sein mit jener niedrig kläffenden Meute, die durch Jahrzehnte mit vollen Backen das Lob des Kanzlers in überschwenglichen

Hymnen in die Welt hinausposaunte und die sich nun rüstet, sich den Männern der Zukunft zu empfehlen, indem sie den Scheidenden schmäht. [. . .]

Wir waren und sind Gegner des Reichskanzlers aus Prinzip und haben unter seiner Politik schwer gelitten, allein wir zählen uns zu den anständigen Politikern und stimmen unserer Reputation halber nicht ein in den Chorus der gewerbsmäßigen Lobhudler und Tadler.

Wir haben immer betont, daß die Auffassung des Fürsten Bismarck von der politischen Stellung und Bedeutung der Parteien eine veraltete sei und aus der alten Schule stamme, die einst Metternich und Genossen zur Vollendung erhoben hatten.

Die Völker können heute nicht mehr nach den Grundsätzen der alten Schule regiert werden. Dazu sind die soziale Umgestaltung einer- und das wachsende Verständnis der Massen für die Zeitfragen andererseits zu weit vorgeschritten.

An den Nachfolgern des Kanzlers wird es sein, diese Lehren zu beherzigen. Wenn sie seine Bahn innehalten wollen, werden sie dieselben Erfahrungen machen wie er, nur werden sie nicht so ausdauernd sein, da ihnen das Gewicht seiner historischen Vergangenheit fehlt.

Wir wollen sehen.

Am 4. Mai 1890 wird der Reichstag eröffnet; der Kaiser hält folgende Thronrede:

Ich hoffe zuversichtlich, daß es Ihnen gelingen wird, die bedeutsamen Fragen der Gesetzgebung [. . .] einer befriedigenden Lösung entgegenzuführen. [. . .]

Ich rechne dahin vornehmlich den weiteren Ausbau der Arbeiterschutzgesetzgebung. Die im Laufe des verflossenen Jahres in einigen Landesteilen vorgekommenen Ausstandsbewegungen haben Mir Anlaß gegeben, eine Prüfung der Frage herbeizuführen, ob Unsere Gesetzgebung den innerhalb der staatlichen Ordnung berechtigten und erfüllbaren Wünschen der arbeitenden Bevölkerung in ausreichendem Maße Rechnung trägt. Es handelt sich dabei in erster Linie um die den Arbeitern zu gewährleistende Sonntagsruhe sowie um die durch Rücksichten der Menschlichkeit und im Hinblick auf die natürlichen Entwickelungsgesetze gebotene Beschränkung der Frauen- und Kinderarbeit. Die verbündeten Regierungen haben sich überzeugt, daß die von dem letzten Reichstage in vieler Beziehung gemachten Vorschläge ihrem wesentlichen Inhalte nach, ohne Nachteil für andere Interessen, zu gesetzlicher Geltung gebracht werden können. Im Zusammenhange damit hat sich aber noch eine Reihe weiterer Bestimmungen als der Verbesserung bedürftig und fähig erwiesen. Hierhin gehören insbesondere die gesetzlichen Anordnungen zum Schutze der Arbeiter gegen Gefahren für Leben, Gesundheit und Sittlichkeit sowie über den Erlaß von Arbeitsordnungen. Auch die Vorschriften über die Arbeitsbücher bedürfen einer Ergänzung zu dem Zweck, um das elterliche Ansehen gegenüber der zunehmenden Zuchtlosigkeit jugendlicher Arbeiter zu stärken. [. . .]

In der gerechten Fürsorge für die Arbeiter liegt die wirksamste Stärkung der Kräfte, welche wie Ich und Meine hohen Verbündeten berufen und willens sind, jedem Versuche, an der Rechtsordnung gewaltsam zu rütteln, mit unbeugsamer Entschlossenheit entgegenzutreten.

Die »Grenzboten« geben eine Analyse des Geschehens:

Was ist denn die Aufgabe? Sozialdemokraten zu bekehren ist nicht die Aufgabe, denn das würde ein undurchführbares Unternehmen sein; aber die Bevölkerungsschichten, die noch nicht unbekehrbar geworden sind, von den unverbesserlichen zu trennen und sie vor weiterm Verfalle zu bewahren, das ist die Aufgabe. Es ist wunderbar, mit welchem Fanatismus jene Weltverbesserer an ihre »Religion« glauben. [. . .] Gründe helfen nicht, Vernunft zieht nicht, wo eine so leidenschaftliche Begehrlichkeit dawiderredet und wo scheinbare Erfolge zu neuen Taten anspornen. Auch die Erfüllung berechtigter Wünsche wird nichts helfen. Die Ultima ratio ist auch nicht die Kanone, sondern der Hunger. Wir befinden uns vielleicht in größerer Nähe dieser Entscheidung, als man glaubt. Sobald sich der Arbeitgeber den Forderungen seiner Arbeiter gegenüber in die Unmöglichkeit versetzt sieht, weiterarbeiten zu lassen, hat der Spaß ein Ende, die Bewegung zerplatzt und vergeht wie eine Blase. [...] Hier hat die Welle des Sozialismus bereits ihren Höhepunkt erreicht und kippt über.

Der Kaiser betätigt sich als Wanderredner; so spricht er vor den Kruppschen Arbeitern am 20. Juni 1890:

Ich spreche euch Meinen herzlichen Dank aus, deutsche Arbeiter! Ihr wißt, daß Unser Herrscherhaus von jeher für die arbeitenden Klassen gesorgt hat. Ich habe der Welt erklärt, welchen Weg Ich gehen will, und Ich sage heute wieder, daß Ich denselben Weg, den Ich bisher gegangen bin, auch weitergehen werde.

Es hat Mich besonders gefreut, aus eurem Wohlverhalten ersehen zu können, daß ihr Mich verstanden habt und daß wir auf dem richtigen Wege sind. Vor allen Dingen aber freut es Mich, daß Ich Gelegenheit habe, die Fabrik wiederzusehen, deren Herr und deren Arbeiter für unser Vaterland von ungeheurer Bedeutung sind. Die Kruppsche Fabrik hat dem deutschen Arbeiter, der deutschen Industrie einen Weltruhm verschafft, wie keine andere Firma dies getan hat. Und so danke ich Herrn Krupp und den Arbeitern und fordere euch auf, mit Mir auf das Wohl des Herrn Krupp und der Firma Krupp ein kräftiges Hoch auszubringen.

Am 1. Mai 1890 haben zahlreiche Hamburger Arbeiter die Arbeit niedergelegt, worauf der Arbeitgeber-Verband Hamburg mit einer Aussperrung antwortet. Ignaz Auer mahnt die Arbeiter im »Berliner Volksblatt« im Juli:

Wir glauben, daß der Weg, den man mit den Generalkommissionen und Zentralstreikkommissionen an einzelnen Orten einzuschlagen beginnt, der richtige ist, daß er verfolgt und verbreitet werden muß. [...]

Der Klassenkampf, die weite Ausdehnung, die heute die Unternehmer dem Kampfe zu geben bemüht sind, machen eine solche Gesamtorganisation dringend notwendig.

Wäre sie schon vorhanden gewesen, dann hätten den Hamburger Ausgeschlossenen ganz andere Mittel zur Verfügung gestanden als heute. Die Unternehmer hätten sich dann wohl sehr besonnen, den Ausstand hervorzurufen. Um eine solche Organisation zu schaffen und durchzubilden, bedarf es der Zeit und der Ruhe. Sie muß überlegt und erprobt werden. Es ist Agitation und Belehrung nötig. Das ist nur in der Ruhe zu machen.

Im Hinblick auf die bevorstehende Aufhebung des Sozialistengesetzes fordert der preußische Innenminister Ernst Ludwig Herrfurth mehr Polizeibeamte, um die sozialdemokratischen Versammlungen besser überwachen zu können. Der Reichskanzler und preußische Ministerpräsident Leo Caprivi stimmt diesen Vorschlägen am 4. Juli zu:

Einstweilen wird darauf Bedacht zu nehmen sein, alle diejenigen Mittel bis aufs äußerste auszunutzen, welche das allgemeine Recht zur Bekämpfung der Sozialdemokratie bietet. Geschieht dies sowohl seitens der Justiz als auch seitens der Polizeibehörden, so läßt sich schon auf diesem Wege viel erreichen. Ich bin deshalb auch mit der von dem Herrn Minister des Innern beabsichtigten Vermehrung der Exekutivorgane einverstanden. Aber ich würde es für angezeigt erachten, wenn die Staatsanwälte angewiesen würden, bei der Bekämpfung der Sozialdemokratie energisch mitzuwirken. Um Handlungen, welche den Staat oder die Gesellschaft gefährden, tunlichst vorzubeugen, ist es notwendig, daß die Staatsanwälte beim Einschreiten sich nicht durch die Erwägung bestimmen lassen, ob eine Verurteilung sicher zu erwarten, sondern auch schon dann Anklage erheben, wenn die Wahrscheinlichkeit eines Erfolges vorhanden ist.

Wie die sozialdemokratische Arbeiterschaft agitiert, zeichnet Paul Göhre auf, später Reichstagsabgeordneter der SPD:

Chemnitz ist einer der ältesten und ersten Sitze der deutschen Sozialdemokratie. Schon im Jahre 1867 schickte es den Sozialdemokraten und Dresdener Kupferschmiedemeister Försterling in den Norddeutschen Reichstag. [...]

Fast fünfundzwanzig Jahre hindurch also wird in Chemnitz und Umgegend von der Sozialdemokratie agitiert. [...] So ist es nicht verwunderlich, daß schon 1881 über 10 000 und

Oben: Versammlung Berliner Arbeiterinnen im Jahre 1890. – Unten: Auflösung einer Versammlung durch die Polizei in Berlin

Oben: Hochverratsprozeß gegen Dr. Karl Liebknecht (1871–1919) vor dem Reichsgericht in Leipzig im Oktober 1907. Links stehend der Angeklagte, in der Mitte als Zeuge August Bebel. – Unten: Nächtlicher Zusammenstoß streikender Arbeiter mit der Polizei in Berlin-Moabit im Jahre 1910

1887 über 15 000, 1890 gar 34 642 sozialdemokratische Stimmen abgegeben wurden. [...]

Fast jeder dieser Bezirke besaß [...] seinen sozialdemokratischen Wahlverein, der das ganze Jahr hindurch eine stille, aber kluge und tiefgehende Tätigkeit entfaltete und dessen Mitglieder sich aus den überzeugtesten und zielbewußtesten Anhängern der Partei zusammensetzen. Der Wahlverein [...] stellt bei großen Wahlversammlungen stets eine nie fehlende Schar, die bei allen Gelegenheiten in blinder Treue nach bekanntem, lärmendem Rezept die Partei ihrer Arbeiterredner ergreift; er ist [...] die Hochschule für die sozialdemokratischen Redner. [...] Man kann dreist behaupten, daß jeder sozialdemokratische Wahlverein eine solche Rednerschule für Anfänger bildet. [...]

Vortrag und Debatte wurden von den etwa vierzig Männern [...] mit größter Aufmerksamkeit verfolgt. Man sah es diesen sinnenden, leuchtenden Augen an, wie die Köpfe mitarbeiteten, die vorgetragenen Gedankengänge aufzufassen und mitzudenken. [...] Solche Abende waren für diese Männer kein bloßes Vergnügen, sondern schwere Arbeit und immer Stunden eifrigen Lernens, scharfen Nachdenkens, der Auffrischung und Ermutigung in ihrem abwechslungslosen, einförmigen Fabrikleben. Sie ersetzten [...] vielen den früher gewohnten Kirchgang. Und darin liegt die große agitatorische Bedeutung dieser sozialdemokratischen Wahlvereine. [...] Sie sind es, die den zur Sozialdemokratie sich neigenden Arbeiter dauernd, unaufhörlich, unauffällig bearbeiten, bis er mit seinem Dichten und Denken in den parteisozialistischen Gedankenkreisen aufgeht, und die den Befähigten schulen, daß er imstande ist, das Feuer der Überzeugung, das er an jenen Stätten in sich entfacht hat, nicht nutzlos verglühen zu lassen, sondern eine Kraft wieder zu verwerten in Agitation unter den Arbeitsgenossen [...] wie im Eintreten für die gemeinsame Sache bei Versammlungen mit den politischen Gegnern.

Die »Grenzboten« raten zu einer verständlichen Sprache:

In dem Kampfe gegen die Fremdwörter in unserer Sprache ist ein Punkt noch nicht genügend hervorgehoben worden, der an sich schon ausreicht, die unbedingte, dringende Notwendigkeit dieses Kampfes zu erweisen: Unsre Fremdwörter haben es dahin gebracht, daß die Sprache der Gebildeten in Deutschland von den niedern Volksklassen, insbesondre den Arbeitern, gar nicht mehr verstanden wird [...]. Wir haben aber in Deutschland das allervolkstümlichste Wahlgesetz von der Welt; wir sind darauf angewiesen, uns über die wichtigsten Fragen des Staatslebens mit allen Volksklassen zu verständigen; wir können und dürfen uns deshalb nicht das Junkervergnügen erlauben, eine besondre Ausdrucksweise zu pflegen. [...] Es gehe doch einmal einer in eine großenteils von Arbeitern besetzte Wählerversammlung und versuche es, mit seinen gewohnten Fremdwörtern zu den Leuten zu reden! Er wird sehr bald überschrien und ausgelacht werden und froh sein können, wenn er mit heilem Rücken wieder nach Hause kommt. [...] So übertrieben es klingt: [...] Unsre Fremdwörter haben neben so vielem andern, was ungefähr auf demselben Blatte steht, ein gutes Teil Schuld an dem Überwuchern der Sozialdemokratie in Deutschland.

Nach der Aufhebung des Sozialistengesetzes zum 1. Oktober 1890 findet vom 12. bis 18. Oktober der sozialdemokratische Parteitag in Halle statt, den Liebknecht mit den Worten eröffnet:

Der Kongreß, welcher heute beginnt, ist der erste, welcher nach dreizehn Jahren wieder auf deutschem Boden tagt. In diesen dreizehn Jahren liegen zwölf Jahre der Herrschaft des Sozialistengesetzes – zwölf Jahre des Kampfes, heißen, ununterbrochenen, alle Kräfte anspannenden Kampfes. Die Gegner schonten uns nicht; und wir, zu stolz und zu stark, um uns feig zu fügen, gaben Schlag auf Schlag zurück, und so haben wir das Gesetz überwunden. Der Kampf hat aber auch schwere Opfer gekostet, und wie viele der tapfersten Kämpfer sind auf dem Feld der Ehre geblieben! [...] So schwer aber auch die Opfer waren, sie sind nicht umsonst gebracht worden. Und sie haben unsere Kräfte nicht geschwächt, sondern gestärkt, [...] im Gegenteil: je zahlreicher die Opfer, desto zahlreicher der Zuzug, desto größer die Begeisterung.

Und je höher und stolzer wir unsere Fahne trugen, desto mehr erkannten weite Kreise des Volkes außerhalb der Partei, daß durch die Sozialdemokratie allein die Erlösung für das arbeitende Volk, für die gesamte darbende Menschheit zu finden sei.

Der Schriftsetzer und Redakteur Max Kegel schreibt unter diesem Eindruck den »Sozialisten-Marsch«:

Auf, Sozialisten, schließt die Reihen,
die Trommel ruft, die Banner wehn.
Es gilt, die Arbeit zu befreien,
es gilt der Arbeit Auferstehn!
Der Erde Glück, der Sonne Pracht,
des Geistes Licht, des Wissens Macht,
dem ganzen Volke sei's gegeben!
Das ist das Ziel, das wir erstreben!
Das ist der Arbeit heilger Krieg!
Mit uns das Volk! Mit uns der Sieg!

Ihr ungezählten Millionen
in Schacht und Feld, in Stadt und Land,
die ihr um kargen Lohn müßt fronen
und schaffen treu mit fleißger Hand:
noch seufzt ihr in des Elends Bann!
Vernehmt den Weckruf! Schließt euch an!
Aus Qual und Leid euch zu erheben,
das ist das Ziel, das wir erstreben!
Das ist der Arbeit heilger Krieg!
Mit uns das Volk! Mit uns der Sieg!

Nicht mit dem Rüstzeug der Barbaren,
mit Flint und Speer nicht kämpfen wir.
Es führt zum Sieg der Freiheit Scharen,
des Geistes Schwert, des Rechts Panier.
Daß Friede waltet, Wohlstand blüht,
daß Freud und Hoffnung hell durchglüht
der Arbeit Heim, der Arbeit Leben,
das ist das Ziel, das wir erstreben!
Das ist der Arbeit heilger Krieg!
Mit uns das Volk! Mit uns der Sieg!

In einem Brief, den der ehemalige Chef des Generalstabes und spätere Präses der Landesverteidigungskommission Helmuth Graf von Moltke am 10. Dezember 1890 an einen Dr. D. nach London schreibt, zeigt sich deutlich die Stimmung der führenden Kreise gegenüber der von Reichskanzler Caprivi eingeleiteten »Neuen Ära«:

Sie wünschen nun, daß die Sozialdemokraten durch ein weniger revolutionäres Verhalten es »der großen Zahl von besitzlosen Gebildeten« gestatten mögen, in Kameradschaft mit ihnen zu treten, es werde sich dann eine unblutige und segenbringende Umwälzung von selbst vollziehen.

Glauben Sie, daß der einsichtige, wohlwollende Gebildete in der Lage sein wird, die auf Umsturz und Plünderung gerichtete Bewegung der unzufriedenen Massen auf ein vernünftiges Ziel zu lenken? Ich fürchte, daß er als erstes Opfer derselben fallen wird.

Grade gegen den Mittelstand, gegen die Bourgeoisie wendet sich der Haß der Proletarier zunächst. Blicken Sie zurück auf die Kommune von 1870. [...]

Nach meiner Überzeugung kann die dringend nötige Sozialreform nur durchgeführt werden von *oben* her, durch ein starkes Königtum, welches den *Willen* und die *Macht* dazu besitzt, und das haben wir in Deutschland.

Schon sind – wie billig auf Kosten der Besitzenden – die Steuern für die Unvermögenden herabgesetzt, ja aufgehoben. Die Kranken- und Unfallversicherung steht in voller und segensreicher Wirksamkeit. In wenig Tagen tritt das große Gesetz über Invaliden- und Altersversorgung in Kraft. Das weitere Fortschreiten dieser staatlichen Fürsorge kann nur gehemmt oder doch verzögert werden durch den Unverstand derer, für welche sie wirkt, und hier tritt die eiserne Notwendigkeit der Machtentfaltung ein.

Das Gesetz gegen die Sozialdemokratie war das humanere Verfahren, es wirkte präventiv. Nach seiner Aufhebung bleibt nur die rücksichtslose Repression.

Der Reichstagsabgeordnete Paul Singer wendet sich am 14. März 1891 gegen die Arbeitsordnung der Kaiserlichen Wil-

helmshavener Werft, nach der die sofortige Entlassung eines Arbeiters möglich ist, der einem Verein angehört oder beitritt, welcher sozialdemokratische oder ähnliche Tendenzen verfolgt:

Wenn Sie auf einen zufriedenen Arbeiterstand rechnen wollen, wenn Sie den Arbeitern die Freudigkeit an ihrem Berufe nicht nehmen wollen, dann zwingen Sie dieselben nicht durch solche Bestimmungen zur Heuchelei und Lüge! [. . .] Der Arbeiter [. . .] wird [. . .] durch den Zwang, diese seine Überzeugung nicht aussprechen zu dürfen, noch erbitterter, noch empörter werden, als er es bis jetzt schon ist, [. . .] er wird doppelt und dreifach in die Reihen der Sozialdemokratie getrieben werden, um für die politischen Rechte zu kämpfen, um seine Menschenrechte zu erobern.

Der Rittergutsbesitzer Alexander von Schalscha, Abgeordneter des Zentrums, tritt daraufhin für die Menschenrechte der Arbeitgeber ein. Bebel erwidert in derselben Reichstagssitzung:

Es tritt [. . .] immer mehr das Streben nach einem modernen Feudalitätsverhältnis hervor, in das man den Arbeiter zum Industrieunternehmer bringen will, wie ähnlich es im Mittelalter bestand, wo der Leibeigene auch sich nicht anders betätigen durfte, als sein Grundherr wollte und ihm gebot. [. . .]

Jetzt glaubt man, wiederum die reaktionäre Pfote zum Vorschein bringen und auf die Arbeiter losschlagen zu können. [. . .]

Wir verlangen kategorisch, daß der Staat seinen Arbeitern das Recht der Betätigung ihrer freien Überzeugung gibt. [. . .] Der Arbeiter hat so gut wie jeder Bürger das Recht, zu verlangen, daß ihm sein Staatsbürgerrecht in bezug auf die freie Betätigung seiner politischen Überzeugung voll gewährt wird. [. . .] Gleichberechtigung soll für alle herrschen, insbesondere auch für den Arbeiter!

In seinen Münchener Reden tritt der Schriftsteller Georg Heinrich Ritter und Edler von Vollmar auf Veltheim gegen Bebel für eine Revision der Marxschen revolutionären Ansich-

ten ein. Auf dem Parteitag zu Erfurt vom 14. bis 20. Oktober 1891 kommt es zu einem Rededuell zwischen Bebel und Vollmar, der ausführt:

Von verschiedenen Seiten, namentlich von meinem Freunde Bebel, wird in letzter Zeit fortwährend folgendes in steigendem Maße, mit steigender Begeisterung den Mengen vorgetragen: Das Ziel unserer endgültigen Hoffnungen sei nunmehr unerwartet uns ganz nahe vor Augen gerückt. Er hat das gestern dahin ausgedrückt, daß wohl wenige im Saale wären, die es nicht erreicht sehen würden. Der Weltkrieg sei unvermeidlich, in ihm werde sich die alte Gesellschaft vollkommen verbluten, so daß der Bankrott, die Katastrophe, der große Kladderadatsch eintritt. (Heiterkeit.) [...] Für eine solche Weltwende, wie sie uns für die nächsten Jahre in Aussicht gestellt ist, sind die politischen und ökonomischen Voraussetzungen nicht vorhanden. Um das zu glauben, daß wir in ein paar Jahren obenauf sind, daß in ein paar Jahren alles umgewandelt sein wird, dazu gehört [...] der Optimismus [...] eines verzückten Gläubigen, eines Ekstatikers, nicht eines ruhigen Politikers. Auf die Massen wirkt das natürlich möglicherweise sehr ein. Ich meine, es ist gut, daß das ein Phantom ist, gut für unsere Sache und die menschliche Entwicklung; denn so gewiß als wir die Macht wollen und erstreben, so gewiß ist es, daß wir nur eine solche Macht haben wollen, für welche fester Grund unter unseren Füßen ist. Ein vorzeitiges Emporkommen würde bloß eine Episode bleiben in der Geschichte.

Ignaz Auer antwortet ihm:

Es werden nicht viele im Saale sein, die in bezug auf eine Reihe praktischer Punkte, die Vollmar angeführt hat, so sehr seine Auffassung teilen wie ich. Aber etwas anderes ist die Frage, ob eine Änderung der Taktik [...] am Platze ist. [...] Ich halte es nicht für notwendig, unter den heutigen Verhältnissen die Taktik zu ändern, und ich halte es sogar für bedenklich, sie in dem Sinne zu ändern, wie es uns Vollmar vorschlägt. Er sagt, daß es unsere Aufgabe sein müsse, den Weg der Verhandlungen zu betreten. [...] Auf diese Weise werden wir, wenn auch nicht mit Wissen und Wollen, doch tatsächlich dahin geführt, daß wir zweierlei Programme haben, eins für den Alltagsbedarf und eins für den Sonntag. Die strenge Scheidelinie, die bis jetzt unsere Partei allen anderen Parteien gegenüber eingehalten hat, wird somit auf die Dauer verwischt werden. [...] In unseren Programmen heißt es: Die Befreiung der Arbeiterklasse muß das Werk der Arbeiterklasse selbst sein. Diesen Standpunkt müssen wir weiter festhalten.

Das Erfurter Programm, das für die nächsten Jahrzehnte grundlegend wird, lautet in seinen wichtigsten Punkten:

Die ökonomische Entwicklung der bürgerlichen Gesellschaft führt mit Naturnotwendigkeit zum Untergang des Kleinbetriebes, dessen Grundlage das Privateigentum des Arbeiters an seinen Produktionsmitteln bildet. Sie trennt den Arbeiter von seinen Produktionsmitteln und verwandelt ihn in einen besitzlosen Proletarier, indes die Produktionsmittel das Monopol einer verhältnismäßig kleinen Zahl von Kapitalisten und Großgrundbesitzern werden. Hand in Hand mit dieser Monopolisierung der Produktionsmittel geht die Verdrängung der zersplitterten Kleinbetriebe durch kolossale Großbetriebe, geht die Entwicklung des Werkzeuges zur Maschine, geht ein riesenhaftes Wachstum der Produktivität der menschlichen Arbeit. Aber alle Vorteile dieser Umwandlung werden von den Kapitalisten und Großgrundbesitzern monopolisiert. Für das Proletariat und die versinkenden Mittelschichten [...] bedeutet sie wachsende Zunahme der Unsicherheit ihrer Existenz, des Elends, des Drucks, der Knechtung, der Erniedrigung, der Ausbeutung. Immer größer wird die Zahl der Proletarier, immer massenhafter die Armee der überschüssigen Arbeiter, immer schroffer der Gegensatz zwischen Ausbeutern und Ausgebeuteten, immer erbitterter der Klassenkampf zwischen Bourgeoisie und Proletariat, der die moderne Gesellschaft in zwei feindliche Heerlager trennt und das gemeinsame Merkmal aller Industrieländer ist.

Der Abgrund [...] wird noch erweitert durch die im Wesen der kapitalistischen Produktionsweise begründeten Krisen, die immer umfangreicher und verheerender werden, die allgemeine Unsicherheit zum Normalzustand der Gesellschaft erheben und den Beweis liefern, daß die Produktionskräfte der heutigen Gesellschaft über den Kopf gewachsen sind, daß das Privateigentum an Produktionsmitteln unvereinbar geworden ist mit deren zweckentsprechender Anwendung und voller Entwicklung. [...] Nur die Verwandlung des kapitalistischen Privateigentums an Produktionsmitteln – Grund und Boden, Gruben und Bergwerke, Rohstoffe, Werkzeuge, Maschinen, Verkehrsmittel – in gesellschaftliches Eigentum und die Umwandlung der Warenproduktion in sozialistische, für und durch die Gesellschaft betriebene Produktion kann es bewirken, daß der Großbetrieb und die stets wachsende Ertragsfähigkeit der gesellschaftlichen Arbeit für die bisher ausgebeuteten Klassen aus einer Quelle des Elends und der Unterdrückung zu einer Quelle der höchsten Wohlfahrt und allseitiger harmonischer Vervollkommnung werde. [...]

Der Kampf der Arbeiterklasse gegen die kapitalistische Ausbeutung ist notwendigerweise ein politischer Kampf. Die Arbeiterklasse kann ihre ökonomischen Kämpfe nicht führen und ihre ökonomische Organisation nicht entwickeln ohne politische Rechte. Sie kann den Übergang der Produktionsmittel in den Besitz der Gesamtheit nicht bewirken, ohne in den Besitz der politischen Macht gekommen zu sein. Diesen Kampf der Arbeiterklasse zu einem bewußten und einheitlichen zu gestalten und ihm sein naturnotwendiges Ziel zu weisen – das ist die Aufgabe der Sozialdemokratischen Partei. [...]

Ausgehend von diesen Grundsätzen fordert die Sozialdemokratische Partei Deutschlands zunächst:

1. Allgemeines, gleiches, direktes Wahl- und Stimmrecht mit geheimer Stimmabgabe aller über zwanzig Jahre alten Reichsangehörigen ohne Unterschied des Geschlechts für alle Wahlen und Abstimmungen. [...]

2. Direkte Gesetzgebung durch das Volk vermittelst des Vorschlags- und Verwerfungsrechts. Selbstbestimmung und Selbstverwaltung des Volks in Reich, Staat, Provinz und Gemeinde. [...]

3. Erziehung zur allgemeinen Wehrhaftigkeit. Volkswehr anstelle der stehenden Heere. Entscheidung über Krieg und Frieden durch die Volksvertretung. [...]

4. Abschaffung aller Gesetze, welche die freie Meinungsäußerung und das Recht der Vereinigung und Versammlung einschränken oder unterdrücken.

5. Abschaffung aller Gesetze, welche die Frau in öffentlich- und privatrechtlicher Beziehung gegenüber dem Manne benachteiligen.

6. Erklärung der Religion zur Privatsache. [...]

7. Weltlichkeit der Schule. Obligatorischer Besuch der öffentlichen Volksschulen. Unentgeltlichkeit des Unterrichts, der Lehrmittel und der Verpflegung in den öffentlichen Volksschulen sowie in den höheren Bildungsanstalten. [...]

8. Unentgeltlichkeit der Rechtspflege und des Rechtsbeistands. Rechtsprechung durch vom Volk gewählte Richter. [...] Abschaffung der Todesstrafe.

9. Unentgeltlichkeit der ärztlichen Hilfeleistung. [...]

10. Stufenweise steigende Einkommen- und Vermögenssteuer zur Bestreitung aller öffentlichen Ausgaben. [...] Abschaffung aller indirekten Steuern. [...]

Zum Schutze der Arbeiterklasse fordert die Sozialdemokratische Partei Deutschlands zunächst:

1. Eine wirksame nationale und internationale Arbeiterschutzgesetzgebung auf folgender Grundlage: a) Festsetzung eines höchstens acht Stunden betragenden Normalarbeitstages; b) Verbot der Erwerbsarbeit für Kinder unter vierzehn Jahren; c) Verbot der Nachtarbeit, außer für solche Industriezweige, die ihrer Natur nach, aus technischen Gründen oder aus Gründen der öffentlichen Wohlfahrt Nachtarbeit erheischen; d) eine ununterbrochene Ruhepause von mindestens sechsunddreißig Stunden in jeder Woche für jeden Arbeiter; e) Verbot des Trucksystems.

2. Überwachung aller gewerblichen Betriebe, Erforschung und Regelung der Arbeitsverhältnisse in Stadt und Land durch ein Reichsarbeitsamt, Bezirksarbeitsämter und Arbeitskammer. Durchgreifende gewerbliche Hygiene.

3. Rechtliche Gleichstellung der landwirtschaftlichen Arbei-

ter und der Dienstboten mit den gewerblichen Arbeitern; Beseitigung der Gesindeordnungen.

4. Sicherstellung des Koalitionsrechts.

5. Übernahme der gesamten Arbeiterversicherung durch das Reich mit maßgebender Mitwirkung der Arbeiter an der Verwaltung.

Die Frauenfrage wird aktuell. Emma Ihrer gründet die erste sozialistische Frauenzeitschrift »Die Arbeiterin«, deren erste Nummer am 20. Dezember 1889 erscheint. Die Herausgeberin schreibt:

Wir haben lange gewartet, bevor wir auf den von allen Seiten laut gewordenen Wunsch, eine speziell für die Frauen bestimmte Zeitschrift herauszugeben, eingingen. [. . .]

Es stehen uns keine anderen Mittel zur Verfügung als unsere Arbeitskraft, zu der jede einzelne Arbeiterin die eigene hinzufügen möge, damit wir nicht Schiffbruch leiden mit unserm Zeitungsunternehmen, sondern bald beweisen können, was der weibliche Teil des Proletariats aus eigener Kraft vermag, wenn es gilt, den ärgsten Feind aller, den Unverstand, zu bekämpfen und mit diesem die moderne Ausbeutung der Frauen auf allen Gebieten. [. . .]

Wir wollen nicht nur die materielle, sondern auch die geistige Hebung der Frauen herbeiführen helfen.

Um die Frauen aber kampffähig zu machen, gilt es vor allem, die unwürdigen Fesseln, welche das weibliche Geschlecht einengen, abzustreifen, und dies können wir nur, indem wir jederzeit unsere Selbständigkeit beweisen, indem wir die Lükken unseres Wissens auszufüllen versuchen und uns über alles zu unterrichten trachten, was uns, in falscher Beurteilung des weiblichen Geschlechts, von der heutigen Gesellschaft vorenthalten wird. Doch dies kann nur durch Schriften geschehen, die sich ganz dem Verständnis der Mehrzahl der heutigen Frauen anpassen.

»Die Gleichheit, Zeitschrift für die Interessen der Arbeiterinnen«, gegründet am 28. Dezember 1891 von der energischen Klara Zetkin, löst Emma Ihrers Zeitschrift ab. Schon das Programm dieses Blattes zeigt seine Tendenz:

»Die Gleichheit« tritt für die volle gesellschaftliche Befreiung der Frau ein, wie sie einzig und allein in einer im Sinne des Sozialismus umgestalteten Gesellschaft möglich ist, wo mit der ökonomischen Abhängigkeit eines Menschen von einem anderen Menschen die Grundursache jeder sozialen Knechtung und Ächtung fällt. Sie geht von der Überzeugung aus, daß der letzte Grund der jahrtausendealten niedrigen gesellschaftlichen Stellung des weiblichen Geschlechts *nicht* in der jeweiligen »von Männern gemachten« Gesetzgebung, sondern in den durch wirtschaftliche Zustände bedingten Eigentumsverhältnissen zu suchen ist.

Mag man heute unsere gesamte Gesetzgebung dahin abändern, daß das weibliche Geschlecht rechtlich auf gleichen Fuß mit dem männlichen gestellt wird, so bleibt nichtsdestoweniger für die große Masse der Frauen, die nicht so vorsichtig gewesen, eine hohe Rente mit zur Welt zu bringen, die gesellschaftliche Versklavung in härtester Form weiterbestehen: ihre wirtschaftliche Abhängigkeit von ihren Ausbeutern. [...]

Kann die volle Befreiung der arbeitenden Frau nur erfolgen aufgrund einer völligen Umgestaltung der bestehenden Gesellschaftsverhältnisse, so ist damit auch die Haltung vorgeschrieben, die sie in den heutigen gesellschaftlichen Kämpfen einzunehmen hat: Sie muß teilnehmen am Kampf der Arbeiterklasse gegen die kapitalistische Gesellschaft, weil einzig und allein ein siegreiches Proletariat die Macht und den Willen besitzt, die Gesellschaft so umzugestalten, daß jede wirtschaftliche Abhängigkeit des Menschen von dem Menschen ein Ende nimmt.

Die außenpolitische Lage beurteilt Engels in einem Brief an Bebel am 24./26. Oktober 1891:

Muß Krieg sein, dann ist's besser bald, denn dann werden die Russen dran glauben müssen.

Da ich es für nötig hielt, den Franzosen reinen Wein einzuschenken über unsere Lage, wenn's zum Kriege kommt – allerdings eine verdammt schwierige Aufgabe –, habe ich einen französischen Artikel geschrieben [*der zuerst im Almanach der »Parti ouvrier« für 1892 erschien*]. [...] Ich sage den Leuten: Wir hätten die fast absolute Sicherheit, innerhalb zehn Jahren ans Ruder zu kommen; wir könnten nicht das Ruder ergreifen, noch dranbleiben, ohne die Sünden unserer Vorgänger gegen andere Nationalitäten wiedergutzumachen. [...] Eine elsaß-lothringische Frage existiere überhaupt nicht zwischen einem sozialistischen Frankreich und einem dito Deutschland. Also liege überhaupt kein Grund vor zu einem Krieg wegen Elsaß-Lothringen. Wenn aber dennoch die französische Bourgeoisie einen solchen anfange und sich zu diesem Zweck in den Dienst des russischen Zars stelle, der der Feind auch der Bourgeois von ganz Westeuropa ist, so ist das die Verleugnung der revolutionären Mission Frankreichs. Dagegen haben wir deutsche Sozialisten [...] die Pflicht, diese von uns eroberte Position in der Avantgarde der Arbeiterbewegung zu behaupten, nicht nur gegen den inneren, auch gegen den äußeren Feind. Siegt Rußland, so werden wir erdrückt. Also druff, wenn Rußland Krieg anfängt, druff auf die Russen und ihre Bundesgenossen, wer sie auch seien. Dann haben wir dafür zu sorgen, daß der Krieg mit allen revolutionären Mitteln geführt und jede Regierung unmöglich gemacht wird, die sich weigert, diese Mittel anzuwenden, respektive im gegebenen Moment selbst an die Spitze zu treten. Wir haben das glorreiche Beispiel der Franzosen von 1793 noch nicht vergessen, und wenn man uns dazu zwingt, kann es kommen, daß wir das hundertjährige Jubiläum von 1793 feiern, indem wir zeigen, daß die deutschen Arbeiter von 1893 der Sansculotten von damals nicht unwürdig sind, und wenn dann französische Soldaten über unsere Grenzen kommen, so werden sie empfangen mit dem Ruf:

Quoi! ces cohortes étrangères
Feraient la loi dans nos foyers?

Großes Aufsehen erregt die Rede Kaiser Wilhelms II. bei der Rekrutenvereidigung der Garderegimenter in Potsdam am 23. November 1891:

Ihr habt Mir Treue geschworen, das – Kinder Meiner Garde – heißt, ihr seid jetzt Meine Soldaten, ihr habt euch

Mir mit Leib und Seele ergeben; es gibt für euch nur *einen* Feind, und der ist Mein Feind. Bei den jetzigen sozialistischen Umtrieben kann es vorkommen, daß Ich euch befehle, eure eignen Verwandten, Brüder, ja Eltern niederzuschießen – was ja Gott verhüten möge –, aber auch dann müßt ihr Meine Befehle ohne Murren befolgen.

Umstritten ist die Frage des Verhältnisses zwischen Gewerkschaft und Partei. Dazu äußert sich Karl Legien, der Vater der zentralen Gewerkschaftsbewegung, in seiner 1891 in Hamburg erschienenen Schrift »Die Organisationsfrage«:

Unter diesen Umständen lag die Frage nahe, ob neben der Parteiorganisation die Gewerkschaften als politische Vereine nötig sein würden. Es mußte der Gedanke kommen, ob es dann nicht viel angebrachter wäre, man würde nur eine Organisation aufrechterhalten, und zwar die der Partei. [...] Diesem Ansinnen widerstreben heute jedoch auch die Parteigenossen, welche vor nicht gar langer Zeit erklärten, die Gewerkschaftsorganisation führe zur Versumpfung und Verflachung des revolutionären Geistes der Arbeiterbewegung. [...]

Jedoch, je mehr man sich in das Studium der Verhältnisse vertiefte, lernte man einsehen, daß diese Gesellschaft mit ihrer Produktionsweise noch sehr feste Wurzeln habe, und begann auch den praktischen Fragen, die sich auf die Verbesserung der Lage der arbeitenden Klassen beziehen, näherzutreten. Man fand, daß die Gewerkschaftsorganisationen gegenwärtig noch eine überaus nützliche Tätigkeit zu entwickeln haben. Die in gleichem Sinne wirkende politische Tätigkeit, die sich auf die Schaffung einer Arbeiterschutzgesetzgebung richtet, wird ohne Mitwirken der Gewerkschaften nur langsam Erfolge zeitigen, denn es ist eine anerkannte Tatsache, daß die Gesetzgebung in Arbeiterfragen erst nachgehinkt kommt, nachdem durch die Organisationen der Arbeiter der Beweis geliefert worden ist, daß die gestellten Forderungen durchführbar sind.

Damit war die Stellung und Tätigkeit der Gewerkschaften genau gegeben. Sie läßt sich in kurzen Worten dahin zusammenfassen, daß die politische Aufklärung Aufgabe der politischen Vereine sei, während die Gewerkschaften durch den Kampf um Erhöhung des Lohnes und die Verkürzung der Arbeitszeit vornehmlich für die Besserung der Lage der Arbeiter einzutreten haben. Daß diese Tätigkeit dennoch die Arbeiter zum politischen Denken anregen muß, ist einleuchtend, weil diese Kämpfe mehr als alles andere den Arbeiter zum Klassenbewußtsein bringen. Nunmehr gilt es als selbstverständlich, daß die Gewerkschaften eine solche Organisationsform wählen müssen, die sie zu diesem wirtschaftlichen Kampf am besten befähigt, das heißt: die zentralisierte Form.

Johannes Giesberts, der in der christlichen Gewerkschaftsbewegung eine große Rolle spielt, berichtet:

Die neunziger Jahre waren jene Zeit, in der die große Umgestaltung in unserer sozialpolitischen Ideenwelt sich vollzog. Hatte man bis dahin das Verhältnis des Lohnarbeiters zum Arbeitgeber als eine Art patriarchalisches Vertrauensverhältnis angesehen und aus diesem Gesichtspunkt die sozialen Wohlfahrtseinrichtungen entwickelt, so folgte nunmehr die Erkenntnis, daß damit das Lohnarbeiterproblem nicht zu lösen sei. [...] Für die neue Aufgabe mußten aber auch neue Menschen geschaffen werden, d. h. mit unseren alten braven, auf unseren Herrgott und den Herrn Pastor vertrauenden katholischen Arbeitern war die Sache nur dann zu machen, wenn man diesen Arbeitern Selbständigkeit, Standesbewußtsein und Solidaritätsbewußtsein beibrachte. Das rumorte in den Kölner Arbeiter- und Gesellenvereinen. Der Fall des Sozialistengesetzes hatte eine starke agitatorische Initiative der Sozialdemokratie und ihrer Gewerkschaften ausgelöst. Kaiser Wilhelm brachte seine beiden Erlasse heraus, und Papst Leo XIII. veröffentlichte die Enzyklika über die Arbeiterfrage. So kam plötzlich eine soziale Bewegung in Gang.

Das Jahr 1892 beginnt die nationalliberale »Kölnische Zeitung« mit der Bemerkung:

Nicht wenige unter uns waren von Haus aus republikanische, freiheitstrunkene Idealisten und sind erst durch Bismarck und durch den großen und guten Kaiser innerlich in

Vernunftmonarchisten umgewandelt worden. Es ist nur eine Erscheinung, die uns nachdenklich und besorgt stimmt, daß manche dieser Männer in den letzten Jahren in aller Stille begonnen haben, ihre politische Grundanschauung an der Hand der jüngsten Erfahrungen einer nachprüfenden Revision zu unterziehen; die Ergebnisse dieses leise fortschreitenden Denkprozesses könnten sich eines Tages in ganz überraschender Weise offenbaren. Es mag irrational und unbegreiflich sein und sonst was immer für abfällige Bezeichnungen verdienen, aber es ist ein Zug, der uns Männern des deutschen Westens und Südens tief im Blute steckt: Wir folgen bewundernd der perikleischen Allgewalt des genialen Staatsmannes, der uns durch die Wucht seiner kerndeutschen Persönlichkeit, durch den Glanz seines Geistes überzeugt und zu warmblütiger Begeisterung fortreißt, aber wir beugen unseren steifen Nacken nicht unter einer Selbstherrschaft, die den berechtigten Begriff der Monarchie mystisch überspannt.

Caprivi führt am 29. Januar vor dem preußischen Abgeordnetenhaus über das preußische Volksschulgesetz aus:

Wenn bei dem gegenwärtigen Gesetze Differenzen hervorgetreten sind, so glaube ich, [...] es handelt sich hier in erster Instanz nicht um evangelisch oder katholisch, sondern es handelt sich um Christentum und Atheismus. [...] Jetzt aber macht sich eine Weltanschauung stärker und stärker geltend, die im Gegensatz zu jeder Religion steht. Kein einziger von Ihnen teilt sie, das weiß ich sehr gut [...]. Ich verwahre mich hier vor der Schlußfolgerung, daß ich den Atheismus mit der Sozialdemokratie unter allen Umständen für unzertrennlich halte, das ist nicht der Fall. Aber der Atheismus greift anderseits über Kreise der Sozialdemokratie weit hinaus. Ich halte ihn für eine entschiedene Gefahr unseres Staatslebens.

Es beginnt die erneute Hetze gegen die SPD. Der Reichstagsabgeordnete Karl Ferdinand Freiherr von Stumm-Halberg am 12. Februar im Reichstag:

Ich bestreite, daß die Sozialdemokratie den Anspruch erheben kann, sich eine politische Partei zu nennen. [...] Ich fasse die Sozialdemokratie auf als ein Zusammenfassen aller derjenigen Elemente im Lande, welche, von Gift, Haß und Neid gegen die besser situierten Klassen und gegen die Gesellschaftsordnung überhaupt erfüllt, alles mit Füßen treten, was dem Menschen heilig ist oder ihm wenigstens heilig sein sollte.

Ein Chanson von Arno Holz aus dieser Zeit:

Noch immer baumelt der alte Zopf
Der alten Welt im Genick,
Noch immer schmort ihr kein Huhn im Topf,
Drum: Vive la République.

Drum: Vive la République, blique, blique,
Das Herz schlägt uns im Bauch,
Das Knutentum haben wir dick, dick, dick
Und Kartoffeln und Hering auch.

Heiß umstritten ist die Frage der Konsumvereine. Der SPD-Parteitag von 1892, der in Berlin vom 14. bis 21. November stattfindet, beschließt folgende Resolution, die erst im Jahre 1899 abgemildert wird:

In der Frage des Genossenschaftswesens steht die Partei nach wie vor auf dem Standpunkt:

Sie kann die Gründung von Genossenschaften nur da gutheißen, wo sie die soziale Existenzermöglichung von im politischen oder im gewerkschaftlichen Kampf gemaßregelten Genossen bezwecken oder wo sie dazu dienen sollen, die Agitation zu erleichtern [...].

Im übrigen haben die Parteigenossen der Gründung von Genossenschaften *entgegenzutreten* und namentlich den Glauben zu bekämpfen, daß Genossenschaften imstande seien, die kapitalistischen Produktionsverhältnisse zu beeinflussen, die Klassenlage der Arbeiter zu heben, den politischen und gewerkschaftlichen Klassenkampf der Arbeiter zu beseitigen oder auch nur zu mildern.

Die Sensation des Berliner Parteitages ist die von Liebknecht und Vollmar, die sonst so oft gegenteilige Meinungen

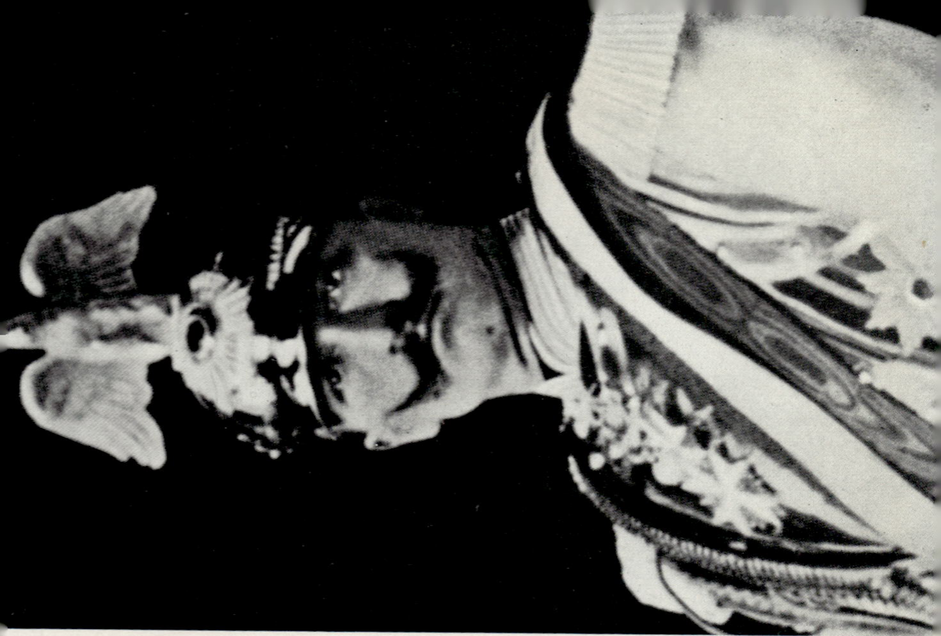

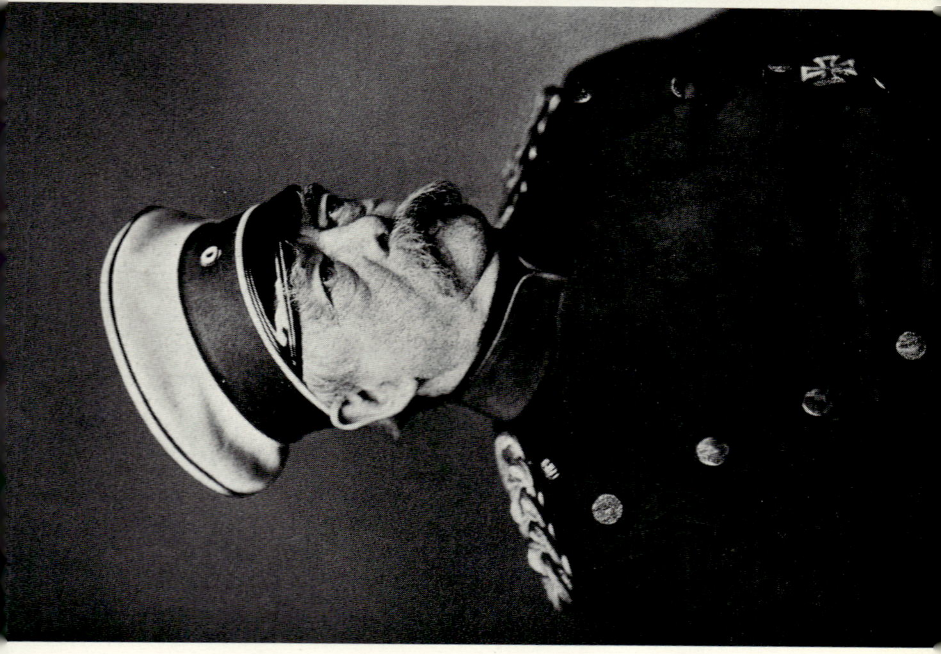

Links: Otto Eduard Leopold Fürst von Bismarck-Schönhausen (1815–1898), Reichskanzler 1871–1890. – Rechts: Wilhelm II. (1859–1941), Deutscher Kaiser 1888–1918

Oben: Auswandererlager in Hamburg-Wedel. – Unten: Sozialdemokratische Parteischule 1907

vertreten, eingebrachte und einstimmig angenommene Resolution, die einen alten Streit beendet:

Die Sozialdemokratie hat mit dem sogenannten Staatssozialismus nichts zu tun.

Der sogenannte Staatssozialismus, insoweit er auf die Verstaatlichung zu fiskalischen Zwecken hinzielt, will den Staat an die Stelle der Privatkapitalisten setzen und ihm die Macht geben, dem arbeitenden Volk das Doppeljoch der ökonomischen Ausbeutung und der politischen Sklaverei aufzuerlegen.

Der sogenannte Staatssozialismus, insoweit er sich mit Sozialreform oder Verbesserung der Lage der arbeitenden Klassen beschäftigt, ist ein System von Halbheiten, das seine Entstehung der Furcht vor der Sozialdemokratie verdankt. Er bezweckt, durch kleine Konzessionen und allerlei Palliativmittel die Arbeiterklasse der Sozialdemokratie zu entfremden und diese dadurch zu lähmen.

Die Sozialdemokratie hat nie verschmäht, solche staatliche Maßregeln zu fordern oder – falls von anderer Seite vorgeschlagen – zu billigen, welche eine Hebung der Lage der Arbeiterklasse unter dem gegenwärtigen Wirtschaftssystem herbeiführen könnte. Sie betrachtet solche Maßregeln aber nur als kleine Abschlagszahlungen, die ihr Streben nach der sozialistischen Neugestaltung des Staates und der Gesellschaft in keiner Weise beirren.

Die Sozialdemokratie ist ihrem Wesen nach revolutionär, der Staatssozialismus konservativ. Sozialdemokratie und Staatssozialismus sind unversöhnliche Gegensätze.

Der sozialdemokratische Parteivorstand berichtet über den Wahlkampf 1893 an den Internationalen Arbeiterkongreß in Zürich:

Der Reichstag wurde am 6. Mai wegen Ablehnung der Militärvorlage von der Regierung aufgelöst. Wie im Reichstag unsere Vertreter den Kampf nicht führten unter dem bloßen Gesichtspunkt der Vermehrung der Steuerlasten, sondern in prinzipieller Gegnerschaft zum Militarismus – dieser naturnotwendigen Ergänzung des Kapitalismus –, so wurde von unserer Partei der Wahlkampf nicht bloß gegen die Militärvorlage geführt, sondern unter prinzipieller Gegnerschaft gegen alle bürgerlichen Parteien, gegen die ganze bürgerliche Gesellschaftsordnung und unter Voranstellung unserer prinzipiellen sozialistischen Grundforderungen. Bei der Entwicklung der Parteiverhältnisse in Deutschland ist unsererseits ein anderer Wahlkampf gar nicht mehr möglich; wo unsere Genossen es unterlassen würden, diesen prinzipiellen Gegensatz zu betonen, würde er von den Gegnern aufgestellt, unsere Partei der Feigheit und Heuchelei bezichtigt werden. Und gerade der jüngste Wahlkampf zeichnete sich durch besonders scharfe Betonung dieser grundsätzlichen Gegnerschaft zwischen Sozialdemokratie und kapitalistischer Gesellschaftsordnung aus. Auch ganz erklärlich: wenige Wochen vor der Reichstagsauflösung widerhallte ganz Deutschland von dem Siegesjubel der vereinigten Gegner. Ultramontane und Protestanten, Junker und Industrielle, Zünftler und staatserhaltende Sozialreformer, alle waren einig, daß die Sozialdemokratie im Reichstag – in den mehrtägigen Debatten über den sogenannten Zukunftsstaat – wissenschaftlich überwunden, kritisch vernichtet sei. Und in den Millionen Wahlflugblättern der Gegner wurden Extrakte jener Debatten immer wieder reproduziert und damit dieser Gegensatz selber zur Wahlparole gemacht, freilich auch hier mit gleich schlechtem Ausgange für die Gegner wie im Reichstage.

Über das Verhältnis zwischen Gewerkschaft und Partei spricht Karl Legien, der Vorsitzende der Generalkommission der Gewerkschaften Deutschlands, auf dem Kölner Parteitag 1893:

Die gewerkschaftliche Organisation ist die Vorschule für die politische Bewegung. Wenn wir an Arbeiterkreise, die absolut dem wirtschaftlichen und politischen Kampfe bisher ferngestanden haben, herantreten wollen, so dürfen wir ihnen zuerst nicht mit weittragenden politischen Ideen kommen; die Gewerkschaftsorganisation zieht den Arbeiter dadurch heran, daß sie ihm materielle Vorteile in Aussicht stellt, ihm den Mangel an Harmonie zwischen Arbeit und Kapital klarlegt und so auch die indifferenten Arbeiterschichten in die Bewegung hineinzieht. So ist sie das beste Agitationsmittel für die politische Bewegung. Aber weiter ist auch diese Organisation eine viel bessere Schule als die politische Organisation, viel besser geeignet, den Arbeiter zu einem festen Charakter, zu einem opferfreudigen Genossen zu machen. Die politische Organisation stellt an ihre Zugehörigen nicht die Anforderungen wie die gewerkschaftliche. [...] Die gegenwärtigen Kämpfe auf beiden Gebieten sind ja überaus schwer, aber die zukünftigen werden noch bedeutend schwieriger sein, und in diesen bevorstehenden Kämpfen und eventuell im letzten Entscheidungskampf brauchen wir Leute, welche ihre ganze Person und Existenz für die Gesamtheit einsetzen; die müssen wir uns also erziehen, und dabei leistet die gewerkschaftliche Organisation außerordentliche Hilfe.

Im neuen Reichstag steigt die Zahl der sozialdemokratischen Mandate auf 44. Welchen Schikanen die Sozialdemokraten auch im liberalen Bremen ausgesetzt sind, berichtet am Beispiel von Friedrich Ebert die »Bremer Bürgerzeitung« am 1. Juni 1894:

Laut Garnisonsbefehl vom 30. d. M. [*Mai*] ist dem Militär der Besuch des Lokales unseres Parteigenossen Fritz Ebert verboten. Wenn unsere Parteigenossen zur Abwehr von Übergriffen übermütiger Protzen, wie jetzt in Berlin gegen den Brauerring, notgedrungen zur Waffe des Boykotts greifen, dann zetert die Bourgeoisie und ihre Soldschreiber über Intoleranz und Terrorismus der Sozialdemokratie, und unsere dreimal gerechte Dame Justitia verknurrt unsere Parteiredakteure, wenn sie die Arbeiter auffordern, kein boykottiertes Bier zu trinken, wegen »groben Unfugs«, dabei findet man es für vollständig gerechtfertigt, wenn eine Behörde gegen einen Geschäftsmann, welcher dem Staate in reichlichem Maße seine Steuer bezahlen muß, damit er seinen Moloch Militarismus füttern kann, nur weil dieser eine ihr nicht genehme politische Gesinnung besitzt, gegen ihn den Boykott verhängt, um ihn so erheblich zu schädigen. Oder dachte man vielleicht, daß bei denjenigen Soldaten, welche bei einem sozialdemokratisch gesinnten Wirt verkehren, die guten Sitten gefährdet würden?

Während des Parteitages 1894 (21.–27. Oktober) in Frankfurt am Main trifft die Nachricht von der Entlassung des Reichskanzlers Caprivi ein. Eine Verschärfung der innenpolitischen Lage ist zu erwarten. Paul Singer führt in seinem Schlußwort aus:

So wenig berechtigt die Hoffnung unserer Gegner auf eine Spaltung ist, so selbstmörderisch wäre es, eine Spaltung eintreten zu lassen in einer Zeit, wo, wie jetzt, sich alles gegen uns vereinigt, wo, wie es heißt, die Minister in Berlin zusammengetreten sind, um das Heilmittel zu entdecken gegen die Sozialdemokratie.

Was haben die Herren erreicht?

Eine Ministerkrise ist eingetreten. Der Reichskanzler Graf Caprivi ist zurückgetreten. Graf Eulenburg [*der preußische Ministerpräsident*] hat demissioniert, und noch andere Gerüchte von Demissionen schwirren in der Luft. Ich will nicht daran denken, irgendwelche Kombinationen über die künftige Gestaltung der Reichsregierung zu machen; für die Sozialdemokratie tritt vielleicht eine Verschiebung im Tone ein, aber im Grunde ist es für uns ganz gleichgültig, wer auf den Ministersesseln sitzt: sie alle sind Vertreter der bürgerlichen Gesellschaft, sie alle schließen sich zusammen, um die kapitalistische Gesellschaft zu schützen, gegen die wir im Kampfe stehen. Wir haben den alten Kurs unter Bismarck gehabt, er ist gegangen, wir haben einen neuen Kurs gehabt, auch Caprivi geht vor der Sozialdemokratie. Jetzt haben wir den neuesten Kurs; mit derselben Ruhe und Gelassenheit sehen wir ihm entgegen: aber auch mit derselben Energie und Entschlossenheit werden wir ihn bekämpfen. Und wenn ein allerneuester Kurs kommen sollte, die Sozialdemokratie wird auch ihm gerüstet und gewappnet gegenüberstehen.

Am Ende des Parteitages greift der Österreicher Viktor Adler bei der Diskussion über den Tagungspunkt »Über die Bedeutung großkapitalistischer Organisationen in unserer Wirtschaft« in die Debatte ein:

Als Fremder hätte ich nicht das Wort ergriffen, wenn ich nicht dazu angeregt würde durch meine Teilnahme an den Verhandlungen des diesjährigen Kongresses für Sozialpolitik zu Wien über denselben Punkt. Dieser Verein ist ein Verein von Professoren, von Kathedersozialisten von ehemals, die, um den Katheder zu behalten, den Sozialismus fortgeworfen haben. (Sehr gut! Heiterkeit.) Auf diesem Kongresse wurde nun über die Kartelle hin und her geredet, ob sie gefährlich oder ungefährlich, nützlich oder verderblich seien. Kurz, es waren lauter Dinge, die ich hier nicht gehört. Während in Wien auf der einen Seite die Furcht vor den Kartellen mit dem Ruf nach dem Polizeistaat die Debatten beherrschte, auf der anderen Seite die Interessenpolitik sich breitmachte, haben hier [...] die Arbeiter eine naturnotwendige wirtschaftliche Entwicklungsphase mit kühlem Blute und sachlicher Objektivität betrachtet. Und darüber habe ich mich außerordentlich gefreut. Dadurch hebt sich die Diskussion hier vorteilhaft ab von den Diskussionen der Professoren. Hier ist die Kartellbildung von vornherein aufgefaßt worden als eine Notwendigkeit, die man zu verstehen habe, nicht aber als etwas, wobei man nachdenkt, ob man die Polizei dagegen zu Hilfe rufen muß oder nicht. Aus der Diskussion hier ist hervorgegangen, daß die Kartelle die wirtschaftliche Macht des Kapitals erhöhen gegenüber dem Konsumenten und dem Arbeiter.

Mit vollem Recht wurden vom Referenten allzugroße Befürchtungen und phantasievolle Vorstellungen über die Kartelle zurückgewiesen. Indem er aber die eine Seite der Sache zeigte, wurde die andere etwas in den Hintergrund gerückt: die Gefahr nämlich, die für die Arbeiter bei den Kartellen wirklich besteht. Es wäre unrecht, die Augen dagegen zu verschließen.

Die Gewerkschaften werden nicht gefördert durch die Kartelle, mit der Konzentration des Kapitals gerät die Arbeiterschaft bei ihrem wirtschaftlichen Kampf in Nachteil dem Kapital gegenüber. Daraus folgt, daß sie sich mit um so größerem Gewicht auf die andere Seite des Kampfes legt, auf die politische.

Die Frage nach der Stellung der Akademiker innerhalb der Partei spielt auf vielen Parteitagen, so auch jetzt in Frankfurt, eine große Rolle. Der Schriftsteller David führt aus:

Ich bin ein sogenannter Rekrut und ein Akademiker dazu und hätte nicht den Mut gefunden, hier zu dieser Frage zu sprechen, wenn ihn mir nicht die beiden Gipsfiguren – auf die Büsten Lassalles und Marx' deutend – gegeben hätten. Das waren ja auch Akademiker, und sie haben wohl auch nicht gerade ganz ihre Schuldigkeit zu tun vergessen. [...] Der Vorwurf mit den Arbeitergroschen ist geradezu einfältig. Wir brauchen gewiß den Idealismus der Akademiker. Locken wir sie etwa durch hohe Gehälter an? Die Gehälter, die sie bei uns erhalten, sind ja viel niedriger, als sie sie erzielen würden, wenn sie in ihrer Karriere geblieben wären. [...] Wenn so ein Akademiker auf die fetten Posten der Sozialdemokratie spekuliert, der Kerl müßte in der Tat Tinte gesoffen haben. (Heiterkeit.) [...] Die Akademiker müssen ja doch, wenn sie zu uns kommen, die alte Haut abstreifen und eine neue sich anlegen, und wäre es auch nur ein dickes Fell! (Große Heiterkeit.) Denn diese Debatte jedes Jahr zu ertragen, dazu gehört auch Idealismus. (Lebhafter Beifall.)

Größenwahnsinn – unter dieser Spitzmarke schreibt die »Magdeburger Zeitung«:

Der »Vorwärts« gibt folgender Auslassung die Überschrift »Bismarcks Nachfolger«: »Die Weltgeschichte hat doch noch Humor. Die Möbel des Zimmers, in welchem die sozialdemokratischen Abgeordneten jetzt ihre Fraktionssitzungen abhalten, sind dem Bundesratszimmer des alten Reichstagsgebäudes entnommen; auf den Stühlen, die früher die Rückseite der Bundesräte, dieser berufensten Stützen der Gesellschaft, gastlich beherbergten, brüten jetzt die sozialdemokratischen Abgeordneten ›Umsturz‹ und Revolution aus, und auf dem Sessel, von dem einst Bismarck seine hausmeierlichen Blitze herabschleuderte, wiegt sich jetzt der Vorsitzende der sozialistischen Fraktionssitzungen. Wenn unsere Gegner das erfahren, klingt ihnen wohl so etwas in die Ohren wie ›Zukunftsmusik‹.«

Das ist ja drollig. Wenn diese Herren Sozialdemokraten sich schon so großartig vorkommen, weil sie auf alten Stühlen der Bundesräte und des Fürsten Bismarck sitzen dürfen, was würden sie da erst für eine Freude empfinden müssen, wenn man ihnen einige abgetragene Röcke der Bundesräte schickte. Wenn »Genosse« Liebknecht in abgelegten Stiefeln Bismarcks einherwandeln könnte, wie sehr müßte er sich da erst als »Bismarcks Nachfolger« fühlen und was für eine »Zukunftsmusik« würde uns dann in den Ohren klingen!

Empört kommentieren die »Preußischen Jahrbücher« die sogenannte Umsturz- oder Zuchthausvorlage in ihrem politischen Kommentar:

Daß die Umsturzvorlage, wie wir hoffen wollen, aussichtslos geworden ist, verdanken wir der vielgescholtenen Zersplitterung unserer Parteien. [...] Der eigentliche Retter der Denkfreiheit in Deutschland also ist das vielgescholtene allgemeine gleiche Stimmrecht. Auch die Gegner dieses so oft und so hart angegriffenen Stimmrechts werden, wenn sie sich dies klargemacht haben, geneigt sein, ihm vieles zu verzeihen.

Diejenigen Paragraphen, [...] die zuletzt noch am meisten Aussicht auf Annahme haben, sind die die Armee betreffenden; namentlich kommt § 112 in Betracht. [...]

Auch dieser Paragraph ist stark angefochten, da er in seiner Anwendung sehr dehnbar sei und zu Denunziationen und Schikanen Veranlassung geben könne. [...] Das ist wohl richtig, und es mag einmal dieser oder jener peinliche Prozeß daraus entstehen. Auf der anderen Seite aber ist es sehr wünschenswert, daß die Sozialdemokraten sich gewöhnen, die Armee, wo sie auch immer mit ihr in Berührung geraten, mit einem heillosen Respekt anzusehen. Man hat ferner gesagt, diese Bestimmung involviere insofern ein Ausnahmegesetz, als wir anderen niemals in den Verdacht kommen würden, die militärische Zucht und Ordnung untergraben zu wollen und deshalb nur die Sozialdemokraten getroffen werden könnten. Vor solchen »Ausnahmegesetzen« aber braucht man sich am allerwenigsten zu scheuen. Es ist nichts als die gerechte Strafe dafür, daß die Sozialdemokratie fortwährend das Wort »Revolution« im Munde führt. Möge sie diese üble Gewohnheit ablegen, was ihr ja um so leichter werden kann, da sie im Grunde ihres Herzens selber längst nicht mehr daran glaubt.

Mit Hilfe des Vereinsgesetzes vom Jahre 1850 geht man an vielen Stellen gegen die sozialistischen Vereine vor; so gegen die Berliner Frauenagitationskommission im Februar 1895. Die Verfügung lautet:

Es wird Ihnen hiermit eröffnet, daß die Berliner Frauenagitationskommission aufgrund des § 8 des Vereinsgesetzes vom 11. März 1850 vorläufig geschlossen ist, weil dieselbe nach ihrer bisherigen Tätigkeit, insbesondere wegen der noch in letzter Zeit in Versammlungen betriebenen Agitation für das Wahlrecht der Frauen, als politischer Verein im Sinne des genannten Gesetzes erscheint, politische Vereine aber Frauen nicht als Mitglieder aufnehmen dürfen.

Jede fernere Beteiligung an diesem Vereine oder eine Neubildung, welche sachlich als Fortsetzung des geschlossenen Vereins erscheint, ist nach § 16 des Vereinsgesetzes strafbar.

Vom Reichstagspräsidium wird eine Kundgebung zum 23. März 1895, Bismarcks 80. Geburtstag, vorgeschlagen. Im Namen der Sozialdemokratischen Partei lehnt Singer den Vorschlag ab:

Wir haben keine Veranlassung, uns an einer Kundgebung zu Ehren des Fürsten Bismarck zu beteiligen.

Die durch den Fürsten Bismarck zum ausschließlichen Vorteil der besitzenden Klasse verfolgte Zoll- und Steuerpolitik hat schwere Schädigungen über das deutsche Volk gebracht und in ihren unheilvollen Wirkungen der Arbeiterklasse die notwendigsten Lebensmittel verteuert. (Lebhafte Rufe. Ach, ach! rechts. Lebhafte Zustimmung links.)

Fürst Bismarck hat stets nur die Politik der Sonderinteressen und der nationalen und internationalen Gegensätzlichkeit betrieben; er hat seine Gegner, insbesondere die Sozialdemokratische Partei, bis zur Ächtung mit Ausnahmegesetzen verfolgt und vergewaltigt. (Große Unruhe rechts. Lebhafte Zustimmung links.)

Er besitzt daher keinen Anspruch auf den Dank und die Anerkennung (lebhafte Unterbrechungen rechts) des gerade von ihm mit Hohn behandelten Reichstages. [...] Als Vertreter der stärksten politischen Partei Deutschlands (lebhafte Heiterkeit rechts) lehnen wir den Vorschlag [...] ab.

Da das Zentrum, die Freisinnige und Deutsche Volkspartei ebenfalls ablehnen, unterbleibt die Adresse. Der Reichstagspräsident Dr. Albert von Levetzow tritt zurück. – In den Heften von April bis Juni 1895 berichten die »Preußischen Jahrbücher« über eine sozialdemokratische Denkschrift, über deren Urheberschaft Streit entsteht. In dem fraglichen Dokument heißt es:

Freund und Feind sind darüber einig, daß die Aussichten unserer Partei glänzende sind. Die Zukunft gehört der Sozialdemokratie. Das Angstgeschrei der herrschenden Parteien bezeugt, wie nahe sie ihren eigenen Sturz vor Augen sehen.

So scheint es. Ich behaupte aber, in Wirklichkeit schaut es ganz anders aus. Unbestritten ist freilich die Angst unserer Gegner. Aber nicht jeder, der Angst hat, ist darum in wirklicher Gefahr. [...] In Wahrheit ist die Sozialdemokratie in Deutschland auf einem Punkt, wo die höchste taktische Geschicklichkeit dazu gehört, um nicht festzufahren. [...]

Unsere wahre Macht im Lande entspricht [...] nicht entfernt unserer Stimmenzahl. Um dereinst unser Ziel auf parlamentarischem Wege zu erreichen, müßten wir nicht nur die Mehrheit der Stimmen einmal im Fluge erhaschen, sondern sie auch wirklich festzuhalten imstande sein. [...]

Dürfen wir [...] darauf rechnen, jemals die Hälfte oder gar die Majorität der deutschen Wähler für uns zu gewinnen? [...]

Unsere Gegner pflegen [...] die Redensart im Munde zu führen, daß, wer auch nur »eine Scholle vaterländischen Bodens« sein eigen nenne, zum Sozialdemokraten verdorben sei. Die Wahrheit mag in der Mitte liegen. [...]

Unsere Aussichten, jemals die Majorität der Wähler im Deutschen Reich zu gewinnen, sind [...] nicht nur sehr gering, sondern sie sind tatsächlich gar nicht vorhanden. [...]

Hat man aber erst erkannt, daß wir an der Maximalgrenze angelangt sind, so zeigt das allgemeine Stimmrecht der öffentlichen Meinung nicht mehr unsere Stärke, sondern unsere Schwäche. Sobald wir nicht mehr fortschreiten, würden unsere eigenen Anhänger den Glauben an die Sache des Proletariats verlieren; [...] und wir würden sehr schnell zurückgehen. [...] Nachdem das allgemeine Stimmrecht uns seine unschätzbaren Dienste für die systematische Agitation und Organisation der Massen geleistet, kann uns nichts Besseres geschehen, als daß, sobald der Höhepunkt seiner Ausnutzung erreicht ist, es uns wieder genommen wird. [...] Nur indem wir jetzt mit bewußter Taktik die Gegner zu Fehlern und Unbesonnenheiten reizen, haben wir Aussichten auf einen endlichen Sieg.

Die Reichstagsfraktion der SPD berichtet an den Parteitag 1895, der vom 6. bis 12. Oktober in Breslau stattfindet:

Die Schlußsteinlegung zum neuen Geschäftshaus des Reichstags hatte am 5. Dezember unter militärischem Prunk stattgefunden, die Reichstagsabgeordneten waren dabei durch einen Strick von den Mitgliedern des Hofs getrennt. Selbstverständlich hatte sich unsere Fraktion an dieser militärisch-dynastischen Feier *nicht* beteiligt, und sie wollte auch [...] dem Beginn der ersten Sitzung im neuen Hause am 6. Dezember fernbleiben, da diese der Präsident mit einem Hoch auf den Kaiser zu eröffnen pflegt. Durch Zufall waren jedoch einige unserer Abgeordneten im Sitzungssaal, ehe das Hurrarufen vorüber war, und blieben während desselben sitzen. Nun konnten unsere Gegner ihrem angeblichen Patriotismus, d. h. ihrem Haß gegen die Vertreter der klassenbewußten Arbeiter Luft machen. Der Präsident von Levetzow erklärte, daß das Sitzenbleiben »nicht der Sitte deutscher Männer, nicht der Gewohnheit des Hauses entspräche und die Gefühle der Mitglieder beleidige; er bedaure, daß er kein Mittel habe, um ein derartiges Verfahren zu rügen«. [...] Daß der Gewissenszwang, der gegen uns ausgeübt wird, wenn wir beim Kaiserhoch aufstehen sollen, moralisch verwerflich ist, darauf nehmen unsere für »Religion und Sitte« kämpfenden Gegner keine Rücksicht. Schon in der nächsten Sitzung (11. Dezember) wurde von der Staatsanwaltschaft beim Königlichen Landgericht I. Berlin die strafrechtliche Verfolgung des Reichstagsabgeordneten Liebknecht wegen Majestätsbeleidigung beantragt. Der Antrag wurde der Geschäftsordnungskommission überwiesen; die überwiegende Mehrheit derselben erteilte die Genehmigung zu dieser Strafverfolgung *nicht*, »weil sie der Ansicht war, daß das Sitzenbleiben als eine ›Äußerung in Ausübung des Berufs‹ aufgrund des Artikels 30 der Reichsverfassung straflos bleiben müsse; die Immunität des Hauses sei zu wahren, die Disziplin gegenüber den Mitgliedern dem Reichstage zu überlassen«.

Liebknecht führt auf dem Breslauer Parteitag aus:

Als wir vor einem Jahre in Frankfurt zusammentrafen, war uns ein Umsturzgesetz angekündigt. Wir sagten: Möge ein solches Gesetz kommen, es wird vielleicht manches und manchen umstürzen, aber niemals die Sozialdemokratie! (Lebhafter Beifall.) Und was ist aus dieser Umsturzbewegung geworden? Der Mann, der die Hand dazu lieh, das Gesetz vor den Reichstag zu bringen, Caprivi, er wurde gestürzt, und sein Nachfolger, Herr von Hohenlohe, [...] mußte die Erfahrung machen, daß man, [...] um die Sozialdemokratie zu vernichten, die Wissenschaft und Kunst und damit die Grundlagen der Kultur umstürzen müßte. Damit ist anerkannt worden, daß die Sozialdemokratie [...] die Partei ist, welche die Errungenschaften unserer Kultur zu verteidigen und zu wahren hat in dieser Zeit des Zusammenbruchs der kapitalistischen Gesellschaft, die, wenn ihre Herrschaft nicht gebrochen wird, uns der Barbarei zuführen würde. [...]

Die Umsturzbewegung des vorigen Jahres hat in jammervoller Weise Schiffbruch erlitten.

Nach Engels Tod erscheint in neuer Auflage seine Broschüre »Ludwig Feuerbach und der Ausgang der klassischen deutschen Philosophie im Jahre 1845«. Paul Nerrlich spricht darüber in der Berliner Philosophischen Gesellschaft:

Den Anhängern des Sozialismus konnte nicht leicht ein üblerer Dienst erwiesen, ihren Gegnern kaum eine willkommenere Waffe in die Hand gedrückt werden, als es mit dem Neudruck [...] geschehen ist. Damit nämlich, daß Engels den Ursprung des Sozialismus darlegt, wird zugleich derjenige Punkt deutlicher als sonst irgendwo aufgezeigt, von dem aus der allzulange mit unzureichenden Mitteln bekämpfte Feind zu Boden gestreckt werden kann [...].

Nach Engels war es [...] die weltgeschichtliche Bedeutung des Sozialismus überhaupt und desjenigen von Marx insbesondere, daß sie sich entschlossen, jede idealistische Schrulle unbarmherzig zum Opfer zu bringen, zum ersten Male mit der materialistischen Weltanschauung Ernst zu machen. [...]

Der Satz, [...] daß nicht Individuen, sondern Massen die bestimmenden Faktoren seien, wird zunächst durch die Geschichte des Sozialismus [...] beleuchtet. Glaubt Engels wirklich, daß die Massen auch nur einen Finger gerührt hätten, wenn sie nicht von ihm selbst und dem kleinen Kreis seiner in der Geschichte des Sozialismus fortlebenden Vorgänger und Zeitgenossen aufgestachelt worden wären?

Über die Agitation »von Mund zu Mund« schreibt Siegfried Nestriepke:

Neben der Werkstattagitation steht [...] als gleichwertig, gleich bedeutsam die organisierte »Hausagitation«, in der Regel verbunden mit der Verteilung eines Flugblattes. [...] Für die Hausagitation trifft sich eine Anzahl von Kollegen, meist ausgesuchte, geschickte Leute. [...] Die Werber beginnen nun ihren Rundgang. Mit freundlichem Gruß betreten sie die Wohnung des Kollegen. Vielleicht ist er selbst zunächst nicht anwesend. Macht nichts, man setzt sich ein bißchen mit der Frau nieder und beginnt mit ihr, während sie die Kartoffeln [...] schält oder die Kleinen sonntäglich herausputzt, ein Gespräch. Mit den teuren Kartoffelpreisen hebt's nun an, oder auch mit den Kindern, und daß es eine Schande wäre, daß man sich nicht mehr um sie kümmern und ihnen nichts Besseres zugute kommen lassen könne. Ja, das sind eben schlechte Zeiten! Miserable Löhne, lange Arbeitszeiten und schlechte Behandlung auch noch. [...] Der Anfang ist gefunden, es geht hin und her. Nun kommt der Herr des Hauses herzu; auch mit ihm ist bald ein Gespräch eingeleitet; und früher oder später kommt's auch auf den Verband. Es ist vielleicht nicht das erste Mal, daß dem Hausherrn zugesetzt wird, er solle sich doch anschließen. Aber er will nicht, hat seine Bedenken; er hat sie immer für sich behalten, weil er seine Ruh haben und sich nicht die Frühstückspausen durch das Diskutieren und Herumstreiten versalzen lassen wollte. Aber hier ist das jetzt schon etwas anderes: Sonntag vormittag. [...] Man sitzt gemütlich in der Küche beisammen, man hat schon dies und das geredet, 's sind ganz passable Leute, mit denen sich vernünftig reden läßt, da kann man schon mit der Sprache herauskommen. Sie suchen ihm die Einwände zu widerlegen, natürlich. Aber er weiß, was er weiß; er läßt sich so leicht nicht herumkriegen. Es wird ein bißchen hitzig. Aber da lenken die Besucher wieder ein: »Nun, wir wollen uns nicht aufregen, das hat ja keinen Zweck. Jeder muß seine Überzeugung haben und darnach handeln. Aber natürlich, eine richtige Überzeugung muß es sein, alles durchgedacht und erwogen. Sich die Sache überlegen und alle Gründe prüfen, kann jedenfalls nicht schaden. Hier sind ein paar Flugschriften. Kannst sie behalten, kosten nichts. Wenn du mal Zeit hast, sieh sie dir durch. Und nichts für ungut! Adieu zusammen.« Sie reichen sich freundschaftlich die Hände, den Kleinen werden noch ein paar Scherzworte zugerufen, und dann geht's weiter. Da werden vielleicht an einem Sonntagvormittag nur fünf, sechs Häuser abgemacht; und am Schluß hat man nicht ein einziges Mitglied gewonnen. Aber nur geduldig, gut Ding will Weile haben, und noch ist nicht aller Tage Abend!

Am nächsten Sonntag geht's wieder los, zu derselben Familie.

Im Jahresbericht der Gewerbekammer Bremen vom 18. Mai 1896 heißt es:

Für die arbeitenden Klassen ist durch Fürsorge der Gesetzgebung seitens des Reiches (Krankenkassen, Unfallversicherung, Invaliditäts- und Altersversicherung, Sonntagsruhe u. a. m.) und durch die Opferwilligkeit der Arbeitgeber seit Jahren so viel geschehen, daß deren Lage als wesentlich gehoben und verbessert angesehen werden kann. Man darf daher wohl erwarten, daß hierin zunächst ein ruhigeres Tempo eintreten wird. Zu wünschen bleibt daneben aber, daß nunmehr die berechtigten Interessen der Arbeitgeber diejenige Berücksichtigung erfahren, die sie beanspruchen können. Es kann nicht verschwiegen werden, daß die gesteigerten Zumutungen, welche die Gesetzgebung fortdauernd an die Arbeitgeber stellt, diese immer mehr belasten und infolgedessen vielfache Mißstimmung in ihren Kreisen erzeugen. Auch die beste Sache kann übertrieben werden, und es ist an der Zeit, zu prüfen, wo in den gegebenen Fällen »die wirtschaftlich Schwachen« in der Tat zu suchen sind.

In dieser Zeit wird in Arbeiterkreisen die »episch-dramatische« Dichtung »12 Jahre Verbannung oder des Ausgewiesenen Heimkehr« gespielt; hier einige Verse daraus:

Seid einig, einig, einig! – Der Sieg muß unser sein.
Das sind des Vaters Worte! Das kann kein Irrtum sein!
Schlief nicht an jedem Abend der Vater damit ein? –
Ja! – Doch bei diesen Worten wacht jetzt der Vater auf,
Laut schallt es von der Straße, die Menschen stehn zu Hauf;
[...]
Er eilt, so schnell er eilen kann, auf den Straßendamm,
Da zeigen ihm die Freunde ein Kabeltelegramm,
Er liest und jauchzt, ausbricht in hellen Jubelschrei:
Gesiegt hat Deutschlands größte und mächtigste Partei!
[...]
Und die Verbannten eilen alle der Heimat zu,
Auch ihm im fremden Lande – ihm läßt es keine Ruh,
Er schleudert Hack und Spaten, er wirft das Schurzfell fort,
Es pfeift der nächste Dampfer – der hat auch ihn an Bord.
Die Sprache hat nicht Worte, das Lied hat keinen Ton,
Als nun nicht mehr im Traume des Volkes treuster Sohn,
Als er nun *wahr* und *wirklich* in seine Heimat zieht –
Die Sprache hat nicht Worte, nicht Töne hat das Lied.

Den Hamburger Parteitag (3.–9. Oktober 1897) beschließt Singer mit dem Dank an die Hamburger Genossen:

Der Glanzpunkt dieses Kongresses [...] war doch die Hafenfahrt; sie brachte uns so recht die Solidarität, die Einheit und Geschlossenheit der Hamburger Arbeiter zum Bewußtsein.

Zu einer Vergnügungsfahrt waren wir eingeladen, eine Triumphfahrt der Sozialdemokratie ist sie geworden. (Lebhafte Zustimmung.) An den Arbeitsstätten im Hafen fuhren wir vorüber, und dort sahen wir die Arbeiter, die, vor wenigen Monaten durch den Druck des Unternehmertums in Not und Elend geraten, die tatkräftige Hilfe der deutschen Arbeiterklasse erfahren hatten, kaum erst aufatmend vom schweren, wirtschaftlichen Joch, stolz und frei ihre Zugehörigkeit zur deutschen Sozialdemokratie bekennen. (Bravo!) Es war ein erhebender Eindruck, als wir in dem Hafen umherfuhren, umtost von dem Jubel der Hafenarbeiter, die, das rote Banner mit stürmischer Begeisterung grüßend, durch diese Demonstration vor aller Welt, unbekümmert um die Folgen, zeigten, daß sie Sozialdemokraten sind und bleiben. (Beifall.) Es wäre Unrecht, wollten wir ihnen nicht dafür von dieser Stelle aus unseren Dank aussprechen. Diese erhebende Stunde im Hamburger Hafen wird in unvergeßlichem Andenken der Delegierten bleiben, denen es vergönnt war, sie mit zu erleben. (Lebhafter Beifall.)

An einer Galatafel in Bad Oeynhausen kündigt Wilhelm II. am 6. September 1898 die Vollendung eines Antistreikgesetzes an, von dem er schon am 17. Juni 1897 gesprochen hat:

Das Gesetz naht sich seiner Vollendung und wird den Volksvertretern noch in diesem Jahre zugehen, worin jeder – er möge sein, wer er will, und heißen, wie er will –, der einen deutschen Arbeiter, der willig ist, seine Arbeit zu vollführen, daran zu hindern versucht oder gar zu einem Streik anreizt, mit Zuchthaus bestraft werden soll. Die Strafe habe Ich damals versprochen, und Ich hoffe, daß das Volk in seinen Vertretern zu Mir stehen wird, um unsere nationale Arbeit in dieser Weise, soweit es möglich ist, zu schützen.

Zur 50. Wiederkehr des Ausbruchs der Deutschen Revolution am 18. März 1898 bemerken die »Preußischen Jahrbücher«:

In einem eigentümlichen Kontrast zu den rauschenden Festlichkeiten, mit denen wir vor zwei Jahren [*25. Jahrestag der Reichsgründung von 1871*] und bei der Zentenarfeier unseres geliebten alten Kaisers [*100. Geburtstag Wilhelms I. im Jahre 1897*] das Gedächtnis unseres letzten Einheitskrieges und seiner Helden erneuerten, steht die Art, wie wir der großen Ereignisse gedenken, die vor fünfzig Jahren das Leben unseres Volkes erschütterten. [...] Jubel erhob sich überall, wo Deutsche wohnten. Neidlos und fast sehnsüchtig sahen unsere Brüder in Österreich zu uns herüber. [...] Nur wer wie die Sozialdemokraten die Grundlagen unseres Staates, Monarchie und Nationalität, verleugnet, blieb abseits.

Heute dagegen sind es diese allein, welche sich zu unserer Revolution bekennen und sie zu lärmenden Demonstrationen ausnutzen werden. Unsere Behörden hüllen sich in geflissentliches Schweigen. Ängstlich sucht selbst der liberale Magistrat Berlins das zahme Demonstratiönchen abzuwehren, mit dem sich die Väter unserer ersten Stadt zu Ehren der Märzgefallenen herauswagen wollen.

Die Berliner Stadtverordneten beschließen am 16. März 1898 mit 58 gegen 40 Stimmen die Niederlegung eines Kranzes an der Grabstätte der Märzgefallenen. Dieser Beschluß wird durch den Oberbürgermeister jedoch aufgehoben, da die Verordneten damit ihre Befugnisse überschritten hätten. Eine Klage beim Oberverwaltungsgericht wird abgewiesen. Die »Preußischen Jahrbücher« fahren fort:

Bei uns, so scheint es fast, wird sich die offizielle und korrekte Ehrung des »tollen Jahres« auf das Festmahl beschränken, zu dem sich, wie die Zeitungen melden, am 18. Mai in Frankfurt das Dutzend alter Herren vereinigen wollen, die noch von den Mitgliedern des ersten deutschen Reichstages am Leben sind [*von den siebzehn noch lebenden Abgeordneten kommen Jordan, Mayfeld, Mosing, Sepp, Schorn*]. Sie werden ohne Zweifel mit berechtigtem Stolz auf das an Geist und reiner Leidenschaft größte Parlament in unserer Geschichte zurückblicken und werden betonen, daß die Gedanken, welche in der Paulskirche ans Licht traten, sich zur Gegenwart verhalten wie die Aussaat zur Ernte. Und sie werden sich vielleicht daran erinnern, daß alle ihre Hoffnungen und Entwürfe [...] getragen waren von derselben Idee, auf welcher das moderne Italien ruht – und daß auch die Barrikadenkämpfer am 18. März für sie in den Tod gegangen sind.

Der spätere Reichskanzler von Hertling schreibt darüber:

Ein andermal, wo ich selbst zugegen war, hätte ich eine größere Aktivität gewünscht; es war am 18. März 1898, als Bebel die Gelegenheit ergriff, um am 50. Jahrestag die achtundvierziger Revolution zu verherrlichen, wobei ihm der Präsident einen sehr weiten Spielraum verstattete. Für mich aber hatte der Vorgang aus einem andern Grund ein gewisses Interesse. Bebel nahm nicht weniger als dreimal das Wort und sprach mit ungeheurer Leidenschaft; da wurde mir klar, daß in dem angeblichen Naturredner ein gutes Stück Schauspieler steckte. Wer nur ehrlich das aussprechen will, was ihm am Herzen liegt, müßte bei einer solchen Kraftanstrengung unterliegen.

Wilhelm Liebknecht ist eben aus dem Gefängnis entlassen worden. In seiner Gedenknummer zur Märzrevolution entbietet ihm der »Vorwärts« ein Grußwort:

Wilhelm Liebknecht verläßt heute das Gefängnis in Charlottenburg, wo er vier Monate verweilen mußte wegen eines Vergehens, von dem selbst das verurteilende Gericht sagte, daß er es hatte vermeiden wollen. [...]

An einem bedeutungsvollen Tage kehrt Liebknecht zu uns zurück. Ein halbes Jahrhundert ist verflossen seit der großen Erhebung des deutschen Volkes, an der er in jugendlicher Begeisterung teilgenommen mit dem Schwert in der Hand. [...] Seit jenen Tagen, wo er für die Schaffung eines freien und einigen Deutschlands sein Leben einsetzte, hat er ununterbrochen auf Seite der unterdrückten Volksmassen gekämpft und gearbeitet. [...]

Wenn heute Liebknecht, der an Jahren ein Greis, an Feuer und Begeisterung für die großen Aufgaben der Menschheit aber kraftvoll wie ein Jüngling geblieben, sein Leben überschaut, so darf er sich sagen, daß zu den hervorragenden Persönlichkeiten der Geschichte, die durch charaktervolles, keinerlei Verfolgung scheuendes Festhalten an ihren Idealen bestimmenden Einfluß auf die Volksmassen ausgeübt haben, auch *er* gehört. [...]

Willkommen Wilhelm Liebknecht, Soldat der Revolution.

»Erinnerungen eines Achtundvierzigers«, unter diesem Titel gibt Stephan Born 1898 »einen bescheidenen Beitrag [...] zur Geschichte des Werdens einer neuen Zeit, [...] die Legendenbildung, die schon in voller Tätigkeit ist, einigermaßen zu stören«. Darin schreibt er:

Jedem unbefangenen Beobachter drängt sich die Wahrnehmung auf, daß seit dem jetzt verflossenen Jahrhundert ein neuer Geist die Herrschaft über die Bevölkerung aller europäischen Staaten gewonnen hat. Der »um seine Emanzipation kämpfende vierte Stand« [...] ist zu einer Macht geworden, die von Jahr zu Jahr an Stärke zunimmt, damit aber an revolutionärem Charakter verlieren muß. Revolutionäre sind nur diejenigen, die noch um die ersten elementaren Rechte des Staatsbürgers kämpfen müssen. Revolutionäre waren die mit dem allgemeinen Stimmrecht noch nicht ausgestatteten Barrikadenkämpfer des 24. Februar, des 13. und 18. März 1848, revolutionär die Arbeiter, welche gemeinsam mit der Bourgeoisie für die Einheit Deutschlands kämpften. Mit jedem Stück, das erreicht worden, mußte sich der revolutionäre Charakter der Bewegung abschwächen. Reden in dem Ton, wie sie einst Hasenclever und andere vor einigen Jahrzehnten noch gehalten, sind für Deutschland heute vollständig veraltet. Diejenigen politischen Rechte, die dem »vierten Stand« noch vorenthalten sind, wird er auf friedlichem Wege und in nicht allzu langer Zeit besitzen; darüber erhitzt sich niemand mehr. Auf dem politischen Gebiet ist ein großes Terrain gewonnen worden. Nicht den geringsten Fortschritt hingegen in der Eroberung der Geister haben die kommunistischen

Ideen gemacht, wie sie das von Marx und Engels unterzeichnete Manifest vom Ende des Jahres 1847 entwickelt.

Gegen die Zuchthausvorlage und für das Koalitionsrecht erklärt sich der Stuttgarter Parteitag (3.–8. Oktober 1898):

Der Parteitag fordert die deutschen Arbeiter ohne Unterschied der politischen und religiösen Anschauungen auf, sobald dem Reichstag eine solche oder ähnliche Vorlage zugeht, Protestversammlungen zu veranstalten und die Abgeordneten zur Stellungnahme gegen eine solche Vorlage zu drängen.

Der Parteitag erblickt in der Kaiserrede das unzweideutige Zeugnis, daß die in den kaiserlichen Erlassen vom 4. Februar 1890 in Aussicht gestellte Sozialreform seitens der Regierung aufgegeben ist. Der [...] Erlaß des Grafen Posadowsky [*vom 11. Dezember 1897, wonach den Arbeitern verboten wird, Kollegen von bestreikten Arbeitsstellen fernzuhalten*] zeigt, daß das Reichsamt des Innern [...] eine Politik der Unterdrückung der Arbeiterbestrebungen auf wirtschaftlichem Gebiete einleitet – eine Politik, die den letzten Arbeiter über das Märchen vom »sozialen Königtum« aufklären und ihn davon überzeugen muß, daß im heutigen Klassenstaat die Regierung immer mehr und immer deutlicher die Sachwalterin der Kapitalinteressen wird und allein die Sozialdemokratie die rückhaltlose und offene Vertreterin der Arbeiterinteressen ist.

Die Vorlage kommt im Reichstag zu Fall. – Theoretische Katzbalgereien nennt der bayerische Sozialdemokrat Georg von Vollmar auf dem Stuttgarter Parteitag die Auseinandersetzung um das Endziel. Er führt gegen Rosa Luxemburgs revolutionäre Tendenzen aus:

Es könnte der deutschen Sozialdemokratie gar nichts Unglückseligeres passieren, als daß wir vorzeitig in die Lage kämen, die politische Macht zu übernehmen, denn wir würden nicht befähigt sein, sie ersprießlich zu gebrauchen und sie festzuhalten. Wir wollen die Macht nicht durch künstliche Mittel, sondern durch innere Notwendigkeit gewinnen, die allein Unwiderstehlichkeit und sicheren Erfolg verbürgen – dann, wenn vor allem die ökonomischen Bedingungen gegeben sind. [...] Wer die Lage des arbeitenden Volkes ökonomisch, politisch, geistig, kurz, kulturell hebt, der befähigt es zum Weiterkämpfen, stärkt seine Macht und schreitet sicheren Fußes auf dem Wege, der zur schließlichen Ergreifung der politischen Gewalt führt. Wäre dieser immanente, selbstwirkende Trieb nicht vorhanden, dann könnten wir uns mit unserer ganzen Agitation begraben lassen.

Bebel spricht auf diesem Parteitag über den Abrüstungsvorschlag des Zaren Nikolaus II.:

Für den Militarismus gilt dasselbe wie für die gesamte bürgerliche Entwickelung: Das A und O der ganzen bürgerlichen Entwickelung beruht auf der Konkurrenz; würde diese beseitigt, würde die bürgerliche Gesellschaft einer Stagnation verfallen. Genauso ist es mit dem Militarismus, er ist durch die Entwickelung, die er speziell in Europa genommen hat, wesentlich gefördert worden durch die entgegengesetzten Interessen der Mächte und die konkurrierenden Eigenschaften, die ihm innewohnen. Diese werden auch künftig nicht ausbleiben. Daß die Frage, die die russische Regierung gestellt hat, durch die europäischen Regierungen gelöst wird, daran glauben wir nicht. Aber neben dem Umstande, daß dieser Vorschlag im höchsten Grade unsere Bestrebungen zur Bekämpfung des Militarismus unterstützt hat, hat er noch etwas anderes erreicht. Er hat in den weitesten Kreisen der europäischen Bevölkerung, die bisher dem Gedanken anhingen, daß es gar nicht anders ginge, als daß die militärischen Rüstungen sich auch fernerhin so entwickeln müßten wie bisher, weil es die Sicherheit der einzelnen Staaten erfordre, diesen Glauben in hohem Maße erschüttert. Millionen von Menschen sind jetzt wankend geworden, haben andere Anschauungen bekommen, und das muß notwendig zum Ausdruck kommen in der Wirkung unserer Agitation.

In seinem Buch »Politische Erinnerungen« schreibt der nationalliberale Reichstagsabgeordnete Wilhelm Kulemann über die hervorragenden Persönlichkeiten der SPD:

Von den beiden anerkannten Führern der Partei, Bebel und Liebknecht, war der letztere der Lehrer, der erstere der Schüler. Aber der Schüler hatte den Lehrer weit überflügelt. Gewiß genoß Liebknecht eine ganz außerordentliche persönliche Verehrung [...]. Aber man sprach doch von ihm neben aller Achtung vor seinem Charakter und den Opfern, die er der Partei gebracht hatte, zugleich mit einem leisen Unterton der Ironie. Er war der alte 1848er, der sich niemals gescheut hatte, seine Haut zu Markte zu tragen, aber er war im Grunde ein unklarer Kopf, der [...] das Verständnis durch Begeisterung ersetzte.

Ganz anders Bebel. An Lauterkeit der Gesinnung und des Charakters stand er Liebknecht ebensowenig nach wie an Begeisterung und Bereitwilligkeit zu persönlichen Opfern für seine Überzeugung. Aber er hatte, was jener ihn lehrte, innerlich verarbeitet und sich zu eigen gemacht. War Liebknecht der Mann der Feder, so stand Bebel mitten im Leben. Durch eigene Studien hatte er sich ein Maß von Kenntnissen angeeignet, über das man staunen muß. Aber wichtiger ist es, daß er das alles nicht lediglich in sich aufgestapelt, sondern zu einer harmonischen Weltanschauung entwickelt hatte. Gewiß zeigte seine Bildung gewisse Mängel, die nun einmal dem Autodidakten anhaften. Ebenso hat er oft verletzt durch die Einseitigkeit und Intoleranz, mit der er die Ketzer innerhalb der eigenen Partei verfolgte. Aber das sind nur die unvermeidlichen Schattenseiten seiner Vorzüge. Ohne einen gewissen Fanatismus kann man große Ideen nicht wirksam vertreten. [...]

Neben Liebknecht und Bebel stand als eines der einflußreichsten Parteimitglieder Singer. Er ist ein Herrschertalent und besitzt eine vorzügliche Fähigkeit zur Leitung großer Versammlungen. Ebenso kann man ihm die rasche Auffassung und den scharfen Verstand nicht bestreiten. Aber was ihn hinter seinen beiden Parteigenossen stark zurücktreten läßt, ist das Fehlen des menschlich-sympathischen Elementes, das jene in so hohem Grade besitzen bzw. besaßen und auf dem doch wohl hauptsächlich ihr Einfluß auf die breiten Massen beruht.

Richard Dehmels Gedicht »Der Arbeitsmann« entsteht in den neunziger Jahren:

Wir haben ein Bett, wir haben ein Kind,
mein Weib!
Wir haben auch Arbeit, und gar zu zweit,
und haben die Sonne und Regen und Wind,
und uns fehlt nur eine Kleinigkeit,
um so frei zu sein, wie die Vögel sind:
nur Zeit!

Wenn wir sonntags durch die Felder gehn,
mein Kind,
und über den Ähren weit und breit
das blaue Schwalbenvolk blitzen sehn,
oh, dann fehlt uns nicht das bißchen Kleid,
um so schön zu sein, wie die Vögel sind:
nur Zeit!

Nur Zeit! wir wittern Gewitterwind,
wir Volk.
Nur eine kleine Ewigkeit;
uns fehlt ja nichts, mein Weib, mein Kind,
als all das, was durch uns gedeiht,
um so froh zu sein, wie die Vögel sind.
Nur Zeit!

Der Rechtslehrer Gustav Radbruch schreibt über seine Jugend- und Studienzeit:

Antwort heischend stand vor jedem die »soziale Frage«, und die Antwort auf sie konnte nur der Sozialismus oder die Sozialpolitik sein. Ich hatte damals schon Marx' »Kapital« gelesen. Und als die Zuchthausvorlage gegen die Streikbrecher drohte, fand ich in der Diskussion mit meinem Vater aus der Erinnerung an [*Lujo*] Brentanos Vorlesung die richtigen und treffenden Argumente für die Gewerkschaft und den Streik. Aber der entscheidende Anstoß zur sozialistischen Gesinnung kam nicht von der sozialistischen Wissenschaft her, sondern von der zeitgenössischen Dichtung. Gerhart Hauptmanns

»Weber« [*erschienen 1892*] griffen mit Macht in das soziale Gewissen der Zeit. Richard Dehmels Gedicht »Der Arbeitsmann« ließ uns den Gewitterwind kommender sozialer Revolution spüren. Und ein eindrucksstarkes Gedicht von Julius Hart beginnt und endet mit den Worten: »Hört ihr es nicht? In meinem Ohre bang / ewig tönt herber dumpfer Trommelklang« – der Trommelklang der Revolution. Wir Jungen waren in einer erwartungsvollen Vorabendstimmung, die große soziale Umwälzungen anzukündigen schien, die kommende soziale Revolution.

In dem Roman »Drei Nächte« von Hermann Stehr erzählt ein junger Lehrer aus seiner Kindheit:

Niemand wußte eigentlich recht, wer an den allgemeinen Nöten die Schuld trug. Man mußte wenigstens einen Namen haben, ein Schlagwort, das wie eine Fahne alle Elemente der Ordnung um sich scharte. Endlich hatte man es gefunden: Die Sozialdemokraten waren die Anstifter all der Schäden. [...] Sozialdemokrat wurde ein Sammelname für Unglauben, Unzucht, Betrug, Raub und Diebstahl. [...]

Da setzte der Kampf meiner Eltern gegen ihr Schicksal ein, an dem mein Leben einen so tiefen Anteil nehmen sollte. [...]

Ich war Ministrant geworden und hatte mich unlustig eines Morgens um 6 Uhr unter dem steifgefrorenen Deckbett heraufgewunden. [...] Da hörte ich auf der unteren Treppe Schritte heraufkommen, mühselig, behutsam. [...] Nun stand meine Mutter in der Haltung eines tiefgebeugten Menschen vor der Tür. [...]

Sie neigte sich und berührte mit kalter Lippe meine Stirn. Dann schob sie mich einen Schritt von sich und sagte endlich, jede Silbe hart und bitter betonend: »Sie haben deinen Vater beschimpft. [...]

Drunten trafen wir den Vater, der halb angekleidet auf und ab ging; [...] er [...] sagte unter beißendem Lachen zu meiner Mutter: »Nun, ich muß es eben wegkratzen.«

Die Laterne in der Hand, verließ er schütternden Schrittes die Stube. Als ich hinter ihm drein wollte, fing mich die Mutter mit schmeichelnden Armen auf.

»Aber ich will sehen, was Vater wegkratzt«, sagte ich hastig.

»Laß sein, das ist nicht für ein Kind«, sprach sie traurig.

»Ist es etwas sehr Böses? – Hund? – Luder? – Zigeuner? – Noch schlimmer?« fragte ich, mich überstürzend.

Meine Mutter nickte schmerzvoll und sagte [...]: »Das verstehst du noch nicht.«

»O ja«, bettelte ich, »Mutter, wir haben ja schon Dezimalbruchrechnung.«

»Ach Gott, ach Gott, mein armer Junge«, antwortete sie widerstrebend. »Du darfst es aber niemand sagen. [...] Es steht draußen an der Wand neben der Tür mit Farbe geschrieben: ›Hier wohnt ein Sozialdemokrat‹.«

»Ist das noch mehr wie Teufel?« fragte ich erschreckt.

Da schloß sie mit einem langen Kuß meinen Mund. Aber ich war doch tief bekümmert. Beim Ministrieren betete ich tief andächtig für meine Eltern und bat Gott inständig, er möge den strafen, der die abscheulichen Worte an unser Haus gemalt hatte.

Im Jahre 1898 erscheint ein Büchlein »Modeworte«. In dem Kapitel »Das parlamentarische Modewort« ist zu lesen:

Der Leitartikel ist der eine, die Reichstagsrede der andere Resonanzboden des parlamentarischen Modewortes. Der »parlamentarische Ausdruck« der nationalen und internationalen Ziele ist ihrer beider Zweck.

Der Redakteur und die vierhundert Männer mit dem »M. d. R.« auf der Visitenkarte sind die verhätschelten Lieblinge der »Hexe Politik«, und heimlich steckt sie ihnen die Knallbonbons zu, aus denen der »öffentlichen Meinung« Worte wie »Umsturz«, »Septennat«, »uferlose Flottenpläne« und die »notleidende Landwirtschaft« vor die Füße fallen. [...]

Selbstverständlich legt »M. d. R.« alsbald seine Hand auf die »Klinke der Gesetzgebung« [...]. Am meisten am Herzen liegt ihm [...] »die soziale Frage«. Die »volkswirtschaftlichen Theorien«, die Probleme des »Arbeiterschutzes«, des »Lohnkampfes« weiß er ebensogut zu beleuchten, wie er es versteht, gelegentlich mit dem »roten Gespenst« oder dem »Tritt der

Arbeiterbataillone« seinen Hörern einen Schauer nach dem anderen über den Rücken zu jagen. [. . .]

Mit begreiflichem Vergnügen sieht er seine Taten im amtlichen stenographischen Bericht gemeldet, in dem einem »Beifall links« meist ein »Zischen« oder eine »Unruhe rechts« zu entsprechen pflegen. Wie aber verklären sich seine Züge, wenn er zwischen seinen Worten die Tatsache (»Große Heiterkeit«) bescheinigt findet; sehr verblüfft aber soll der Herr Abgeordnete gewesen sein, dem der Druckfehlerteufel als Schlußwirkung seiner gedankenreichen Rede (»Große Heiserkeit«) nachsagte.

Das parlamentarische Modewort ist interfraktionell, und jeder neue Typ auf diesem Gebiet wird von der ganzen Nation dankbar begrüßt.

Kaiserin Elisabeth von Österreich wird am 10. September 1898 ermordet; in Deutschland fordern die Verbände der Industriellen vom Kaiser neue Ausnahmeregelungen gegen den Anarchismus. Bebel wendet sich gegen die Anarchisten:

Die Anarchisten sind im Grunde genommen die konsequenten, ins Extrem gehenden Ausläufer der bürgerlichen Liberalen, [. . .] mit deren Weltanschauung sie vieles gemein haben. Auch die Liberalen sahen einst in der Person eines Fürsten nicht den Träger des Systems, sondern das System selbst, weshalb in der Kampfperiode des Liberalismus auch Attentate keine Seltenheit waren. [. . .] Die Sozialdemokratie sieht [. . .] nicht in den Personen, sondern in den Klassen und ihren materiellen Interessen die Faktoren, die herrschen oder beherrscht werden. Daher kämpft die Sozialdemokratie, als die politische Vertretung der Arbeiterklasse, nicht gegen die Herrschaft von Personen, sondern gegen die Herrschaft einer Klasse. [. . .] Und ihr Ziel ist die Eroberung der politischen Macht, um mit deren Hilfe die soziale Umgestaltung durchführen zu können, d. h. eine soziale Ordnung zu schaffen, die auf der vollen Gleichberechtigung und Gleichverpflichtung aller beruht. [. . .] Man ändere die soziale Ordnung von Grund aus und gebe ihr den entsprechenden politischen Überbau, und man kann die Köpfe der Gegner in Frieden lassen.

1899 veröffentlicht Eduard Bernstein sein Buch »Die Voraussetzungen des Sozialismus und die Aufgaben der Sozialdemokratie«, in dem er die Begründung seiner im Vorjahr dem Stuttgarter Parteitag übermittelten Ansichten gibt:

In der Praxis hat sich [...] gezeigt, daß je länger in einem modernen Staatswesen demokratische Einrichtungen bestanden, um so mehr die Achtung und Berücksichtigung der Rechte der Minderheiten zunahm und die Parteikämpfe an Gehässigkeit verloren. [...] Die Demokratie ist Mittel und Zweck zugleich. Sie ist das Mittel der Erkämpfung des Sozialismus, und sie ist die Form der Verwirklichung des Sozialismus.

Über diesen Bernsteinschen »Revisionismus« kommt es auf dem Hannoverschen Parteitag (9.–14. Oktober 1899) zu einer großen Debatte. Bebel hält am alten fest, kommt aber zu dem Resultat:

Es ist in den letzten Tagen viel von Opportunismus die Rede. Da will ich sagen, bis zu einem gewissen Grade sind wir alle Opportunisten. (Sehr richtig!) Keiner will morgen auf die Barrikaden steigen. Der Streit ist über das Maß dessen, was wir erreichen können, und da werden wir immer streiten. [...] Später einmal, wenn die Sozialdemokratie die herrschende Partei wäre und ihre gesellschaftlichen Einrichtungen träfe – streiten wir uns erst recht (lebhafte Zustimmung), und zwar selbstverständlich, weil einer klüger sein will als der andere und es vielleicht auch ist. [...] Also, Meinungsverschiedenheiten wird es immer geben; was würde das für eine langweilige Gesellschaft, wo sie nicht wären! (Heiterkeit und Beifall). Da wollte ich lieber morgen sterben oder gehe zu den Botokuden, von denen ich doch annehme, daß ich bei ihnen Opposition finden würde.

Zu dem vielzitierten Schlagwort von den »Hunnenbriefen« regt die Kaiserrede vom 27. Juli 1900 in Bremerhaven an, wo Wilhelm II. die nach Ostasien gehenden Truppen verabschiedet:

Wer euch in die Hände fällt, sei euch verfallen! Wie vor tausend Jahren die Hunnen unter ihrem König Etzel sich einen Namen gemacht, der sie noch jetzt in Überlieferung und Märchen gewaltig erscheinen läßt, so muß der Name Deutscher in China auf tausend Jahre durch euch in einer Weise betätigt werden, daß niemals wieder ein Chinese es wagt, einen Deutschen auch nur scheel anzusehen.

Der Segen Gottes sei mit euch, die Gebete eines ganzen Volkes. [. . .] Öffnet der Kultur den Weg ein für allemal!

Über den Wortlaut dieser Rede ist viel gestritten worden. Das Wolffsche Telegraphenbureau selbst bringt an demselben Tag in später Stunde einen wesentlich anderen Text. Nach einer nichtoffiziellen Version soll der Kaiser im Schlußteil seiner Rede gesagt haben:

Kommt ihr vor den Feind, so wird derselbe geschlagen! Pardon wird nicht gegeben! Gefangene werden nicht gemacht! Wer euch in die Hände fällt, sei euch verfallen!

Am 3. August läßt Kaiser Wilhelm II. an je fünfzehn Arbeiter des Norddeutschen Lloyd und der Hamburg-Amerika-Linie Ehrenzeichen überreichen. Seine bei diesem Anlaß verlesene Rede wird vielfach, auch von bürgerlichen Blättern, kritisiert, da der »Hamburger Streik« nicht auf sozialdemokratischer Agitation beruhe, sondern die Unternehmer selbst die Arbeiter ausgesperrt hätten. In der Rede heißt es:

Die Auszeichnungen [. . .] sollen Meine Anerkennung sein, aber auch zugleich der Ausdruck Meiner Zufriedenheit, daß ihr nicht dem schlechten Beispiele der durch vaterlandslose Agitatoren verführten Arbeiter in Hamburg gefolgt seid, sondern den Patriotismus des deutschen Arbeiters fleckenlos gewahrt und wacker mitgearbeitet habt für die Schlagfertigkeit unserer braven Armee. Erhaltet euch den guten deutschen Geist, den ihr bewiesen, dann wird der Dank des deutschen Volkes und Meine Anerkennung euch nie fehlen!

In aller Schärfe wendet sich der Mainzer Parteitag (17.–21. September 1900) gegen jede Raub- und Eroberungspolitik:

Die Sozialdemokratie als Feindin jeder Unterdrückung und Ausbeutung von Menschen durch Menschen erhebt gegen diese

Raub- und Eroberungspolitik den entschiedensten Widerspruch. Sie verlangt, daß die wünschenswerten und erforderlichen Kultur- und Verkehrsbeziehungen zu allen Völkern der Erde dadurch verwirklicht werden, daß die Rechte, die Freiheiten sowie die Unabhängigkeit dieser Völkerschaften geachtet und gewahrt werden und sie nur durch Lehre und Beispiel für die Aufgaben moderner Kultur und Zivilisation gewonnen werden. Die gegenwärtig von der Bourgeoisie und den militärischen Machthabern aller Nationen angewendeten Methoden sind der blutigste Hohn auf Kultur und Zivilisation.

Der Parteitag nimmt eine Resolution gegen den Transvaal-Krieg an:

Der Parteitag der deutschen Sozialdemokratie erklärt sich in Übereinstimmung mit den organisierten englischen Arbeitern gegen den Raubkrieg des englischen Kapitalismus, der zur gewaltsamen Unterdrückung der Transvaal-Republik geführt hat.

Der Parteitag erkennt in dieser brutalen Aktion eine Wirkung jenes völkerverwüstenden Kapitalismus, der Klassen und Nationen zum Vorteil einer kleinen Anzahl skrupelloser kapitalistischer Beutepolitiker ausplündert und unterjocht.

Da die bürgerlichen Klassen in Deutschland, die in erheuchelter sittlicher Entrüstung über diese Raubpolitik sich nicht genugtun konnten, jetzt sich selber durch ihre China-Politik zum Mitschuldigen gemacht haben, erhebt die deutsche Arbeiterklasse, deren Sympathie stets auf seiten aller Unterdrückten oder für ihre Freiheit und Selbständigkeit kämpfenden Völker ist, auch bei dieser Gelegenheit ihre Stimme für Humanität, Kultur und das Selbstbestimmungsrecht der Völker.

Am 7. August 1900 stirbt Wilhelm Liebknecht. Über das Begräbnis berichtet der Parteivorstand auf dem Lübecker Parteitag (22.–28. September 1901):

All die Liebe, die sich Liebknecht, da wo Arbeiterherzen schlagen, im Leben erworben, all die Verehrung, die ihm schon bei Lebzeiten von nah und fern entgegengebracht wurde, kam nochmals in pietätvoller Huldigung bei dem Begräbnis Liebknechts am Sonntag, dem 12. August, zum sichtbaren Ausdruck. Die Schätzungen über die Zahl der Teilnehmer an dem Leichenbegängnis variieren zwischen 120–150 000 Leidtragenden, die den mehr als vierstündigen Marsch von dem Sterbehause Kantstraße 160 in Charlottenburg bis zum Friedhof in Friedrichsfelde in würdevoller Ruhe zurücklegten und bis auf den letzten an der Gruft »ihrem« Wilhelm den letzten Scheidegruß darbrachten. [...]

An der Bahre in der Friedhofshalle gab Genosse Bebel in bewegten Worten den Gefühlen der Leidtragenden Ausdruck. Die Worte kamen vom Herzen und gingen zum Herzen. Jedermann fühlte mit Bebel, daß ihm, daß dem Proletariat nicht nur der Kampfgenosse, sondern auch der treue, selbstlose, aufopfernde Freund und Berater nicht mehr zur Seite steht. Nie zuvor hat Berlin, das seit seiner Erhebung zur Reichshauptstadt manche offizielle Feier aufzuweisen hat, ähnliches gesehen wie das Begräbnis unseres Alten. Neben der Liebe und Verehrung, die das Proletariat dem Verstorbenen zollte, war das Leichenbegängnis eine würdevolle, imposante Manifestation für die völkerbefreiende Idee des Sozialismus.

Im Eingangskapitel seiner Schrift über Wilhelm Liebknecht stellt Kurt Eisner Bismarck und Liebknecht gegenüber als:

[...] zwei Weltalter, die, chronologisch gleichzeitig, sachlich Vergangenheit und Zukunft darstellen, zwei Weltanschauungen.

Es heißt dort über den Lebensgang Liebknechts:

Gewaltig wie die Bewegung steigt das Dasein ihres Führers auf, aus Unrast und Wirrnis, aus schweren Bedrängungen und drückender Mühsal zum Gipfel, wo die Erfüllung sichtbar aufdämmert. Während der Heros der offiziellen Geschichte, sich zornig sträubend gegen die Toterklärung bei lebendigem Leibe, in der Einsamkeit sich verzehrte, sank der schlichte Held der proletarischen Weltmacht als Triumphator ins Grab – ein Kämpferleben, das in dem Gesicht des Sieges endigt!

In zwei großen Reden verurteilt Bebel wiederum die China-Politik der Regierung. Am 23. November 1900 sagt er:

Wenn Deutschland Friedensstifter der Welt, wenn es der größte Kulturträger der Welt sein will, dann folgen wir ohne Widerrede; aber die Art und Weise, wie die Weltpolitik bis jetzt ausgeführt worden ist, wie sie bis jetzt definiert wurde von dem kaiserlichen Redner, die Art und Weise, wie man [...] für diese Weltpolitik für ungeheure Rüstungen die Mittel gefordert hat, das ist nicht die Art und Weise, in unserem Sinne die Weltstellung Deutschlands zu wahren und Deutschland zur Achtung in der Welt zu bringen. Mit dieser Art der Politik sind wir nie und nimmer einverstanden. [...] Wirkliche, echte deutsche, europäische Kultur und Zivilisation in der ganzen Welt zu verbreiten, wo immer es daran fehlt, ist eine große und schöne Aufgabe, aber es kommt auf die Art und Weise an, wie man diesen Gedanken durchführt, es kommt auf die Art und Weise an, wie man zu den fremden Völkern kommt, denen man Kultur und Zivilisation bringen will.

Unter dem Titel »Die sozialistische Krisis« veröffentlicht Maximilian Hardens Zeitschrift »Die Zukunft« im Jahre 1901 einen Aufsatz:

Seit Liebknechts Heimgang macht der »Vorwärts« schwere Tage durch. Ich gehörte zwar nie zu den Bewunderern der journalistischen Leistungen des alten Herrn. Sein Stil rasselte stets bedenklich, strotzte zuweilen sogar [...] von bösen Geschmacklosigkeiten, die selbst die stets aufrichtige Gesinnung dieses Parteiheiligen nicht entschuldigen konnte. [...] Und dennoch war Liebknecht ein ganzer Mann in allem, was er tat; auch als Redakteur. Die Hauptsache war: Er bekannte ganze Meinungen. Er schwankte nie. Neue Gedankenreihen, die nachdenkliche Gemüter zur Revision ihrer Ansichten zwingen, die sie stutzig und unsicher machen, verfehlten auf ihn jeden Eindruck. [...] In Liebknecht regte sich nicht der geringste Zweifel: Die Zeichen der Verwesung, die am Marxismus bereits sacht merklich wurden, spürte er nicht. [...] Das gerade hatte aber für die Partei, der er diente, unschätzbaren Wert. Denn so gelang es ihm, dem Blatt, selbst als in den letzten

Jahren seiner Tätigkeit die Einheit der Partei Risse bekam [...], die einheitliche Haltung zu erhalten, durch die es auf seine vielen halbgebildeten Leser ohne Zweifel eine hypnotische Wirkung gehabt hat.

Aber Liebknecht ging, und Eisner kam. Die Schar der Marx-Kritiker war nicht mehr zu zählen, im eigenen Lager wimmelte es von Ketzern: Die Dogmenrevision war unvermeidlich geworden. [...] Bernstein kam, und mit ihm zog ein neuer Geist in den »wissenschaftlichen« Sozialismus ein. Ein Geist, der ihn zerstören will. [...]

Nationale Regungen wagten sich [...] an die Oberfläche. [...] Bebels Kritik des Heeresbudget verrät fast herzlichere Teilnahme als die Ausstellungen so manches Staatserhaltenden. Jedenfalls mehr Verständnis und Willen zur Verständigung. Neben dem gewaltigen industriellen [...] Umschwung der Verhältnisse [...] hat die Gewöhnung an den Parlamentarismus diese Wirkungen herbeigeführt. [...]

Die Verbürgerlichung der Sozialdemokratie ist nicht mehr aufzuhalten.

Bernstein begründet auf dem Lübecker Parteitag 1901 seinen Standpunkt:

Wir sind eine wissenschaftliche Partei, wir betrachten unser Programm nicht als ein steinernes Dogma, als einen papiernen Papst, wir arbeiten weiter. Nun, was ist denn die Aufgabe derer, die Sie Theoretiker nennen, anderes, als weiterzuarbeiten in den wissenschaftlichen Zeitschriften!

Wenn Sie das Programm von Zeit zu Zeit revidieren wollen, so muß doch eine wissenschaftliche Diskussion vorangehen. [...] Bebel hat selbst konstatiert, daß die Partei im Laufe der Jahre ihre Anschauungen in verschiedenen Punkten geändert hat. Lassen Sie doch die Diskussion ihren Lauf nehmen! Was schert uns die »Welt am Montag«? Würde ich heute in Berlin einen Vortrag halten und sagen, zwei mal zwei ist vier, so können Sie womöglich in der »Welt am Montag« lesen: Bernstein hat den wissenschaftlichen Sozialismus widerlegt, er hat gesagt, zwei mal zwei ist vier. (Heiterkeit.) Und in unsrem wissenschaftlichen Organ könnten Sie dann lesen, er hat die Partei dadurch beleidigt. (Oho!) Ja, das ist die Weise, in der die Polemik geführt wurde. (Zustimmung und Widerspruch.) Wie können wir da noch debattieren? [. . .]

Als bereits der größte Teil meiner Probleme des Sozialismus in der »Neuen Zeit« erschienen war, [. . .] da hatte ich eine Korrespondenz mit Kautsky. In einem Brief entwickelte Kautsky seine Ansicht dahin, die »Neue Zeit« müsse Organ des strengen Marxismus bleiben. Als ich mich dagegen wandte und schrieb, sie müsse auch der Kritik Raum geben, da bekam ich folgende Antwort unter dem 30. August 1897 von Kautsky:

»Was nun den strengen Marxismus anbelangt, so hätte ich das Wort öffentlich kaum gebraucht, aber Dir gegenüber durfte ich mir die Abbreviatur erlauben. Ich meinte selbstverständlich nicht starres Festhalten an allen Resultaten, zu denen Marx und Engels gekommen; das wäre das Gegenteil von Marxismus. Ich betrachte vielmehr die ›Neue Zeit‹ vornehmlich als Organ der Kritik, und zwar der Selbstkritik, und gerade diese ihre Eigenschaft ist es, die uns so viel Feinde macht.«

Die Landflucht wird um die Jahrhundertwende zum Problem. In der konservativen »Monatsschrift für Stadt und Land« erscheint am 22. Oktober 1901 ein Bericht mit dem Titel »Sozialpolitik«:

Vor allem kommt aber die soziale Stellung in Betracht. Hat der städtische Arbeiter die Fabrikräume verlassen, so taucht er unter der großen Masse unter; er ist ein Mann wie jeder andere, und von Frau und Kindern gilt das gleiche. Auch kann er ohne besondere Schwierigkeiten die Arbeitsstelle wechseln, wenn sie ihm nicht gefällt oder wenn er glaubt, sich zu verbessern. Auf dem Dorfe, wo jeder jeden kennt und wo namentlich unter der bäuerlichen Bevölkerung die Standesverhältnisse eine große Rolle spielen, bleibt der Arbeiter auch im sozialen Leben immer nur ein solcher, d. h. ein Mitglied der im Range zuunterst stehenden Berufsklasse, und das übt unter den Verhältnissen der Gegenwart einen Druck auf ihn aus, dem er sich zu entziehen strebt.

Im Jahre 1901 entfaltet die SPD eine starke Agitation gegen die Schutzzollpolitik. Der Parteivorstand berichtet darüber auf dem Münchener Parteitag (13./14. September 1902):

Am 23. November vorigen Jahres war der neue Zolltarifentwurf dem Reichstage zugegangen, und schon in der Nr. 282 des »Vorwärts« vom 3. Dezember 1901 fand sich folgende Bekanntmachung:

»Der Millionenprotest gegen den Wucher- und Hungertarif wird heute dem Reichstag zugehen. Die etwa fünfzehn Zentner wiegenden Petitionsballen werden mit folgendem Anschreiben dem Reichstagsbüro überliefert werden:

›Der unterzeichnete Vorstand der sozialdemokratischen Fraktion des Reichstags beehrt sich, anbei eine laut beiliegendem Verzeichnis mit 3431784 Unterschriften versehene, gegen jede Erhöhung der Lebensmittelzölle gerichtete Petition ergebenst zu überreichen.‹ [...]

Noch nie, seit Bestehen des Reichstags, ist demselben eine Massenpetition mit so zahlreichen Unterschriften zugegangen.«

Im »Illustrierten Neuen Welt-Kalender für das Jahr 1902« ist ein Aufsatz Paul Singers abgedruckt, der so beginnt:

Das 20. Jahrhundert gehört dem Sozialismus.

Die weltgeschichtliche Mission der Arbeiterklasse hat die Sozialdemokratie – die politische und wirtschaftliche Organisation des Proletariats – nicht nur vor die Aufgabe propagandistisch-agitatorischer Tätigkeit gestellt, sondern der Partei auch die Wege praktischer Tätigkeit auf allen Gebieten und an allen Stellen des öffentlichen Lebens gewiesen.

Der sozialdemokratischen Arbeit eröffnet sich in der Gemeinde ein weites Feld – allerdings nur dann, wenn die praktische Tätigkeit stets im Einklang mit den prinzipiellen Anschauungen der Partei erfolgt. [...]

Während die bürgerliche Gesellschaft die Gemeinden nur als wirtschaftliche Vereinigungen, welche die Interessen der besitzenden Klasse nicht vernachlässigen dürfen, betrachtet, sollen nach unserer Ansicht die Gemeinden soziale Gemeinschaften bilden, deren Zweck und Mittel die Wohlfahrt aller Gemeindeangehörigen ist.

Die Wirtschaftsweise der Gemeinde muß in der Erfüllung sozialer Pflichten gipfeln, sie muß dem Schutz der wirtschaftlich Schwachen gewidmet sein.

Der Artikel schließt:

Einer für alle – das ist Menschenpflicht!
Alle für einen – das ist Menschenrecht!

Gustav Noske erzählt von einem Besuche Bebels in Chemnitz in der Redaktion der »Volksstimme«:

Als ich den alten Bebel eines Tages durch das neue Haus führte, frappierte ihn die Expedition, die elegant wie eine Halle in einem Bankhaus war, und gar die blitzenden Leitungen der Rohrpost dermaßen, daß er äußerte, wir hätten doch wohl des Guten zuviel getan. Als ich darlegte, daß die Arbeiter sehr viel Verständnis dafür bezeigten, ein so schönes Haus als ihr Eigentum betrachten zu können, meinte er nachdenklich, wir würden wohl recht haben, und er gestand, er habe sich in zurückliegenden Jahrzehnten oft Vorstellungen darüber gemacht, wie sich die Arbeiterbewegung im einzelnen entwickeln werde; dabei sei er nicht auf den Gedanken gekommen, daß sie eines Tages große Druckereien und Zeitungen besitzen müsse.

Angriffe auf das allgemeine, geheime Wahlrecht werden von der Rechten in vorsichtiger Form vorgetragen. Graf Mirbach wendet sich am 5. Mai 1902 im Herrenhaus gegen die Gewährung von Diäten:

Ich glaube, in keiner Partei, auch auf der Rechten nicht, wird jemand gewillt sein, an dem allgemeinen Wahlrecht zu rütteln. Wir haben es und werden daran festhalten. Aber ich sehe in dem geheimen Wahlrecht, das wir einem Zusatze des Deutschen Reichstages verdanken, allerdings eine schwerwiegende Gefahr. [. . .]

Wenn die Herren Diäten wollen und die verbündeten Regierungen dem zustimmen, werden die Beteiligten auch die weitere Konsequenz ziehen müssen, in eine Änderung des geheimen Wahlrechts zu willigen. Und aus voller Überzeugung glaube ich, würden sie in Zukunft bei den Wahlen damit kein schlechteres Geschäft machen. Das geheime Wahlrecht ist der Nährboden der Sozialdemokratie.

Auf dem Gewerkschaftskongreß in Stuttgart 1902 (16.–21. Juni) spricht Karl Legien:

Die Mitteilung der Frau Tietz, daß die englischen Gewerkschaften die Brautsteuer eingeführt hätten, rief ungeheure Heiterkeit hervor. Ja, wozu schaffen wir denn unsere Unterstützungseinrichtungen? Um die soziale Not zu mildern, oder um unsere Organisation zu festigen? Wenn sich nun aus der Praxis ergibt, daß die Unterstützungseinrichtungen [...] bei den Arbeiterinnen nicht erfüllen, was wir damit bezwecken – ist es denn da so lächerlich, sich zu fragen, wie man die Unterstützungen weiter ausbauen kann?

Sollen wir in unseren Organisationen schlechter sein als der Staat, der den Arbeiterinnen im Fall ihrer Verheiratung einen Teil der Beiträge zur Alters- und Invaliditätsversicherung zurückzahlt?

Die religiöse Frage bleibt ein vielbeachteter Punkt. Bebel sagt dazu auf dem Münchener Parteitag 1902:

Jeder mag glauben, was er will; er kann als Sozialdemokrat katholischer Christ, er kann Materialist und Atheist sein, das geht keinen Menschen innerhalb der Partei etwas an. Nur wenn er für seine religiöse Überzeugung als Sozialdemokrat Propaganda machen will, treten wir ihm energisch entgegen.

Gegen das Schlagwort von den Arbeitergroschen wendet sich im Dezember 1902 die katholische »Westdeutsche Arbeiterzeitung«:

Vollständig deplaziert ist es, [...] die Parteibeiträge und die Futterkrippe als Schreckgespenst aufmarschieren zu lassen in einem Zeitpunkt, wo die Zentrumspartei vor einem der schwersten Wahlkämpfe steht, der jedenfalls außerordentliche

Mittel erfordern dürfte. Wir haben zwar keine Ursache, die Sozialdemokratie in Schutz zu nehmen, [...] aber der Objektivität halber müssen wir anerkennen: Wir wünschen, daß man sich an der Opferwilligkeit der sozialdemokratischen Arbeiter für ihre Partei ein Beispiel nehme. [...] Wir haben [...] den Eindruck, daß die sozialdemokratischen Arbeiter von ihren »bezahlten« Führern ein reichliches Maß von geistiger und agitatorischer Arbeit fordern und daß diese auch wohl meistens geleistet wird. Schließlich ist es Sache der sozialdemokratischen Arbeiter, zuzusehen, wie ihre Agitationsgroschen verwendet werden.

Gegen die allgemeinen Verdächtigungen der Sozialdemokratie wendet sich Theodor Mommsen in der Zeitschrift »Die Nation« am 13. Dezember 1902:

Dem ebenso falschen wie perfiden Köhlerglauben muß ein Ende gemacht werden, daß die Nation sich teils in Ordnungsparteien und in eine Umsturzpartei und daß es die erste politische Pflicht der zu jenen sich zählenden Staatsbürger sei, die Millionen der Arbeiter als pestverdächtig zu meiden und als staatsfeindlich zu bekämpfen. In der Tat gibt es im politischen Leben weder Ordnungs- noch Umsturzparteien, oder, wie man es auch ausdrücken kann, jede Partei ist eine Umsturzpartei.

Was sind die Ziele bei uns Liberalen, des Zentrums, der Junkergesellschaft, der Arbeiterpartei? Die Liberalen möchten das Reichsoberhaupt in den ersten Beamten des Staates umwandeln nach dem Muster Englands und Nordamerikas. Für unsere Nation mit ihrem tiefen, anscheinend unzerstörbaren dynastischen Gefühl ist das der Umsturz. Das Zentrum möchte die Rekatholisierung Deutschlands da aufnehmen, wo sie im 17. Jahrhundert abgebrochen ward, und unsern Herrscher umwandeln in den Statthalter des Statthalters Gottes auf Erden. Auch ein Umsturz. Die Junkerpartei strebt nach dem formell gesicherten Alleinbesitz der höheren Beamten- und Militärstellungen und will den Deutschen Kaiser herabdrükken zum Ersten unter seinesgleichen. Gewiß ebenfalls ein Umsturz.

Wie sonderbar aber Sozialdemokraten auf die Vorstellung reagieren, daß sie einmal die Macht übernehmen müßten, dafür gibt Friedrich Stampfer ein gutes Beispiel:

Daß die Revolution, der große »Kladderadatsch«, eines Tages kommen werde, war [...] ein unumstößlicher Glaubensartikel, aber da ihr Kommen »mit Naturnotwendigkeit« erfolgte, hatte man einstweilen nichts weiter zu tun, als abzuwarten. Alles andere würde sich dann [...] schon finden.

Eines Tages saß ich in einem Kreis von Funktionären, den ich mit meinen Fragen unfreiwillig erheiterte. Mein Interview gipfelte in folgender Frage: »Ihr Sachsen seid das Rote Königreich, und in der Mehrheit eurer Reichstagskreise habt ihr die Majorität. Wenn nun irgendein unvorhergesehenes Ereignis euch plötzlich an die Macht brächte, würdet ihr dann imstande sein, Sachsen zunächst wenigstens so, wenn nicht besser, weiterzuregieren, wie es bisher regiert worden ist?«

Die Antwort war explosiv. Ein Gelächter schlug an die Decke, und die Stimmen grölten durcheinander: »Das ist ja kroßartig! Mer solln regieren!« »Du, Kleemann, du wärscht Finanzminister!« »Hoho«, schrie ein anderer, »dr Kleemann wärt Finanzminister!« Und alle krümmten sich vor Lachen. »Und du, Lipinski, wärscht Bollizeiminister!« »Hahaha, dr Lipinski wärt Bollizeiminister!« Man hatte sich schon lange nicht mehr so gut amüsiert. [...]

Ich aber dachte: Kinder! Kinder! Träumen von der Diktatur des Proletariats, und fühlen sich so weit von der Macht, daß ihnen der Gedanke an sie nichts mehr als ein Wirtshausspaß ist! Ja, es war etwas Sonderbares, dieser Radikalismus.

In der Tat wird Lipinski 1918 sächsischer Ministerpräsident und Innenminister. Wie die sächsischen Arbeitervereine in den ersten Jahren des Jahrhunderts mit kleinen Schikanen bekämpft werden, stellt er in seinem Buch über die Polizei in Sachsen im Kampfe gegen das Vereins- und Versammlungsrecht dar. Meist handelt es sich um Verbote von öffentlichen Volksversammlungen (da Minderjährige den Verhandlungen folgen könnten), Straßenpolizeiverordnungen während Streiks, Verbote von Tanzvergnügen, Weihnachtsbescherun-

gen und ähnlichen Veranstaltungen der Arbeiter-Sänger-, -Turner- und -Radsportvereine. Aus der Menge der aufgeführten Fälle hier einige Beispiele. Lipinski schreibt:

Der Arbeiterverein Leutzsch hatte den Antrag gestellt, ihn in das Vereinsregister der tanzberechtigten Vereine aufzunehmen, und erhielt folgenden Bescheid [...] am 1. November 1901:

»Die Königliche Amtshauptmannschaft hat mit Rücksicht auf die geringe Höhe des Eintrittsgeldes [...] Bedenken getragen, dem Gesuche [...] stattzugeben, zumal derselbe in erster Linie den Zweck verfolgt, durch Abhaltungen von Vorträgen, Unterrichtsstunden, Versammlungen [...] sowie die Pflege des Gesanges usw. die Wohlfahrt seiner Mitglieder zu fördern.

Es kann sonach für den Verein keine Unbequemlichkeit sein, wenn er in den wenigen Fällen, in denen er Tanzvergnügen veranstaltet, die amtshauptmannschaftliche Entschließung einholt.«

Das Stiftungsfest des Arbeitervereins »Freie Sänger« in Großdeuben wird abgelehnt:

[...] weil der Verein nur fünfundzwanzig Mitglieder zählt und nur ein geringer Geldbetrag in der Vereinskasse vorhanden ist, mithin Grund zur Annahme vorliegt, daß das Vergnügen einen öffentlichen Charakter annimmt, zumal nur Männer dem Verein angehören.

Lipinski meint dazu:

Dieser Bescheid erinnert lebhaft an einen ähnlichen eines preußischen Landrats, der verfügte, daß an einem Tanzvergnügen nur Männer teilnehmen dürften, da Frauen dem Verein als Mitglieder nicht angehörten.

In einer sächsischen Gemeinde werden die Mitglieder für den Schulausschuß gewählt, unter anderem ein Katholik. Die Wahl wird als unzulässig erklärt, weil ein Katholik nicht im Ausschuß einer evangelischen Schule sein dürfe. Aber auch in der Neuwahl wird dieser Mann wieder gewählt. Die Wahl wird mit Verfügung vom 11. April 1905 aufgehoben:

Gründe: [...] Der Lagerhalter der [...] Verkaufsstelle des Konsumvereins für Pieschen [...], Heinrich Eduard Kamp, ist seit mehreren Jahren Führer der Sozialdemokratischen Partei von Reichenberg. [...] Regelmäßig hat er in [...] Versammlungen [...] zum Anschluß an die politische Organisation der Sozialdemokratie [...] aufgefordert. [...]

Hieraus erhellt, daß Kamp eine Persönlichkeit ist, die [...] für die Verbreitung der Ideen der revolutionären Sozialdemokratie agitatorisch wirksam wird.

Diese Ideen sind jedoch unvereinbar mit denjenigen Gesinnungen, deren Erzielungen bei der Jugend als vornehmste Aufgabe der Volksschule [...] zu betrachten ist.

Der Schulvorstand in Raschau bei Oelsnitz verbietet dem Arbeiterverein, weiterhin Fortbildungsschüler als Zöglinge aufzunehmen. Auf die Beschwerde des Vereins entscheidet die Bezirksschulinspektion am 4. September 1907:

Es ist im Interesse der Schuldisziplin, [...] unbedingt darauf zu sehen, daß sich Fortbildungsschüler nicht mit politischen Angelegenheiten beschäftigen. [...]

Daß [...] auch der Ihrer Leitung unterstehende Turnverein politische Zwecke mit verfolgt, ist, wie aus der Benutzung des Arbeiterturnerbuches so auch aus der Aufführung des Weihnachtsschwankes »Unter dem Tannenbaum« Ende 1906 zu entnehmen. Dieser Schwank ist ein politisches Tendenzstück, [...] in dem das alte köstliche Weihnachtslied »Stille Nacht, heilige Nacht« folgende Fassung gefunden hat [...]:

> Stille Nacht, heilige Nacht,
> Aller Armen sei heute gedacht,
> Bald wird sie kommen, die glückliche Zeit,
> Wo nur herrscht Liebe, Wohlstand und Freud,
> Freiheit und Brüderlichkeit.

Ein wirklich großer Politiker ist der Bayer Vollmar. Theodor Heuss berichtet über eine Begegnung mit ihm im Jahre 1902:

Legenden umgaben den Mann, der vor Jahrzehnten zur päpstlichen Garde gehört hatte, als bayrischer Offizier im

Siebzigerkrieg zum Krüppel geschossen war und auf dem Krankenlager sich in den Marxismus hineinstudiert hatte, ohne sein Höriger zu werden. Die innere Freiheit hatte er vor allem in den Kämpfen um ein sozialdemokratisches Agrarprogramm dargetan. Er galt als die menschlich wichtigste Erscheinung in der Führerschicht seiner Partei, die mit einem unbefangenen Realismus das Gewicht der Tatsächlichkeiten in der Politik zu würdigen wußte: »Revisionist«? Der Begriff war [...] durch Eduard Bernsteins Kritik an der Auslegung von Karl Marx durch Karl Kautsky in Aufnahme gekommen. [...] Er war zu sinnenhaft, um zu glauben, daß ein Wechsel in der bisherigen Geschichtsauslegung schon werdende Geschichte gestalten könne. [...] Vollmar hatte im »Schwabinger Bräu« [*in München*] eine Wahlversammlung angesetzt – der Saal war überfüllt. Der Eindruck des großen, schweren Mannes, der sich nur mühsam mit zwei Stöcken zum Rednerpult bewegte, war stark, auch die Form des Vortrags, nüchtern gehalten, vom Dialekt durchfärbt, nie pathetisch und nie trivial.

Es gab allerhand Diskussion. [...] Schließlich stand auch ich oben. [...] Was ich sagte, war sehr einfach: Die Sozialdemokratie sperre sich gegen die Chancen der Demokratie mit den Sprüchen von der »einen reaktionären Masse«, sie glaube selber nicht an die Aussicht auf eine Mehrheit, ihr Klassenkampfgerede habe einen reaktionären Charakter. [...]

Vollmar [...] behandelte mich in seinem Schlußwort mit eingehender Liebenswürdigkeit. [...] Mein Alter richtig abzuschätzen, konnte ihm nicht schwerfallen; er hat es nicht ironisiert, er hat mir im Elementaren recht gegeben, wenn ein paar Wenn sich erfüllt hätten. Die Weise, in der ich von ihm ernst genommen wurde, hat mir wohlgetan und ist mir [...] für mein ganzes Leben zur Lehre geworden: Ich habe nie einem jugendlichen Gegenredner [...] sein Alter, seine mangelnde Erfahrung vorgehalten.

Heuss äußert sich auch über Ignaz Auer:

Die Stunden verbrachte ich damit, [...] den Kopf *eines* Mannes zu studieren, der, erst Mitte der Fünfzig, mit einem falben Schütterbart viel älter wirkte und ein Stück von einem

Patriarchen und ein Stück von einem resignierten Skeptiker an sich hatte. Das war Ignaz Auer. [...] Daß er, frühe leidend, bereits 1907 starb, ist vielleicht – ich sage mit Bedacht: vielleicht – für die sozialistische Bewegung der schwerste Verlust gewesen. Fast alle »Revisionisten« waren sogenannte Intellektuelle, er aber hatte als Handarbeiter begonnen und sich von Anbeginn gegenüber dem Kautskyschen Vokabular den einfachen Wirklichkeitssinn bewahrt. Erst ein Jahrzehnt später hatte die Gewerkschaftsarbeit eine breiter werdende Schicht von dinglich denkenden Männern zu der Haltung erzogen, die wir damals schon bei Auer sahen oder doch erwarteten.

Innerhalb der Partei wird der Kampf zwischen den Linken und den Revisionisten schärfer; hierüber Bernstein:

Zwei Dinge habe ich herauszuschälen vermocht aus allen [...] Artikeln und Reden als besonderes Merkmal der Revisionisten. Einmal wird ihnen vorgeworfen die Verleugnung des Klassenkampfcharakters und zweitens die Überbrückung des Gegensatzes zu den bürgerlichen Parteien [...]. Wer aber mir gegenüber behauptet, ich gäbe das Klassenbewußtsein auf als notwendigste Grundlage für unsere Bewegung, [...] der kennt mich entweder nicht oder [...] verleumdet [...] mich. [...]

Unsere Stärke liegt im Klassenbewußtsein und in der Klasse, aus der wir unseren Anhang rekrutieren. [...] Das Wort »Arbeiterkandidat« haben wir in jenen Jahren in Süddeutschland noch gar nicht gekannt, ich habe es erst in Hamburg kennengelernt. Da ging es mir nach und nach auf, was es heißt: »Klassenbewußtsein«, was es heißt, die stärkste, zahlreichste Klasse im Staatswesen zu verbinden, zu vereinigen und für das, was sie an materiellen Machtmitteln nicht hat, an moralischen Machtmitteln in die Waagschale zu werfen. Deshalb erkläre ich nochmals: Wer behauptet, daß uns, den sogenannten Revisionisten, [...] das Klassenbewußtsein abhanden gekommen sei und daß ich die Neigung habe, mich den bürgerlichen Parteien anzuschließen und mit linken Flügeln zu spielen, der hält mich wirklich für dümmer, als ich bin.

Auf dem Dresdener Parteitag (13.–20. September 1903) bringt Bebels Angriff auf die Münchener den Vorsitzenden der bayerischen Sozialdemokratie, Vollmar, in Harnisch:

Es ist nicht lange her, daß Bebel einen Streit mit den Badensern hatte und dabei [...] den schönen Ausdruck gebrauchte: das ganze badische Ländle sei nicht mehr wert, als es in den Sack zu stecken und in den Bodensee zu schmeißen. [...] Jetzt kommt München daran, das Capua Deutschlands, wo man im Bier und Wein ersäuft, wo die politische Gesinnung verdirbt oder wo man, wie er sich ausdrückte – es ist nämlich merkwürdig, daß ihm in diesen Tagen besonders Bibelreminiszenzen gekommen sind (große Heiterkeit. Bebel: »Du meinst wohl, ich fange gar an, fromm zu werden?«) –, mit Leib und Seele zugrunde geht. (Bebel: »Ich habe gesagt: Mit Seele und Geist!«) Na, der Leib geht ja doch auch am Bier zuerst zugrunde. [...] Es war mir interessant, daß Bebels Urteil hierin ziemlich mit dem von Bismarck übereinstimmt, der einmal das Wort von der fauligen Zuchtlosigkeit des Südens gebrauchte, auf welche die preußischen Junker natürlich herabsehen. Ja, aber Bebel, es kann doch nicht jeder Mensch ein Preuße sein! (Große Heiterkeit.)

Über die Gewerbeordnung führt Bebel in Dresden aus:

Was ist seit dreißig Jahren an der Gewerbeordnung herumgeflickt! [...] Und heute ist sie ein elendes zusammengestoppeltes Ding, voll von Widersprüchen. [...] Ich habe mich oft gefragt: Ist denn bei diesem Zustand der Dinge die parlamentarische Tätigkeit die Mühe an Arbeit, Zeit, Geld wert? Wir leisten vielfach Tretmühlenarbeit im Reichstag. Ich habe mich das manchmal gefragt, aber selbstverständlich bin ich viel zu kampflustig, als daß ich dem lange nachgehangen hätte. Ich sagte mir: Das hilft nun alles nichts, das muß durchgefressen und durchgehauen werden! Man tut, was man kann, aber man täusche sich nicht über die Situation! [...] In einer der Schriften, die hier verteilt worden sind, ist von dem sozialdemokratischen Kongreß von 1871 die Rede, auf dem bereits der Zehnstundentag beantragt worden ist. Vor 32 Jahren!

[...] Ich bin gewiß ein überzeugter Anhänger des Achtstundentages. Es ist in diesem Saale niemand, der mehr von seiner Notwendigkeit überzeugt wäre als ich, aber ich sage ganz offen: Wenn wir heute den zehnstündigen Arbeitstag bekämen, so wären wir froh. Also keine Illusionen, auf keinem Gebiete. (Beifall und Unruhe.)

Wegen der Mitarbeit an der bürgerlichen Presse kommt es auf diesem Parteitag zu heftigen Zusammenstößen. Bebel verteidigt sich:

Ich stehe über vier Jahrzehnte im politischen Kampf; ich war nicht immer Sozialist und habe eine Zeitlang den Sozialismus ebenso eifrig bekämpft, wie ich ihn dann propagiert habe. Aber meine Ehre ist bis zu dieser Stunde niemals auch nur mit dem kleinsten Rostflecken beschmutzt worden. (Stürmischer, lang anhaltender Beifall.) Und nun will ich denen, die es angeht, ein Geheimnis verraten, wenn es ein Geheimnis ist. Da sagen die Gegner immer, der alte Bebel, da ist nichts zu machen, der hat die Massen hinter sich. Ja, warum hat er denn die Massen hinter sich? Weil alle sich sagen müssen, er hat manchen Schwupper hinter sich, manche Dummheit gemacht, manchmal durch sein Temperament sich hinreißen lassen, aber auch in seiner Dummheit war er stets der ehrliche Mann. (Stürmischer Beifall.) Ja, auch mit seinen Fehlern hat er geglaubt, der Partei zu dienen, und antippen kann man ihn nicht. (Lebhafter Beifall.) Und wenn ihr, die das angeht, denselben Einfluß haben wollt, dann macht es wie ich. (Stürmischer Beifall und Unruhe.)

Am 14. Dezember 1903 erklärt Reichskanzler Bernhard von Bülow im Reichstag:

Ich nehme keinen Anstand, zu erklären, daß ein Beamter nicht Sozialdemokrat sein kann. [...] Jeder Beamte hat seinem Monarchen den Eid der Treue geleistet. Die Sozialdemokratische Partei bekennt sich [...] zum Republikanismus. Ein Beamter also, der für die Sozialdemokratie wirkt, der sich zur Sozialdemokratie rechnet, bricht seinen Eid, [...] ein Beamter, der Beamter bleibt mit sozialdemokratischen Anschauungen, macht sich des Eid- und Treubruchs schuldig. [...] Einen solchen Beamten werden wir nicht dulden.

Hermann Molkenbuhr antwortet dem Reichskanzler am nächsten Tage auf dessen Wort »Kritik 1a, positive Leistungen 5b«:

In seiner Donnerstagsrede sowohl wie in seiner gestrigen fragte er, was die Sozialdemokraten denn Positives geschaffen hätten. Ich hätte geglaubt, daß, wenn er so neugierig ist, das zu wissen, er diese Frage vielleicht an den Staatssekretär des Innern oder an irgendeinen Geheimrat gestellt hätte, die vielleicht in der Lage gewesen wären, darüber Auskunft zu geben. (Sehr gut! bei den Sozialdemokraten.) Aber es scheint so, als ob der Herr Reichskanzler in dem Wahne lebte, daß noch niemals ein sozialdemokratischer Antrag angenommen worden ist. Es ist freilich Brauch des Hauses, daß, wenn ein Antrag Auer und Genossen oder Albrecht und Genossen heißt, die anderen Parteien dagegenstimmen. [...] Diese negative Wirkung sozialdemokratischer Tätigkeit liegt nicht an den Sozialdemokraten, sondern an denen, welche die Anträge ablehnen. [...] Aber der Herr Reichskanzler hätte auch fragen sollen, wie unsere Gesetze ausgesehen hätten, wenn alle diese Anträge angenommen worden wären. Dann würde er sagen können, wie es dann in Deutschland aussehen würde, und ich glaube, er würde dann sagen, daß die positive Tätigkeit der Sozialdemokraten eine ganz erhebliche gewesen wäre und Deutschland wirklich mit seiner Sozialpolitik an der Spitze marschiere.

Der Begriff »Dolchstoßlegende« spielt nach 1918 eine große Rolle. Schon am 4. März 1904 spricht Generalleutnant Karl von Einem im selben Sinne über die Sozialdemokraten:

Was ist denn Jena? Jena ist eine Schlacht, die die preußische Armee verloren hat, nicht schlimmer als manche andere Schlacht. [...] Die Ehre der Armee ist auf diesem Schlachtfelde völlig intakt geblieben. [...] Der Zusammenbruch des Staates [...] kam später, [...] der Zusammenbruch des Staates erfolgte, weil eine kosmopolitisch angehauchte Bevölkerung [...] den Staatsinteressen fernstand. [...] Heute, wo jeder mit allen Fasern an dem Staate hängt, wo alle seine Interessen in dem Staate gipfeln, glaube ich, daß ein Jena überhaupt nicht möglich ist, [...] es sei denn, meine Herren, daß von einer gewissen Partei unserem Volke alle Vaterlandsliebe, alle Religion und aller Patriotismus aus der Brust gerissen würde. [...] Nicht die Kaiserfahne, nicht die Fahnen der Armee, sondern nur die rote Fahne der Sozialdemokratie könnte uns nach Jena führen.

Bebel erwidert dem Kriegsminister drei Tage später:

Sie können künftig keinen siegreichen Krieg ohne uns schlagen. [...] Wenn Sie siegen, siegen Sie mit uns und nicht gegen uns; ohne unsere Hilfe können Sie nicht auskommen. [...] Wenn der Krieg ein Angriffskrieg werden sollte, ein Krieg, in dem es sich dann um die Existenz Deutschlands handelte, dann – ich gebe Ihnen mein Wort – sind wir bis zum letzten Mann und selbst die ältesten unter uns bereit, die Flinte auf die Schulter zu nehmen und unseren deutschen Boden zu verteidigen, nicht Ihnen, sondern uns zuliebe, selbst meinetwegen Ihnen zum Trotz. [...] Wir leben und kämpfen auf diesem Boden, um dieses unser Vaterland, unser Heimatland [...] so zu gestalten, daß es eine Freude ist, in demselben zu leben, auch für den letzten unter uns. [...] Das ist unser Bestreben, das suchen wir zu erreichen, und deshalb werden wir jeden Versuch, von diesem Vaterlande ein Stück Boden wegzureißen, mit allen uns zu Gebote stehenden Kräften bis zum letzten Atemzug zurückweisen.

Am 9. Mai wird der »Reichsverband gegen die Sozialdemokratie« gegründet. Otto Freiherr von Manteuffel führt dazu am 11. Mai im preußischen Herrenhaus aus:

Ich halte es nicht für zu spät, energisch gegen die Sozialdemokratie vorzugehen, aber wie lange es noch dauert, bis man wird sagen müssen, es ist zu spät, das weiß ich nicht. [...] Wir werden uns nicht verhehlen können, daß die Sozialdemokratie als die gefährlichste Krankheit bezeichnet werden muß, die am Staatsorganismus nagt. Da, wo man gefährliche

Krankheiten, wo man schädliche Epidemien – eine Epidemie ist aber die Sozialdemokratie nicht, die ist längst endemisch geworden – zu bekämpfen hat, wo man den Cholerabazillus niederhalten und ausrotten will, darf man sich nicht darum kümmern, ob die angewandten Mittel diesem oder jenem Nachbar etwa übel riechen, sondern man geht energisch und zielbewußt vor.

In derselben Sitzung äußert Julius Graf von Mirbach-Sorquitten:

Welche Mittel sollen wir nun zu einer wirksamen Bekämpfung der Umsturzparteien verwenden? Die soziale Gesetzgebung – ja, meine Herren, ich erwarte davon, offen gestanden, gar nichts. Vom grünen Tisch aus kann man das vielleicht annehmen. Wer die Denkweise, das Empfinden der arbeitenden Klassen genauer kennt, wird mir darin recht geben, daß, wenn Sie den Arbeiter einer staatlichen Rentenanstalt gegenüberstellen, er sehr bald zu der Erwägung gelangen wird: Warum bekomme ich aus diesem großen Säckel nicht mehr? Stellen Sie dagegen den Arbeiter der Person des Arbeitgebers gegenüber, sieht er, daß er von dem mehr erhält, als er zu fordern berechtigt ist, erkennt er, daß das mit voller Hingebung seitens des Arbeitgebers geschieht, dann ist das etwas anders, dann wird der Arbeiter ein dankbarer und zufriedener Mensch. Das gleiche werden wir nun und nimmermehr erreichen durch den Ausbau unsrer sozialen Gesetzgebung; die staatlichen Rentenanstalten werden kaum jemals Zufriedenheit hervorrufen, weit eher Begehrlichkeit.

Vom 14. bis 20. August 1904 findet in Amsterdam der Internationale Sozialistische Kongreß statt, an dem Gustav Mayer teilnimmt und für die »Frankfurter Zeitung« berichtet. Er schreibt später darüber:

Ein Jahr zuvor hatte in Dresden jener vielbeachtete Parteitag stattgefunden, auf dem es August Bebel noch einmal gelungen war, den aufstrebenden Revisionismus zum Schweigen zu bringen. Der great old man der Sozialdemokratie setzte dort eine Resolution durch zugunsten des [...] veralteten Dogmas, daß alle bürgerlichen Parteien, gleichviel welcher Nuance, als eine geschlossene reaktionäre Masse zu behandeln seien. Auf dem herannahenden internationalen Kongreß in Amsterdam gedachte Bebel die gleiche Resolution besonders auch den französischen Genossen aufzuzwingen, die in ihrem Lande in Gemeinschaft mit den bürgerlichen Radikalen das Obsiegen des Bündnisses zwischen Klerikalismus und Militarismus verhindert und die Trennung von Staat und Kirche durchgesetzt hatten. [...]

Weil die Arbeiterparteien Deutschlands und Frankreichs in ihrem Verhalten zur bürgerlichen Linken entgegengesetzte Richtungen verfolgten, wünschten manche der sozialdemokratischen Parteien der kleineren Länder in Amsterdam eine Entscheidung darüber gefällt zu sehen, ob die splendid isolation, die Bebel forderte, oder der Block der Linken, für den Jaurès eintrat, ihnen als Vorbild dienen sollte. [...] Der Präsident der Internationale sagte mir voraus, daß in Amsterdam eine überwältigende Mehrheit Bebels Resolution gutheißen werde.

In einem »Rückblick« auf den Kongreß warnte ich in der Zeitung unter dem frischen Eindruck der Diskussionen vor einer Überschätzung des internationalen Solidaritätsgefühls der Arbeiterschaft [...]. Ich riet, »das Ideal am Maßstab der Wirklichkeit zu messen«. [...]

Das oratorische Glanzstück des Kongresses [...] bildete Jaurès' [...] Rede. Wie deutlich erinnere ich mich des stürmischen Gelächters, von dem sich auch Bebel und seine Freunde nicht ausschlossen, als der große Franzose seine eigene kleine Gruppe mit einem hübschen, vielleicht nicht allzu spröden jungen Mädchen verglich, dem viele Männer zunickten, die große deutsche Partei dagegen mit einer alten Schachtel, der es leichtfalle, ihre Tugend zu wahren, weil niemand sie gefährde. Es wäre ein Irrtum der Deutschen, [...] wenn sie in den anderen Ländern die gleichen Machtverhältnisse als vorhanden voraussetzten, die sie selbst zur Ohnmacht verurteilten. Sie hätten das allgemeine Stimmrecht nicht auf den Barrikaden erkämpft; es sei ihnen von oben gegeben worden. Selbst wenn kommende Wahlsiege ihnen zu einer Mehrheit im Reichstage verhülfen, würde dies noch nicht viel ändern. Denn der Reichstag verfüge über keine Macht; er sei nur ein halbes Parlament. Die deutschen Sozialisten bedeuteten die Zukunft Deutschlands, aber sie seien sich unklar über den einzuschlagenden Weg, und wegen ihrer praktischen Ohnmacht verschanzten sie sich hinter intransigenten Theorien.

Innerhalb der SPD ist eine lebhafte Debatte um die Stellung der Partei zu den Herero-Aufständen. Auf dem Bremer Parteitag (18.–24. September 1904) verteidigt Bebel die Haltung der Reichstagsfraktion:

Man hat die Haltung der Fraktion bei der ersten Beratung der Herero-Kredite bemängelt, weil wir uns der Abstimmung enthielten. Hätte man die Motivierung, die ich damals namens der Fraktion abgab, mit in Erwägung gezogen, dann hätte zu diesen Bemängelungen kein Anlaß vorgelegen. (Sehr richtig!) Beiläufig bemerkt, war ein Teil der Fraktion gegen die Bewilligung. Man glaube überhaupt nicht, daß es in der Fraktion immer so friedlich hergeht; wir geraten uns bei jeder Gelegenheit an die Köpfe (Heiterkeit), und das ist sehr gut. Wir hatten sehr scharfe Debatten. Schließlich hat sich die Mehrheit [...] für die Stimmenthaltung ausgesprochen. Warum? – Weil in der Periode, wo die Sache zur Verhandlung stand, wirklich erwiesene Tatsachen über die Ursachen des Aufstandes noch nicht vorlagen. In Volksversammlungen, wo man keine direkte Verantwortung zu tragen hat, kann ein Redner leicht auftreten und kurzerhand sagen: Wir dürfen die Forderung unter keinen Umständen bewilligen. Aber als Volksvertreter habe ich zu prüfen, wie das vorhandene Material auf meine Entschließung einzuwirken hat. Deshalb habe ich namens der Fraktion dem Sinne nach erklärt: Wir haben große Befürchtung, daß durch eure Politik in Südwestafrika der Aufstand hervorgerufen wurde, aber wir haben in diesem Augenblick noch nicht die Beweise, und weil wir andrerseits auch nicht glauben können, daß die Schuld nur auf der Gegenseite liegt, wie ihr es darstellt, enthalten wir uns vorläufig der Abstimmung, werden aber, falls unsre Befürchtung, daß durch eure Politik der Aufstand verursacht war, sich rechtfertigt, *gegen* die Forderung stimmen. [...] Als dann bei der dritten Lesung des Etats das Material vorlag, das bewies, was wir von Anfang an befürchtet hatten, haben wir die Kredite abgelehnt.

Auf der Frauenkonferenz des Bremer Parteitages hält Klara Zetkin ein Referat über die Schulfrage:

Wie unter der Herrschaft der indischen und ägyptischen Kasten, so ist heute die Bildung ein Monopol, und nicht Begabung und Neigung verleiht es, sondern nur das Geld, der Besitz. Nicht durch göttliches Gebot hält man die aufstrebenden Massen heute von der höheren Bildung fern, sondern durch etwas Härteres, was schwerer zu zertrümmern ist als ein göttliches Gebot: durch die hohen Kosten. [...]

Im Deutschen Reich gab es 1899 nach der Schulstatistik 59 300 Volksschulen für 8 660 000 Schüler und Schülerinnen. Für diese wurden im ganzen 341 700 000 Mark aufgewendet, davon 243 Millionen von den Gemeinden und Unterhaltspflichtigen der Kinder. Die Bundesstaaten steuerten nicht ganz 99 Millionen bei. Vergleichen Sie das mit den 1 018 Millionen, die wir im letzten Jahr für Heer und Marine ausgaben, so haben wir die Barbarei und Schmach unseres heutigen Volksschulwesens vor Augen. Ja, wir sind sehr arm, wenn es sich um Ausgaben für die Ausbildung der Fähigkeiten der Menschen handelt. Aber wir sind sehr reich, wir können jährlich über eine Milliarde verpulvern und ins Wasser werfen, wenn es sich darum handelt, die Kunst der Menschenvernichtung im Großen zu lehren.

Im Januar/Februar 1905 streiken die Bergarbeiter an der Ruhr. Über diesen Streik sagt Bebel am 29. März im Reichstag:

Es handelte sich nicht bloß um die 200 000 Bergarbeiter bei diesem Streik, sondern um weitere Hunderttausende von Existenzen, die durch den Streik auf das schwerste in ihrer Arbeitsgelegenheit geschädigt worden sind; man kann sagen, es war weit über eine Million Menschen durch diesen großen Bergarbeiterstreik in die schärfste Mitleidenschaft gezogen worden. Trotzdem ist der Streik in aller Ruhe und Ordnung verlaufen. [...]

Das ist ein Zeichen von Disziplin, so großartig und musterhaft, wie es in keinem anderen Lande der Welt bisher vorhanden war.

Konrad Haenisch, Redakteur der »Dortmunder Arbeiterzeitung«, beklagt in der »Leipziger Volkszeitung« unter dem Titel »Kritische Bemerkungen« im Februar 1905 nach Beendigung des Ausstandes die Haltung der SPD:

Welche herrliche, welche einmalige Gelegenheit war das für die Sozialdemokratie, diesen instinktiven Haß der Massen in einen bewußten umzuwandeln. [...] Niemals war die Gelegenheit günstiger, niemals der Boden aufnahmefähiger, das ganze Revier dürstete förmlich nach sozialdemokratischer Massenpropaganda. Und da versagte die Leitung vollständig.

Im Mittelpunkt des 5. Gewerkschaftskongresses in Köln (22.–27. Mai 1905) steht daher das Problem des Massenstreiks. Man stimmt der von Theodor Bömelburg eingebrachten Resolution zu:

Der 5. deutsche Gewerkschaftskongreß erachtet es als eine unabweisbare Pflicht der Gewerkschaften, daß sie die Verbesserung aller Gesetze, auf denen ihre Existenz beruht und ohne die sie nicht in der Lage sind, ihre Aufgaben zu erfüllen, nach besten Kräften fördern und alle Versuche, die bestehenden Volksrechte zu beschneiden, mit aller Entschiedenheit bekämpfen.

Auch die Taktik für etwa notwendige Kämpfe solcher Art hat sich [...] nach den jeweiligen Verhältnissen zu richten.

Der Kongreß hält daher auch alle Versuche, durch die Propagierung des politischen Massenstreiks eine bestimmte Taktik festlegen zu wollen, für verwerflich; er empfiehlt der organisierten Arbeiterschaft, solchen Versuchen energisch entgegenzutreten.

Den Generalstreik [...] hält der Kongreß für indiskutabel.

Auch auf dem Jenaer Parteitag (17.–23. September 1905) steht der Punkt »Der politische Massenstreik und die Sozialdemokratie« auf der Tagesordnung. Es kommt zu heftigen

Debatten. In seinem Schlußwort macht Bebel folgende prinzipiellen Bemerkungen:

In allen Revolutionen der letzten drei, vier Jahrhunderte können wir die Beobachtung machen, daß die geistigen Leiter dieser Volksbewegungen im Vergleich zu der in Frage kommenden Masse ein solches Minimum an Zahl darstellen, daß man sagen darf, es waren Revolutionen einer Minorität, und ohne Zweifel können jene revolutionären Bewegungen mit einer Bewegung, wie sie heute die Sozialdemokratie darstellt, nicht im mindesten verglichen werden. (Sehr richtig.) Wer die Geschichte dieser Revolutionen kennt, weiß, wie äußerst gering die Zahl der geistigen Führer, wie groß aber in der Klasse des Bürgertums die Unklarheit über ihre Ziele und ihr Wollen war. Das ist in der modernen Arbeiterbewegung anders. Wir Sozialdemokraten fassen den Begriff »revolutionär« so auf, daß er sich in den Zielen, nicht in den Mitteln dokumentiert. Es kann eine Bewegung gewaltsam durchgeführt werden und doch reaktionär wirken, und auf der anderen Seite kann eine Bewegung, die friedlich verläuft, viel wirksamer und tiefgehender sein als alle Gewaltkämpfe.

Über den Parteitag in Jena schreibt Hendrik de Man, der als Berichterstatter des Brüsseler sozialdemokratischen Parteiorgans »Le Peuple« teilnimmt:

Der Parteitag in Jena [...] war wie die Verwirklichung eines Traumes. Zum ersten Male sah ich die Menschen, deren Namen für mich von einem Nimbus umstrahlt waren und deren Bilder in meinem Studentenzimmer hingen [...].

Ich ahnte übrigens damals nicht, daß der Jenaer Parteitag so etwas wie einen Höhepunkt darstellte. Er lag halbwegs zwischen dem großen Wahlsieg von 1903 und der fast ebenso großen Wahlniederlage von 1907 und bezeichnete ziemlich genau das Ende des Aufstieges, der mit der Aufhebung des Bismarckschen Sozialistengesetzes begonnen hatte, und den Anfang der Abstiegsphase, die nacheinander zur Abspaltung der unabhängigen Linkssozialisten, der Spartakisten und der Kommunisten führen sollte. [...]

Die einigende Kraft, deren Symbol die unumstrittene Führerschaft Bebels war, äußerte sich mehr als Treue zu einer Tradition denn als Gemeinsamkeit der Anschauungen über die Aufgaben der Gegenwart.

Botschaftsrat Hermann Freiherr von Eckardstein trifft Bebel im Reichstag, beginnt ein Gespräch mit ihm, das in einem Bierlokal in der Taubenstraße fortgesetzt wird und – als Bebel seine Überwachung bemerkt – in Eckardsteins Hotelzimmer im Kaiserhof fortgesetzt wird und dort erst am folgenden Morgen gegen 4 Uhr endet. Der Botschaftsrat berichtet:

Zunächst berührten wir allerhand Tagesneuigkeiten und kamen erst ganz allmählich auf die schwebende und von Tag zu Tag akuter werdende Marokko-Krise zu sprechen. Eine Bemerkung, welche August Bebel zu Anfang unserer Unterhaltung machte, fiel mir ganz besonders auf. Er sagte, zu Bismarcks Zeiten hätte, obgleich dieser bekanntlich durchaus kein Freund der Sozialisten gewesen sei, zwischen der Wilhelmstraße und seiner Partei stets eine gewisse Fühlung bestanden. [...] »Seit Bismarcks Entlassung aber«, bemerkte Bebel, »sind wir Sozialisten – nicht etwa, daß uns irgend etwas daran gelegen sei – im großen und ganzen ohne jede Fühlung mit den maßgebenden Regierungskreisen.« [...]

»Wir Sozialisten haben sicherlich keinen Grund, besonders gut auf Bismarck zu sprechen zu sein, denn er war unser Feind, und haben oft in heftigem Kampfe gegen ihn gestanden. Trotzdem besitze ich eine große Bewunderung für ihn, denn er war ein Mann und wußte, was er wollte. Auch bin ich mehr als je davon überzeugt, daß es ausschließlich ihm zu verdanken ist, wenn seit Reichsgründung der Friede in Europa erhalten blieb, wiewohl die politischen Methoden, welche er zur Erreichung seines Zieles anzuwenden pflegte, mir oft einigermaßen spanisch vorgekommen sind.« [...]

Als während unserer Unterhaltung endlich das Gespräch auf die gegenwärtige Marokko-Krise kam, bemerkte Bebel, daß er über die Vorgänge hinter den Kulissen genau unterrichtet sei, und zwar durch seinen Freund und Genossen Jaurès in Paris. [. . .] Alles, was von der Wilhelmstraße käme, betrachte er von vornherein als abgekarteten Schwindel. [. . .] Er betrachte es als geradezu ungeheuerlich, daß es einzelnen chauvinistischen Verbrechern [. . .] gestattet sein solle, ganz grundlos einen blutigen Krieg zwischen zwei zivilisierten Nationen zu entfesseln. [. . .] Eins aber stehe unverbrüchlich fest: daß die sozialdemokratischen Parteien in Deutschland wie in Frankreich im Kriegsfalle die strikte Parole an die Massen ausgeben würden, nicht zu marschieren. Er, Bebel, bäte mich ausdrücklich, dies der Wilhelmstraße klarzumachen.

Elly Heuss-Knapp, die Tochter des bedeutenden Nationalökonomen Georg Friedrich Knapp, schreibt ihrem Vater am 11. Februar 1906 aus Berlin:

Ich habe neulich auf dem Ball der »Sozialistischen Monatshefte« einen furchtbar geärgert, indem ich sagte, ich ginge überall hin, wo Fastnacht sei, an den »Roten Sonntag« und zu den »Bündlern« [*Bund der Industriellen*]. Der Ball war furchtbar lustig. Ich war wieder mal im Kinderkleid da und spielte das »Enfant terrible«. Und da ich von den meisten was wußte und sie nichts von mir ahnten, ging das sehr gut. Vor Eduard Bernstein habe ich mich aufmerksam hingestellt und schließlich gesagt: »Onkel Bernstein, mach doch mal dein braves Gesicht.« »Was?« »Na, das Gesicht, das du immer machst, wenn der Onkel Bebel dabei ist.« Mein drittes Wort war: »Ich sag's dem Onkel Bebel.«

Vater Knapp ist der Verfasser einiger Bücher zur Geschichte der Bauernbefreiung in Preußen. Darauf nimmt Tochter Elly Bezug:

Schließlich wollten sie gern wissen, wer ich sei. Ich sagte immer nur: »Elly.« »Na, du mußt aber doch einen Namen haben.« »Nein, den will ich mir erst machen.« Zuletzt hab ich gesagt, sie sollten raten: »Mein Vater hat schon mehr Leute befreit als einer von euch.« »Wo denn?« »Die Leute meistens in Preußen.« »Nee, die sind ja noch gar nicht befreit.« »Ja, nicht die Lebendigen, aber die Toten.« »Was macht er denn jetzt?« »Geld.« Da lachten sie und sagten gleich: »Knapp.«

Friedrich Stampfer schildert in seinem Buch »Erfahrungen und Erkenntnisse« die Atmosphäre bei sozialdemokratischen Versammlungen dieser Zeit in Sachsen:

Was mir an diesen Versammlungen zunächst auffiel, war die große Gelassenheit des Publikums. Von Österreich her kannte ich kaum noch andere als Sturmversammlungen mit drohender oder wirklicher Auflösung und Straßenkrawallen. In Leipzig war die erste Versammlung nach meiner Ankunft eine Protestversammlung gegen eine neue Flottenvorlage, und Südekum war Referent. Er dozierte wie ein Professor, zitierte aus zahlreichen Büchern, die er mitgebracht hatte, und ließ endlose Zahlenreihen über deutsche und britische Flottenstärke, deutsche und englische Steuern auftanzen. Die Versammelten hörten aufmerksam, aber ohne Beifall oder Zwischenrufe zu, die Frauen strickten, und viele Männer hatten ein Blatt Papier vor sich liegen und machten sich Notizen.

Als Südekum geendet und den ihm zustehenden Applaus erhalten hatte, erhielt ein junger Arbeiter das Wort, der andere Saiten aufzog. Ich spitzte die Ohren, und es war mir, als ob ich Heimatklänge vernähme. Aber kaum hatte der junge Mann ein paar Sätze gesprochen, als sich der überwachende Polizeibeamte erhob und erklärte: »Ich entziehe dem Redner das Wort.« Dazu war er nämlich nach dem sächsischen Vereinsgesetz – auch das »sächsische Juwel« genannt – berechtigt.

So, dachte ich bei mir, jetzt ist der dramatische Augenblick da. Jetzt werden sich tausend Arbeiterfäuste erheben, jetzt wird es aus tausend Kehlen dröhnen: »Weiterreden!« Der Vorsitzende wird beschwörend die Arme erheben, aber seine Stimme wird im Getümmel untergehen. Der Beamte wird die Versammlung für aufgelöst erklären, Schutzleute werden aus einem Nebenraum in den Saal gestürzt kommen, die Menschen hinausdrängen, Widerstrebende verhaften. Der Tumult wird sich im Dunkel der Straße fortsetzen, Säbel werden blitzen, vielleicht auch ein paar Schüsse fallen. [. . .]

Aber was geschah in Wirklichkeit? Mitten im Satz klappte der junge Mann den weitgeöffneten Mund zu und ging gehorsam von der Rednerbühne. Kein Ruf des Protestes wurde laut, und in meiner Nähe hörte ich einen Alten befriedigt sagen: »Das ist kanz kut so. Der hädde nur den Eindruck des Refärads abgeschwächt.« Ich aber verließ das Lokal erstaunt und sehr nachdenklich.

Die Sozialdemokraten von Sachsen im allgemeinen und von Leipzig im besonderen genossen den Ruf außerordentlicher Radikalität. Und nun hatte ich erlebt, wie das radikale, revolutionsgläubige Leipzig einem simplen Schutzmann gehorchte wie ein Pudel seinem Herrn. Spätere Erfahrungen ließen meinen Respekt vor dem Leipziger Radikalismus nicht wachsen.

Für die Notwendigkeit der Orientierung über die Arbeiterbewegung liefert eine Verhandlung vor der Breslauer Strafkammer ein nahezu unglaubliches Beispiel. Von der Verteidigung als Sachverständiger geladen, spricht Professor W. Sombart über Wesen und Ziel der Maifeierbewegung. Es entwikkelt sich folgendes Gespräch zwischen ihm und dem Vorsitzenden:

S.: Der 1. Mai soll laut Beschluß des Internationalen Arbeiterkongresses von 1889 eine Demonstration zur Erringung des achtstündigen Arbeitstages in allen Kulturstaaten sein.

V. (erstaunt lächelnd): Aber die Arbeiter haben doch längst den Achtstundentag in den meisten Ländern.

S. (erstaunt lächelnd): Aber nein.

V.: Aber doch in vielen Ländern!

S.: Nein! Im Gegenteil. Der demnächst von bürgerlicher Seite nach Genf einberufene internationale Kongreß muß erst noch den elfstündigen Arbeitstag als Maximalarbeitstag fordern!

Die russische Revolution vom Januar 1905 wirkt auch auf die deutschen Sozialdemokraten. Zum Mannheimer Parteitag (23.–29. September 1906) kommt die russische Genossin Angelica Balabanoff und spricht:

Ich brauche hier nicht an die Leiden, die Unterdrückung und die tiefen Demütigungen des russischen, jüdischen, polnischen, finnländischen und litauischen Volkes zu erinnern. Sie kennen diese Leiden. Ich brauche auch nicht die einzelnen Phasen unserer Bewegung zu schildern. Sie haben sie verfolgt und stets gewürdigt. Sie wissen, in welch schwerer Lage sich das russische Proletariat befindet, nicht nur, weil es mit dem bestialischsten System zu tun hat, das es gibt, nicht nur, weil dieses System viel mehr Alliierte hat, als man gewöhnlich denkt, sondern auch, weil das russische Proletariat eine ganz besondere Mission zu erfüllen hat. Es hat noch nie eine Klasse gegeben, die mit solcher Selbstverleugnung und solchem Zielbewußtsein gekämpft hat. (Lebhafter Beifall.) Das russische Proletariat weiß genau, daß es in diesem Moment noch nicht für das Endziel kämpft, sondern daß es sich niedermetzeln lassen muß, um für Rußland überhaupt erst mal eine konstitutionelle Verfassung zu schaffen, damit sich dort die Klassenkämpfe entwickeln können. Aber dessen ungeachtet kämpft das russische Proletariat in vollem Bewußtsein dessen, was es tut. Unsere Genossen kämpfen und sterben in dem Bewußtsein, daß Rußland die konstitutionelle Verfassung braucht, um das sozialdemokratische Endziel anstreben zu können. (Stürmischer Beifall.) Und wenn die russischen Proletarier so viel Widerstandskraft und Stolz besitzen und wenn sie so kämpfen und so widerstehen und so ringen können, so tun sie es in dem Bewußtsein, daß diese Revolution die Revolution des ganzen Proletariats ist. (Erneuter lebhafter Beifall.)

In der Reichstagssitzung vom 1. Dezember 1906 präzisiert Bebel den sozialdemokratischen Standpunkt zur Kolonialpolitik:

Daß Kolonialpolitik getrieben wird, ist an und für sich kein Verbrechen. Kolonialpolitik zu treiben kann unter Umständen eine Kulturtat sein; es kommt nur darauf an, wie die Kolonialpolitik getrieben wird. Es ist ein großer Unterschied, wie Kolonialpolitik sein soll und wie sie ist. Kommen die Vertreter kultivierter und zivilisierter Völkerschaften [...] zu fremden Völkern als Befreier, als Freunde und Bildner, als Helfer in der Not, um ihnen die Errungenschaften der Kultur und Zivilisation zu überbringen, um sie zu Kulturmenschen zu erziehen, geschieht das in dieser edlen Absicht und in der richtigen Weise, dann sind wir Sozialdemokraten die ersten, die eine solche Kolonisation als große Kulturmission zu unterstützen bereit sind. [...] Wenn Sie also zu den fremden Völkerschaften als Freunde kommen, als Wohltäter, als Erzieher der Menschheit, um ihnen zu helfen, die Schätze ihres Landes, die andere sind als die unsrigen, heben zu helfen, um dadurch den Eingeborenen und der ganzen Kulturmenschheit zu nützen, dann sind wir damit einverstanden. Kommen Sie also zu ihnen als Arbeits- und Bundesgenossen, dann sind wir dabei.

Der Reichstag wird am 13. Dezember aufgelöst. Neuwahlen sollen am 25. Januar 1907 stattfinden. Die Parole der Regierung lautet »Gegen Zentrum und Sozialdemokratie«. Charakteristisch dafür ist der sogenannte Silvesterbrief des Reichskanzlers Bernhard von Bülow an den 1. Vorsitzenden des Reichsverbandes zur Bekämpfung der Sozialdemokratie, Generalleutnant z. D. Eduard von Liebert:

Entgegen der leider in einigen liberalen Köpfen noch herrschenden Idee, daß die Reaktion im Reiche von rechts drohe und Seite an Seite mit der Sozialdemokratie zu bekämpfen sei, liegt nach meiner festen Überzeugung die wahre Reaktion oder die wahre Gefahr der Reaktion bei der Sozialdemokratie. Nicht nur sind ihre kommunistischen Zukunftsträume kulturfeindlich, die Mittel zu ihrer Verwirklichung brutaler Zwang – alles, was sich etwa irgendwo in Deutschland an reaktionärer Gesinnung findet, gewinnt Kraft und Recht durch die sozialistische Unterwühlung der Begriffe von Obrigkeit, Eigentum, Religion und Vaterland. [...] Obgleich es [...] keinen Staat gibt, der mehr für Gegenwart und Zukunft der Arbeiter, für ihre materiellen und geistigen Bedürfnisse getan hätte als das Deutsche Reich, obgleich die deutschen Arbeiter die bestgebildeten der Welt sind, halten doch Millionen bewußt oder als Mitläufer zu einer Partei, die den Staat und die Gesellschaft von Grund aus umwälzen will. Von solchem Druck muß das deutsche Volk sich frei machen.

Seine Polemik unterstreicht der Reichskanzler am 19. Januar mit den Worten:

Die Sozialdemokratische Partei hat positiv nichts geleistet. Selbst die großen sozialpolitischen Reichsgesetze sind ohne ihre Zustimmung zustande gekommen. Wo sich in ihren Reihen Neigung zur Mitarbeit an positiven Reformen zeigt, sucht sie der Despotismus, der revolutionäre Übermut der Führer zu ersticken. Wie lange wird diese Knechtschaft von Millionen deutscher Arbeiter noch dauern? Es wäre ein großes Glück, wenn endlich dieser Bann sich lockerte, wenn die deutschen Arbeiter mehr und mehr einsähen, daß die Sozialdemokratie die Interessen der Arbeiter schlecht vertritt, weil sie selbst keine positive Arbeit leistet, wenn namentlich die große Zahl der Mitläufer sich klarmachte, daß der gegenwärtige Zustand der Ordnung und des Gesetzes, verfassungsmäßiger Freiheit und wachsenden Wohlstandes, der Fürsorge für die Armen und Bedrängten jedenfalls besser ist als der rote Zwang, ohne den die Verwirklichung und der Bestand kommunistischer Zukunftsutopien überhaupt nicht denkbar wäre.

Diese Atmosphäre prägt den Wahlkampf. – In Nürnberg besucht der achtzehnjährige Jakob Kaiser eine Versammlung der Sozialdemokraten und schildert den Eltern seine zweite Begegnung mit dem Schriftsteller Albert Südekum:

Der Wahlkampf wurde in Nürnberg schon am [...] 16. Dezember mit einer von circa viertausend Personen besuchten Riesenversammlung von seiten der Sozialdemokratie eröffnet. In derselben referierte Dr. Südekum über das Thema: »Warum wurde der Reichstag aufgelöst?« [...] Dr. Südekum, [...] ein noch ziemlich junger Mann, ist ein temperamentvoller Redner und nach allgemeiner Ansicht einer der fähigsten Köpfe der roten Internationalen und soll ihm in seiner Partei noch eine große Rolle zu spielen vorbehalten sein. In seinen Ausführungen ging er dem Block und dem Freisinn sowie den anderen Hurrapatrioten [...] in wahrhaft köstlicher Weise zu Leibe. Das Zentrum ließ er natürlich ziemlich ungeschoren, wenn er auch einige Ausdrücke über Pfaffen pp. nicht ganz unterdrücken konnte. Der übrige Teil seiner Rede war wieder die alte Phrasendrescherei der allein weltbeglückenden Sozialdemokratie, welche er mit wuchtigen, die Seelen der »Enterbten« zum Kochen bringenden Worten vom Stapel ließ. Mit solchen Sprüchen aber fängt man meiner Ansicht nach nur Gimpel und keine vernünftig Denkenden, das öffentliche Leben der Gegenwart mit Aufmerksamkeit verfolgende Leute.

Ein Flugblatt des Zentrumsabgeordneten Johann Thaler für Würzburg lautet:

Wenn Ihr nicht wollt, daß auch bei Euch die Kruzifixe aus den Schulen geworfen, die Kirchen erbrochen, die Heiligtümer verzettelt und die Seminare geschlossen werden sollen, [...] dann sorgt mit dem Stimmzettel, daß keine liberale und keine sozialdemokratische Mehrheit je ins Parlament kommt.

In Bochum wird folgendes Flugblatt verbreitet:

Wollt Ihr, daß die Kirchen in Heumagazine umgewandelt werden, daß keine Glocken mehr klagen um Eure lieben Toten, daß die Kranken und Sterbenden nicht den Trost der Religion empfangen, daß das ganze Leben verödet und kalt wird, dann wählt den Sozialdemokraten Hue!

Die Wahlbeeinflussung führt zu einer Interpellation der sozialdemokratischen Reichstagsfraktion, deren Beantwortung die Regierung ablehnt. Richard Fischer führt am 15. März 1907 im Reichstag dazu aus:

Meine Herren, der Reichstag hat [...] mit allem Grund alle diese Einmischungen der Regierungsorgane und der Regierung selber als unzulässig zurückgewiesen; denn hätte eine Regierung das Recht, auf die Gestaltung der Wahlen einen Einfluß zu üben, dann wäre schließlich der Ausgang der Wahl nur noch abhängig von dem mehr oder weniger hohen Grade der politischen Gewissenlosigkeit (sehr richtig! bei den Sozialdemokraten), den die Regierung anzuwenden sich für befugt hält, dann wäre der Ausgang der Wahl nicht von dem freien Willen und der politischen Überzeugung der Wähler abhängig, sondern von dem Grade der politischen Korruption, den die Regierung auszuüben imstande ist.

Im Anschluß nimmt der Zentrumsabgeordnete Dr. Franz Xaver Schaedler das Wort:

Wenn auch nicht so temperamentvoll wie der Herr Kollega Fischer – ich begreife übrigens seine Lebhaftigkeit, [...] so doch nicht minder entschieden gebe ich dem Protest Ausdruck gegenüber den amtlichen Wahlbeeinflussungen; es ist nicht zu leugnen, daß sich die Staatsleitung in ihren verschiedenen Ämtern in einer Art und Weise in die Wahlen eingemischt hat, die entschieden Protest herausfordert und nach Abhilfe unbedingt ruft. (Sehr gut! in der Mitte.) Es wäre wohl angezeigt gewesen, wenn auch der Herr Reichskanzler dem Reichstage wiederum die Ehre seiner Gegenwart geschenkt hätte, [...] nicht unseretwegen [...] – o nein, das ist gar nicht nötig, sondern der Sache wegen. [...] So darf man sich nicht darüber wundern, wenn das, was hier gesagt worden ist, [...] seine Wirkung auch draußen im Lande nicht verfehlt. [...]

Wir haben heute hier ein Mosaikbild erhalten, das allerdings noch vervollständigt werden könnte. Es hätte z. B. auch der Herr Reichskanzler noch Auskunft darüber geben können, ob es richtig ist, daß die Berliner Schutzleute antreten mußten und daß denselben gegenüber auch Äußerungen gefallen sind, daß sie unter gar keinen Umständen einen Zentrumsmann zu wählen hätten. [...]

Es handelt sich bei den Wahlen nicht darum, was die Regierung für Abgeordnete haben will, [...] sondern es handelt sich darum, daß der Volkswille zum Ausdruck kommt. (Sehr richtig! in der Mitte und bei den Sozialdemokraten.) Sonst wird die Wahl einfach zur Farce, dann wird es sich empfehlen, [...] daß seitens der Reichsleitung eine Anzahl von Abgeordneten für den Reichstag ernannt wird. (Heiterkeit.) Dann weiß man wenigstens, woran man ist. Wir verurteilen entschieden das Eintreten der Regierung für eine Partei oder einen Kandidaten. Was wir wollen und verlangen, das ist: gleichen Wind und gleiche Waffen.

Bebel polemisiert am 19. März gegen das Eingreifen des Kaisers in den Wahlkampf:

Bekanntlich zogen um Mitternacht große Massen vor das Berliner Schloß und brachten ihm [*dem Kaiser*] eine Ovation. Der Kaiser erschien darauf am Fenster und zitierte einen Vers aus Kleists Drama »Der Prinz von Homburg«, den er zugunsten dieses Wahlkampfes auslegte. [. . .] Bekanntlich gab der Prinz von Homburg bei Fehrbellin den Ausschlag zugunsten des Sieges der Brandenburger über die Schweden. Die Art aber, wie der Prinz von Homburg den entscheidenden Angriff ausführte, war wider den gegebenen Befehl, war wider die Ordnung. Darüber war der Kurfürst äußerst aufgebracht, und trotz des erlangten Erfolges wollte er den Prinzen von Homburg zur Verantwortung ziehen. Darauf entsteht zwischen ihm und dem Obersten von Kottwitz ein Disput. Der Oberst von Kottwitz sagt dabei [*5. Akt, 5. Auftritt*]:

Die Kunst jetzt lernten wir, ihn zu besiegen,
Und sind voll Lust, sie fürder noch zu üben.

Darauf antwortete aber der Kurfürst:

Den Sieg nicht mag ich, der, ein Kind des Zufalls,
Mir von der Bank fällt; das Gesetz will ich,
Die Mutter meiner Krone, aufrecht halten,
Die ein Geschlecht von Siegen mir erzeugt!

Der Kaiser akzeptiert aber nicht das Urteil des Kurfürsten, auf den er sonst so große Stücke hält, er akzeptiert vielmehr das Urteil des Obersten Kottwitz, der antwortet:

Was kümmert dich, ich bitte dich, die Regel,
Nach der der Feind sich schlägt: wenn er nur nieder
Vor dir, mit allen seinen Fahnen, sinkt?
Die Regel, die ihn schlägt, das ist die höchste!

Das heißt also: Auf die Art, wie ich siege, kommt es nicht an, ob also [. . .] der Wahlkampf anständig oder unanständig geführt wurde; die Hauptsache ist, daß man gesiegt hat, daß wir »niedergeritten« haben, wenn auch mit den gemeinsten Mitteln, die denkbar sind! (Große Unruhe und Gelächter rechts. Sehr richtig! bei den Sozialdemokraten.) Das ist durch dieses Zitat zugestanden worden.

Zur allgemeinen Freude des Hauses erzählt Bebel von persönlichen Drohungen:

Im Januar dieses Jahres [...] schrieb angeblich eine deutsche Frau an die »Post« folgenden Brief:

»Wäre es nicht zur Auflösung des Reichstags gekommen, ich hätte einmal als Zuschauerin von der Tribüne des Reichstags heruntergerufen: ›Bebel, wenn Sie denn schon gar kein Schamgefühl und Gewissen mehr haben, trotzdem Sie schon mit einem Fuße im Grabe stehen, so lassen Sie sich gesagt sein, es gibt auch unter uns manche Charlotte Corday, seien Sie auf Ihrer Hut!‹« (Große Heiterkeit.) [...]

Ich habe damals an die Redaktion des »Vorwärts« geschrieben – sie hat es leider nicht aufgenommen –: Bekanntlich wurde Marat im Bade erdolcht; teilen Sie doch der Dame öffentlich mit, ich sei bereit, ihr anzugeben, wann Sie mich im Bade treffen könnte. (Anhaltende große Heiterkeit.)

Über das Ergebnis der sogenannten Hottentottenwahl vom 25. Januar 1907 – die Sozialdemokraten sind nur noch mit 43 Abgeordneten in den Reichstag eingezogen – berichtet Bebel auf dem Essener Parteitag (15.–21. September 1907):

Der vorjährige Beschluß, in diesem Jahre den Parteitag in Essen stattfinden zu lassen, wurde gefaßt in der Voraussetzung, daß hier die Taktik für die Wahlen besprochen werden sollte. Wider Erwarten ist der Reichstag aufgelöst worden. Das konnte niemand voraussehen. Ja, selbst am 12. Dezember war noch niemand im Reichstage, der ahnte, daß am 13. Dezember der Reichstag aufgelöst würde. Der scheinbare Grund der Auflösung lag in der Haltung der Reichstagsmehrheit, die die Kolonialkredite nicht in vollem Umfange bewilligte. [...] Als nun die Auflösung kam, handelte es sich um die Frage, gegen wen hauptsächlich in den Wahlkampf zu treten wäre. Die Regierung mußte sich von vornherein sagen, daß es vielleicht möglich sein könnte, dem Zentrum einige Wahlkreise abzunehmen, daß aber [...] der Zentrumsturm unerschütterlich sei. Sie richtete also mit aus diesem Grunde in erster Linie den Kampf gegen uns, zumal wir die äußerste Oppositionspartei sind, die Feinde der bestehenden Staats- und Gesellschaftsordnung. (Lebhafte Zustimmung.) Dazu kommt, daß der Kaiser selbstverständlich nicht unser Freund ist, also eine

Parole gegen die Sozialdemokratie vor allem den Beifall des höchsten Herrn finden mußte. [...] Weiter kam hinzu, daß sich aus der eigentümlichen Situation, in der alle bürgerlichen Parteien im Reichstag gegen Zentrum und Sozialdemokratie zusammengegangen waren, auch ein gemeinsamer Wahlkampf dieser Parteien als Möglichkeit ergab. [...] So ist denn der Wahlkampf eingeleitet worden durch den bekannten Brief des Reichskanzlers an den Präsidenten des Reichslügenverbandes [*Silvesterbrief*], und der Reichskanzler selbst ist von Anfang an ebenfalls in den Wahlkampf eingetreten. Von der höchsten Person in der Regierung, vom Reichskanzler, bis herunter zum letzten Nachtwächter ist in diesem Wahlkampf alles geschlossen aufgeboten worden, um den Kampf gegen uns zu führen.

In derselben Rede äußert sich Bebel über den »Bülow-Block«:

Der Lebenszweck des Fürsten Bülow ist also der Kampf um seine Stellung. Er muß den Block für seine Militär-, Flotten- und Kolonialpolitik sich dienstbar machen, oder er ist verloren. [...] Wir haben Tag und Nacht auf dem Posten zu sein, wir haben nach allen Richtungen hin zu arbeiten und aufzuklären. Wie man nicht nur in Deutschland, sondern in der ganzen Welt den Ausfall der Wahlen ansieht, das beweisen die Telegramme, die der Kaiser von Österreich an den Deutschen Kaiser, das König Eduard an seinen Neffen schickte, das beweist die ganze bürgerliche Presse, die darüber jubelte, daß durch die Wahlniederlage der deutschen Sozialdemokratie die internationale Sozialdemokratie getroffen sei. Sie haben sich zu früh gefreut. Es ist ein sonderbarer Widerspruch, [...] daß die Diplomaten im Haag zusammensitzen, daß die Fürsten und Minister sich in diesem Sommer soviel gegenseitige Besuche abstatteten und daß trotz alledem die Situation so gespannt ist wie kaum jemals zuvor. Die Rüstungen gehen unablässig weiter. Im Haag ist bisher nur leeres Stroh gedroschen worden, die Diplomaten wissen offenbar nicht, wie sie die Zeit totschlagen sollen. (Heiterkeit und Sehr gut!) An demselben Tage, an dem König Eduard und Kaiser

Wilhelm in Kassel zusammengekommen waren und sich brüderlich umarmten, bestellt die englische Regierung drei neue Panzer[*schiffe*] vom Muster der Dreadnought. (Heiterkeit.) Der amerikanische Senat beschließt in denselben Tagen, vier große Panzerschiffe von ungeheurer Größe bauen zu lassen; alle Kriegsmittel werden verstärkt und verbessert, als sollte morgen der Krieg in Europa losgehen. Und dabei immerfort die öde Phrase trotz aller Rüstungen: Wir sind friedliebend, wir wollen keinen Krieg! Man motiviert die Rüstungen damit, daß man rüste, um den Frieden aufrechtzuerhalten. [. . .] Daß dieser Zustand auf die Dauer nicht aufrechterhalten werden kann, brauche ich nicht erst zu sagen.

Am 7. Oktober 1907 beginnt vor dem Leipziger Reichsgericht der Hochverratsprozeß gegen Dr. Karl Liebknecht wegen seiner Schrift »Militarismus und Antimilitarismus, unter besonderer Berücksichtigung der internationalen Jugendbewegung«. Liebknecht sagt in seinem Schlußwort:

Der wirkliche Grund der Anklage ist klar. Dieser Grund ist nicht juristisch, sondern politisch. [. . .] Sie ist kurzweg ein Akt der Staatsräson, nicht ein Akt der Justiz. In einer Schrift, die den Zweck verfolgt, Frieden zu säen anstatt Krieg, die eine Friedhaftmachung der Weltpolitik erstrebt, die sich wendet gegen den waffenstarrenden Militarismus, gegen dasjenige Instrument der Gesellschaft, dessen Zweck und Wesen die Gewalt ist; in einer solchen Schrift soll – indem man den Spieß umkehrt – die Vorbereitung zu Gewalttätigkeiten gefunden werden! O nein! Die Gewalt wird verteidigt durch diese Anklage gegen die Versuche zur Beseitigung der Gewalt. So steht's in Wirklichkeit.

Ich will den Frieden, der Oberreichsanwalt aber die Gewalt.

Ich verfolge den Zweck, die Entscheidung über Krieg und Frieden aus dem Dunkel der Kabinette und Diplomatenschleichwege herauszuholen und an das Licht der Öffentlichkeit zu ziehen. Das fassen die Herren ganz besonders unwillig auf. Ich will, daß die Entscheidung über Krieg und Frieden dem Willen des ganzen Volkes unterstellt werde. Ich weiß,

Bewilligung der ersten Kriegskredite am 4. August 1914 durch den Deutschen Reichstag unter Zustimmung der Sozialdemokraten

Links: Dr. Karl Liebknecht als Armierungssoldat. – Rechts: Politischer Streik nach der am 1. Mai 1916 erfolgten Verhaftung Dr. Karl Liebknechts

daß man derartige Bestrebungen sehr unangenehm empfindet. [...] Nichtsdestoweniger ist es Pflicht jedes kulturell empfindenden Menschen, jedes Sozialdemokraten, dafür zu sorgen, daß hier eine Änderung geschaffen wird, daß das Volk, das die Lasten des Krieges zu tragen hat, auch über den Krieg zu entscheiden hat.

Im Verlauf des Prozesses gegen Liebknecht wird auch Vollmars Rede gegen Liebknecht auf dem 1. Internationalen Jugendkongreß (im August 1907 in Stuttgart) vom Präsidenten erwähnt:

Vollmar erklärt [...] die von Ihnen betretene Bahn für vollkommen verkehrt und höchst gefährlich. Den zulässigen Antimilitarismus habe die deutsche Sozialdemokratie stets betrieben, die spezifisch antimilitaristische Agitation aber begegne beim ersten Schritt den größten Schwierigkeiten. Man solle die Bildung der Jugend vertiefen, damit sie sich auch im Waffenrock als Bürger fühle.

Leo Trotzki schreibt 1907 in Hirschberg für einen russischen Verlag in Petersburg ein Buch über die deutsche Sozialdemokratie. In seinen Erinnerungen ist er der Meinung:

Ich habe darin zum zweitenmal (das erstemal im Jahre 1905) den Gedanken ausgesprochen, daß die gigantische Maschinerie der deutschen Sozialdemokratie in einem für die bürgerliche Gesellschaft kritischen Moment zu einer Hauptsäule konservativer Ordnung werden könnte. Zu jener Zeit habe ich allerdings nicht voraussehen können, in welchem Maße diese theoretische Annahme sich in der Praxis bestätigen würde.

Im Jahre 1909 noch muß der preußische Minister des Innern, Friedrich von Moltke, zugeben, daß sich die Polizei als Spitzel in sozialdemokratischen Versammlungen betätigt:

Wenn die Polizei sich der Sozialdemokratie gegenüber der Geheimpolizei bedient, so steht sie nicht vor der Frage: Ist das schön oder nicht?, sondern vor der Frage: Ist es notwendig oder nicht notwendig?

Und zu den Sozialdemokraten gewandt:

Sie brauchen ja nur aufhören mit Ihren Umtrieben, dann werden die Ihnen unbequemen Geheimpolizisten von selber verschwinden. Wenn Sie aber ostentativ und demonstrativ und namentlich als politische Partei auf der Straße erscheinen, so werden Sie mir zugeben, daß Geheimpolizisten bei Ihren Tendenzen nicht überflüssig sind.

Der Parteivorstand äußert auf dem Nürnberger Parteitag (13.–19. September 1908) über die Wahlrechtsbewegung:

Hinter uns liegt ein Jahr der Wahlrechtskämpfe, wie sie schärfer in der Geschichte der deutschen Sozialdemokratie bis jetzt noch nicht verzeichnet werden konnten. Besonders die Wahlrechtskämpfe in Preußen nahmen das Interesse von ganz Deutschland in Anspruch; denn Preußen ist der Hort der Reaktion im ganzen Reiche. Ein Kampf um die Erweiterung der Rechte des deutschen Volkes ist in erster Linie ein Kampf gegen die preußische Reaktion. Die Industriefeudalen und Agrarier Preußens wollen in alle Ewigkeit an dem schmachvollen Dreiklassenwahlsystem festhalten, weil es ihnen ein bequemes Mittel ist zur uneingeschränkten Aufrechterhaltung ihrer Klassenherrschaft. Aus Dreiklassenwahlen kann kein Parlament hervorgehen, das den Namen Volksvertretung verdient. Das preußische Volk ist längst reif für eine moderne Verfassung und heischt unter der Führung der Sozialdemokratie gebieterisch das allgemeine, gleiche, direkte und geheime Wahlrecht für alle über zwanzig Jahre alten Staatsangehörigen beider Geschlechter. Die Sozialdemokratie ging im Winter 1907/08 im preußischen Wahlrechtskampfe zu einer kräftigen Offensive über. Auch die preußische Regierung, die sonst beliebt, den »starken Mann« zu mimen, kann angesichts der gespannten internationalen Lage die Forderungen des preußischen Volkes nicht länger ignorieren. Die preußische Wahlrechtsbewegung fand in dem Junisieg bei den preußischen Landtagswahlen einen vorläufigen Abschluß.

Der Lehrer und Schriftsteller Heinrich Schulz berichtet über die Tätigkeit des Bildungsausschusses:

Es ist bisher sozialistische Anschauung gewesen und wird es hoffentlich auch bleiben, daß die Beherrschung der Theorie des Sozialismus auch allein die Fähigkeit entwickelt, in den tausend Fragen der Praxis den richtigen Weg zu finden. Die sozialistische Theorie ist geradezu ein Kompaß auf dem weiten, uferlosen Meere der praktischen Tätigkeit. Wer über sie im klaren ist, darf sich weit hinauswagen, er wird nie den richtigen Weg verlieren. Wer dagegen die Theorie hochmütig mißachtet, dem fehlt die Richtschnur, der kommt in Gefahr, von Fall zu Fall nach opportunistischen Erwägungen zu handeln. Und wer gar sagt: Ich will ja theoretische Klarheit, aber nur für die Lehrer und Führer, die Masse will ich nur für unmittelbare Aktionen erziehen, [...] der ist noch nicht frei von der alten bürgerlichen Auffassung, daß die Masse geleitet und geschoben werden muß.

Ende 1908 scheidet der Eisenbahnarbeiter Albert Roßhaupter aus dem bayerischen Staatsdienst aus, da er zum Landtagsabgeordneten gewählt worden ist. Die »Augsburger Postzeitung«, ein Zentrumsblatt, schreibt dazu am 8. Januar 1909:

Es ist ganz klar, daß ein unselbständiger, abhängiger, auf den täglichen Lohn angewiesener Arbeiter als Parlamentarier dauernd nicht Lohnarbeiter sein kann, wenn anders er es mit dem ihm übertragenen parlamentarischen Mandat ernst nimmt. Solche Arbeiterabgeordnete steigen in gehobene Lebensstellungen empor und werden Berufspolitiker. So ist es bei der Sozialdemokratie; und beim Zentrum ist es nicht anders. Das Ausscheiden des Abgeordneten Roßhaupter aus seinem staatlichen Lohnverhältnis ist ein ganz natürlicher Vorgang.

Am 14. Juli wird Reichskanzler von Bülow entlassen. Der SPD-Parteivorstand berichtet darüber auf dem Leipziger Parteitag (12.–18. September 1909):

In dem Kampf um die Steuern verschwanden zwei Erscheinungen vom politischen Schauplatz, die für das deutsche Volk von verhängnisvoller Bedeutung waren: Fürst Bülow und sein bedeutendstes Werk, der Block. Fürst Bülow war insofern eine verhängnisvolle Erscheinung, weil er sich in dem Gedanken gefiel, agrarischer Kanzler zu sein. Er hatte wohl vor vierzig Jahren auf der Universität gelernt, daß Deutschland in der Hauptsache Agrarstaat sei, und in einem solchen Staate, dachte er, müssen die Agrarier herrschen. [...] Durch seine Blockpolitik brachte er es dahin, daß die Liberalen für die Agrarier stimmten, und so gelangte eine agrarische Mehrheit in den Reichstag. Und das in einer Zeit, in der durch die Ergebnisse der Berufszählung festgestellt wurde, daß von der Land- und Forstwirtschaft, von Viehzucht, Gärtnerei und Fischerei nur noch 28,65 Prozent, aber von Bergbau, Industrie, Gewerbe, Bauwesen, Handel und Verkehr 56,26 Prozent der Bevölkerung leben. Die Blockpolitik sollte nach Bülows Äußerung eine Politik sein, in der liberale und konservative Auffassung sich die Waage hielten. Alle Fragen, über die in absehbarer Zeit keine Einigung zu erzielen ist, wollte er ausschalten. Das waren Ansichten eines Phantasten, aber nicht das Programm eines Staatsmannes.

Am 28. Oktober 1908 ist das »Daily Telegraph«-Interview mit Kaiser Wilhelm II. erschienen, das eine heftige Staatskrise um Person und Recht des Monarchen auslöst. Der SPD-Parteivorstand referiert in Leipzig, daß Paul Singer im Reichstag gefordert habe:

[...] daß der Reichstag seine parlamentarische Macht ausnützen müsse, um für sich selbst und das Volk größere Rechte gegenüber der Krone und der Bürokratie zu erkämpfen. Vor allen Dingen sei erforderlich, daß durch eine Verfassungsänderung dem Volk die Entscheidung über Krieg und Frieden in die Hand gegeben werde; nur dadurch könne die Gefahr beseitigt werden, daß höfische Intrigen und launische Eingriffe einzelner Persönlichkeiten das deutsche Volk über Nacht in einen Krieg verwickelten. Dann brauchen wir ein wirkliches Ministerverantwortlichkeitsgesetz, das dem Reichstag die Möglichkeit in die Hand gibt, den Reichskanzler oder etwaige andere verantwortliche Minister durch eine Anklage wegen ihrer Amtsführung vor den Staatsgerichtshof zu bringen.

Trotzki schildert den alten Bebel in seiner Autobiographie:

Ich erinnere mich, wie in der Wohnung von Kautsky der sechzigste Geburtstag Ledebours gefeiert wurde. Unter den Gästen [...] war auch August Bebel, der damals ins achte Jahrzehnt schritt. Das war die Zeit, als die Partei ihren Gipfelpunkt erreichte. Die taktische Einheit schien vollständig. Die Alten registrierten die Erfolge und schauten zuversichtlich in die Zukunft. [...]

In der Person Bebels verkörperte sich der langsame, aber beständige Aufstieg der neuen Klasse. Dieser magere Alte schien ganz aus geduldigem, aber unbeugsamem Willen geschaffen, der auf ein einziges Ziel gerichtet war. In seinem Denken, in seinen Reden, in seinen Artikeln kannte Bebel absolut nicht den Aufwand von geistigen Energien, die nicht unmittelbar einer praktischen Aufgabe dienten. Darin bestand auch die besondere Schönheit seines politischen Pathos. Er verkörperte jene Klasse, die nur in freien Stunden lernt, darum jede Minute schätzt und gierig nur das aufnimmt, was sie unbedingt nötig hat. Welch unvergleichliche menschliche Gestalt!

Im Jahre 1910 erscheint »Das Finanzkapital. Eine Studie über die jüngste Entwicklung des Kapitalismus«, womit Rudolf Hilferding seinen Ruhm begründet. Im Vorwort geht er auf die Arbeitsbedingungen für wissenschaftliche Studien ein:

Es ist dem Marxismus oft vorgeworfen worden, daß er die Fortbildung der ökonomischen Theorie vernachlässigt habe, und dieser Vorwurf entbehrt in einem gewissen Umfang der objektiven Berechtigung sicherlich nicht. Aber ebenso wird zugestanden werden müssen, daß dieses Versäumnis nur allzu erklärlich ist. Nationalökonomische Theorie gehört infolge der unendlichen Kompliziertheit der zu untersuchenden Erscheinungen sicher zu den schwierigsten wissenschaftlichen Unternehmungen. Der Marxist ist aber in einer eigentümlichen Lage; ausgeschlossen von den Universitäten, die die nötige Zeit für wissenschaftliche Forschungen gewähren, ist er gezwungen, die wissenschaftliche Arbeit in die Mußestunden zu verlegen, die ihm die Kampfstunden der Politik lassen. Von

Kämpfern aber zu verlangen, daß ihre Arbeit an dem Gebäude der Wissenschaft so rasch fortschreite wie die friedlicher Maurer, wäre unbillig, zeugte es nicht von dem Respekt vor ihrer Leistungsfähigkeit.

Philipp Scheidemann sagt am 20. April 1911 in Kassel:

Für uns ist das Vaterland [...] die Heimat, an der wir mit Liebe hängen, uns ist es das Band, das uns umschließt als Glieder einer großen Kulturgemeinschaft. Uns ist es der Boden, auf dem wir Handel und Industrie und Landwirtschaft fördern, Kunst und Wissenschaft pflegen wollen. Wir kennen und lieben unser Vaterland. Aber gerade weil wir nicht nur seine natürlichen Schönheiten kennen, sondern auch seine häßlichen Einrichtungen, deshalb sind wir Sozialdemokraten. [...] Und als solche sind wir eifrig bemüht, unser Vaterland so einzurichten, daß alle Landeskinder nicht nur satt zu essen haben, sondern auch als gleichberechtigte Volksgenossen sich des Vaterlandes und seiner Kultur freuen können. Das ist nationale Politik in unserm Sinne, und wer in diesem Sinne nationale Arbeit mitleisten will, der schließe sich der Sozialdemokratie an.

Militärfragen werden auf dem Innsbrucker Parteitag der österreichischen Partei von 1911 erörtert. Julius Deutsch schildert eine Begegnung mit Trotzki:

Es blieb mir besonders ein Abend in Erinnerung, an dem Trotzki und ich mit Hermann Müller, der den Parteivorstand der Sozialdemokratie Deutschlands vertrat, außerhalb der Stadt in einem Gasthausgarten auf dem Berg Isel saßen. Diese historische Stätte des Tiroler Aufstandes gegen Napoleon war der richtige Ort zu einem Gespräch über Milizen und stehendes Heer, über Revolutionsarmeen und ihre Organisation. Trotzkis Temperament erhitzte sich für den Gedanken, daß jede Revolution zuerst und vor allem das Heer gewinnen und versuchen müsse, es für seine Zwecke zu gebrauchen. Davon hänge das Schicksal der Revolution ab. Ich stimmte ihm zu, hatte ich doch selbst seit Jahren ähnliche Gedanken verfochten. Hermann Müller vertrat dagegen den Pazifismus, wie er damals in der deutschen, aber auch im größten Teil der österreichischen Partei üblich war. Der ruhige, bedächtige Deutsche wußte seine Argumente gescheit vorzubringen, Trotzki, der Nervöse, Leidenschaftliche, focht beinahe ausfällig für seinen Standpunkt. Das Gespräch dauerte bis in die späten Nachtstunden hinein; erst dann machten wir uns auf den Rückweg zur Stadt.

Immer wieder kommt die Regierung auf den Vorwurf zurück, die Sozialdemokratie hätte nichts für das Gemeinwohl getan. Dagegen wendet sich 1911 die sozialdemokratische Broschüre »Wahllügen«, die noch einmal einen Rückblick auf das bisher Geleistete gibt. Die Zusammenstellung sieht so aus:

1877 Sozialdemokratischer Arbeiterschutzgesetzentwurf (Zehnstundentag, für Frauen und Jugendliche Achtstundentag, Verbot der Nacht- und Sonntagsarbeit, Verbot der Arbeit von Kindern unter 14 Jahren, obligatorische Gewerbegerichte, Reichsarbeitsinspektoren usw.). Infolge Interesselosigkeit und Feindseligkeit der bürgerlichen Parteien unerledigt geblieben.

1883 Sozialdemokratische Verbesserungsanträge zum Krankenversicherungsgesetz; [...] abgelehnt.

1884 Sozialdemokratischer Arbeiterschutzgesetzentwurf (ähnlich den Forderungen von 1877); [...] unerledigt geblieben.

1884 Sozialdemokratische Verbesserungsanträge zum Unfallversicherungsgesetz; [...] abgelehnt.

1889 Sozialdemokratische Verbesserungsanträge zum Alters- und Invaliditätsversicherungsgesetz; [...] abgelehnt.

1890/91 Sozialdemokratische Arbeiterschutzanträge zur Gewerbenovelle. Zehnstundentag, vom 1. Januar 1894 Neunstundentag, vom 1. Januar 1898 Achtstundentag. Von allen bürgerlichen Parteien zu Fall gebracht.

1891 Sozialdemokratischer Antrag: Schutz der nicht in Fabriken beschäftigten Kinder; abgelehnt.

1891 Dienstboten, ländliche Arbeiter, Arbeiter in Staatsbetrieben vom Koalitionsrecht ausgeschlossen – durch die bürgerlichen Parteien.

1896 Sozialdemokratischer Antrag auf Aufhebung der Salzsteuer; abgelehnt. [. . .]

1897 Sozialdemokratischer Arbeiterschutzantrag: Achtstundentag für alle Arbeiter; [. . .] abgelehnt.

1898 Sozialdemokratischer Antrag, betreffend Einführung einer progressiven Reichseinkommensteuer, [. . .] aus welcher der Mehrbedarf der Marine über 117 1/2 Millionen Mark pro Jahr abgedeckt werden sollte; [. . .] abgelehnt.

1899 Zuchthausgesetz. [. . .] Nur durch erregte Gegenbewegung der Arbeiter verhindert. Sozialdemokratische Anträge auf Verbesserung und Sicherung des Koalitionsrechts; [. . .] abgelehnt.

1900 Folgen sozialdemokratische Anträge und Gesetzentwürfe: Zehnstundentag und weitere Kürzung auf acht Stunden; Reichsarbeitsamt; Gesetz zur Regelung des Wohnungswesens; Verbesserung der Gewerbegerichte; Schutzbestimmungen für Arbeiterinnen, besonders Schwangere und Wöchnerinnen; freies Vereins- und Koalitionsrecht; Reichsberggesetz. Bis auf einige Kleinigkeiten alles durch die bürgerlichen Parteien verhindert oder nicht zur Beratung zugelassen.

1900 Sozialdemokratischer Antrag zum Handlungsgehilfenschutz auf Schluß der offenen Verkaufsstellen von abends 8 Uhr bis morgens 6 Uhr abgelehnt.

1900 Sozialdemokratischer Antrag: Mehrkosten der Flottenvorlage durch Reichseinkommensteuer zu decken; [. . .] abgelehnt.

1902 Zölle und Verbrauchssteuern in Höhe von 819 Millionen Mark durch die bürgerlichen Parteien beschlossen. [. . .] Jede Arbeiterfamilie von fünf Köpfen soll allein vom Brot 45 Mark Abgabe jährlich zahlen. Sozialdemokratische Anträge: Aus vermehrtem Zollgewinn 100 Millionen zur Förderung des Schulwesens, 40 Millionen zur Beseitigung der Salzsteuer, Aufhebung der Zuckersteuer. Alles [...] abgelehnt.

1905 Die sozialdemokratische Reichstagsfraktion beantragt aus Anlaß des Streiks der Ruhrbergleute reichsgesetzliche Regelung des Bergarbeiterschutzes. Die bürgerlichen Parteien, einschließlich das Zentrum, sorgen dafür, daß dem reaktionären preußischen Landtag die Angelegenheit überwiesen wird. Hier wird selbst die sehr mäßig gehaltene Regierungsvorlage noch wesentlich zuungunsten der Arbeiter verschlechtert.

1906 Die sozialdemokratische Reichstagsfraktion richtet an die Regierung die Aufforderung, die Unfallverhütungsvorschriften im Berggewerbe daraufhin zu prüfen, daß Grubenkatastrophen nach Möglichkeit verhindert werden. Auch diese Angelegenheit wird auf Antrag des Arbeitervertreters im Zentrum, des Reichstagsabgeordneten Giesberts, den Landesbehörden und Landtagen überwiesen.

1907 Im neugewählten Reichstag stellen die Sozialdemokraten Anträge, die sich u. a. auf Erlaß eines Reichsberggesetzes, Verbesserung des Knappschaftswesens, Gewerbegerichte für ländliche Arbeiter, Gewährung des Koalitionsrechts, Regelung des Wohnungswesens, Ausdehnung des Wahlrechts, Verbesserung des Krankenversicherungsgesetzes, den Schutz der Bauhandwerker, den Schutz der Heimarbeiter usw. beziehen. [...] Die Session bleibt sozialpolitisch völlig unfruchtbar.

1908 Der Reichstag nimmt eine sozialdemokratische Resolution an, die den Schutz der Bauarbeiter fordert, ebenso eine sozialdemokratische Resolution zum Schutze der Glasarbeiter und eine [...] zum Schutze der Berg- und Hüttenarbeiter. Erfolg hat keine dieser Resolutionen.

1909 Bei den Verhandlungen des Reichstags über die

Finanzreform suchen die Sozialdemokraten nach Kräften, wenn auch ohne Erfolg, die Interessen des arbeitenden Volkes dem arbeiterfeindlichen schwarz-blauen Block gegenüber wahrzunehmen.

1910 Ebenso sucht die sozialdemokratische Reichstagsfraktion beim Arbeitskammergesetz, bei der Reichsversicherungsordnung, bei den Fleischnotinterpellationen, beim Hausarbeitergesetz, beim Kaligesetz, in der Frage der Privatbeamtenversicherung [...] die Interessen der Arbeiterschaft wahrzunehmen, während der schwarz-blaue Block entweder seine sozialpolitische Unfruchtbarkeit offenbart oder, wie in der Krankenkassenfrage, die Rechte der Arbeiterschaft nach Möglichkeit zu schmälern sucht.

1911 Am 4. April 1911 gelingt es der sozialdemokratischen Reichstagsfraktion, die Mehrheit der bürgerlichen Parteien dahin zu bringen, daß sie die Heizerzulage von zwanzig Pfennig, die anfangs gekürzt war, dennoch bewilligen. Bei der Beratung der Reichsversicherungsordnung stellen die Sozialdemokraten eine große Anzahl leicht durchführbarer Verbesserungsanträge, die aber konsequent abgelehnt oder gar durch beträchtliche Verschlechterungen ersetzt werden.

In der 3. Auflage des »Handwörterbuchs der Staatswissenschaften« von 1911 sagt Gustav Mayer, der den Text der vorhergegangenen Auflage (1906/07) von Georg Adler umformuliert:

Mit dem Namen »Sozialdemokratie« bezeichnen wir heute jede Organisation des Proletariats, die es als ihre Aufgabe betrachtet, auf dem Boden des Klassenkampfes die politische Macht zu erobern, deren Besitz ihr zur Verwirklichung des sozialistischen Ideals dienen soll.

Carl Grünberg erklärt in der 3. Auflage des »Wörterbuchs der Volkswirtschaft« von 1911:

Als »Sozialdemokratie« bezeichnen wir alle politischen Parteien mit sozialistischem Programm, d. h. mit dem Ziele einer Neuordnung der Rechts-, Wirtschafts- und Gesellschaftsordnung auf sozialistischer Grundlage, nach vorhergegangener Erringung der Staatsgewalt. Die Sozialdemokratie ist angewandter Sozialismus, wie umgekehrt eine Anwendung des letzteren auf anderer als demokratischer Grundlage begrifflich ausgeschlossen ist.

Die »Norddeutsche Allgemeine Zeitung« vom 2. Januar 1912 veröffentlicht, zehn Tage vor den Reichstagswahlen, folgende Erklärung Bethmann Hollwegs:

Wir brauchen einen Reichstag, der bereit ist, unsere bisherige Wirtschaftspolitik, die Politik der Handelsverträge und des Schutzes der nationalen Arbeit, weiterzuführen.

Wir brauchen einen Reichstag, der bereit ist, unsere Sozialpolitik, die Bürgschaft einer friedlichen Entwicklung im Innern, ruhig und besonnen fortzusetzen.

Wir brauchen einen Reichstag, der bereit ist, Heer und Flotte dauernd im Zustande höchster Leistungsfähigkeit zu erhalten und Lücken in unserer Rüstung zu schließen.

Bei der Lösung aller dieser Aufgaben pflegt die Sozialdemokratie ihre Mitarbeit zu versagen. Darum ist die endliche Überwindung dieser Partei, deren Bestreben eine Gefahr bedeutet für die nationale Geschlossenheit unseres Volkes wie für die Erhaltung des politischen, geistigen und sittlichen Erbes unserer Väter, eine Lebensfrage für unser Vaterland.

Wer sich das alles vor Augen hält, wird sich klar darüber sein, daß kein pflichtbewußter deutscher Mann am 12. Januar an der Wahlurne fehlen darf. Er kann auch nicht im Zweifel darüber sein, gegen wen er Front zu nehmen hat.

Auf dem Parteitag in Chemnitz 1912 (15.–21. September) wird das Wahlergebnis zu den Reichstagswahlen vom 12. Januar diskutiert:

Bei 14 441 777 Wahlberechtigten waren von 12 206 808 abgegebenen gültigen Stimmen 4 250 329, also 34,9 Prozent der gültigen Stimmen, auf die Sozialdemokratie entfallen.

Die Hauptparteien des schwarz-blauen Blocks – die Deutsch-Konservativen, die Reichspartei, die Antisemiten, der Bund der Landwirte, das Zentrum, die Polen – hatten insgesamt 4 333 061 Stimmen auf sich vereint, also nur wenige Stimmen mehr als unsere Partei allein. Und dennoch brachte es die Ungleichheit der Wahlkreise zuwege, daß die Parteien des alten schwarz-blauen Blocks mit rund 4 1/2 Millionen Stimmen nahezu soviel Mandate erhielten wie die sogenannte Linke, für die 7 1/2 Millionen Wähler eingetreten waren. Sinnenfällig spiegelt sich in diesen Zahlen die tatsächliche Ungleichheit des Reichstagswahlrechts wider.

Die Wahlen der Jahre 1893 bis 1912 bringen für die SPD folgende Ergebnisse (in Prozenten):

Wahl	Stimmen	Mandate
1893	23,3	11,1
1898	27,2	14,1
1903	31,7	20,4
1907	28,9	10,8
1912	34,8	21,7

An dieser Stelle mögen auch gleich die Zahlen für die Gewerkschaften folgen. Der Rechenschaftsbericht der Generalkommission der deutschen Gewerkschaften gibt die Mitgliederzahlen für die Zeit von 1891 bis 1913:

Jahr	Zentralverbände	Mitgliederzahl	Einnahmen	Ausgaben	Vermögen
1891	62	277 659	1 116 588	1 606 534	425 845
1895	53	237 094	3 036 803	2 488 015	1 640 437
1900	58	680 427	9 454 075	8 088 021	7 745 902
1901	57	677 510	9 722 720	8 967 168	8 798 333
1902	60	733 206	11 097 744	10 005 528	10 253 559
1903	63	887 698	16 419 991	13 724 336	12 973 726
1904	63	1 052 108	20 190 030	17 738 756	16 109 903
1905	64	1 344 803	27 812 257	25 024 234	19 635 850
1906	66	1 689 709	41 602 939	36 963 413	25 312 634

Jahr	Zentral-verbände	Mitglieder-zahl	Ein-nahmen	Aus-gaben	Ver-mögen
1907	61	1 865 506	51 396 784	43 122 519	33 242 545
1908	60	1 831 731	48 544 396	42 057 516	40 839 791
1909	57	1 832 667	50 529 114	46 264 031	43 480 932
1910	53	2 017 298	64 372 190	57 926 566	52 575 505
1911	51	2 320 986	72 086 957	60 025 080	62 105 821
1912	48	2 530 390	80 233 575	61 105 675	80 797 786
1913	47	2 548 763	82 005 580	74 904 962	88 069 275

Auf dem Balkan wird gekämpft. Wegen der Gefahr der Ausdehnung des Krieges auf ganz Europa wird ein außerordentlicher Kongreß der Internationale zum 24./25. November 1912 nach Basel einberufen mit dem einzigen Tagesordnungspunkt »Die internationale Lage und die Verständigung der sozialistischen Parteien über eine internationale Aktion gegen den Krieg«. Die »Bremer Bürgerzeitung« berichtet am 25. November:

Auf dem Balkan wüten Krieg und Pest. Zu Tausenden sterben die Menschen dahin; sie vergossen ihr Blut für die Freiheit, für das Vaterland – wähnten sie. Sie vergossen es in Wahrheit, um einer neuen, schwereren Knechtung den Weg zu bahnen. Er mußte über ihre Leichen gehen. Es war das eherne Muß der Geschichte. Aber schon von Anfang an sahen die europäischen Aasgeier dem Ringen der Balkanvölker zu. Sie umstanden den Kampfplatz mit lauernden Blicken, die Krallen zum Zupacken bereit. Und jetzt ist ihre Stunde gekommen. Österreich mobilisiert. [...] Und damit ist das Signal zum allgemeinen völkermordenden Ringen gegeben. Düster und schwer zieht die Wolke des Weltkrieges über Europa herauf. Sie wird die Lande in Blut ersticken, wenn sie entlädt.

Wenn!! Es gibt noch eine Möglichkeit, das Grauenvolle zu verhindern! Das Proletariat hält treue Wacht am Tore des Friedens. Und dem Andringen der Kriegslüsternen stemmt es trotzig und wuchtig seinen Willen entgegen: Zurück! Wir wollen keinen Krieg! Hütet euch! Ihr seid gewarnt!

Nach der Begrüßung der Kongreßteilnehmer durch den Regierungsrat spricht Hugo Haase aus Deutschland:

Unter Glockengeläute und Orgelklang hat die internationale Sozialdemokratie als Trägerin und Verkörperin der Friedensidee hier ihren Einzug gehalten. Revolutionäre Gedanken und Gefühle trägt sie dabei im Kopf und im Herzen. Aber sie plant nicht Zerstörung, sondern ihre Ideen stehen im Dienste der Freiheit und der Völkerversöhnung. Wie grell ist dagegen das Bild, das der Balkan bietet! [...] Erbarmungslos braust der Kriegssturm über den Balkan hin. Zehntausende sind hingeschlachtet worden. Man achtet nicht mehr der Zahl der Toten. Die kämpfenden Heere lassen sich nicht einmal die Zeit, ihre Toten zu bestatten. Immer nur weiter vorwärts, ist die Losung. Unzählige Verwundete, und niemand da, der sie pflegt. Über Leichen liegen Verwundete, gedeckt von Leichen, niemand hört ihr Stöhnen, sie verhungern und verbluten an ihren Wunden. Die Dörfer, die friedlichen Wohnstätten sind niedergesengt, und ein Bild tiefsten Jammers zieht der mazedonische Bauer mit Weib und Kind frierend und hungernd gen Konstantinopel. Und wenn endlich der Friede geschlossen sein wird, welches Meer von Tränen, Massennot, Kummer und Verzweiflung wird sich dann erst über die Lande ergießen! [...] Die apokalyptischen Reiter, Krieg, Brand, Hunger, Not und Pestilenz, traben über den Balkan hin. [...]

Vor allem gilt es, die Gefahr zu beseitigen, die über ganz Europa schwebt, die Gefahr einer entsetzlichen Ausdehnung des Krieges. Noch ist die Gefahr nicht überwunden, [...] und wenn es nicht dem Proletariat gelingt, diesen Angriff auf Kultur und Zivilisation zurückzuweisen, kann ein Weltkrieg in die Nähe rücken. [...] Die Proletarier sind selbständig geworden und werden ihren Willen zur Geltung bringen. Wir wollen uns nicht überschätzen, wir verkennen nicht die Grenzen unserer Macht, aber wir wissen auch, daß man uns heute nicht mehr mit einer Handbewegung beiseite schieben kann. [...] Das internationale Proletariat verabscheut den Krieg aus tiefster Seele, und keine Gewalt der Erde wird es dahin bringen, daß es mit Begeisterung in den Kampf zieht und auf die schießt, die es schätzt, die es liebt, seine proletarischen Brüder.

Dunkles Gewölk umzieht den politischen Himmel, aber wir lassen die Hoffnung nicht sinken, daß [...] die Herrschenden vor den Konsequenzen zurückschrecken und daß es uns gelingen wird, durch die einige, geschlossene Aktion des Proletariats die Kriegsgefahr zu bannen. Was die edelsten Geister geträumt, was die größten Denker erkannt und als Gebot der Vernunft verkündet haben, das wird [...] das internationale Proletariat verwirklichen.

Später spricht Jean Jaurès aus Frankreich:

In dieser Kirche [*im Münster von Basel*] selbst erschien mir vorhin wie ein Ruf zur allgemeinen Versöhnung der Klang der Glocken, der uns empfing. Er erinnerte mich an das Geleitwort, das Schiller seinem herrlichen Lied von der Glocke gegeben hat: »Vivos voco, mortuos plango, fulgura frango!« [...] Vivos voco – Ich rufe die Lebenden zur Verteidigung des vom Mord bedrohten Lebens! Mortuos plango – Ich beweine die ungezählten Toten, die auf den furchtbaren Schlachtfeldern [...] liegen, deren Verwesungsgeruch zu uns dringt, wie die Reue über die Untaten. Fulgura frango – Ich zerschmettere die kriegerischen Blitze, die in den Wolken leuchten und Gefahr verkünden! (Stürmischer Beifall.)

Die Massenversammlung endet mit dem Lied »Die Völker wollen Frieden, Frieden jedes Menschenherz«. Die eigentliche Beratung findet am 25. November statt. Das Schlußwort, seine letzte öffentliche Rede, spricht der bereits schwerkranke Bebel, dem der Kongreß minutenlang zujubelt:

Ich freue mich, daß gerade ich als Atheist den kirchlichen Behörden Dank aussprechen kann, daß sie uns gestern das prachtvolle Münster zur Verfügung gestellt und uns mit Glokkenläuten empfangen haben, als käme ein Großer der Erde. [...] Parteigenossen, dieses Zeichen christlicher Toleranz ist leider in der Christenheit nur gar zu selten. [...] Ich bin freilich der Überzeugung, daß, wenn heute der christliche Heiland wiederkäme und diese vielen christlichen Gemeinden, diese

Hunderte von Millionen sähe, die sich heute Christen nennen, [...] daß er dann nicht in ihren Reihen, sondern in unserem Heere stehen würde. (Stürmischer Beifall.)

Die »Bremer Bürgerzeitung« gibt den Schlußbericht unter dem Titel »Die Kunde von Basel« am 27. November:

Solltet ihr, Proletarier, nicht wissen, daß es zu leben und, wenn nötig, zu sterben gilt, nur für der Menschheit Glück! Sterben nur dafür, daß die Not verschwinde, daß die Kinder rote Backen und lachende Augen bekommen, daß die Frau nicht mehr ein Lasttier sei, daß der Mensch sein Antlitz hoch zum Himmel trage! [...]

So riefen die Männer der Arbeit im Münster zu Basel, und ihren Ruf tragen die Glocken in ferne Welten. Krieg, Krieg! hallt es von den Kirchen; aber lauter als ihre Stimme schallt der Ruf der einen Glocke im Münster zu Basel: Krieg dem Kriege!

Gustav Mayer besucht 1912 im Reichstag Bebel, der wegen seiner schlechten Gesundheit nur noch selten dort sein kann:

Während wir uns [...] unterhielten, nahm der neue Reichskanzler, von Bethmann Hollweg, der an uns vorüberging, den alten Parlamentarier wahr, blieb einen Augenblick stehen und sagte ihm, daß er aus seiner Anwesenheit auf eine Besserung in seinem Befinden schließen zu dürfen hoffe. Das war alles. Entsinne ich mich richtig, so errötete Bebel leicht. Zu mir aber bemerkte er: »Ich gehöre diesem Hause seit seiner Schaffung, also seit 1868 an. Dies war das erstemal, daß ein Mitglied der Regierung außerhalb der Verhandlungen ein Wort an mich richtete.«

Viel umstritten ist eine Rede, die Scheidemann in Paris gehalten hat. Der Schriftsteller Eduard David wendet sich am 3. Dezember 1912 im Reichstag gegen Entstellungen und bringt die offizielle Übersetzung der fraglichen Passagen:

Gegen die, die versuchen, uns in diese Bestialität eines europäischen Krieges hinabzustoßen, werden wir uns mit dem Mut der Verzweiflung wehren. Die deutschen Arbeiter und

Oben: Der Sozialist Adolf Hoffmann (1858–1930) bei seiner Ansprache auf einer Massenversammlung während des großen Munitionsarbeiterstreiks im Januar 1918. – Unten: Klara Zetkin (1857–1933) fordert im Dezember 1918 zur Revolution nach russischem Muster auf

Der erste Rat der Volksbeauftragten. Von links: Otto Landsberg (1869–1957), Philipp Scheidemann (1865–1939), Gustav Noske (1868–1946), Friedrich Ebert (1871–1925), Rudolf Wissell (1869–1962)

Sozialisten achten und lieben auch die französischen Proletarier und Sozialisten wie Brüder. Sie wollen nicht auf euch schießen, sie wollen euch im Gegenteil als Freunde und Kampfgenossen begrüßen. Unser Feind befindet sich [...] an einer anderen Stelle. Dort, wo auch der eure ist. Das ist der Kapitalismus. Führen wir gemeinsam den Kampf, Genossen, für den Fortschritt der Humanität, für die Freiheit der Arbeit, für den Weltfrieden.

Haase schreibt am 2. März 1913 an seinen Sohn Ernst:

Das Rüsten bei uns grenzt an Wahnsinn. Nach den neuesten Mitteilungen wird die Militärvorlage eine einmalige Ausgabe von 1 Milliarde und eine fortlaufende von jährlich 1/4 Million Mark erfordern. Die Regierung kann es nicht wagen, den breiten Volksmassen diese Last aufzubürden. Sie kündigt heute an, die einmalige Ausgabe durch eine einmalige Steuer auf große Vermögen [...] zu decken – [...] also eine Maßregel, die die Sozialdemokratie als notwendig vorausgesagt hat und die früher stets als Schreckgespenst des Zukunftsstaats betrachtet wurde. [...]

Wenn eine Partei von jeher mit zäher Konsequenz den Militarismus und Imperialismus in klarer Erkenntnis der diesen Erscheinungen zugrunde liegenden Ursachen bekämpft hat, so ist es die deutsche Sozialdemokratie; und die Entwicklung gibt ihr immer mehr recht.

Für verkürzte Dienstzeit tritt am 10. Juni 1913 im Reichstag Noske ein und wendet sich dabei vor allem gegen die Einübung von Paradegriffen nach friderizianischer Art bei einzelnen Garderegimentern, die kein Spielzeug für allerhöchste Herrschaften seien. Darauf antwortet der Staats- und Kriegsminister, Generaloberst von Heeringen, am 17. Juni:

Ich habe es schon oft betont, daß wir in der Einschränkung des Parademäßigen und des Drills nahe an die Grenze des Möglichen herangegangen sind. [...]

Daran ändert auch der Umstand gar nichts, daß die Gardeinfanterie beim Kaiser mit geschultertem Gewehr vorbeimarschiert – ein Griff, der übrigens sehr weniger Einübung bedarf. [...]

Nebenbei, meine Herren, sind sie [*die Paraden*] auch eine Art Volksfest (Lachen bei den Sozialdemokraten) und fördern die Popularität der Armee. (Zurufe von den Sozialdemokraten.) Ja, meine Herren, was anders ist es denn, wenn eine große Parade hier bei Berlin stattfindet und Tausende und aber Tausende von Menschen dahin kommen, sie sich ansehen und sich darüber freuen?

Zum fünfundzwanzigjährigen Regierungsjubiläum Kaiser Wilhelms II. schreibt der »Vorwärts« am 16. Juni 1913:

Der »vorübergehenden Erscheinung« der Sozialdemokratie [...] hat Wilhelm II. bittere Fehde geschworen, zerschmettern möchte er sie am liebsten, und sie wächst, blüht und gedeiht, sie hat rote Backen und pralle Muskeln und sieht aus wie das ewige Leben, und das Tragischste ist: Jede der vielumstrittenen Reden des Kaisers hat ihr Tausende neuer Anhänger zugetrieben. Die Blitze, mit denen Jupiter unsere Köpfe treffen wollte, haben nur unzählige neue Köpfe erleuchtet.

Darum feiern wir, dankbaren Herzens, doch mit! Millionen, »viele Millionen vorübergehender Erscheinungen« grüßen den Träger heute mit dem Ruf: Es lebe die Republik!

Bebel bekräftigt in einer vertraulichen Sitzung der Budgetkommission im Sommer 1913 die Entschlossenheit der SPD, ihr Vaterland zu verteidigen. Seine Ausführungen bilden die Grundlage für das vom Parteivorstand herausgegebene Flugblatt »Ein ernstes Wort in ernster Zeit«. Darin heißt es:

Es gibt in Deutschland überhaupt keinen Menschen, der sein Vaterland fremden Angriffen wehrlos preisgeben möchte. Das gilt namentlich auch von der Sozialdemokratie, der ihre Gegner [...] oftmals den Vorwurf der »Vaterlandslosigkeit« gemacht haben. Die Sozialdemokratie hat [...] niemals verkannt, daß die geographische und politische Lage des Reiches die Vorbereitung einer starken Schutzwehr notwendig macht. Wir müssen in Deutschland mit der Möglichkeit eines Angriffskrieges von außen leider einstweilen noch rechnen, namentlich von Osten her. [...]

Wenn einmal ein solcher Krieg ausbrechen sollte, [...] dann [...] würde [*er*] zum Weltkrieg werden und unser Vaterland vielleicht vor die Frage von Sein oder Nichtsein stellen. Infolgedessen rechtfertigt sich nicht nur die Wehrhaftmachung des letzten Mannes bei uns, sondern sie ist eine notwendige Forderung. Die Sozialdemokratie war die erste große Partei, die das klar erkannt und daher in ihr Programm den Satz aufgenommen hat, der die Erziehung des Volkes zur allgemeinen Wehrhaftigkeit ausspricht.

Die Sozialdemokratie geht aber noch weiter. Sie will die Wehrhaftmachung des Volkes nicht nur vom körperlichen und vom technischen Standpunkte aus betreiben. Das Vaterland verteidigt man nicht bloß mit Maschinengewehren und Kanonen. [...] Dazu gehören auch ganz bestimmte geistige und sittliche Eigenschaften des Volkes. Und die Sozialdemokratie will auch diese geistigen und sittlichen Eigenschaften des Volkes stärken, auf denen [...] die Selbstbehauptung einer Nation in erster Linie beruht.

August Bebel stirbt am 13. August 1913. Auf dem Jenaer Parteitag (14.–20. September 1913) spricht Molkenbuhr:

Bebels Tod versetzte Millionen Proletarier in Trauer. [...] Wir wissen, was wir an ihm verloren haben, auf uns hat der ganze Zauber seiner Persönlichkeit gewirkt. Wir waren fortgerissen, wenn er uns anfeuerte, wir waren es, die ihn täglich als Ratgeber an unserer Seite hatten. Dieser Parteitag ist der erste Parteitag der deutschen Sozialdemokratie seit dem Jahre 1875, auf dem Bebel nicht erschienen ist. Da wäre es eigentlich unsere Pflicht, Bebels Bedeutung für die Sozialdemokratie hier voll zu würdigen. Aber dazu ist kein Mensch in der Lage. Seine Bedeutung voll zu würdigen, das bleibt dem Geschichtsschreiber kommender Geschlechter vorbehalten. Wenn ich einiges sage, so sind es nur lose Blätter aus dem reichen Ruhmeskranz des Verstorbenen. Den Namen der unsterblichen Vorkämpfer des Sozialismus, Lassalle, Marx, Engels, können wir den Namen Bebels zur Seite stellen. Aber Bebels Feld war nicht die Studierstube, sein Feld war der Kampfplatz, die Rednertribüne. Dort war es, wo er für die Interessen des Proletariats gekämpft hat, wo er, wenn auch nicht als Theoretiker, so doch [...] als der bedeutendste Taktiker sich bewährt hat, den das Proletariat kennt. Wo es galt, die Taktik der Partei festzulegen, da war es Bebel, dem es immer gelang, so zu operieren, wie es im Interesse der Partei lag. Er hat mit bewirkt, daß die kleine Sekte, in die er eintrat, zur politischen Partei wurde, und er war es, der eine Taktik befolgte, welche die Partei von Sieg zu Sieg führte bis zu ihrer heutigen Größe. [...] Wenn wir seinem Rat gefolgt sind, haben wir immer das Richtige getroffen. Bebel war aber gleichzeitig der erste Sozialdemokrat, der den Parlamentarismus als proletarisches Kampfmittel anwandte.

Jahre der Entscheidung

Mit Bebels Tod geht ein Zeitalter zu Ende. Die alte Generation ist abgetreten; die junge drängt zur Verantwortung, zu einer positiven Stellung zum Staat, um die verhängnisvolle Kluft zwischen Arbeiterschaft und Staat endgültig zu überbrücken. Ihr Ringen um die Erhaltung des äußeren Friedens und der demokratischen Umgestaltung Deutschlands ist nun nicht mehr Fernziel, sondern der Versuch, praktische Politik zu treiben. Die vielumstrittene Entscheidung für die Bewilligung der Kriegskredite am 4. August 1914 führt die Sozialdemokratische Partei aus der Vereinzelung, macht sie zu einem tragenden Pfeiler der deutschen Politik. Die SPD übernimmt damit als handelnde Partei eine Verpflichtung. So schwer die Entscheidung auch vielen geworden ist, ihren Ernst hat jeder gefühlt. Aus dieser noch einmal einmütig abgegebenen Erklärung erwächst die Spaltung, zerbricht im Laufe des Krieges die Einheit der Partei. Dabei handelt es sich im Grunde nicht um verschiedene Ziele, sondern um den Weg, dies Ziel – Frieden und Freiheit – zu sichern. Das Ringen um die Erhaltung des äußeren Friedens scheitert; der Erste Weltkrieg bricht aus. Noch am 25. Juli 1914 schreibt der »Vorwärts« in einer Sonderausgabe:

Noch dampfen die Äcker auf dem Balkan von dem Blute der nach Tausenden Hingemordeten, noch rauchen die Trümmer verheerter Städte, verwüsteter Dörfer, noch irren hungernd arbeitslose Männer, verwitwete Frauen und verwaiste Kinder durchs Land, und schon wieder schickt sich die vom österreichischen Imperialismus entfesselte Kriegsfurie an, Tod und Verderben über ganz Europa zu bringen. [...]

Das klassenbewußte Proletariat Deutschlands erhebt im Namen der Menschlichkeit und der Kultur flammenden Protest gegen dies verbrecherische Treiben der Kriegshetzer. Es fordert gebieterisch von der deutschen Regierung, daß sie ihren Einfluß auf die österreichische Regierung zur Aufrechterhaltung des Friedens ausübe und, falls der schändliche Krieg nicht zu verhindern sein sollte, sich jeder kriegerischen Einmischung enthalte. Kein Tropfen Blut eines deutschen Soldaten darf dem Machtkitzel der österreichischen Gewalthaber [...] geopfert werden.

Parteigenossen, wir fordern euch auf, sofort in Massenversammlungen den unerschütterlichen Friedenswillen des klassenbewußten Proletariats zum Ausdruck zu bringen. Eine ernste Stunde ist gekommen, ernster als irgendeine der letzten Jahrzehnte. Gefahr ist im Verzuge! Der Weltkrieg droht! Die herrschenden Klassen, die euch im Frieden knebeln, verachten, ausnutzen, wollen euch als Kanonenfutter mißbrauchen. Überall muß den Gewalthabern in die Ohren klingen: Wir wollen keinen Krieg! Nieder mit dem Kriege! Hoch die internationale Völkerverbrüderung!

Am 31. Juli richtet der »Vorwärts« einen eindringlichen Appell an Rußland:

Wir warnen Rußland, durch eine Mobilisierung einen Zustand zu schaffen, der den blutigsten Völkermord heraufbeschwört, aber auch das Ende des Zarismus bringen kann!

Wir beschwören Frankreich, seinen ganzen Einfluß auf Rußland auszuüben, damit es nicht durch seine plumpe Kosakenpolitik auch Frankreich in die unabsehbaren Schrecknisse des europäischen Krieges hineinreißt.

Aber wir warnen auch dringlichst noch einmal die deutsche Regierung, den Bogen zu überspannen! Das deutsche Volk [...] will den Frieden, will die Verhandlungen, will die Schlichtung des Konflikts!

Das beispiellose Treiben der unverantwortlichen Kriegshetzer sucht Kaiser und Kanzler mattzusetzen und die Kriegsfurie skrupellos zu entfesseln!

Ihm gilt es in der schicksalsschwersten Stunde die unerschütterliche Losung entgegenzusetzen: Die Bahn frei für Verhandlungen für die Sicherung des Friedens! Nieder mit den Kriegshetzern!

Der Kriegsausbruch zwingt die Reichstagsfraktion der SPD zu einer eindeutigen Haltung gegenüber dem Krieg. Scheidemann notiert am 2. August in sein Tagebuch:

Aussprache über die Kredite, da nunmehr feststeht, daß der Reichstag am 4. August zusammentritt. Haase und Ledebour sprechen für Ablehnung der Kredite, alle übrigen [...] sprechen für die Bewilligung. Eine Einigung ist unmöglich. Daß von einer Enthaltung keine Rede sein kann bei uns 111 Mann, betonen alle. In diesen Stunden empfand ich mehr als jemals zuvor das Fehlen Bebels, der immer Sinn für die Wirklichkeit hatte. Haase versagte als Parteiführer [...] in geradezu katastrophaler Weise. David sprach ausgezeichnet; Molkenbuhr nüchtern wie gewöhnlich, aber mit durchschlagenden Argumenten. Der kluge Fischer wurde so aufgeregt, daß er während seiner Rede einen Nervenschock bekam und zu weinen begann. Haase und Ledebour waren nicht zu überzeugen. [...] Abends 9 Uhr erneuter Kampf [...] mit Haase und Ledebour. [...] Wir gingen erst gegen Mitternacht auseinander. Ich verbrachte eine schlaflose Nacht. Wird es gelingen, die Mehrheit der Fraktion für »ja« zu gewinnen oder nicht?

Die Sozialdemokratische Partei stimmt den Kriegskrediten am 4. August zu. Haase gibt die Erklärung ab:

Wir stehen vor einer Schicksalsstunde. Die Folgen der imperialistischen Politik [...] sind wie eine Sturmflut über Europa hereingebrochen. Die Verantwortung hierfür fällt den Trägern dieser Politik zu; [...] wir lehnen sie ab. [...]

Die Sozialdemokratie hat diese verhängnisvolle Entwicklung mit allen Kräften bekämpft. [...] Ihre Anstrengungen sind vergeblich gewesen.

Jetzt stehen wir vor der ehernen Tatsache des Krieges. Uns drohen die Schrecknisse feindlicher Invasionen. Nicht für oder gegen den Krieg haben wir heute zu entscheiden, sondern über die Frage der für die Verteidigung des Landes erforderlichen

Mittel. [...] Nun haben wir zu denken an die Millionen Volksgenossen [...]. Sie werden von den Verheerungen des Krieges am schwersten getroffen. [...] Unsere heißen Wünsche begleiten unsere zu den Fahnen gerufenen Brüder ohne Unterschied der Partei. [...] Wir denken auch an die Mütter, die ihre Söhne hergeben müssen, an die Frauen und die Kinder, die ihres Ernährers beraubt sind und denen zu der Angst um ihre Lieben die Schrecken des Hungers drohen. Zu diesen werden sich bald Zehntausende verwundeter und verstümmelter Kämpfer gesellen. [...] Ihnen allen beizustehen, ihr Schicksal zu erleichtern, diese unermeßliche Not zu lindern, erachten wir als eine zwingende Pflicht. [...]

Für unser Volk und seine freiheitliche Zukunft steht bei einem Sieg des russischen Despotismus [...] viel, wenn nicht alles auf dem Spiel. [...] Es gilt, diese Gefahr abzuwehren, die Kultur und die Unabhängigkeit unseres eigenen Landes sicherzustellen. [...] Da machen wir wahr, was wir immer betont haben: Wir lassen in der Stunde der Gefahr das eigene Vaterland nicht im Stich. [...]

Wir fordern, daß dem Kriege, sobald das Ziel der Sicherung erreicht ist und die Gegner zum Frieden geneigt sind, ein Ende gemacht wird durch einen Frieden, der die Freundschaft mit den Nachbarvölkern ermöglicht. [...] Wir fordern dies nicht nur im Interesse der [...] internationalen Solidarität, sondern auch im Interesse des deutschen Volkes. [...]

Wir hoffen, daß die grausame Schule der Kriegsleiden in neuen Millionen den Abscheu vor dem Kriege wecken und sie für das Ideal des Sozialismus und des Völkerfriedens gewinnen wird. [...]

Von diesen Grundsätzen geleitet, bewilligen wir die geforderten Kredite.

Der Arbeiterdichter Karl Bröger bekennt:

Immer schon haben wir eine Liebe zu dir gekannt,
bloß wir haben sie nie mit einem Namen genannt.
Als man uns rief, da zogen wir schweigend fort,
auf den Lippen nicht, aber im Herzen das Wort
Deutschland.

Unsre Liebe war schweigsam; sie brütete tiefversteckt.
Nun ihre Zeit gekommen, hat sie sich hochgereckt.
Schon seit Monden schirmt sie in Ost und West dein Haus,
und sie schreitet gelassen durch Sturm und Wettergraus.
Deutschland.

Daß kein fremder Fuß betrete den heimischen Grund,
stirbt ein Bruder in Polen, liegt einer in Flandern wund.
Alle hüten wir deiner Grenze heiligen Saum.
Unser blühendstes Leben für deinen dürrsten Baum.
Deutschland.

Immer schon haben wir eine Liebe zu dir gekannt,
bloß wir haben sie nie bei ihrem Namen genannt.
Herrlich zeigte es aber deine größte Gefahr,
daß dein ärmster Sohn auch dein getreuester war.
Denk es, o Deutschland.

Der Fortgang des Krieges führt zur Spaltung der Partei in der Frage der Bewilligung der Kriegskredite. Am 21. Dezember 1915 gibt die aus zwanzig Abgeordneten bestehende Gruppe der späteren Sozialdemokratischen Arbeitsgemeinschaft durch ihren Sprecher Curt Geyer folgende Erklärung ab:

Von der sozialdemokratischen Fraktion ist sie [*die Regierung*] aufgefordert worden, den Gegnern ein Friedensangebot zu machen. Der Reichskanzler hat dies jedoch schroff abgelehnt. Der entsetzliche Krieg geht weiter, jeder Tag schafft neue unsägliche Leiden. Eine Politik, die nicht alles tut, um diesem namenlosen Elend Einhalt zu gebieten, eine Politik, die in ihrer gesamten Betätigung in schreiendem Gegensatz zu den Interessen der breiten Massen der werktätigen Bevölkerung steht, durch unser parlamentarisches Verhalten zu unterstützen, ist uns unmöglich. [...] Unseren Friedenswillen und unsere Gegnerschaft gegen Eroberungspläne können wir nicht vereinbaren mit der Zustimmung zu den Kriegskrediten.
Wir lehnen die Kredite ab.

Dagegen betont Friedrich Ebert an demselben Tag im Namen der Mehrheit der Fraktion:

Die Sozialdemokratische Partei hat seit Anbeginn dieses Weltkrieges ihren Willen und ihre Kraft dafür eingesetzt, daß Deutschland in dem schwersten Existenzkampf gegen die ungeheure Koalition seiner Gegner bestehen kann und gesichert werde. Zugleich aber hat unsere Partei unausgesetzt darnach gestrebt, die unermeßlichen Verwüstungen des Krieges zu beendigen und den Völkern Europas den heißersehnten Frieden wiederzugeben. [...]

Zu unserem tiefen Bedauern sind diese Bemühungen bisher noch nicht zu dem erwünschten Erfolg gediehen. [...]

Gegenüber dieser Tatsache ist es unerläßliche Pflicht des gesamten deutschen Volkes, seine Abwehr fest und geschlossen zu erhalten und die zu dieser Abwehr erforderlichen Mittel bereitzustellen.

Immer schärfer wird die Forderung der Arbeiterbewegung nach der Demokratisierung Deutschlands. Am 24. März 1916 wendet sich Haase gegen die Zensur:

Das freie Wort ist geknebelt worden wie nie zuvor. [...] Alle Versuche, wenigstens die Zensur einzuschränken auf Nachrichten und Mitteilungen und Ausführungen rein militärischen Inhalts, sind gescheitert. Ich erinnere daran, daß der Kommandierende General der Mark Brandenburg und unsere Regierung bei Ausbruch des Krieges die Zusicherung gegeben haben, daß der Belagerungszustand nur aufrechterhalten werden sollte bis zur Vollendung der Mobilmachung. [...] Diese Zusage ist nicht erfüllt worden.

Auch zur Außenpolitik nimmt der Parteivorstand klare Stellung; so am 19. April 1917:

Wir bekräftigen den unverbrüchlichen Entschluß der deutschen Arbeiterklasse, das Deutsche Reich aus diesem Krieg als ein freies Staatswesen hervorgehen zu lassen. Wir fordern die sofortige Beseitigung aller Ungleichheiten der Staatsbürgerrechte in Reich, Staat und Gemeinde sowie die Beseitigung jeder Art bürokratischen Regiments und seine Ersetzung durch den entscheidenden Einfluß der Volksvertretung.

Mit Entschiedenheit verwerfen wir die von den feindlichen Regierungen verbreitete Zumutung, daß die Fortführung des Krieges nötig sei, um Deutschland zu freiheitlichen Staatseinrichtungen zu zwingen. Es ist Aufgabe des deutschen Volkes allein, seine inneren Einrichtungen nach seinen Überzeugungen zu entwickeln.

Wir begrüßen mit leidenschaftlicher Anteilnahme den Sieg der russischen Revolution und das durch ihn entfachte Wiederaufleben der internationalen Friedensbestrebungen. Wir erklären unser Einverständnis mit dem Kongreßbeschluß des russischen Arbeiter- und Soldatenrats, einen gemeinsamen Frieden vorzubereiten, ohne Annexionen und Kriegsentschädigungen auf der Grundlage einer freien nationalen Entwicklung aller Völker.

Wir betrachten es daher als die wichtigste Pflicht der Sozialdemokratischen Partei Deutschlands, wie der Sozialisten aller Länder, die Machtträume eines ehrgeizigen Chauvinismus zu bekämpfen, die Regierungen zum klaren Verzicht auf jegliche Eroberungspolitik zu drängen und so rasch wie möglich entscheidende Friedensverhandlungen auf dieser Grundlage herbeizuführen.

Kein Volk darf durch den Friedensschluß in eine demütigende und unerträgliche Lage gedrängt werden, sondern jedem muß die Möglichkeit gegeben sein, durch freiwilligen Beitritt zu einer überstaatlichen Organisation und Anerkennung einer obligatorischen Schiedsgerichtspartei den dauernden Bestand des künftigen Weltfriedens sichern zu helfen.

Auf der im Juni 1917 stattfindenden Stockholmer Konferenz der II. Internationale greift die Delegation der Sozialdemokratischen Partei Deutschlands am 17. Juni in die hohe Politik ein:

I. Die deutsche Sozialdemokratie erstrebt einen Frieden der Verständigung. Wie sie die Gewähr der politischen, wirtschaftlichen und kulturellen Entwicklungsfreiheit des eigenen Volkes fordert, so verurteilt sie auch die Vergewaltigung der Lebensinteressen der anderen Völker. Nur ein solcher Friede trägt die Gewähr der Dauer in sich, nur er ermöglicht es den

Völkern, die Atmosphäre feindseliger Spannungen zu überwinden und alle ihre Kräfte in den Dienst des sozialen Aufstiegs und der Förderung höchster nationaler und menschheitlicher Kultur zu stellen. [...]

1. Annexionen: Wir sind Gegner gewaltsamer Gebietsaneignungen. Bei Grenzveränderungen aufgrund beiderseitiger Verständigung muß der betroffenen Bevölkerung, soweit sie das Verbleiben bei dem alten Staatsverband wünscht, die rechtliche und wirtschaftliche Möglichkeit der Umsiedelung gesichert werden. [...]

2. Kriegsentschädigungen: Die Aufzwingung einer Kriegsentschädigung ist zu verwerfen. [...] Die ökonomische Versklavung eines Volkes durch das andere würde aber auch einen dauernden Frieden unmöglich machen. [...]

4. Selbstbestimmungsrecht der Nationen: Wir verstehen unter dem Selbstbestimmungsrecht der Nationen das Recht der Völker auf Aufrechterhaltung oder Neuaufrichtung ihrer politischen Unabhängigkeit. [...]

5. Autonomie der Nationalitäten: Soweit hierunter die kulturelle Autonomie der innerhalb eines größeren Staatsverbandes eingegliederten fremdsprachigen Teile gemeint ist, wird die deutsche Sozialdemokratie gemäß ihrer seitherigen Stellung auch fernerhin für deren weitherzigste Einräumung eintreten. [...] Wir verurteilen aufs schärfste jede Beeinträchtigung im Gebrauch der Muttersprache sowie sonstige Behinderung der freien Pflege ihrer besonderen nationalen Eigenart und Kultur, solche in das Gebiet eines Staates übergreifenden Teile anderer Nationen sollten [...] Verständigungsbrücken von Volk zu Volk, von Kultur zu Kultur sein. Die Herbeiführung wahrer demokratischer Zustände in allen Ländern wird die Erreichung dieses Zieles ermöglichen. [...]

II. Hauptgrundzüge internationaler Vereinbarungen.

Das Recht eines jeden Volkes auf politische Unabhängigkeit und wirtschaftliche Entwicklungsfreiheit kann unter Beachtung der berechtigten Lebensinteressen aller Völker nur dann dauernd garantiert werden, wenn es in den Friedensverträgen gelingt, das künftige Völkerrecht in seinen Grundzügen festzulegen. [...]

Zur Verhinderung der Verletzung völkerrechtlicher Verträge ist eine überstaatliche Rechtsorganisation zu schaffen. [...]

III. Praktische Durchführung der Ziele.

Im Interesse eines baldigen Friedens scheint es uns dringend geboten, in erster Linie die wirtschaftlichen und sozialpolitischen Fragen zu erörtern. [...] Dieser [*der Frieden*] kann nach unserer Überzeugung als ein Verständigungsfrieden auf der Grundlage »Keine Annexionen, keine Entschädigungen« erreicht werden. [...]

V. Tätigkeit der sozialistischen Parteien für den Frieden. [...]

Die Arbeit für den Frieden kann nur dann Erfolg versprechen, wenn sie gleichzeitig auf beiden Seiten unternommen wird, [...] ohne daß auf der einen Seite von der anderen etwas verlangt worden wäre, was einer Preisgabe der Sache des eigenen Volkes gleichgekommen wäre. Wir sollten auf allen Seiten aussprechen, daß wir nur die Pflicht haben, das eigene Volk zu verteidigen, nicht aber die Aufgabe, andere Völker für die wirklichen oder vermeintlichen Verbrechen ihrer Regierungen zu züchtigen.

Zusammen mit den Fraktionen des Zentrums und der Volkspartei bringt die sozialdemokratische Fraktion am 19. Juli 1917 folgende Resolution ein:

Der Reichstag erklärt: Wie am 4. August 1914 gilt für das deutsche Volk auch an der Schwelle des vierten Kriegsjahres das Wort der Thronrede: »Uns treibt nicht Eroberungssucht.« Zur Verteidigung seiner Freiheit und Selbständigkeit, für die Unversehrtheit seines territorialen Besitzstandes hat Deutschland die Waffen ergriffen.

Der Reichstag erstrebt einen Frieden der Verständigung und der dauernden Versöhnung der Völker. [...] Mit einem solchen Frieden sind erzwungene Gebietserwerbungen und politische, wirtschaftliche oder finanzielle Vergewaltigungen unvereinbar. [...] Der Reichstag weist auch alle Pläne ab, die auf eine wirtschaftliche Absperrung und Verfeindung der Völker nach dem Kriege ausgehen. [...] Nur der Wirtschaftsfriede wird einem freundschaftlichen Zusammenleben der Völker den Boden bereiten. [...]

Solange jedoch die feindlichen Regierungen auf einen solchen Frieden nicht eingehen, solange sie Deutschland und seine Verbündeten mit Eroberung und Vergewaltigung bedrohen, wird das deutsche Volk wie ein Mann zusammenstehen, [...] unerschütterlich ausharren und kämpfen, bis sein und seiner Verbündeten Recht auf Leben und Entwicklung gesichert ist. [...] In seiner Einigkeit ist das deutsche Volk unüberwindlich. (Lebhafte Zustimmung.) Der Reichstag weiß sich darin eins mit den Männern, die in heldenhaftem Kampfe das Vaterland schützen. Der unvergängliche Dank des ganzen Volkes ist ihnen sicher.

Auf dem Würzburger Parteitag (14.–20. Oktober 1917) fordert Ebert die Demokratisierung in Reich und Staat und lehnt zugleich scharf jede Hilfe von seiten der Russen für die innenpolitischen Kämpfe der deutschen Arbeiterklasse ab:

Die Methoden der Durchführung der Demokratisierung müssen nach den Verhältnissen des eigenen Landes bestimmt werden. Sosehr wir den Sieg der russischen Revolution als großen geschichtlichen Fortschritt freudig begrüßten, so haben wir doch nie verkannt, daß jedes Land im Kampfe für die Demokratie seine eigene Taktik erfordert. [...] Die Unabhängigkeit unseres Landes, das Selbstbestimmungsrecht unseres eigenen Volkes sind die ersten Voraussetzungen einer wahrhaft demokratischen Politik. Die Entente mag noch so laut und aufdringlich von der Befreiung fremder Völker reden – in Deutschland gibt es nicht einen Arbeiter, der das heuchlerische Spiel, das sie mit der Demokratie treibt, nicht durchschaute. [...] Die deutsche Arbeiterklasse hat ihre innerpolitischen Kämpfe bisher ohne Hilfe von außen geführt; so gedenkt sie das auch in Zukunft zu halten.

Am 30. September 1918 ist es soweit – die Arbeiterbewegung wird von »Allerhöchster Stelle« als politische Macht anerkannt. Wilhelm II. fordert in einem Erlaß die Umbildung der Regierung:

Ich wünsche, daß das deutsche Volk wirksamer als bisher an der Bestimmung der Geschicke des Vaterlandes mitarbeite. Es ist daher Mein Wille, daß Männer, die vom Vertrauen des Volkes getragen sind, in weitem Umfange teilnehmen an den Rechten und Pflichten der Regierung.

In der neuen Reichsregierung unter dem Reichskanzler Prinz Max von Baden – er wird auch der »rote Max« genannt – sind Sozialdemokratie und Zentrum beteiligt. Ebert äußert sich dazu am 22. Oktober:

Am 5. Oktober hat sich dem Deutschen Reichstag eine Regierung vorgestellt, die ihre Existenz von der Zustimmung des Reichstags, von der Billigung weitester Volkskreise und insbesondere von der Mitwirkung der Vertrauensmänner der Arbeiter abhängig gemacht hat. Mit Recht ist deshalb der 5. Oktober als ein Wendepunkt in der Geschichte Deutschlands bezeichnet worden. Er ist der Geburtstag der deutschen Demokratie. [...]

Das deutsche Volk läßt sich nicht länger bevormunden; es will frei sein und wird frei sein!

Gustav Mayer notiert am 20. Oktober:

Stellte sich heraus, daß Wilson der Wolf im Schafspelz war und daß Deutschland wirklich à la Brest-Litowsk oder noch schlimmer behandelt würde, so würde das nicht die Träger, nicht die Methoden, aber – ich fürchte – die Geschichtsauffassung der Gewaltpolitiker rechtfertigen. Die deutschen Gewaltpolitiker würden zwar zunächst ohnmächtig sein gegenüber der demokratischen und sozialistischen Hochflut, die kommen wird. Aber wenn diese abschwillt, ohne zur völligen Vernichtung der alten Herrenschicht nicht nur, sondern auch des gehobenen Bürgertums und der sogenannten Intelligenz geführt zu haben, so könnte eines Tages doch wieder die nationalistische Richtung zur Herrschaft in Deutschland kommen.

Am 8. November wird über die Abdankung des Kaisers beraten. Der Staatssekretär Otto Meißner berichtet darüber in seinen Erinnerungen:

In Berlin herrscht auch am 8. November äußerlich noch Ruhe; noch halten hier die sozialdemokratischen Führer die Massen zurück. Um die erregte Arbeiterschaft mit ihren revolutionären Forderungen zu beruhigen und von der Straße wieder in die Betriebe zurückzubringen, beantragt in einer Sitzung der sozialdemokratischen Reichstagsfraktion am 6. November der Abgeordnete Scheidemann, in einem auf den 9. November befristeten Ultimatum den Kaiser zur Abdankung und den Kronprinzen zum Thronverzicht zu veranlassen und dann die republikanische Staatsform zu proklamieren. Der besonnene Ebert widerspricht; ihm erscheint ein revolutionärer Umsturz, eine gewaltsame Beseitigung der Monarchie gefährlich und in ihren Folgen unübersehbar; sie sei schädlich für eine geordnete Rückführung und Demobilisierung des Heeres, da sie die Auflösung des Offizierskorps und den Zerfall des Millionenheeres bedeuten würde; sie sei innenpolitisch verhängnisvoll, da sie die Gefahr blutiger Zusammenstöße und die Auflösung jeder staatlichen Ordnung in sich trüge, und sie sei außenpolitisch nachteilig, weil die Alliierten mit einem Deutschen Reich ohne gesetzmäßige Staatsgewalt keinen Frieden schließen könnten. Er schlägt vor, den Kaiser zur freiwilligen Abdankung und zur Übergabe der Regentschaft an einen seiner Söhne zu bewegen und später, in einem beruhigten politischen Stadium, das deutsche Volk selbst in verfassungsmäßiger Form über die Staatsform entscheiden zu lassen. Ebert kann sich aber mit seinem Vorschlag gegen die radikale Richtung nicht durchsetzen.

Meißner fährt fort:

Ebert hat mir später in einer Unterhaltung über die Vorgänge jener Tage mitgeteilt, daß für seine damalige Opposition gegen Scheidemann der Gedanke an die kommende politische Entwicklung mitbestimmend war: Da der Krieg im Jahre 1914 vom Kaiser erklärt worden war, erschien es ihm als folgerichtig und politisch wichtig, daß auch der Waffenstillstand und der künftige, wie zu erwarten, harte Frieden von einem kaiserlichen Regenten [...] abgeschlossen und unterzeichnet und der Übergang zur republikanischen Staats-

2. Extraausgabe Sonnabend, den 9. November 1918.

Vorwärts

Berliner Volksblatt.

Zentralorgan der sozialdemokratischen Partei Deutschlands.

Der Kaiser hat abgedankt!

Der Reichskanzler hat folgenden Erlaß herausgegeben:

Seine Majestät der Kaiser und König haben sich entschlossen, dem Throne zu entsagen.

Der Reichskanzler bleibt noch so lange im Amte, bis die mit der Abdankung Seiner Majestät, dem Thronverzichte Seiner Kaiserlichen und Königlichen Hoheit des Kronprinzen des Deutschen Reichs und von Preußen und der Einsetzung der Regentschaft verbundenen Fragen geregelt sind. Er beabsichtigt, dem Regenten die Ernennung des Abgeordneten Ebert zum Reichskanzler und die Vorlage eines Gesetzentwurfs wegen der Ausschreibung allgemeiner Wahlen für eine verfassungsgebende deutsche Nationalversammlung vorzuschlagen, der es obliegen würde, die künftige Staatsform des deutschen Volk, einschließlich der Volksteile, die ihren Eintritt in die Reichsgrenzen wünschen sollten, endgültig festzustellen.

Berlin, den 9. November 1918. **Der Reichskanzler.**

Prinz Max von Baden.

Es wird nicht geschossen!

Der Reichskanzler hat angeordnet, daß seitens des Militärs von der Waffe kein Gebrauch gemacht werde.

Parteigenossen! Arbeiter! Soldaten!

Soeben sind das Alexanderregiment und die vierten Jäger geschlossen zum Volke übergegangen. Der sozialdemokratische Reichstagsabgeordnete Wels u. a. haben zu den Truppen gesprochen. Offiziere haben sich den Soldaten angeschlossen.

Der sozialdemokratische Arbeiter- und Soldatenrat.

form erst später durch eine von einer konstituierenden Nationalversammlung zu erlassende neue Reichsverfassung beschlossen werde; sonst würde die junge Republik von Anfang an äußerlich und in der öffentlichen Meinung mit der ganzen Verantwortung für den kommenden Friedensvertrag und seine Auswirkungen belastet werden.

Aber die Ereignisse liefen schneller als die politischen Verhandlungen.

Auf Veranlassung des Prinzen Max von Baden wird Ebert zum Volksbeauftragten. Max von Baden schildert seine letzte Unterredung mit Ebert vom 9. November 1918:

Zwischen 5 und 6 Uhr ging ich zu Ebert, um Abschied von ihm zu nehmen.

Ebert sagte zu mir: »Ich bitte Sie dringend zu bleiben.«

Ich fragte: »Zu welchem Zweck?«

Ebert: »Ich möchte, daß Sie als Reichsverweser bleiben.«

Diese Bitte war in den letzten Stunden von meinen früheren Mitarbeitern wiederholt an mich gerichtet worden. Ich erwiderte Herrn Ebert: »Ich weiß, daß Sie im Begriff sind, mit den Unabhängigen ein Abkommen zu treffen, und mit den Unabhängigen kann ich nicht zusammenarbeiten.«

An der Tür wandte ich mich noch einmal zurück: »Herr Ebert, ich lege Ihnen das Deutsche Reich ans Herz!«

Er antwortete: »Ich habe zwei Söhne für dieses Reich verloren.«

Ebert ermahnt das Volk:

Mitbürger! Der bisherige Reichskanzler, Prinz Max von Baden, hat mir [...] die Wahrnehmung der Geschäfte des Reichskanzlers übertragen. Ich bin im Begriff, die neue Regierung im Einvernehmen mit den Parteien zu bilden, und werde über das Ergebnis der Öffentlichkeit in Kürze berichten. Die neue Regierung wird eine Volksregierung sein. Ihr Bestreben wird sein müssen, dem deutschen Volke den Frieden schnellstens zu bringen und die Freiheit, die es errungen hat, zu befestigen. Mitbürger! Ich bitte Euch alle um Eure Unterstützung bei der schweren Arbeit, die unserer harrt.

Nach stürmischen Kämpfen tritt am 6. Februar 1919 die bereits am 9. November 1918 angekündigte Nationalversammlung in Weimar zusammen. Am 11. Februar wird Friedrich Ebert zum ersten Präsidenten der Republik gewählt. Er hält folgende Ansprache:

Ich gelobe, daß ich die Verfassung der deutschen Republik getreulich beachten und schützen werde. [...] Ich will und werde als der Beauftragte des ganzen deutschen Volkes handeln, nicht als Vormann einer einzigen Partei.

Ich bekenne aber auch, daß ich ein Sohn des Arbeiterstandes bin, [...] aufgewachsen in der Gedankenwelt des Sozialismus, und daß ich weder meinen Ursprung noch meine Überzeugung jemals zu verleugnen gesonnen bin. [...] Indem Sie das höchste Amt des deutschen Freistaates mir anvertrauten, haben Sie – ich weiß es – keine einseitige Parteiherrschaft aufrichten wollen. Sie haben aber damit den ungeheuren Wandel anerkannt, der sich in unserem Staatswesen vollzogen hat, und zugleich auch die gewaltige Bedeutung der Arbeiterklasse für die Aufgaben der Zukunft. [...]

Die ganze wirtschaftliche Entwicklung läßt sich darstellen als eine fortwährende Verringerung und Abtragung der Vorrechte der Geburt. [...] Jetzt hat das deutsche Volk dieses Vorrecht auf dem Gebiet der Politik restlos beseitigt. Und auch auf sozialem Gebiet vollzieht sich diese Wandlung. Auch hier werden wir bestrebt sein müssen, allen, im Rahmen des menschlich Möglichen, den gleichen Ausgangspunkt zu geben und das gleiche Gepäck aufzuladen.

Mögen wir auch um die Formen ringen, in denen sich dieses Recht durchführen läßt: das Streben nach dieser höchsten menschlichen Gerechtigkeit wird uns allen innewohnen.

Freiheit und Recht sind Zwillingsschwestern. Die Freiheit kann sich nur in fester staatlicher Ordnung gestalten. (Lebhafte Zustimmung.) Sie zu schützen und wiederherzustellen, wo sie angetastet wird, das ist das erste Gebot derer, die die Freiheit lieben. (Zustimmung und Beifall.) Jede Gewaltherrschaft, von wem sie auch komme, werden wir bekämpfen bis zum Äußersten. [...]

Nur auf das freie Selbstbestimmungsrecht wollen wir unseren Staat gründen, nach innen und außen. Wir können aber um des Rechtes willen nicht dulden, daß man unseren Brüdern die Freiheit der Wahl raubt. [...]

Die Freiheit aller Deutschen zu schützen, mit dem äußersten Aufgebot von Kraft und Hingabe, dessen ich fähig bin, das ist der Schwur, den ich in dieser Stunde in die Hände der Nation lege. (Lebhafter Beifall.)

Den Frieden zu erringen, der der deutschen Nation das Selbstbestimmungsrecht sichert, die Verfassung auszubauen und zu behüten, die allen deutschen Männern und Frauen die politische Gleichberechtigung unbedingt verbürgt, dem deutschen Volke Arbeit und Brot zu schaffen, sein ganzes Wirtschaftsleben so zu gestalten, daß die Freiheit nicht Bettlerfreiheit, sondern Kulturfreiheit werde, [...] das sei unseres Strebens Ziel. [...]

Alle diese Forderungen stellen an mich schwerste Aufgaben und Pflichten. Mein Bestes will ich dafür einsetzen, ihnen zu genügen. Gemeinsam aber wollen wir unermüdlich arbeiten für das Glück und Wohlergehen des freien deutschen Volkes. Und so, meine Damen und Herren, rufe ich: Unser deutsches Vaterland, unser deutsches Volk, sie leben hoch!

Anhang

Zeittafel

1835

Gründung des Bundes der Geächteten.

1836

Gründung des Bundes der Gerechten.

1838

Weitling: Die Menschheit, wie sie ist und wie sie sein sollte.

1839

1. Arbeitsschutzbestimmung in Preußen: »Regulativ über die Beschäftigung jugendlicher Arbeiter in Fabriken«; für Jugendliche zwischen 9 und 16 Jahren beträgt die Maximalarbeitszeit 10 Stunden.

1840

Arbeitsschutzbestimmungen in Baden und Bayern. Gründung des Deutschen Arbeiterbildungsvereins in London.
3. Dezember – Bundesbeschlüsse gegen die Gesellenverbindungen.

1841

Weitling: Der Hilferuf der deutschen Jugend. Friedrich List: Das nationale System der politischen Ökonomie.

1842

Weitling: Garantien der Harmonie und Freiheit. Lorenz von Stein: Geschichte des französischen Socialismus und Kommunismus.

1843/44

Deutsch-französische Jahrbücher, herausgegeben von Marx und Ruge mit Engels' »Umrisse zu einer Kritik der Nationalökonomie« sowie Marx' »Zur Judenfrage« und »Zur Kritik der Hegelschen Rechtsphilosophie«.

1844

Weberaufstand. Streiks der Arbeiter in den Berliner Kattunfabriken. Gründung des »Vereins für das Wohl der arbeitenden Klassen« in Berlin.

1845

Engels: Die Lage der arbeitenden Klassen in England.
17. Januar – Allgemeine Preußische Gewerbeordnung.

1846

Biedermann: Socialistische Bestrebungen in Deutschland. Kolping gründet einen katholischen Gesellenverein in Elberfeld. Die Raiffeisen-Genossenschaft entsteht.

1847

Biedermann: Socialismus und sociale Fragen. Gründung des Bundes der Kommunisten. Vereinigter Preußischer Landtag.

1847/48

Marx/Engels: Kommunistisches Manifest.

1848

Revolutionen in Paris, Italien, Deutschland, Österreich und Ungarn. Deutsche Nationalversammlung. Kolping: Der Gesellenverein.
23. August bis 3. September – 1. deutscher Arbeiterkongreß.
Kettelers Predigten: Die großen sozialen Fragen der Gegenwart.

1849

Reichsverfassung der Paulskirche. Vereinsgesetz in Preußen.

1850

Handwerkergenossenschaften von Schulze-Delitzsch gegründet. Preußische Preß-Verordnung. Rheinischer Gesellenverein.

1851

Wiedereröffnung des Deutschen Bundestages. Katholischer Gesellenverein.

1852

Beginn des Prozesses gegen Mitglieder des Bundes der Kommunisten.

1853

Einführung einer begrenzten staatlichen Fabrikinspektion. Verbot der Kinderarbeit (Mindestalter: 12 Jahre; Maximalarbeitszeit bis 14 Jahre nur 7 Stunden.

1854

Annahme des Gesetzes über das Koalitionsverbot. Verbot aller Arbeitervereine mit sozialistischen, kommunistischen, überhaupt politischen Zielen für das Gebiet des Deutschen Bundes. Krimkrieg.

1856

Pariser Kongreß.

1859

Marx: Zur Kritik der politischen Ökonomie. Gründung des Deutschen Nationalvereins. Krieg Sardiniens und Frankreichs gegen Österreich.

1861

Aufhebung des Koalitionsverbotes in Sachsen. Gewerbeordnung in Sachsen (Verbot, Kinder unter 10 Jahren zu beschäftigen). Gewerbeordnung in Württemberg.

1862

Abspaltung des Vereins »Vorwärts«. Lassalle spricht in Versammlungen »Über den besonderen Zusammenhang der gegenwärtigen Geschichtsperiode mit der Idee des Arbeiterstandes« und über »Verfassungswesen«. Gewerbeordnung in Baden.

1863

1. März – Lassalles »Offenes Antwortschreiben« an das Zentralkomitee zur Berufung eines allgemeinen deutschen Arbeiterkongresses in Leipzig.
17. März – Das »Offene Antwortschreiben« gilt als Manifest.
16. April – Lassalle: Zur Arbeiterfrage.
23. Mai – Allgemeiner Deutscher Arbeiterverein.

1864

Ketteler: Die Arbeiterfrage und das Christentum. Lassalles Tod. Bei der Trauerfeier zu Lassalles Tod wird in Hamburg zum ersten Mal die Audorfsche »Arbeitermarseillaise« gesungen. I. Internationale in London.
23./24. Oktober – 2. Vereinstag der deutschen Arbeitervereine, Bebel im Ausschuß für die laufenden Geschäfte.
Der Bundestagsbeschluß von 1854, betreffend das Verbot der Tätigkeit von Vereinen mit kommunistischen und sozialistischen Tendenzen, wird aufgehoben. Wilhelm Wolffs Tod. Deutsch-Dänischer Krieg.
15. Dezember – 1. Probenummer des »Social-Demokrat«.

1865

Engels: Die preußische Militärfrage und die deutsche Arbeiterpartei. Sächsische Gewerbeordnung (Verbot, Kinder unter 12 Jahren zu beschäftigen, bis 14 Jahre beträgt die Maximalarbeitszeit 10 Stunden). Streik der Buchdrucker in Leipzig, der Textilarbeiter in Burg bei Magdeburg. Liebknecht und Becker werden aus Berlin ausgewiesen. Gründung des Deutschen Tabakarbeiterverbandes. Kolpings Tod.

1866

»Der Vorbote« erscheint. Bebel spricht sich für ein Zusammengehen des Arbeitervereins und der Lassalleaner aus. Gründung der Sächsischen Volkspartei. Gründung des Deutschen Buchdruckerverbandes. Krieg zwischen Österreich und Preußen.
2. Oktober – Liebknecht verhaftet.

1867

Marx: Das Kapital, Band I. Norddeutscher Bund. Allgemeines Wahlrecht. Zollverein. Bebel und Schraps im konstituierenden Reichstag.
Bebel, Liebknecht, Schraps und Götz von der Sächsischen Volkspartei, von Schweitzer und Reincke, später Fritzsche und in einer Nachwahl Hasenclever vom Allgemeinen Deutschen Arbeiterverein, Försterling und später

Mende vom Lassalleschen Arbeiterverein in den Norddeutschen Reichstag gewählt. Erste Anträge der Sozialdemokraten, betreffend die Arbeiterschutzgesetzgebung.

1868

Der 5. Arbeitervereinstag in Nürnberg stellt sich auf den Boden der Internationale. Gewerbeordnung in Bayern.

1869

Liebknechts Rede »Über die politische Stellung der deutschen Sozialdemokratie, insbesondere mit Bezug auf den Norddeutschen Reichstag«. Ketteler: Die Arbeiterbewegung und ihr Streben im Verhältnis zu Religion und Sittlichkeit.
Der Reichstag nimmt gegen die Stimmen der Sozialdemokraten eine neue Gewerbeordnung für den Norddeutschen Bund an (ohne Frauenschutz). Gründung der Hirsch-Dunckerschen Gewerkvereine. Gründung der Sozialdemokratischen Arbeiterpartei in Eisenach. Eisenacher Programm. Aufhebung des Koalitionsverbotes in Preußen.
1. Dezember – Im Waldenburger Revier bricht der bis dahin größte Bergarbeiterstreik aus, der erst am 24. Januar 1870 zu Ende geht.

1870

Deutsch-Französischer Krieg.

1871

Ketteler: Liberalismus, Sozialismus und Christentum. Pottier: Die Internationale. Haftpflichtgesetz.
18. Januar – Proklamation des Deutschen Reiches in Versailles.
22. Januar – Weitlings Tod.

1872

Auflösung der I. Internationale. Hochverratsprozeß gegen Bebel, Liebknecht und Hepner. Gründung des Vereins für Sozialpolitik (»Kathedersozialisten«).

1873

Bismarck/Wagener: Entwurf für ein Gesetz über eine Normalarbeitszeit von 56 1/2 Stunden.

1875

Vereinigungsparteitag in Gotha. Entwurf einer Novelle zum Strafgesetz (gegen Klassenkampf).

1876

Offizielle Auflösung der I. Internationale. Hilfskassengesetz.

1878

11. Mai – Attentat auf Kaiser Wilhelm I.
23./24. Mai – Entwurf des »Gesetzes zur Abwehr sozialdemokratischer Ausschreitungen« im Reichstag abgelehnt.
2. Juni – 2. Attentat auf Kaiser Wilhelm I.
11. Juni – Bismarck löst den Reichstag auf.
9. September – Neuer Entwurf eines Ausnahmegesetzes dem Reichstag vorgelegt.
18. Oktober – Annahme des »Gesetzes gegen die gemeingefährlichen Bestrebungen der Sozialdemokratie«, veröffentlicht am 21. Oktober.
28. November – Kleiner Belagerungszustand über Berlin. Novelle zur Gewerbeordnung.

1879

Bebel: Die Frau in der Vergangenheit, Gegenwart und Zukunft. Schutzzölle.

1880

4. Mai – Verlängerung des Sozialistengesetzes bis 1884.
Kongreß der deutschen Sozialdemokratie in Schloß Wyden in der Schweiz.
28. Oktober – Kleiner Belagerungszustand über Hamburg und Umgebung.
Gründung des katholischen Verbandes »Arbeiterwohl«.

1881

27. Juni – Kleiner Belagerungszustand über Leipzig.
25. Oktober – Kleiner Belagerungszustand über Harburg und Umgebung.

1882

29. Mai – Evangelischer Arbeiterverein in Gelsenkirchen gegründet.
Dreibund.

1883

Engels: Die Entwicklung des Sozialismus von der Utopie zur Wissenschaft.
Parteikongreß in Kopenhagen.
14. März – Marx' Tod.
22. Mai – Krankenversicherungsgesetz gegen SPD und Linksliberale angenommen.

1884

Engels: Der Ursprung der Familie, des Privateigentums und des Staats.
Papst Leo XIII.: Enzyklika »Humanum genus« (Empfehlung zur Bildung von Arbeitervereinen).
6 Juli – Unfallversicherungsgesetz.

1885

Marx: Das Kapital, Band 2, bearbeitet von Engels. Marx: Enthüllungen über den Kommunistenprozeß in Köln.

1886

31. März – Verlängerung des Sozialistengesetzes.
20. Mai – Kleiner Belagerungszustand über die Stadt Spremberg, die Gutsbezirke Slamen und Heinrichsfeld.
16. Dezember – Kleiner Belagerungszustand über Stadt- und Landkreis Frankfurt am Main, Stadt- und Landkreis Hanau und Kreis Höchst.

1887

11. Februar – Kleiner Belagerungszustand über Kreis Offenbach.
Verschärfter Belagerungszustand über Berlin. Puttkammers Streikerlaß.
14. Februar – Kleiner Belagerungszustand über Stettin, Grabow, Altdamm und Umgebung.
Parteikongreß in St. Gallen in der Schweiz.

1888

17. Februar – Verlängerung des Sozialistengesetzes. Dreikaiserjahr.

1889

Streik der Bergarbeiter im Ruhrgebiet, in Waldenburg/Schlesien, im Aachener- und Saargebiet. Preußen führt die Statistik der Streiks ein. Invaliden- und Altersversorgung (»Markenkleben«).
14. bis 20. Mai – II. Internationale in Paris.

1890

Gewerbegerichte. Arbeiterschutzgesetz (Verbot der Beschäftigung von Kindern unter 13 Jahren; Maximalarbeitszeit für Kinder unter 14 Jahren: 6 Stunden, für Jugendliche bis 16 Jahren: 10 Stunden, Arbeiterinnen über 16 Jahre: 11 Stunden).
25. Januar – Aufhebung des Sozialistengesetzes zum 1. Oktober.
Februarerlasse.
Bismarcks Entlassung. Internationale Arbeiterschutzkonferenz in Berlin. Caprivi Reichskanzler. Gründung des Volksvereins für das katholische Deutschland.

1891

Leo XIII.: Enzyklika »Rerum novarum«. Erfurter Programm. Gründung des Verbandes katholischer Arbeitervereine Süddeutschlands. Novelle zur Gewerbeordnung (Sonntagsruhe in der Industrie; Höchstarbeitszeit für Jugendliche und Frauen; Verbot der Nachtarbeit für Frauen und Jugendliche; Wöchnerinnenschutz).

1892

1. Gewerkschaftskongreß in Halberstadt. Krankenversicherung.

1893

Gerhart Hauptmann: Die Weber. Käthe Kollwitz' erste Zeichnungen aus dem proletarischen Milieu. Auflösung des Reichstags wegen der Ablehnung der Regierungsvorlage über eine Heeresvermehrung.
15. Juni – Reichstagswahl, SPD wird stärkste Partei.

1894

Marx: Das Kapital, Band 3, bearbeitet von Engels. Gründung christlicher Gewerkschaften. 1. Arbeitersekretariat in Nürnberg. Hohenlohe-Schillingsfürst Reichskanzler.

1895

5. August – Engels' Tod.

1896

2. Gewerkschaftskongreß in Berlin. Erste Arbeitslosenversicherung in Köln. Streik der Hamburger Hafenarbeiter.

1897

Handwerkerschutzgesetzgebung. Gründung des Verbandes katholischer Arbeitervereine Nord- und Ostdeutschlands.

1898

30. Juli – Bismarcks Tod.

1899

Eduard Bernstein: Voraussetzungen des Sozialismus und die Aufgaben der Sozialdemokratie. 1. Kongreß der christlichen Gewerkschaften. Das Deutsche Reich führt Statistiken der Streiks ein. Zuchthausvorlage.

1900

7. August – Wilhelm Liebknechts Tod.
1. Konferenz sozialdemokratischer Frauen. Novelle zur Gewerbeordnung (9 Uhr Ladenschluß). Bülow Reichskanzler.

1902

Agrarzölle.
13. bis 20. September – Dresdener Parteitag gegen Revisionismus.
Zentralarbeitersekretariat. Schutzbestimmungen über die Beschäftigung von Kindern in gewerblichen Betrieben.

1903

16. Juni – Reichstagswahlen.

1904

Erste Verbände junger Arbeiter werden gegründet. Reichsverband gegen die Sozialdemokratie (»Reichslügenverband«).

1905

Bergarbeiterstreik im Ruhrgebiet. Erste russische Revolution.

1906

Parteischule der SPD eröffnet. Preußische Knappschaftsnovelle. Maximalarbeitstag von 9 Stunden für Eisenbahnwerkstätten in Hessen und Preußen. Diäten für Reichstagsabgeordnete. 1. Marokko-Krise.
Dezember – Reichstagsauflösung wegen Nichtbewilligung des Nachtragsetats für die Kolonien.

1907

25. Januar – Reichstagswahlen (»Hottentottenwahlen«).
Hochverratsprozeß gegen Karl Liebknecht.

1908

10-Stunden-Tag für Frauen. Zentralstelle für die arbeitende Jugend Deutschlands (Vorsitz: Ebert).
6. April – Reichsvereinsgesetz (gestattet den Frauen, an politischen Versammlungen teilzunehmen, Jugendliche unter 18 Jahren sind jedoch ausgeschlossen).
29. Oktober – Veröffentlichung des »Daily Telegraph«-Interviews Wilhelms II.

1909

Bethmann Hollweg Reichskanzler.

1910

Hilferding: Das Finanzkapital. Marx: Theorien über den Mehrwert (Zur Kritik der politischen Ökonomie), herausgegeben von Kautsky.

1911

Reichsversicherungsgesetz. Schutzgesetz für Heimarbeiter. 2. Marokko-Krise.

1912

Balkankriege.
12. Januar – Reichstagswahlen, SPD wird stärkste, Zentrum zweitstärkste Partei.
24./25. November – Außerordentlicher Kongreß der Internationale in Basel.

1913

Der Reichstag nimmt die Militärvorlage an.
13. August – Bebels Tod.

1914

31. Juli – Für das Reichsgebiet wird der Kriegszustand erklärt.
1./3. August – Kriegserklärungen des Deutschen Reiches an Rußland und Frankreich.

4. August – Wilhelm II.: »Ich kenne keine Parteien mehr, ich kenne nur noch Deutsche.« Bewilligung der Kriegskredite. Erklärung der SPD-Reichstagsfraktion, verlesen von Haase.

1916

1. Januar – Gründung des »Spartakus«.
24. März – Gründung der Sozialdemokratischen Arbeitsgemeinschaft.

1917

März – Ausbruch der Russischen Revolution.
6./8. April – Gründung der USPD.
Juni – Stockholmer Konferenz; vertreten sind 9 Länder. Als wichtigste Bestimmungen eines Friedensvertrages werden die Sicherung der Arbeiterrechte, des Arbeiterschutzes und der Arbeitersicherung erachtet.
12. Juni – Die Delegation der SPD legt ihre Auffassungen in der Denkschrift »Die deutsche Sozialdemokratie und der Frieden« nieder.
19. Juli – Resolution der Fraktionen der Sozialdemokraten, des Zentrums und der Fortschrittlichen Volkspartei.

1918

29. September – Die Oberste Heeresleitung fordert ein sofortiges Friedens- und Waffenstillstandsgesuch und eine Umbildung der Regierung.
30. September – Erlaß Wilhelms II. an Reichskanzler Hertling.
2. Oktober – Die SPD-Reichstagsfraktion stimmt dem Eintritt von Sozialdemokraten in die Regierung zu.
3. Oktober – Prinz Max von Baden Reichskanzler.
4./5. Oktober – Bildung der neuen Regierung: Trimborn (Zentrum) Reichsamt des Innern, Bauer (SPD) Reichsarbeitsamt. Staatssekretäre ohne Portefeuille: Scheidemann (SPD), Erzberger (Zentrum), Gröber (Zentrum); die Staatssekretäre gehören zum engeren Kabinett.
9. November – Prinz Max von Baden überträgt nach der Veröffentlichung der Abdankung Wilhelms II. die Regierungsgeschäfte an Ebert; Scheidemann ruft die Republik aus.

1919

11. Februar – Ebert wird von der Verfassunggebenden Nationalversammlung in Weimar zum Reichspräsidenten gewählt.

Erläuterungen

Acceptable Annehmbar
An Address to the working Classes Eine Adresse an die arbeitenden Klassen
An den Wassern von Babylon saßen wir und weinten, wenn wir an Zion gedachten. Psalm 137
Assoziation Vereinigung, Zusammenschluß
Au bout du compte Schließlich

Bellum omnium contra omnes Krieg aller gegen alle. Zitat aus Hobbes »Leviathan«
But hic jacet Aber hier ist der Haken

Ça ira So wird es gehen. Französisches Revolutionslied 1789
Capua Die antike Hauptstadt Kampaniens war wegen ihres Luxus berühmt
Carmagnola (la carmagnole) Französisches revolutionäres Kampflied, nach dem gleichnamigen kurzen Wams piemontesischer Arbeiter aus Carmagnola benannt, das die Marseiller Revolutionäre in Paris einführten und das die Mitglieder des Jakobinerklubs als Zeichen ihrer revolutionären Haltung trugen. Nach diesem Lied wurde in der Französischen Revolution um den Freiheitsbaum, aber auch um die Guillotine getanzt
Catilinarische Existenzen Revolutionäre, benannt nach dem Römer Lucius Sergius Catilina (um 108–62 v. Chr.), dem Haupt der Verschwörung von 63 v. Chr., die der Konsul Marcus Tullius Cicero, der »Vater des Vaterlandes« (106–43 v. Chr.), aufdeckte
Chartisten-Aufzüge Chartismus wird die erste sozialistische Arbeiterbewegung in England genannt; sie beruhte auf einer 1838 verfaßten »People's Charte«
Cr. (currentis) Des laufenden (Jahres, Monats)
Crude Roh, grausam

D'abord Zuerst
D. d. (de dato) Vom Tage der Ausstellung an
Debauche Ausschweifung
Decline (déclin) Niedergang, Verfall, Abnahme
De longue main Von langer Hand
Der Henker steht vor der Tür Zitat aus Heinrich Heines Romanze »Ritter Olaf« und aus dem »Kommunistischen Manifest«.
Dies nefastes Unglück bringender Tag
Differentialzoll Im Gegensatz zum Einheitszoll werden beim Differentialzoll die Waren nach Art und Herkunftsland verschieden verzollt
Doktrinell In der Politik die programmatische Festlegung der Richtlinien von Parteien, Staaten, Machtgruppen

Emeute Aufruhr
Enfin Schließlich, endlich
Enormous blunder Riesenfehler
Esprit de parti et ambition Parteisinn und Ehrgeiz
Esprit de suite Beharrlichkeit
Eudämonismus Lehre der Ethik, nach der das Ziel des menschlichen Handelns in der Glückseligkeit liegt
Ex officio Von Amts wegen
Exploiteurs Ausbeuter

Fourierismus Politisches und soziales System des französischen Sozialisten François-Marie-Charles Fourier (1772–1837)

Gambler Spieler

General Council Generalrat

Gerissen ist die Zeit aus ihren Gelenken Zitat nach Shakespeares »Hamlet« (1. Aufzug, 5. Szene): »Die Zeit ist aus den Fugen; Schmach und Gram, daß ich zur Welt, sie einzurichten, kam!«

Great old man Der große alte Mann

Greve (grève) Streik

Habilité Gewandtheit

Henkerlied Bismarck meint vermutlich das 1849 gesungene Lied »Wenn die Fürsten fragen: / Was macht Absalom? / Dann sollt ihr ihnen sagen: / Ei, er hänget schon, / Doch an keinem Baume, / Doch an keinem Strick, / Sondern an dem Traume / Einer Republik«, verfaßt von Wilhelm Sauerwein. In Schlesien wurde auch das »Weberlied« mit »Henkerlied« bezeichnet. Auch in der »Deutschen Marseillaise« heißt es in der 3. Strophe »Tyrannen bebt vor unserm Grimme! / Erzittre, blutge Henkersbrut! / Hört ihr der Unterdrückten Stimme? / Bald zahlen sie euch Blut mit Blut!«

Hunt Bremisch-niedersächsisches Torfmaß. 1 Hunt = 60–70 große Körbe Torf

Il faut faire peur aux aristocrates Man muß den Aristokraten Angst machen

Infallible Unfehlbar

In nuce Im Kern, in Kürze

Kathedersozialisten So bezeichnet man die Professoren der Nationalökonomie, die gegen den Freihandel und für eine maßvolle staatliche Sozialpolitik plädierten. Das Wort wurde von H. B. Oppenheim 1872 geprägt

Kommunarden Bezeichnung für die Aufständischen der Pariser Kommune. Arbeiterschaft und Nationalgarden erhoben sich am 18. März 1871 gegen die konservative Nationalversammlung. Die Kommunarden erstrebten die föderalistische Umwandlung Frankreichs in einen Bund souveräner Gemeinden mit der Verwirklichung sozialistischer Gedanken. Die Regierungstruppen unter MacMahon warfen die Kommunarden in blutigen Straßenkämpfen (21.–29. Mai 1871) nieder

Konsumtionssteuern Verbrauchsgütersteuern

La légalité nous tue Die Legalität tötet uns. Wendung von Jean-Pons-Guillaume Viennet (1777–1868), Politiker und Schriftsteller, gebraucht am 29. März 1833

La révolution marche Die Revolution marschiert

Le spectre rouge Das rote Gespenst. Schlagwort nach einem Roman von François-Auguste Romieu: »Le spectre rouge de 1852«, der 1851 in Paris erschien

Mach deine Rechnung mit dem Himmel Zitat aus Schillers »Wilhelm Tell« (IV. Akt, 2. Szene. Aus Tells Monolog)

Manchestertum Damit bezeichnet man die Richtung des wirtschaftlichen Liberalismus, die für unbedingten Freihandel und für eine schrankenlose Wirtschaftsfreiheit eintrat. Der Name stammt von der englischen Stadt Manchester, deren Handelskammer 1836 bis 1846 erfolgreich gegen die Getreidezölle kämpfte

Meeting Treffen

Metze Hohlmaß. 1 Metze = 1/16 Scheffel in Preußen = 3,435 Liter

My distance Mein Abstand, meine Entfernung

National defences Nationale Verteidigung

N'importe quoi Irgendetwas; gleichgültig, was

Obstruktion Widerstand; parlamentarische Verzögerungstaktik

Pauperismus Massenarmut, Verelendung, Verarmung

Perhorreszieren mit Abscheu zurückweisen

Perikleische Allgewalt Perikles, der athenische Staatsmann (bald nach 500–429 v. Chr.), leitete dank seiner Autorität die Geschicke Athens, das »dem Namen nach eine Demokratie, in Wahrheit die Herrschaft des ersten Mannes« (Thukydides) war

Phrygische Mütze Jakobinermütze (bonnet de la liberté oder bonnet rouge), hatte die Form der von den Fischern am Mittelmeer getragenen hohen kegelförmigen Mütze mit nach vorn gelegter Spitze. Vorbild sind die Abzeichen des freien Römers, die den Sklaven bei der Freilassung verliehen wurden

Post festum Hinterher

Progressivsteuersystem Steuer mit steigenden Belastungssätzen

Public Meeting Öffentliche Sitzung, Zusammenkunft

Pulver ist rot Kehrreim des Freiligrathschen Gedichtes »Schwarz-Rot-Gold«, das mit den Worten beginnt: »In Kümmernis und Dunkelheit, da mußten wir sie bergen.«

Quoi! ces cohortes étrangères / Feroient le loi dans nos foyers Wie! diese fremden Soldaten, / Sie wären Herr in unserm Haus? 3. Strophe der »Marseillaise«

Sansculotte Ohne Hose. Spottname für die proletarischen Revolutionäre der Französischen Revolution

Septimenakkord Akkord aus Grundton, Terz, Quint und Septime; die Dissonanz dieses Akkordes erfordert die Auflösung zum Grundakkord (Tonika)

Show of physical strength Das Vorweisen physischer Stärke; das Sich-stark-Zeigen

Sic vos non vobis Zitat nach Vergil: »Sic vos non vobis nidificatis aves, / Sic vos non vobis vellere fertis oves, / Sic vos non vobis mellificatis apes, / Sic vos non vobis fertis aratra. – So baut ihr Nester, o Vögel, nicht für euch, / So tragt ihr Wolle, o Schafe, nicht für euch, / So macht ihr Honig, ihr Bienen, nicht für euch, / So zieht ihr Pflüge, o Rinder, nicht für euch.«

Societies Gesellschaften

Soi-disant Sogenannt

Steuerverein Hannover, Oldenburg, Braunschweig und Lippe vereinigten sich am 1. Mai 1834 zum Steuerverein, der im November 1837 mit dem Zollverein

(Vereinigung des bayerisch-württembergischen mit dem preußisch-hessischen Zollverein) Verträge vereinbarte. Am 7. September 1851 schlossen Preußen und Hannover einen Vertrag über die Vereinigung des Steuervereins mit dem Zollverein (den sogenannten Septembervertrag), der am 1. Januar 1854 – nach dem Abkommen zwischen Preußen und Österreich – in Kraft trat

Sybarit Schlemmer, Schwelger. Bezeichnung nach den Einwohnern von Sybaris, einer unteritalienischen Stadt des Altertums

Trias Dreiheit. Im Deutschen Bund (1815–1866) war die Triasidee der erfolglos gebliebene Versuch der Mittel- und Kleinstaaten, eine dritte selbständige Macht gegenüber den Großmächten Preußen und Österreich zu bilden

Trucksystem Entlohnungssystem, bei dem der Arbeitnehmer Waren als Entgelt für seine Leistungen erhielt

Un act de courage Ein Akt des Mutes

Vanité Eitelkeit

Vaterlandslose Gesellen Bereits im »Kommunistischen Manifest« heißt es: »Den Kommunisten ist ferner vorgeworfen worden, sie wollten das Vaterland abschaffen. Die Arbeiter haben kein Vaterland. Man kann ihnen nicht nehmen, was sie nicht haben ...« Den Vorwurf der Vaterlandslosigkeit gegen die Sozialdemokraten hat dann ein Sozialdemokrat selbst gebraucht, wenn auch nicht buchstäblich: Schweitzer erklärte am 18. Oktober 1867 im Norddeutschen Reichstag gegen Liebknechts Rede (für die Einführung der Miliz, gegen die allgemeine Wehrpflicht): »Wir, mit einem Wort, obwohl unzufrieden mit den inneren Zuständen und dahin strebend, dieselben gründlich zu ändern, stehen innerhalb des neu sich bildenden Vaterlandes, jene aber stehen außerhalb desselben, wollen außerhalb desselben stehen.«

Votierte Sentiments Abgestimmte Gesinnungen, Gefühle

Weekly numbers Wöchentliche Nummern

Workingmen's International Association Internationale Arbeitervereinigung

Wühler Abschätzige Bezeichnung der Führer und Anhänger der Revolutionsbewegung von 1848. Die Reaktionäre wurden als »Heuler« bezeichnet

You are many, they are few Ihr seid viele, sie sind wenige. Zitat aus Shelleys »Mask of Anarchy«

Zum Teufel ist der Spiritus Aus Schillers Gedicht »Männerwürde«

Quellenverzeichnis

Eine Abrechnung – Eine Abrechnung mit dem Reichslügenverband. Aus den Verhandlungen des Deutschen Reichstags vom 15. und 19. März 1907. Berlin 1907.

Allgemeine Zeitung. Augsburg.

Angerstein, Wilhelm: Seit 1848. Beiträge zur preußischen Geschichte. Tl. 1: Die Berliner März-Ereignisse i. J. 1848. Nebst einem vollständigen Revolutionskalender ... Leipzig 1864.

Anti-»Vorwärts«. Wochenschrift für nationalen Sozialismus. Berlin.

Audorf – Deutsche Arbeiterdichtung. 2: Gedichte von Jakob Audorf. Stuttgart 1893.

Auer, Ignaz: Nach zehn Jahren. II: Die Opfer des Sozialistengesetzes. London 1890.

Baader, Ottilie: Ein steiniger Weg. Lebenserinnerungen. Stuttgart, Berlin 1921.

Baechtold, Jakob: Gottfried Kellers Leben. Seine Briefe und Tagebücher. Bd. 1. Berlin 1894.

Balser, Frolinde: Sozial-Demokratie 1848/49–1864. Die erste deutsche Arbeiterorganisation »Allgemeine deutsche Arbeiterverbrüderung« nach der Revolution. 2 Bde. Textband: Stuttgart 1962. Quellenband: 2. Aufl. Stuttgart 1965.

Bebel: Attentate – Bebel, August: Die Attentate und die Sozialdemokratie. Berlin 1898.

Bebel: Frau – Bebel, August: Die Frau in der Vergangenheit, Gegenwart und Zukunft. 9. Aufl. Stuttgart 1881.

Bebel: Leben – Bebel, August: Aus meinem Leben. Bd. 1–3. Stuttgart 1910–1914.

Bebel: Sozialdemokratie – Bebel, August: Die Sozialdemokratie im Deutschen Reichstag. Tätigkeitsberichte und Wahlaufrufe aus den Jahren 1871 bis 1893. I: Die parlamentarische Tätigkeit des deutschen Reichstages und der Landtage und die Sozialdemokratie von 1871–1874. II: 1874 bis 1876. III: Die sozialdemokratischen Wahlaufrufe für die Reichstagswahlen 1881, 1884, 1887. Berlin 1909.

Behrbalk, Erhard: Die »Westfälische Zeitung«. Ein Beitrag zur Geschichte der westfälischen Tagespresse im 19. Jahrhundert (1848–1883). Dortmund (1958) (= Dortmunder Beiträge zur Zeitungsforschung. Bd. 1).

Bericht der Bremischen Gewerbekammer über ihre Tätigkeit ... Mai 1895/Mai 1896. Bremen 1896.

Bernstein: Auer – Bernstein, Eduard: Ignaz Auer. Eine Gedenkschrift. Berlin 1907.

Bernstein: Erinnerungen – Bernstein, Eduard: Erinnerungen eines Sozialisten. Tl. 1: Aus den Jahren meines Exils. Berlin 1918.

Bernstein: Geschichte – Bernstein, Eduard: Die Geschichte der Berliner Arbeiterbewegung. Ein Kapitel zur Geschichte der deutschen Sozialdemokratie. Tl. 1: Vom Jahre 1848 bis zum Erlaß des Sozialistengesetzes. Tl. 2: Die Geschichte des Sozialistengesetzes in Berlin. Tl. 3: Fünfzehn Jahre Berliner Arbeiterbewegung unter dem gemeinen Recht. Berlin 1907–1910.

Bernstein: Internationale – Bernstein, Eduard: Die Internationale und der europäische Krieg. Tübingen 1915 (= Archiv für Sozialwissenschaften. Bd. 40).

Bernstein: Voraussetzungen – Bernstein, Eduard: Die Voraussetzungen des Sozialismus und die Aufgabe der Sozialdemokratie. Stuttgart 1899.

Biedermann, Karl: Mein Leben und ein Stück Zeitgeschichte. Bd. 1, 2. Breslau 1886.

Bismarck: Ausgewählte Reden – Bismarck, Otto von: Ausgewählte Reden. Bd. 2–4. Berlin 1881–1885.

Bismarck: Gedanken – Bismarck, Otto von: Gedanken und Erinnerungen. Bd. 3. Stuttgart 1919.

Bismarck: Gesammelte Werke – Bismarck, Otto von: Die gesammelten Werke. Hrsg. von Wilhelm Schüßler. Bd. 13. 2. Aufl. Berlin 1930.

Bismarck: Gespräche – Bismarck, Otto von: Gespräche. Bis zur Reichsgründung. Hrsg. von Willy Andreas. Bremen 1964.

Bismarck: Politische Briefe – Bismarck, Otto von: Politische Briefe aus den Jahren 1849–1889. [Slg. 1]. Berlin 1889.

Born, Stephan: Erinnerungen eines Achtundvierzigers. 3. Aufl. Leipzig 1898.

Braunthal, Julius: Geschichte der Internationale. Bd. 1. Hannover (1961).

Bremer Bürgerzeitung. Bremen.

Brennert, Hans: Modeworte. Aus dem Mitteleuropäischen. Berlin 1898.

Bröger, Karl: Kamerad, als wir marschiert. Kriegsgedichte. Jena 1917.

Bruhns, Julius: »Es klingt im Sturm ein altes Lied!« Aus der Jugendzeit der Sozialdemokratie. Stuttgart, Berlin 1921.

Bülow, Hans von: Briefe und Schriften. Bd. 3. Leipzig 1898.

Busch, Moritz: Tagebuchblätter. Bd. 1: Graf Bismarck und seine Leute während des Krieges mit Frankreich 1870–1871 bis zur Beschießung von Paris. Bd. 2: Bismarck und seine Leute während des Krieges mit Frankreich 1870–1871 bis zur Rückkehr nach Berlin – Wilhelmstraße 76 – Denkwürdigkeiten aus den Jahren 1871 bis 1880 – Varzin, Schönhausen, Friedrichsruh. Bd. 3: Denkwürdigkeiten aus den Jahren 1880–1893. Anhang. Leipzig 1899.

Caprivi, Leo von: Die Reden ... im Deutschen Reichstage, Preußischen Landtage und bei besondern Anlässen. 1883–1893. Hrsg. von Rudolf Arndt. Berlin 1894.

Corvey, Johannes (Henry Wiethake): Die deutsche Socialdemokratie unter dem Ausnahmegesetz. Ein Zeit- und Streitbild. Hagen 1884.

David, Eduard: Die Sozialdemokratie im Weltkrieg. Berlin 1915.

Dehmel, Richard: Zwanzig Dehmelsche Gedichte mit einem Geleitbrief von Wilhelm Schäfer. Berlin 1897.

Deutsch, Julius: Ein weiter Weg. Erinnerungen. Zürich (1960).

Deutscher Reichstag – Aktenstücke – Deutscher Reichstag. Bd. 3: Anlagen, Aktenstücke. Berlin 1881.

Deutscher Reichstag – Stenographische Berichte über die Verhandlungen des Deutschen Reichstages. Berlin 1871 ff.

Diederich, Franz: Von unten auf. Ein neues Buch der Freiheit. Bd. 1, 2. Berlin 1911.

Dohna, Hermann Graf zu: Die freien Arbeiter im Preußischen Staate. Leipzig 1847.

Dönhoff, Marion Gräfin: Namen, die keiner mehr nennt. Ostpreußen – Menschen und Geschichte. Köln, Düsseldorf 1962.

Dornemann, Luise: Clara Zetkin. Ein Lebensbild. 3. Aufl. Berlin 1960.

Eckardstein, Hermann Freiherr von: Lebenserinnerungen und politische Denkwürdigkeiten. Bd. 3: Die Isolierung Deutschlands. Leipzig (1921).

Eckert, Georg: Aus den Lebensberichten deutscher Fabrikarbeiter. Braunschweig (1953).

Eichendorff, Joseph Freiherr von: Der deutsche Roman des 18. Jahrhunderts in seinem Verhältnis zum Christentum. Leipzig 1851.

Eisner: 1900 – Eisner, Kurt: Wilhelm Liebknecht. Sein Leben und Wirken. Unter Benutzung ungedruckter Briefe und Aufzeichnungen. Berlin 1900.

Eisner: 1906 – Eisner, Kurt: Wilhelm Liebknecht. Sein Leben und Wirken. Unter Benutzung ungedruckter Briefe und Aufzeichnungen. 2. Aufl. Berlin 1906.

Eisner: Zukunftsstaat – Eisner, Kurt (Hrsg.): Der Zukunftsstaat der Junker. Manteuffeleien gegen die Sozialdemokratie im preußischen Herrenhaus am 11. und 13. Mai 1904. Berlin 1904 (= Sozialdemokratische Agitations-Bibliothek. Zeitbilder aus dem Klassenstaat II).

Engels: Bebel – Engels, Friedrich: Briefe an Bebel. Besorgt vom Institut für Marxismus-Leninismus beim ZK der SED. Berlin 1958.

Engels: Briefe – Engels, Friedrich: Die Briefe an Eduard Bernstein mit Briefen von Karl Kautsky an ebendenselben. Hrsg. von Eduard Bernstein. Berlin 1925.

Ernst, Eugen: Polizeispitzeleien und Ausnahmegesetze 1878–1910. Ein Beitrag zur Bekämpfung der Sozialdemokratie. Berlin 1911.

Filthaut, E.: Deutsche Katholikentage 1848–1958 und Soziale Frage. Essen 1960.

Fischer, Karl: Denkwürdigkeiten und Erinnerungen eines Arbeiters. Hrsg. von Paul Göhre. Bd. 1. Leipzig 1903 (= Leben und Wissen. Bd. 2).

Fontane, Theodor: Sämtliche Werke. Bd. 15: Von Zwanzig bis Dreißig. Autobiographisches nebst andern selbstbiographischen Zeugnissen. Hrsg. von Kurt Schreinert und Jutta Neuendorf-Fürstenau. München 1967.

Freiligrath, Ferdinand: Werke. Hrsg. von Paul Zaunert. Bd. 2. Leipzig, Wien (1912).

Friedländer, Paul (Hrsg.): Berliner Erinnerungen und Erlebnisse. (Berlin 1960).

Die Gegenwart. Berlin.

Geibel, Emanuel: Gesammelte Werke. 8 Bde. Bd. 1. Stuttgart 1883.

Geschichte – Geschichte der Frankfurter Zeitung. Volksausgabe. Frankfurt/Main (1911).

Geueke, Franz: Die Bergarbeiterstreiks im Ruhrkohlenrevier. Diss. phil. Breslau 1912.

Gewerkschaftskongreß 1902 – Protokoll der Verhandlungen des 4. Kongresses der Gewerkschaften Deutschlands zu Stuttgart 1902. Hamburg 1902.

Gewerkschaftskongreß 1905 – Protokoll der Verhandlungen des 5. Kongresses der Gewerkschaften Deutschlands zu Köln 1905. Berlin 1905.

Giovanoli, Friedrich: Die Maifeierbewegung. Karlsruhe 1925 (= Sozialwissenschaftliche Abhandlungen. Bd. 1).

Glückauf. Beilage zur Essener Zeitung. Essen.

Grenzboten. Leipzig, Berlin.

Grimm, Jacob und Wilhelm: Deutsches Wörterbuch. Bd. 1. Leipzig 1854 ff.

Haase, Ernst: Hugo Haase. Sein Leben und Wirken. Mit einer Auswahl von Briefen, Reden und Aufsätzen. Berlin (1929).

Hackenberg, Karl E.: Der rote Becker. Ein deutsches Lebensbild aus dem neunzehnten Jahrhundert. Leipzig (1899).

Handwörterbuch der Staatswissenschaften. Bd. 7. 3. Aufl. Jena 1911.

Hansjakob, Heinrich: In der Residenz. Erinnerungen eines badischen Landtagsabgeordneten. Bearbeitet von Franz Schmider. 5. Aufl. Freiburg i. Br. (1967).

Harkort, Friedrich: Die Vereine zur Hebung der unteren Volksclassen nebst Bemerkungen über den Central-Verein in Berlin. Elberfeld 1845.

Hassel, Paul: Josef Maria von Radowitz. Bd. 1. Berlin 1905.

Heine: Elster – Heine, Heinrich: Sämtliche Werke. Hrsg. von Ernst Elster. Bd. 6. Leipzig, Wien o. J.

Heine: Walzel – Heine, Heinrich: Sämtliche Werke. Hrsg. von Oskar Walzel. Bd. 2. Leipzig 1912.

Hertling, Georg von: Erinnerungen aus meinem Leben. Bd. 2. Kempten, München 1920.

Herwegh, Georg: Werke. Hrsg. von Hermann Tardel. Tl. 3. Berlin, Leipzig, Wien, Stuttgart o. J.

Herwegh, Marcel (Hrsg.): Lassalle, Briefe an Georg Herwegh. Nebst Briefen der Gräfin Sophie Hatzfeldt an Frau Emma Herwegh. Zürich 1896.

Heß: Aufsätze – Heß, Moses: Sozialistische Aufsätze 1841–1847. Hrsg. von Theodor Zlocisti. Berlin 1920.

Heß: Briefwechsel – Heß, Moses: Briefwechsel. Hrsg. von Edmund Silberner. 's Gravenhage 1959 (= Quellen und Untersuchungen zur Geschichte der deutschen und österreichischen Arbeiterbewegung. II).

Heuss, Theodor: Vorspiele des Lebens. Jugenderinnerungen Tübingen (1953).

Heuss-Knapp, Elly: Bürgerin zweier Welten. Ein Leben in Briefen. Tübingen 1961.

Heyderhoff, Julius: Die Sturmjahre der preußisch-deutschen Einigung 1859–1870. Politische Briefe aus dem Nachlaß liberaler Parteiführer. Bonn, Leipzig 1925 (= Deutscher Liberalismus im Zeitalter Bismarcks. Eine politische Briefsammlung. Bd. 1, in: Deutsche Geschichtsquellen des 19. Jahrhunderts. 18).

Hilferding, Rudolf: Das Finanzkapital. Eine Studie über die jüngste Entwicklung des Kapitalismus. Wien 1910.

Hirsch, Paul: Der preußische Landtag. Handbuch für sozialdemokratische Landtagswähler. 3. Aufl. Berlin 1913.

Hochverratsprozeß – Der Hochverratsprozeß gegen Liebknecht vor dem Reichsgericht. Verhandlungsbericht nebst einem Nachwort. Berlin 1907.

Hohenlohe-Ingelfingen: 1897 – Hohenlohe-Ingelfingen, Kraft Prinz zu: Aus meinem Leben. Aufzeichnungen. Bd. 1: Vom Revolutionsjahr 1848 bis zum Ende des Kommandos in Wien 1856.

Hohenlohe-Ingelfingen: 1915 – Hohenlohe-Ingelfingen, Kraft Prinz zu: Aus meinem Leben. Aufzeichnungen aus den Jahren 1848–1871. Jubiläumsausgabe. Berlin 1915.

Höhn, Reinhard: Die vaterlandslosen Gesellen. Der Sozialismus im Licht der Geheimberichte der preußischen Polizei 1878–1914. Bd. 1 (1878 bis 1890). Köln, Opladen 1964.

Holz, Arno: Buch der Zeit. Lieder eines Modernen. 2. Aufl. Dresden 1892.

Joerg, Jos. Edmund: Geschichte der social-politischen Parteien in Deutschland. Freiburg i. Br. 1867.

Kaiser Wilhelm I. – Kaiser Wilhelm I. und Bismarck. Stuttgart, Berlin 1901 (= Bismarck: Gedanken und Erinnerungen. Anhang 1).

Kautsky, Karl: Sozialisten und Krieg. Ein Beitrag zur Ideengeschichte des Sozialismus von den Hussiten bis zum Völkerbund. Prag 1937.

Keller, Gottfried: Werke. Hrsg. von Max Nußberger. Bd. 8. Leipzig, Wien (1921).

Ketteler, Emmanuel Freiherr von: Die Arbeiterfrage und das Christentum. 3. Aufl. Mainz 1864.

Kladderadatsch. Berlin.

Koch, Max Jürgen: Die Bergarbeiterbewegung im Ruhrgebiet zur Zeit Wilhelms II. (1889–1914). Düsseldorf (1954) (= Beiträge zur Geschichte des Parlamentarismus und der politischen Parteien. Heft 5).

Kolping, Adolph: Der Gesellen-Verein. Zur Beherzigung für Alle, die es mit dem wahren Volkswohl gut meinen. Köln 1849.

Koszyk, Kurt: Das »Dampfboot« und der Rhedaer Kreis. Die erste politische Zeitschrift Westfalens als Spiegel der Presse im Vormärz. Dortmund 1958 (= Dortmunder Beiträge zur Zeitungsforschung. Bd. 2).

Kotthorst, Erich: Jakob Kaiser. Der Arbeiterführer. Stuttgart, Berlin, Köln, Mainz (1967).

Kulemann, W.: Politische Erinnerungen. Ein Beitrag zur neueren Zeitgeschichte. Berlin 1911.

Lassalle: Auswahl – Lassalle, Ferdinand: Eine Auswahl für unsere Zeit. Hrsg. von Helmut Hirsch. Bremen 1963.

Lassalle: Briefe – Lassalle, Ferdinand: Nachgelassene Briefe und Schriften. Hrsg. von Gustav Mayer. Bd. 1: – 1848. Stuttgart, Berlin 1921. Bd. 5: Briefwechsel aus den Jahren seiner Arbeiteragitation 1862–1864. Stuttgart, Berlin 1925 (=Deutsche Geschichtsquellen des 19. Jahrhunderts. 8).

Lassalle: Gesammelte Reden – Lassalle, Ferdinand: Gesammelte Reden und Schriften. Hrsg. von Eduard Bernstein. Bd. 1, 2, 3, 4, 9. Berlin 1919–1920.

Lassalle: Reden – Lassalle, Ferdinand: Reden und Schriften. Neue Gesamt-Ausgabe. Hrsg. von Eduard Bernstein. Bd. 1. Berlin 1892.

Leipart, Theodor: Carl Legien. Ein Gedenkbuch. Berlin 1929.

Der Leipziger Belagerungszustand – Der Leipziger Belagerungszustand vor dem Reichstage. Verhandlung am 14. September 1886. München 1886 (= Sozialpolitische Zeit- und Streitfragen. Heft 34).

Liebert, Eduard von: Aus einem bewegten Leben. Erinnerungen. München 1925.

Liebknecht, Wilhelm: Briefwechsel mit Karl Marx und Friedrich Engels. Hrsg. von Georg Eckert. 's Gravenhage 1963.

Lipinski: Geschichte – Lipinski, Richard: Die Geschichte der sozialistischen Arbeiterbewegung in Leipzig. Tl. 1: – 1857. Leipzig 1931.

Lipinski: Polizei – Lipinski, Richard: Die Polizei in Sachsen im Kampfe gegen das Vereins- und Versammlungsrecht und die Veranstaltungen der arbeitenden Klassen. Dresden (1907).

Lipinski: Sozialdemokratie – Lipinski, Richard: Die Sozialdemokratie von ihren Anfängen bis zur Gegenwart. Eine gedrängte Darstellung. Bd. 2: Vom Vereinigungskongreß in Gotha 1875 bis 1913. Berlin 1928.

Man, Hendrik de: Gegen den Strom. Memoiren eines europäischen Sozialisten. Stuttgart 1953.

Manteuffel, Otto Freiherr von: Unter Friedrich Wilhelm IV. Denkwürdigkeiten des Ministers. Hrsg. von Heinrich von Poschinger. Bd. 1: 1848 bis 1851. Berlin 1901.

Marx: Schriften – Marx, Karl: Werke, Schriften, Briefe. Hrsg. von Hans-Joachim Lieber. Bd. 3: Politische Schriften. 1. 2. Stuttgart (1960).

Marx-Engels: Briefe – Marx, Karl und Friedrich Engels: Briefe über das Kapital. Berlin 1954.

Marx-Engels: Werke – Marx, Karl und Friedrich Engels: Werke. Hrsg. vom Institut für Marxismus-Leninismus beim ZK der SED. Bd. 2, 4, 17, 22, 27–31, 33–34. Berlin 1962–1966.

Max von Baden: Erinnerungen und Dokumente. Stuttgart, Berlin, Leipzig 1927.

Mayer: Bismarck – Mayer, Gustav: Bismarck und Lassalle. Ihr Briefwechsel und ihre Gespräche. (Berlin) 1928.

Mayer: Erinnerungen – Mayer, Gustav: Erinnerungen. Vom Journalisten zum Historiker der deutschen Arbeiterbewegung. München (1949).

Mayer: Schweitzer – Mayer, Gustav: Johann Baptist von Schweitzer und die Sozialdemokratie. Ein Beitrag zur deutschen Arbeiterbewegung. Jena 1909.

Mehring, Franz (Hrsg.): Aus dem literarischen Nachlaß von Karl Marx, Friedrich Engels und Ferdinand Lassalle. Bd. 4. Stuttgart 1902.

Meißner, Otto: Staatssekretär unter Ebert – Hindenburg – Hitler. Der Schicksalsweg des deutschen Volkes von 1918–1945, wie ich ihn erlebte. Hamburg (1950).

Metternich-Hartig – Metternich, Clemens Fürst von, und Franz Graf von Hartig: Ein Briefwechsel des Staatskanzlers aus dem Exil. 1848–1851. Hrsg. von Franz Hartig. Wien, Leipzig 1923.

Meyer-Hepner, Gertrud: Der Magistratsprozeß der Bettina von Arnim. Weimar 1960 (= Beiträge zur Deutschen Klassik).

Moltke, Helmuth Graf von: Gesammelte Schriften und Denkwürdigkeiten. Bd. 5: Briefe. 2. Slg. Berlin, Stuttgart, Weimar 1892.

Mommsen: Bismarck – Mommsen, Wilhelm: Bismarcks Sturz und die Parteien. Stuttgart, Berlin, Leipzig 1924.

Mommsen: Parteiprogramme – Mommsen, Wilhelm: Deutsche Parteiprogramme. München (1960). (= Deutsches Handbuch der Politik. Bd. 1).

Monatsschrift für Stadt und Land. Leipzig.

Müller, Otto Heinrich: Ketteler. Auswahl aus seinen sozialen Schriften. Oberursel 1947.

Müller, Theodor: 45 Führer aus den Anfängen und dem Heldenzeitalter der Breslauer Sozialdemokratie. Breslau 1925.

Müller-Seidel, Walter: Fontane, Der Stechlin. Düsseldorf 1963 (= Der deutsche Roman, Struktur und Geschichte. Bd. 2).

Musulin, Janko (Hrsg.): Proklamationen der Freiheit. Dokumente von der Magna Charta bis zum Ungarischen Volksaufstand. Frankfurt/Main (1963).

Nationalversammlung – Stenographische Berichte über die Verhandlungen der deutschen constituirenden Nationalversammlung zu Frankfurt/Main 1848, 1849. Hrsg. von Franz Wigard. Leipzig 1849.

Nestriepke, Siegfried: Werben und Werden. Geschichte und System der gewerkschaftlichen Agitation. Nürnberg 1914.

Norddeutsche Allgemeine Zeitung. Berlin.

Norddeutscher Reichstag – Stenographische Berichte über die Verhandlungen des Reichstages des Norddeutschen Bundes. 1867 ff.

Noske, Gustav: Aufstieg und Niedergang der deutschen Sozialdemokratie. Nürnberg (1947).

Oppenheim, Heinrich Bernhard: Studien der inneren Politik. Grünberg und Leipzig 1842.

Paulmann, Christian: Die Sozialdemokratie in Bremen 1864–1964. Bremen (1964).

Petzet, Christian: Die Blütezeit der deutschen politischen Lyrik von 1840 bis 1850. Ein Beitrag zur deutschen Literatur- und Nationalgeschichte. München 1903.

Poschinger: Aktenstücke – Poschinger, Heinrich Ritter von (Hrsg.): Aktenstücke zur Wirtschaftspolitik des Fürsten Bismarck. Bd. 1. Berlin 1890 (= Dokumente zur Geschichte der Wirtschaftspolitik in Preußen und im Deutschen Reich. 2).

Poschinger: Preußen – Poschinger, Heinrich Ritter von: Preußen im Bundestag 1851 bis 1859. Documente der Königlich Preußischen Bundestags-Gesandtschaft. 2. Aufl. Tl. 1. Leipzig 1882. Tl. 4. Leipzig 1884 (= Publicationen aus den Königlich Preußischen Staatsarchiven. Bd. 12, 23).

Preußische Jahrbücher. Berlin.

Quarck, Marx: Die erste deutsche Arbeiterbewegung. Geschichte der Arbeiterverbrüderung 1848/49. Ein Beitrag zur Theorie und Praxis des Marxismus. Leipzig 1924.

Radbruch, Gustav: Der innere Weg. Aufriß meines Lebens. Stuttgart 1951.

Rehbein, Franz: Das Leben eines Landarbeiters. Hrsg. von Paul Göhre. Jena 1911.

Reichsgesetzblatt. Berlin.

Richter, Adolf: Bismarck und die Arbeiterfrage im preußischen Verfassungskonflikt. Stuttgart (1933).

Riehl, Wilhelm Heinrich: Naturgeschichte des Volkes. Bd. 2. Stuttgart 1852.

Ritscher, Wolfgang: Koalitionen und Koalitionsrecht in Deutschland bis zur Reichsgewerbeordnung. Stuttgart, Berlin 1917 (= Münchener Volkswirtschaftliche Studien. 140).

Ritter, Gerhard A.: Die Arbeiterbewegung im Wilhelminischen Reich. Die Sozialdemokratie und die freien Gewerkschaften 1890–1900. Berlin 1959 (= Studien zur europäischen Geschichte an dem Friedrich-Meinecke-Institut der Freien Universität Berlin. Bd. 3).

Scävola, C. M.: 12 Jahre der Verbannung oder Des Ausgewiesenen Heimkehr. Episch-dramatische Dichtung in 12 lebenden Bildern. Berlin 1897.

Schäfer, Dietrich: Mein Leben. Berlin, Leipzig 1926.

Scheidemann: Memoiren – Scheidemann, Philipp: Memoiren eines Sozialdemokraten. Bd. 2. Dresden 1928.

Scheidemann: Zusammenbruch – Scheidemann, Philipp: Der Zusammenbruch. Berlin 1921.

Scheu, Andreas: Umsturzkeime. Erlebnisse eines Kämpfers. Tl. 1: Kinder-, Lehr- und Wanderjahre. Wien 1923.

Schippel, Max: Die Gewerkschaften, ihr Nutzen und ihre Bedeutung für die Arbeiterbewegung. Berlin 1889 (= Berliner Arbeiterbibliothek. Heft 2).

Schlesische Zeitung. Breslau.

Schlott, Gerhart: Nationales und internationales Denken der deutschen und französischen Sozialisten. Diss. phil. Frankfurt/Main 1960.

Schröder, Wilhelm: Handbuch der sozialdemokratischen Parteitage von 1863–1909. München 1910.

Schultheß – Schultheß' Europäischer Geschichtskalender. NF. Jg. 16. 1900. München 1901.

Der Sozialdemokrat. Zürich.

Sozialdemokratisches Liederbuch. Sammlung revolutionärer Gesänge. 11. Aufl. London 1889.

Sozialistenkongreß 1912 – Außerordentlicher Internationaler Sozialisten-Kongreß zu Basel am 24. und 25. November 1912. Berlin 1912.

SPD-Parteitag 1890 – Protokoll über die Verhandlungen des Parteitages zu Halle 1890. Berlin 1890.

SPD-Parteitag 1891 – Protokoll über die Verhandlungen des Parteitages zu Erfurt 1891. Berlin 1891.

SPD-Parteitag 1892 – Protokoll über die Verhandlungen des Parteitages zu Berlin 1892. Berlin 1892.

SPD-Parteitag 1893 – Protokoll über die Verhandlungen des Parteitages zu Köln 1893. Berlin 1893.

SPD-Parteitag 1894 – Protokoll über die Verhandlungen des Parteitages zu Frankfurt a. M. 1894. Berlin 1894.

SPD-Parteitag 1895 – Protokoll über die Verhandlungen des Parteitages zu Breslau 1895. Berlin 1895.

SPD-Parteitag 1897 – Protokoll über die Verhandlungen des Parteitages zu Hamburg 1897. Berlin 1897.

SPD-Parteitag 1898 – Protokoll über die Verhandlungen des Parteitages zu Stuttgart 1898. Berlin 1898.

SPD-Parteitag 1899 – Protokoll über die Verhandlungen des Parteitages zu Hannover 1899. Berlin 1899.

SPD-Parteitag 1900 – Protokoll über die Verhandlungen des Parteitages zu Mainz 1900. Berlin 1900.

SPD-Parteitag 1901 – Protokoll über die Verhandlungen des Parteitages zu Lübeck 1901. Berlin 1901.

SPD-Parteitag 1902 – Protokoll über die Verhandlungen des Parteitages zu München 1902. Berlin 1902.

SPD-Parteitag 1903 – Protokoll über die Verhandlungen des Parteitages zu Dresden 1903. Berlin 1903.

SPD-Parteitag 1905 – Protokoll über die Verhandlungen des Parteitages zu Jena 1905. Berlin 1905.

SPD-Parteitag 1906 – Protokoll über die Verhandlungen des Parteitages zu Mannheim 1906. Berlin 1906.

SPD-Parteitag 1907 – Protokoll über die Verhandlungen des Parteitages zu Essen 1907. Berlin 1907.

SPD-Parteitag 1908 – Protokoll über die Verhandlungen des Parteitages zu Nürnberg 1908. Berlin 1908.

SPD-Parteitag 1909 – Protokoll über die Verhandlungen des Parteitages zu Leipzig 1909. Berlin 1909.

SPD-Parteitag 1912 – Protokoll über die Verhandlungen des Parteitages zu Chemnitz 1912. Berlin 1912.

SPD-Parteitag 1913 – Protokoll über die Verhandlungen des Parteitages zu Jena 1913. Berlin 1913.

SPD-Parteitag 1917 – Protokoll über die Verhandlungen des Parteitages zu Würzburg 1917. Berlin 1917.

Springer, Robert: Berlin's Straßen, Kneipen und Clubs im Jahre 1848. Berlin 1850.

Stampfer, Friedrich: Erfahrungen und Erkenntnisse. Aufzeichnungen aus meinem Leben. Köln 1957.

Stargardt: Autographen-Katalog 565. Auktion am 3. und 4. Dezember 1963. Marburg 1963.

Stehr, Hermann: Drei Nächte. Berlin, Leipzig (1928).

Strauß, Rudolf: Die Lage und die Bewegung der Chemnitzer Arbeiter in der ersten Hälfte des 19. Jahrhunderts. Berlin 1960.

Tageschronik. Bremen.

Temme, Jodocus Donatus Hubertus: Erinnerungen. Hrsg. von Stephan Born. Leipzig 1883.

Tiedemann, Christoph von: Aus sieben Jahrzehnten. Bd. 2: Sechs Jahre Chef der Reichskanzlei. Erinnerungen. Berlin 1909.

Toury, Jacob: Die politischen Orientierungen der Juden in Deutschland. Von Jena bis Weimar. Tübingen 1966.

Treitschke: Kämpfe – Treitschke, Heinrich von: Zehn Jahre Deutscher Kämpfe 1865–1874. Schriften zur Tagespolitik. Berlin 1874.

Treitschke: Lage – Treitschke, Heinrich von: Zur Lage. Berlin 1879 (= Preußische Jahrbücher. Bd. 43).

Treitschke: Sozialismus – Treitschke, Heinrich von: Der Sozialismus und der Meuchelmord. Berlin 1878 (= Preußische Jahrbücher. Bd. 41).

Trotzki, Leo: Mein Leben. Versuch einer Autobiographie. 16.–20. Aufl. Berlin 1930.

Unruh, Hans Viktor von: Erinnerungen aus dem Leben. Hrsg. von Heinrich von Poschinger. Stuttgart 1895.

Varnhagen: Freundin – Varnhagen von Ense, Karl August: Briefe an eine Freundin. Aus den Jahren 1844 bis 1853. Hamburg 1860.

Varnhagen: Stägemann – Varnhagen von Ense, Karl August: Briefe von Stägemann, Metternich, Heine und Bettina von Arnim, nebst Briefen, Anmerkungen und Notizen. Leipzig 1865.

Verhandlungen der Bremischen Bürgerschaft – Verhandlungen der Bremischen Bürgerschaft vom Jahre 1902. Bremen 1902.

Verhandlungen der Stände-Versammlung – Verhandlungen der Stände-Versammlung des Großherzogthums Baden i. J. 1837. Enth. die Protokolle der zweiten Kammer mit deren Beilagen. 2., 3. Beilagen-Heft. Karlsruhe 1837.

Der Vorbote. Genf 1866 ff. Nachdruck Berlin 1963.

Vorländer, Karl: Karl Marx. Sein Leben und Werk. Leipzig 1929.

Vortriede, Werner: Bettina von Arnims Armenbuch. Tübingen 1962 (= Jahrbuch des Freien Deutschen Hochstifts. 1962).

Wagener, Hermann: Erlebtes. Meine Memoiren aus der Zeit von 1848 bis 1866 und von 1873 bis jetzt. 2. Aufl. Berlin 1884.

Wagner, Richard: Mein Leben. Erste authentische Veröffentlichung (Einmalige Jubiläums-Ausgabe. Hrsg. von Manfred Gregor-Dellin) (München 1963).

Wahllügen – Wahllügen der bürgerlichen Parteien. Eine Sammlung und Widerlegung der von den bürgerlichen Parteien zur Verleumdung der Sozialdemokratie und der sozialdemokratischen Vertreter verbreiteten Lügen. 2. Aufl. Berlin 1911.

Weitling: 1849 – Weitling, Wilhelm: Garantien der Harmonie und Freiheit. 3. Aufl. Hamburg 1849.

Weitling: 1908 – Weitling, Wilhelm: Garantien der Harmonie und Freiheit. Jub.-Ausg. Hrsg. von Franz Mehring. Berlin 1908 (= Sozialistische Neudrucke. II).

Wendel, Friedrich: Der Sozialismus in der Karikatur von Marx bis Mac Donald. Ein Stück Kulturgeschichte. Berlin 1924.

Wentzcke: Lassalle – Wentzcke, Paul: Ferdinand Lassalles Lehrjahre am Niederrhein (1846–1857). Düsseldorf 1951 (= Düsseldorfer Jahrbuch. Bd. 45).

Wentzcke: Reich – Wentzcke, Paul: Im Neuen Reich 1871–1890. Politische Briefe aus dem Nachlaß liberaler Parteiführer. Bonn, Leipzig 1926 (= Deutscher Liberalismus im Zeitalter Bismarcks. Eine politische Briefsammlung. Bd. 2, in: Deutsche Geschichtsquellen des 19. Jahrhunderts. 24).

Weser-Zeitung. Bremen.

Wilhelm II.: Ansprachen – Wilhelm II., Deutscher Kaiser: Ansprachen und Erlasse Sr. Majestät des Kaisers aus den Jahren 1888, 1889, 1890. Zusammengestellt nach dem Deutschen Reichsanzeiger. Hrsg. von Max Baumann. Leipzig 1891.

Wilhelm II.: Kaiserreden – Wilhelm II., Deutscher Kaiser: Kaiserreden. Reden und Erlasse, Briefe und Telegramme. Ein Charakterbild des Deutschen Kaisers. Leipzig 1902.

Wilhelm II.: Reden – Wilhelm II., Deutscher Kaiser: Die Reden. Hrsg. von Johannes Penzler. Tl. 1: In den Jahren 1888–1895. Tl. 2: In den Jahren 1896–1900. Leipzig (1913).

Wolff, Wilhelm: Gesammelte Schriften. Nebst einer Biographie Wolffs von Friedrich Engels. Jubiläumsausgabe. Hrsg. von Franz Mehring. Berlin 1909 (= Sozialistische Neudrucke. III).

Wörterbuch der Volkswirtschaft. Bd. 2. 3. Aufl. Jena 1911.

Zimmermann, Alfred: Blüte und Verfall des Leinengewerbes in Schlesien. Breslau 1885.

Die Zukunft. Berlin.

Geburt des Proletariats

22 Riehl. S. 272.
Verhandlungen der Stände-Versammlung. 3. Beilagen-Heft. S. 256 ff.
23 Verhandlungen der Stände-Versammlung. 3. Beilagen-Heft. S. 261.
Verhandlungen der Stände-Versammlung. 2. Protokoll-Heft. S. 2.
24 Biedermann. Bd. 1. S. 156 f.
Grenzboten. 1842. 2. Sem. S. 563.
Heine: Elster. S. 315.
Toury. S. 36.
25 Petzet. S. 348.
Oppenheim. S. 23 f.
26 Vortriede. S. 382.
Vortriede. S. 386.
27 Geibel. S. 153.
Baechtold. S. 198.
28 Weitling: 1908. S. XVII.
Weitling: 1908. S. 13 ff.
29 Weitling: 1908. S. 63 f.
Weitling: 1908. S. VI.
30 Wolff. S. 33 f.
Friedländer. S. 437 ff.
31 Koszyk. S. 4 f.
32 Wolff. S. 54 f.
Zimmermann. S. 351.
33 Zimmermann. S. 351 f.
34 Lassalle: Briefe. Bd. 1. S. 101.
Wolff. S. 60.
Petzet. S. 229 f.
35 Koszyk. S. 7.
36 Harkort. S. 27.
Harkort. S. 27.
Heine: Walzel. S. 280.
37 Marx-Engels: Werke. Bd. 27. S. 12 f.
Herwegh, Georg, S. 22.
38 Harkort. S. 22.
Harkort. S. 27 ff.
Marx-Engels: Werke. Bd. 2. S. 232.
39 Heß: Aufsätze. S. 315 ff.
40 Koszyk. S. 36.
Varnhagen: Stägemann. S. 255.
41 Meyer-Hepner. S. 38.
Behrbalk. S. 5.
Dönhoff. S. 177 f.
42 Marx-Engels: Briefe. S. 15 f.
Angerstein. S. 3.
43 Hohenlohe-Ingelfingen: 1897. S. 5 f.
44 Schlesische Zeitung. Nr. 33. 1848.
Dohna. S. 68.
45 Ritscher. S. 87.
Marx-Engels: Werke. Bd. 4. S. 191 ff.
46 Marx-Engels: Werke. Bd. 4. S. 202.
Marx-Engels: Werke. Bd. 27. S. 107.
47 Marx-Engels: Werke. Bd. 4. S. 416.
48 Marx-Engels: Werke. Bd. 4. S. 417.
Biedermann. Bd. 1. S. 160.
49 Marx-Engels: Werke. Bd. 4. S. 43 f.
Marx-Engels: Werke. Bd. 4. S. 502 f.
50 Keller. S. 425.

Das erste Auftreten der Arbeiterschaft

52 Hassel. S. 573.
Hassel. S. 577.
Hassel. S. 588 .
53 Marx-Engels: Werke. Bd. 4. S. 461.
53 Marx-Engels: Werke. Bd. 4. S. 493.
55 Braunthal. S. 70.
Mommsen: Parteiprogramme. S. 290 f.

56 Hackenberg. S. 96 f.
57 Bernstein: Geschichte. Tl. 1. S. 10.
58 Unruh. S. 87.
Fontane. S. 353.
59 Bernstein: Geschichte. Tl. 1. S. 28 ff.
60 Bernstein: Geschichte. Tl. 1. S. 19.
Hohenlohe-Ingelfingen: 1915. S. 21.
61 Hohenlohe-Ingelfingen: 1915. S. 22.
Springer. S. 61 f.
63 Hohenlohe-Ingelfingen: 1897. S. 29.
Freiligrath. S. 231 ff.
Bernstein: Geschichte. Tl. 1. S. 41.
64 Bernstein: Geschichte. Tl. 1. S. 57.
Springer. S. 142 f.
65 Bernstein: Geschichte. Tl. 1. S. 36.
66 Lipinski: Geschichte. S. 61 ff.
67 Temme. S. 495.
Springer. S. 96 ff.
68 Wendel. S. 40.
Springer. S. 108.
Springer. S. 53 f.
69 Bernstein: Geschichte. Tl. 1. S. 58.
70 Toury. S. 328.
Strauß. S. 276 f.
71 Wendel. S. 21 f.
72 Quarck. S. 348 ff.
73 Wendel. S. 86 f.
Temme. S. 294 f.
74 Temme. S. 295.
Wagener. S. 17 f.
75 Temme. S. 306 ff.
77 Kolping. S. 33 ff.
Müller, Otto Heinrich. S. 17.
78 Filthaut. S. 14.
Manteuffel. S. 71 f.
79 Herwegh, Georg. S. 37 f.
Müller, Otto Heinrich. S. 25.
Lassalle: Reden. S. 192.
80 Lassalle: Reden. S. 207 f.
Lassalle: Reden. S. 289.
Quarck. S. 395 f.
81 Balser. Textband. S. 59.
Bernstein: Geschichte. Tl. 1. S. 76.
82 Quarck. S. 63 f.
Freiligrath. S. 47 f.
83 Wendel. S. 44 f.
Wagner. S. 462.
84 Freiligrath. S. 49.
85 Nationalversammlung. 26. Mai 1849.
Stampfer. S. 9.

Jahre der Stille

87 Marx-Engels: Werke. Bd. 27. S. 137 f.
Lipinski: Geschichte. S. 136 ff.
88 Hackenberg. S. 53.
89 Varnhagen: Freundin. S. 161 f.
Vorländer. S. 153.
Vorländer. S. 153.
90 Temme. S. 492.
Bernstein: Geschichte. Tl. 1. S. 87 f.
Bernstein: Geschichte. Tl. 1. S. 88.
91 Weitling: 1849. S. XVIII.
92 Tageschronik. 7. Dez. 1849
Hackenberg. S. 54 f.
93 Varnhagen: Freundin. S. 180 f.
Balser. Quellen. S. 549 f.
94 Heß: Briefwechsel. S. 266.
95 Metternich-Hartig. S. 74 f.
Hackenberg. S. 103.
96 Strauß. S. 335.
Hackenberg. S. 103.
Marx-Engels: Werke. Bd. 27. S. 543.

97 Varnhagen: Freundin. S. 248.
Freiligrath. S. 45.
Manteuffel. S. 377.
98 Schäfer. S. 17 f.
99 Bismarck: Gespräche. S. 36.
Poschinger: Preußen.
Tl. 4. S. 8 f.
100 Mehring. S. 40 f.
Marx-Engels: Werke.
Bd. 28. S. 474.
101 Eichendorff. S. 102.
102 Wendel. S. 55 f.
Marx: Schriften.
Bd. 3, 2. S. 1095.
103 Mehring. S. 53.
Mehring. S. 54.
Marx-Engels: Werke.
Bd. 28. S. 224.
104 Marx-Engels: Werke.
Bd. 28. S. 236.
Mehring. S. 74.
105 Grimm. Bd. 1. S. 547.
Grimm. Bd. 10. S. 1826.
106 Marx: Schriften.
Bd. 3, 1. S. 423.
Schäfer. S. 26 ff.
107 Schäfer. S. 28 f.
Schäfer. S. 29 f.
108 Marx-Engels: Werke.
Bd. 29. S. 26 ff.
109 Marx-Engels: Werke.
Bd. 29. S. 28 f.
Bismarck: Politische Briefe.
S. 86.
110 Heß: Briefwechsel. S. 364 f.

Der Komet Lassalle

112 Lassalle: Gesammelte Reden.
Bd. 1. S. 33.
Marx-Engels: Werke.
Bd. 29. S. 432.
113 Baader. S. 10.
Biedermann. Bd. 2. S. 210 ff.
115 Richter. S. 175 f.
Marx-Engels: Werke.
Bd. 30. S. 163 f.
116 Mehring. S. 362.
117 Lassalle: Gesammelte Reden.
Bd. 9. S. 29 .
Herwegh, Marcel. S. 31.
Bebel: Leben. Bd. 1. S. 55 f.
118 Lassalle: Gesammelte Reden.
Bd. 2. S. 42 f.
119 Lassalle: Gesammelte Reden.
Bd. 2. S. 187, 195 ff.
120 Lassalle: Gesammelte Reden.
Bd. 2. S. 202.
121 Bernstein: Geschichte.
Tl. 1. S. 106.
Lassalle: Gesammelte Reden.
Bd. 2. S. 244.
122 Lassalle: Briefe. Bd. 5. S. 109.
123 Poschinger: Aktenst. S. 10 f.
123 Bernstein: Geschichte.
Tl. 1. S. 109.
124 Lassalle: Gesammelte Reden.
Bd. 3. S. 91 f.
Heyderhoff. S. 149. Anm. 1.
Lassalle: Gesammelte Reden.
Bd. 4. S. 246.
125 Temme. S. 484 f.
Temme. S. 487 ff.
126 Herwegh, Marcel. S. 64 f.
127 Lassalle: Gesammelte Reden.
Bd. 4. S. 267.
Bismarck: Gespräche. S. 102 f.
128 Mayer: Bismarck. S. 81.
129 Wolff. Einleitung.
Poschinger: Preußen.
Tl. 1. S. 20 f.
130 Ketteler. S. 2 f, 7 ff.
131 Müller, Otto Heinrich. S. 27 f.
132 Lassalle: Auswahl. S. 390 ff.
Bülow. S. 344 f.
133 Herwegh, Georg. Tl. 3. S. 88 f.
Kladderadatsch. 1863. S. 150.
Kladderadatsch. 1862. S. 186.
Liebknecht. S. 34.
134 Wentzcke: Lassalle. S. 261.

134 Herwegh, Marcel. S. 105 f.
135 Herwegh, Marcel. S. 115 f.
Diederich. Bd. 2. S. 73.
136 Müller, Theodor. S. 18 f.
137 Braunthal. S. 7.
137 Lassalle: Gesammelte Reden. Bd. 1. S. 7.

Der Einzug ins Parlament

139 Marx-Engels: Werke. Bd. 31. S. 10 ff .
140 Bernstein: Geschichte. Tl. 1. S. 133.
Joerg. S. V.
141 Joerg. S. 213. Anm.
Der Vorbote. 19. Mai 1866.
142 Schlott. S. 88.
143 Treitschke: Kämpfe. S. 106.
Müller, Otto Heinrich. S. 84 f.
144 Mommsen: Parteiprogr. S. 307 f.
Bebel: Leben. Bd. 3. S. 255 f.
146 Bebel: Leben. Bd. 1. S. 168 f.
Bernstein: Geschichte. Tl. 1. S. 159.
147 Bernstein: Geschichte. Tl. 1. S. 159.
Nordd. Reichstag. 10. April 1867.
Nordd. Reichstag. 10. April 1867.
148 Mommsen: Parteiprogramme. S. 308 ff.
149 Nordd. Reichstag. 24. September 1867.
Nordd. Reichstag. 24. September 1867.
150 Nordd. Reichstag. 30. September 1867.
Eisner: 1906. S. 44 f.
Nordd. Reichstag. 21. Oktober 1867.
151 Nordd. Reichstag. 10. Oktober 1867.
152 Nordd. Reichstag. 14. Oktober 1867.
153 Nordd. Reichstag. 15. Oktober 1867.
Nordd. Reichstag. 17. Oktober 1867.
154 Eisner: 1906. S. 46.
Nordd. Reichstag. 30. März 1868.
Bismarck: Gespräche. S. 226.
155 Nordd. Reichstag. 2. April 1868.
156 Bernstein: Geschichte. Tl. 1. S. 149.
Mommsen: Parteiprogramme. S. 310 f.
157 Bebel: Leben. Bd. 1. S. 192 f.
Nordd. Reichstag. 17. März 1869.
Geueke. S. 18 f.
158 Nordd. Reichstag. 18. März 1869.
Nordd. Reichstag. 19. März 1869.
159 Nordd. Reichstag. 23. April 1869.
Nordd. Reichstag. 24. April 1869.
Nordd. Reichstag. 27. April 1869.
160 Nordd. Reichstag. 27. April 1869.
Nordd. Reichstag. 29. April 1869.
Nordd. Reichstag. 29. April 1869.
161 Nordd. Reichstag. 30. April 1869.
Der Vorbote. Jg. 4. Nr. 5. Mai 1869. S. 71 f.
Der Vorbote. Jg. 4. Nr. 5. Mai 1869. S. 58 ff.
162 Nordd. Reichstag. 13. Mai 1869.
163 Heß: Briefwechsel. S. 585.
164 Scheu. S. 172 f.

164 Scheu. S. 164 f.
165 Mommsen: Parteiprogramme. S. 311 f.
166 Bebel: Leben. Bd. 2. S. 158 f.
167 Nordd. Reichstag. 2. März 1870.
Nordd. Reichstag. 24. Mai 1870.
168 Bebel: Leben. Bd. 2. S. 177.
Schlott. S. 122 f.
169 Marx-Engels: Werke. Bd. 33. S. 59.
Marx-Engels: Werke. Bd. 33. S. 39 f.
170 Marx-Engels: Werke. Bd. 33. S. 43.
Marx-Engels: Werke. Bd. 33. S. 61.
171 Marx-Engels: Werke. Bd. 33. S. 63.
Nordd. Reichstag. 26. November 1870.
172 Nordd. Reichstag. 26. November 1870.
Hackenberg. S. 242 f.
173 Baader. S. 14.
Bismarck: Gespräche. S. 305.
174 Nordd. Reichstag. 3. Dezember 1870.
Nordd. Reichstag. 6. Dezember 1870.
175 Nordd. Reichstag. 9. Dezember 1870.
176 Busch. Bd. 1. S. 544.
Bismarck: Gespräche. S. 388.
Herwegh, Georg. S. 131 f.

Der Zusammenschluß

179 Deutscher Reichstag. 3. April 1871.
180 Deutscher Reichstag. 19. April 1871.
181 Deutscher Reichstag. 24. April 1871.
Deutscher Reichstag. 8. Mai 1871.
182 Deutscher Reichstag. 25. Mai 1871.
Marx-Engels: Werke. Bd. 17. S. 360 f.
183 Wendel. S. 96.
Mayer: Schweitzer. S. 440.
184 Fischer. S. 291 ff.
Preußische Jahrbücher. Bd. 34. 1874. S. 255.
185 Bebel: Leben. Bd. 2. S. 228 f.
Bismarck: Polit. Briefe. S. 269.
186 Eisner: 1906. S. 75 f.
Wentzcke: Reich. S. 43.
187 Deutscher Reichstag. 1. Mai 1872.
Bruhns. S. 16.
188 Glückauf. Nr. 29. 21. Juli 1872.
189 Wentzcke: Reich. S. 59.
Wentzcke: Reich. S. 70.
190 Grenzboten. Jg. 32. 1873. 2. Sem. Bd. 2. S. 33.
Bebel: Leben. Bd. 2. S. 263.
Bebel: Sozialdemokratie. I. S. 3 f.
191 Bebel: Sozialdemokratie. I. S. 66.
Deutscher Reichstag. 16. Februar 1874.
192 Deutscher Reichstag. 6. März 1874.
Deutscher Reichstag. 12. März 1874.
193 Deutscher Reichstag. 12. März 1874.
Deutscher Reichstag. 16. März 1874.
Deutscher Reichstag. 14. April 1874.
194 Bismarck: Ausgewählte Reden. Bd. 2. S. 317 f.
Bismarck: Ausgewählte Reden. Bd. 2. S. 315 ff.
195 Treitschke: Kämpfe. S. 459 ff.

196 Treitschke: Kämpfe. S. 474.
Treitschke: Kämpfe. S. 481.
197 Treitschke: Kämpfe. S. 537 f.
198 Bernstein: Geschichte. Tl. 1. S. 301.
199 Bebel: Leben. Bd. 2. S. 280 f.
Schröder. S. 338.
Mommsen: Parteiprogramme. S. 313 f.
202 Marx-Engels: Werke. Bd. 34. S. 129 f.
Deutscher Reichstag. 18. Dezember 1875.
Filthaut. S. 66.
Filthaut. S. 66.
203 Marx: Schriften. Bd. 3, 1. S. 534.
Bismarck: Ausgewählte Reden. Bd. 2. S. 418.
Bismarck: Ausgewählte Reden. Bd. 2. S. 418.
204 Bismarck: Ausgewählte Reden. Bd. 2. S. 419 f.
205 Marx-Engels: Werke. Bd. 34. S. 12 f.
Bebel: Leben. Bd. 2. S. 383.
206 Deutscher Reichstag. 18. Dezember 1876.
Bebel: Leben. Bd. 2. S. 383.
207 Bebel: Sozialdemokratie. II. S. 69 ff.
Deutscher Reichstag. 18. April 1877.
208 Deutscher Reichstag. 2. Mai 1877.
209 Marx-Engels: Werke. Bd. 34. S. 50.
Paulmann. S. 56 f.
Hansjakob. S. 35 f.
210 Deutscher Reichstag. 19. Februar 1878.
211 Bernstein: Geschichte. Tl. 1. S. 353 ff.
Bebel: Leben. Bd. 2. S. 399.

Die Bewährung

214 Allgemeine Zeitung. Beilage. 12. Mai 1878.
Tiedemann. S. 256 ff.
215 Allgemeine Zeitung. 14. Mai 1878.
216 Deutscher Reichstag. 23. Mai 1878.
Allgemeine Zeitung. Beilage. 1. Juni 1878.
217 Weser-Zeitung. Extra-Ausgabe. 3. Juni 1878.
Tiedemann. S. 262 f.
218 Die Gegenwart. 15. Juni 1878.
219 Treitschke: Sozialismus. S. 638 ff.
Müller-Seidel. S. 166.
Bernstein: Geschichte. Tl. 1. S. 375.
Bernstein: Geschichte. Tl. 1. S. 385.
221 Deutscher Reichstag. 16. September 1878.
221 Deutscher Reichstag. 17. September 1878.
222 Deutscher Reichstag. 9. Oktober 1878.
223 Deutscher Reichstag. 11. Oktober 1878.
Deutscher Reichstag. 19. Oktober 1878.
224 Deutscher Reichstag. 18. Oktober 1878.
225 Bernstein: Geschichte. Tl. 2. S. 4.
Bernstein: Geschichte. Tl. 2. S. 12.
Reichsgesetzblatt. Nr. 34. 1878. S. 351.
226 Treitschke: Lage. S. 328 f.
227 Deutscher Reichstag. 26. Februar 1879.
Kaiser Wilhelm I. S. 280 f.
228 Deutscher Reichstag. 17. März 1879.

228 Bernstein: Geschichte. Tl. 2. S. 21.
229 Deutscher Reichstag. 14. Mai 1879.
230 Deutscher Reichstag. 5. Juli 1879.
231 Bebel: Leben. Bd. 3. S. 92 f.
Bebel: Frau. S. 1, 5, 186.
232 Bebel: Leben. Bd. 3. S. 141 f.
233 Deutscher Reichstag. 6. März 1880.
234 Bismarck: Politische Briefe. S. 329 f.
Bernstein: Auer. S. 37 ff.
235 Bebel: Leben. Bd. 3. S. 165.
Bernstein: Erinnerungen. S. 169 f.
236 Bismarck: Ausgewählte Reden. Bd. 3. S. 567 f.
237 Deutscher Reichstag. 4. April 1881.
238 Busch. Bd. 3. S. 44.
Bernstein: Erinnerungen. S. 135 ff.
239 Bebel: Sozialdemokratie. III. S. 190 f.
240 Weser-Zeitung. Abendausgabe. 17. November 1881.
Deutscher Reichstag. 12. Juni 1882.
241 Der Sozialdemokrat. 1. Oktober 1882.
242 Deutscher Reichstag. 11. Januar 1883.
Deutscher Reichstag. 11. Januar 1883.
Weser-Zeitung. Morgen-Ausgabe. 22. März 1883.
243 Engels: Briefe. S. 130.
Höhn. S. 191 ff.
245 Bismarck: Ausgewählte Reden. Bd. 4. S. 249 f.
245 Engels: Briefe. S. 113.
246 Bismarck: Ausgewählte Reden. Bd. 4. S. 257 f.
247 Bismarck: Ausgewählte Reden. Bd. 4. S. 262 f.
Geschichte. S. 462.
Corvey. Titelblatt.
Corvey. S. 29 ff.
250 Bebel: Sozialdemokratie. III. S. 244.
Deutscher Reichstag. 26. November 1884.
251 Audorf. S. 105.
Bernstein: Geschichte. Tl. 2. S. 159.
252 Ernst. S. 30 f.
253 Grimm. Bd. 12. Abt. 1. S. 31.
Rehbein. S. 6 f.
254 Der Leipziger Belagerungszustand. S. 4.
Eisner: 1900. S. 55.
255 Bebel: Sozialdemokratie. III. S. 249.
Kautsky. S. 250 f.
256 Bismarck: Gedanken. S. 7 ff.
Filthaut. S. 109.
257 Wilhelm II.: Reden. Tl. 1. S. 35.
Schippel. S. 25.
258 Weser-Zeitung. Morgen-Ausgabe. 16. Mai 1889.
Bismarck: Gesammelte Werke. S. 395.
259 Wahllügen. S. 287 f.
Giovanoli. S. 12.
260 Sozialdemokratisches Liederbuch. S. 74 f.
Höhn. S. 323 ff.
261 Höhn. S. 323 ff.
262 Auer. S. 139.
Eisner: 1900. S. 54.

Staat im Staate

264 Stargardt. S. 152, Taf. 26.
Stargardt. S. 152, Taf. 26.
Bismarck: Gedanken. S. 55 f.
265 Bismarck: Gedanken. S. 66 f.
Bismarck: Gedanken. S. 67 f.
266 Mommsen: Bismarck. S. 162 f.
Mommsen: Bismarck. S. 163 f.
267 Marx-Engels: Werke. Bd. 22. S. 10.
268 Mommsen: Bismarck. S. 197 ff.
269 Wilhelm II.: Ansprachen. S. 22 f.
270 Grenzboten. Jg. 49. 1890. 2. Vj. S. 391 f.
271 Wilhelm II.: Kaiserreden. S. 99 f.
Bernstein: Auer. S. 56 f.
272 Lipinski: Sozialdemokratie. S. 135.
Eckert. S. 24 ff.
273 Grenzboten. Jg. 49. 1890. 1. Vj. S. 440.
274 SPD-Parteitag 1890. S. 11 f.
275 Diederich. Bd. 2. S. 94.
276 Moltke. S. 211 f.
277 Deutscher Reichstag. 14. März 1891.
Deutscher Reichstag. 14. März 1891.
278 SPD-Parteitag 1891. S. 185 ff.
Bernstein: Auer. S. 58 f.
279 Mommsen: Parteipr. S. 349 ff.
282 Bernstein: Geschichte. Tl. 3. S. 371.
283 Bernstein: Geschichte. Tl. 3. S. 373.
Engels: Bebel. S. 194 f.
284 Bernstein: Geschichte. Tl. 3. S. 2.
285 Leipart. S. 146 f.
286 Eckert. S. 67.
Wahllügen. S. 198.
287 Caprivi. S. 405 f.
Deutscher Reichstag. 12. Februar 1892.
288 Holz. S. 466.
SPD-Parteitag 1892. S. 220.
289 SPD-Parteitag 1892. S. 173.
SPD-Parteitag 1893. S. 47 f.
290 Leipart. S. 138 f.
291 Bremer Bürgerzeitung. 1. Juni 1894.
292 SPD-Parteitag 1894. S. 180 f.
293 SPD-Parteitag 1894. S. 166 f.
294 SPD-Parteitag 1894. S. 80 f.
Anti-»Vorwärts«. 17. Dezember 1894.
295 Preußische Jahrbücher. Bd. 80. S. 183 f.
296 Baader. S. 74.
Deutscher Reichstag. 23. März 1895.
297 Preußische Jahrbücher. Bd. 80. S. 346 ff.
298 SPD-Parteitag 1895. S. 44.
299 SPD-Parteitag 1895. S. 67 f.
Preußische Jahrbücher. Bd. 82. S. 385.
300 Nestriepke. S. 163 ff.
301 Bericht der Bremischen Gewerbekammer. S. 3.
302 Scävola. S. 14 f.
303 SPD-Parteitag 1897. S. 221.
Bernstein: Geschichte. Tl. 3. S. 36.
304 Preußische Jahrbücher. Bd. 91. S. 532 ff.
Preußische Jahrbücher. Bd. 91. S. 532 ff.
305 Hertling. S. 179 f.
Liebknecht. S. 489 f.
306 Born. S. VI, 157 ff.
307 SPD-Parteitag 1898. S. 69.
SPD-Parteitag 1898. S. 106.
308 SPD-Parteitag 1898. S. 221.
309 Kulemann. S. 81 ff.
310 Dehmel. S. 85.
Radbruch. S. 54 f.
311 Stehr. S. 128 ff.
312 Brennert. S. 57 ff.

313 Bebel: Attentate. S. 12, 21.
314 Bernstein: Voraussetzungen. S. 124.
SPD-Parteitag 1899. S. 124 f.
Wilheim II.: Reden. Tl. 2. S. 224.
315 Schultheß. S. 107 ff.
Wilhelm II.: Reden. Tl. 2. S. 224 ff.
SPD-Parteitag 1900. S. 245.
316 SPD-Parteitag 1900. S. 161.
SPD-Parteitag 1901. S. 11 f.
317 Eisner: 1900. S. 5.
Eisner: 1900. S. 5 f.
318 Deutscher Reichstag. 23. November 1900.
Die Zukunft. Bd. 35. 1901. S. 337 ff.
319 SPD-Parteitag 1901. S. 141 f.
320 Monatsschrift für Stadt und Land. 22. Oktober 1901.
321 SPD-Parteitag 1902. S. 13.
Verhandlungen der Bremischen Bürgerschaft. S. 32.
322 Verhandlungen der Bremischen Bürgerschaft. S. 32.
Noske. S. 16.
Eisner: Zukunftsstaat. S. 4 f.
323 Gewerkschaftskongreß 1902. S. 115.
Wahllügen. S. 225.
Wahllügen. S. 17.
324 Wahllügen. S. 280.
325 Stampfer. S. 44 f.
326 Lipinski: Polizei. S. 89.
Lipinski: Polizei. S. 83.
Lipinski: Polizei. S. 116.
327 Lipinski: Polizei. S. 69 f.
Lipinski: Polizei. S. 69 f.
Heuss. S. 241 ff.
328 Heuss. S. 245 f.
329 Bernstein: Auer. S. 66 f.
330 SPD-Parteitag 1903. S. 334.
SPD-Parteitag 1903. S. 307.
331 SPD-Parteitag 1903. S. 224 f.
Hirsch. S. 43.
332 Deutscher Reichstag. 15. Dezember 1903.
Deutscher Reichstag. 4. März 1904.
333 Deutscher Reichstag. 7. März 1904.
Eisner: Zukunftsstaat. S. 11.
334 Eisner: Zukunftsstaat. S. 16.
Mayer: Erinnerungen. S. 157 ff.
336 SPD-Parteitag 1904. S. 211.
337 Dornemann. S. 165 f.
Deutscher Reichstag. 29. März 1905.
338 Koch. S. 102.
Gewerkschaftskongreß 1905. S. 30.
339 SPD-Parteitag 1905. S. 340.
de Man. S. 70 ff.
340 Eckardstein. S. 133 ff.
341 Heuss-Knapp. S. 58 f.
Heuss-Knapp. S. 58 f.
342 Stampfer. S. 42 f.
343 Giovanoli. S. 111. Anm. 57.
SPD-Parteitag 1906. S. 160 f.
344 Deutscher Reichstag. 1. Dezember 1906.
345 Liebert. S. 179 f.
346 Liebert. S. 182.
Kotthorst. S. 29 f.
347 Eine Abrechnung. S. 30 .
Eine Abrechnung. S. 31.
Deutscher Reichstag. 15. März 1907.
348 Deutscher Reichstag. 15. März 1907.
Eine Abrechnung. S. 68 f.
350 Eine Abrechnung. S. 75 f.
SPD-Parteitag 1907. S. 306 ff.
351 SPD-Parteitag 1907. S. 322 f.
352 Der Hochverratsprozeß. S. 75.
353 Der Hochverratsprozeß. S. 28.
Trotzki. S. 195.
Hirsch. S. 250.
354 Hirsch. S. 251.
SPD-Parteitag 1908. S. 13.

355 SPD-Parteitag 1908. S. 221.
Wahllügen. S. 14 f.
SPD-Parteitag 1909. S. 13.
356 SPD-Parteitag 1909. S. 97 f.
357 Trotzki. S. 205 f.
Hilferding. S. IX.
358 Deutscher Reichstag. 3. Dezember 1912.
Deutsch. S. 87.
359 Wahllügen. S. 19 ff.
362 Handwörterbuch der Staatswissenschaften. S. 571.
363 Wörterbuch der Volkswirtschaft. S. 777.
Norddeutsche Allgemeine Zeitung. 2. Januar 1912.
SPD-Parteitag 1912. S. 98.
364 Ritter. S. 67. Anm. 96.
Giovanoli. S. 50.
365 Bremer Bürgerzeitung. 25. November 1912.
366 Haase. S. 215 f.
367 Sozialistenkongreß 1912. S. 40.
Sozialistenkongreß 1912. S. 40 f.
368 Bremer Bürgerzeitung. 27. November 1912.
Mayer: Erinnerungen. S. 181.
Deutscher Reichstag. 3. Dezember 1912.
369 Haase. S. 100.
Deutscher Reichstag. 17. Juni 1913.
370 Vorwärts. 16. Juni 1913.
David. S. 33 f.
371 SPD-Parteitag 1913. S. 203 ff.

Jahre der Entscheidung

373 Bernstein: Internationale. S. 277.
374 Bernstein: Internationale. S. 283 f.
375 Scheidemann: Zusammenbruch. S. 6 ff.
Deutscher Reichstag. 4. August 1914.
376 Bröger. S. 3.
377 Deutscher Reichstag. 21. Dezember 1915.
378 Deutscher Reichstag. 21. Dezember 1915.
Deutscher Reichstag. 24. März 1916.
Scheidemann: Zusammenbruch. S. 119.
379 Scheidemann: Memoiren. S. 11 ff.
381 Deutscher Reichstag. 19. Juli 1917.
382 SPD-Parteitag 1917. S. 7 ff.
383 Max von Baden. S. 329.
Deutscher Reichstag. 22. Oktober 1918.
Mayer: Erinnerungen. S. 304.
384 Meißner. S. 24.
Meißner. S. 24 f.
386 Max von Baden. S. 643.
Staatsarchiv Bremen. Signatur 9, P.
387 Musulin. S. 138 f.

Verzeichnis der Abbildungen

Die freundliche Genehmigung für die Reproduktion erteilten für die Bilder gegenüber den Seiten 208 links unten Stadtarchiv Braunschweig; 96 rechts unten Interfoto-Bilderdienst, München; 81 oben, 368 oben und unten Bild-Archiv Kultur & Geschichte, München; 208 links oben, 288 links Archiv für Kunst und Geschichte, Berlin; 54, 80 unten, 97 unten, 193 oben und unten, 209 unten, 249, 289 oben und unten, 352, 385 und Umschlag Archiv beim Parteivorstand der SPD, Bonn; 192 oben, 208 rechts unten, 209 oben, 272 oben, 273 oben und unten, 369 Staatsbibliothek Berlin Bildarchiv [Handke]; 96 rechts oben und links unten, 208 rechts oben Ullstein Bilderdienst, Berlin. Die restlichen Vorlagen stammen aus dem Archiv des Verlags.

Personenregister